*Poverty Alleviation and
Rural Governance after Earthquake*

国家"985工程"四川大学社会矛盾与社会管理研究创新基地资助

灾后扶贫与社区治理

王卓 等◎著

社会科学文献出版社
SOCIAL SCIENCES ACADEMIC PRESS (CHINA)

序　言

　　卢梭在《论人类不平等的起源和基础》里提出大自然的重大变故促使人们相互需要而结成社会共同体的论点，他分析了灾害对人的社会化的作用。"洪水泛滥或者地震使一些有人居住的地方被水或悬崖峭壁所包围；地球的变迁使大陆的某些地方割裂为岛屿。我们不难想象，这样接近起来而不得不营共同生活的人们之间，比起在大陆森林中漂泊流浪着的人们之间，应当更容易形成一种共同的方言。"卢梭论述的是在人类社会早期，从野蛮人到文明人的变化过程中自然变故的作用。他认为人们是在自然变故使他们不得不经营共同生活的地方开始社会化的。郑杭生在《中国特色社会学理论的探索》中提出中国社会转型源于外扰动，而且是外族入侵的外扰动形式。"中国社会转型以 1949 年为界，可划分为早期的社会转型和近期的社会转型。早期的社会转型始于 1840 年，帝国主义列强依仗船坚炮利轰开了传统中国社会的大门，中国社会开始艰难地寻求现代化之路，这是一个充满痛苦、包含血泪的过程。"在郑先生关于社会转型源于外扰动的分析中，外扰动不包括重大自然灾害及其影响。他所说的外扰动的形式有两种：一是外族入侵，如中国的抗日战争；二是外域思想文化、科学技术、生活方式等对社会系统的影响，如当代中国现代化过程。可是，在 2008 年四川汶川 "5.12" 特大地震发生之后，中国学界从不同渠道发出声音，称 "2008 年是中国公民社会的元年"，也就是说学界认为特大自然灾害对社会转型产生了影响。然而，我们需要思考的是 1976 年的唐山大地震有这样的影响吗？为什么 2008 年的汶川大地震会有这样的影响呢？这样的影响是真的吗？

　　不论特大自然灾害对社会转型的作用如何，可以肯定的是特大自然灾害带来了贫困，其对人们生命财产和正常生活的严重冲击使许多家庭深陷贫困泥潭甚至遭到灭亡，一些聚落遭到重创而消失，一些公共设施扭曲变形等。

以往关于灾害与贫困关系的研究重点主要是在分析灾后返贫的状况和控制返贫的措施，几乎不涉及对灾害、贫困与社会关系的探讨，一个可能的原因是：在以往关于灾害与贫困的分析中，灾后扶贫救助的责任理所当然地由政府全部包揽，似乎灾害是政府造成的。很显然，灾害与政府的这个关联关系是有问题的。而四川汶川"5.12"特大地震之后，志愿者和社会组织参与灾后扶贫救助的积极性前所未有，政府也让出了一些空间给志愿者和社会组织，允许志愿者和社会组织参与灾后重建和扶贫救助。灾害、贫困与社会的事实先于理论出现了。这个时期关于灾害、贫困和社会的相关研究主要集中在两个方面，一是讨论草根性社会组织（也称为 NGO）参与灾后重建的现状和困难，分析社会组织与政府在灾后重建中的关系；二是分析社会工作介入救灾实践，研究在救灾过程中社会工作如何专业化和本土化。还有一些研究关注社会组织在灾后重建和扶贫救助中的策略。这些研究对灾害、贫困和社会的分析等都各有贡献，但是对三者的关联性分析，尤其是灾害对社会转型的影响研究是被忽略的，几乎没有研究回答汶川地震对当前社会转型的影响有没有、是什么样。

中国历史上发生过很多特大灾害，如洪水、地震、海啸、火灾、饥荒等，在成熟的传统中国社会的自我修复和调节机制下，灾害对原有社会结构影响甚微。距离现在最近的案例就是 20 世纪 60 年代初的大饥荒和 70 年代中期的唐山大地震。这些特大灾害对社会结构的影响微乎其微。

是否可以就此认定，灾害对于稳定的社会形态不构成重大影响呢？那么，对处于转型过程中的当下社会而言，四川汶川"5.12"特大地震是否会像中国历史上那些逐一被消化掉的大灾难一样而成为史料呢？四川汶川"5.12"特大地震是否会对处于亚稳定的社会产生与以前那些灾难不一样的作用和影响呢？

这就是本书要探讨的主题。

本书由两个部分组成，第一部分是关于 2008 年四川汶川"5.12"特大地震灾害对个人、家庭、社区以及国家和社会关系的影响探究。第二部分是特大地震发生之后，部分受灾严重的社区、家庭和个人在 2011 ~ 2012 年社会经济生活方面的案例素描和分析。

本书第一部分由我执笔的《灾后社区扶贫模式》和由我的四位硕士研究生的毕业论文修改而来的篇章组成，它们分别是：四川大学 2007 级人类学硕士生齐泽民撰写的《个人和国家关系视角下的农房重建——以绵竹市广济镇新和村为个案》，四川大学 2008 级社会学硕士生高颖撰写的《社会工作对灾后社会建设的作用研究——以绵竹市清平乡为个案》，四川大学 2010 级社会学硕士生敖楹婧撰写的《地震对灾区社会关系的影响研究——以绵竹市清平乡为个案》，四川大学 2010 级社会学硕士生吴若璠撰写的《灾后农村社区多元治理的实践与反思——以四川省阿坝藏族自治州汶川县为个案》。他们的研究得到四川大学和香港理工大学联合组建的"灾后支援与重建研究中心"项目"灾后社区生计重建基线调查"支持，得到中国扶贫基金会委托项目"灾后生计重建项目跟踪评估和社区扶贫模式研究"的支持，得到国家"985 工程"四川大学社会矛盾与社会管理研究创新研究基地的支持。在此，我们对这些支持表达诚挚感谢！

本书第二部分由七个案例组成。这七个案例的采集和分析是在中国扶贫基金会的信任和支持下，在陕西省宁强县妇源会、北川县羌魂文化传播中心、中国（成都）山水自然保护中心、上海市闸北区热爱家园社区青年志愿者协会、汶川县大同社会工作服务中心、四川省绵竹青红社工服务中心、彭州市中大绿根社会工作发展中心、绵阳市钧天古乐团等社区型扶贫 NGO 及其伙伴们的积极配合下，由我带领黄钰、莫丽平、敖楹婧、吴若璠、穆天钏、岳冬冬、邱梦竹、金飞宏等十余位四川大学社会学、人类学、社会工作专业硕士研究生在 2011 年 8 月至 2012 年 9 月间全程跟踪研究"中国扶贫基金会支持 NGO 参与汶川地震灾区社区发展项目"而完成的。黄钰、莫丽平、敖楹婧、吴若璠、穆天钏分别执笔撰写了相关案例。

基于个人对贫富差距形成原因的难解，基于团队在灾区的参与式观察，本书尝试以"灾后扶贫"和"社区治理"为主题对前述问题作出探究性分析。主要内容有三个方面：一是研究重大自然灾害之后，国家与社会两者的扶贫责任和边界［扶贫是一个公共品，关于政府对于这个公共品的管理，我曾经在《扶贫陷阱与扶贫资金政府管理效率》中作过分析，参见《四川大学学报》（哲学社会科学版）2008 年第 6 期］，进而探究重大自然灾害对社会转型的作用。扶贫不仅是一种责任和义务，也是一种权利和公共服务。在政府职能转变、社会职能充实的过程中，灾害，尤其是自然灾害（如地震、洪水等），给两者的关系带来一些新的需要调整和转换的空间。二是研究灾后社会组织参与灾后扶贫和社区重建面临的主要问题和取得的经验，研究转型期社会组织自身成长过程中的困难和经验，探索社会建设的路径。三是分析社会组织参与灾后扶贫的成效，研究社区型扶贫社会组织的工作方法，补充中国灾后生计重建策略，提炼中国社区扶贫模式，完善中国扶贫组织方式，进而探索中国政府扶贫战略和社会扶贫策略之间的关系。

中国社会治理大致分成两个部分，一部分是乡村治理，一部分是城市治理。介于城市和乡村的镇的治理还有其特殊性和游移性。中国社会治理的根子和出路在乡村。乡村治理总体上属于政治领域，乡村治理研究的意涵多数是在中国政治体制改革，至少是在社会变革方面。在实务领域，切入乡村治理的路径以环境保护以及环境治理为主，并以此来唤醒公民的环境保护意识直至公共权益的保护意识。切入乡村治理的另一个路径是扶贫，并借此促进公民的合作行为和合作意识，期望其实现自力更生、合作共赢。"5.12"汶川地震之后，尤其是在灾后重建的中后期，一些继续留守在灾区开展实务活动的社会组织在沿袭乡村治理的上述路径之外，也使用了新的方法，开辟了新的领域，将扶贫推进到乡村治理的核心：资源配置的权益及其分割。本书从两个维度来呈现这个主题，一是从个人与国家关系下的农房重建、地震对乡村社会关系的影响、社会工作方法对灾区乡村治理的作用及灾后乡村出现的多元治理等方面探究灾后社会治理；二是通过案例解剖还原灾后扶贫与乡村治理的场景，以保存部分历史。

进入21世纪后，中国扶贫开始由区域扶贫渐渐转向社区扶贫，对于贫困的归因也开始从地理环境决定逐渐转向了社会经济政策的综合检视，由此诞生了整村推进的战略（有兴趣的读者可以阅读我发表在《财经科学》1999年第2期上的《关于下一阶段中国扶贫政策建议》）；但是经历四川汶川"5.12"特大地震、青海玉树地震等一系列重大灾害之后，2012年中央政府发布的《中国农村扶贫开发纲要（2011～2020年）》显示，这种转变的趋势受到抑制。中国扶贫总体格局仍倾向于坚持政府主导的区域性扶贫。灾后扶贫和社区治理会走向何方，还有待观察和跟踪研究。

全书由本人统撰并定稿。书中的观点和结论只是一孔之见，难免有不当和浅薄之处。我们不揣冒昧，公之于世，恭请社会各界批评指正，以致诚挚交流之意。

王　卓

2013 年 9 月 20 日于成都

目 录

上篇 理论探索

第一章 灾后社区扶贫模式 / 003

第二章 个人与国家关系视角下的农房重建
　　　　——以绵竹市广济镇新和村为个案 / 014

第三章 社会工作对灾后社会建设的作用研究
　　　　——以绵竹市清平乡为个案 / 050

第四章 地震对灾区社会关系的影响研究
　　　　——以绵竹市清平乡为个案 / 087

第五章 灾后农村社区多元治理的实践与反思
　　　　——以四川省阿坝藏族自治州汶川县为个案 / 145

下篇 案例研究

第一章 宁强县玉泉坝村"5.12"灾后重建案例 / 219

第二章 北川县新川小区社区活动中心案例 / 249

第三章 汶川县席草村灾后可持续生计发展案例 / 280

第四章 都江堰龙池镇震后社区学校建设案例 / 312

第五章 绵竹大天池村银杏树苗示范种植案例 / 336

第六章 彭州市灾后社区可持续发展策略探索案例 / 376

第七章 绵阳市钧天古乐团社区文化建设案例 / 399

上篇　理论探索

第一章

灾后社区扶贫模式

"5.12"汶川地震重灾区多数是贫困地区、革命老区和少数民族地区。地震之后，因灾致贫、返贫人数较多，灾民负债重，自我发展能力弱。调查发现，"5.12"地震对一些原来生活状况较好的人影响很大，灾区贫困人口显著增加。抽样调查结果显示，灾区贫困人口占比约在30%～40%。而四川灾区2516个村的贫困发生率由灾前的11.68%上升到34.88%①，灾区扶贫解困任务十分艰巨。

在努力恢复地震灾区人民正常生产生活的同时，政府特别注重地震灾区贫困村的扶贫开发工作，为灾区提供了政策、资金、人力资源等多方面的保障。灾后各类社会组织发挥各自所长，立足于灾区和贫困者需求，协助当地政府开展灾后社区扶贫工作。2011年5月，中国扶贫基金会筹资500万元，通过公开招标方式，选出20个社会组织的灾后社区重建和扶贫项目予以资助，以促进社区建设和生计发展。

本章选择其中10个社会组织②及其项目作为研究对象，并将这些社会组织统称为"社区型扶贫NGO"。事实上，除了中国扶贫基金会为这些社区

---

① 资料来源：《汶川地震灾区发展振兴规划（2011～2015年）》。

② 这10个社会组织分别是：绵竹青红社工服务中心、益众社区发展中心、大同社会工作服务中心、北京山水自然保护中心（成都办公室）、上海热爱家园青年社区志愿者协会（都江堰龙池站）、中大绿根社会工作发展中心、北川羌族自治县羌魂文化传播中心、绵阳钧天鼓乐团、陕西妇源汇性别发展培训中心、高新区野草生态社区发展中心。

型扶贫 NGO 在灾区的扶贫项目提供援助之外，长期以来还有三十余家境内外基金会或社会组织①为这些社区型扶贫 NGO 提供包括资金、技术、人员、策划、咨询等在内的全方位支持。

大型的筹资型社会组织如中国扶贫基金会，加上大量的社区型扶贫 NGO，是构建社区扶贫模式的组织基础。基于前期一年多的全程实地跟踪评估和问卷调查，本研究重点从构成、举措、问题与建议等几个方面分析灾后社区扶贫模式。

1 灾后社区扶贫模式的概念和内容构成

目前，学界还没有对"社区扶贫"作出明确统一的概念界定，它应介于广义社会扶贫和狭义社会扶贫之间。广义的社会扶贫包括政府和社会各界的扶贫，狭义的社会扶贫专指社会组织的扶贫。本研究认为灾后社区扶贫就是：在"政府负责、社会协同"的框架下，由社会组织主导以参与式方法介入受灾社区开展扶贫工作，通过社区生计发展、能力建设和公共服务等活动帮助贫困家庭适应灾后生活，实现社区居民共同富裕。

灾后社区扶贫模式就是通过社区扶贫的具体实践，总结出来的一套可复制、可移植的社会扶贫方法论，即范本。归纳起来，灾后社区扶贫模式由以下六个要素构成。

1.1 社区扶贫机制

扶贫机制是扶贫模式的核心要素。各级政府、企事业单位、公益性基金会和社区型扶贫 NGO 等协同参与灾后社区扶贫工作，各个扶贫主体发挥自身优势，分工协作，构成政府负责、社会协同的社区扶贫机制。灾后社区扶贫机制通过整合政府、社会组织、企事业单位以及社区的资源，创建社区公

---

① 这些组织分别是：中国红十字会、友诚基金会、溢达杨元龙教育基金、中华环保基金会、广州千禾社区基金会、四川海惠助贫服务中心（小母牛）、恩派公益组织发展中心、爱有戏社区文化发展中心、心启程残疾人服务中心、日本"味之素"集团、成都市一天公益社会工作服务中心、上海市闸北区热爱家园青年社区志愿者协会、华爱家庭服务中心、云南发展培训学员、成都根与芽环境文化交流中心、麦田计划、香港康复会、国际行动援助、英国聚贤社基金会、香港社区伙伴、港医疗关怀组织、台湾爱心家园、香港乐施会成都办、美国福特基金会、台湾儿童暨家庭扶助基金会、国际计划等。

共空间，鼓励社区成员成为社区发展的决策者、监督者和执行者，增强社区自我发展能力，促进社区团结和进步。

第一，由政府主导和负责扶贫工作，是中国特色社会主义扶贫的本质特征。基于较强的动员和组织社会资源的优势，政府有能力开展规模大、受益范围广的扶贫项目，可以为较多的贫困农户提供资源，帮助他们摆脱贫困处境。更重要的是，只有在政府的支持下，社会组织才能在灾区顺利开展扶贫项目。益众社区发展中心曾于2011年6月组织20多位外国人参与益游活动，因为不了解国家对涉外旅游团的相关政策，致使益游团队在进入农村社区时遇阻，最终依靠当地基层政府协助办理相关手续，益游活动才得以顺利完成。

第二，社区型扶贫NGO是社区扶贫的执行主体，承担扶贫项目的设计和执行。这些组织大部分是在地震中产生，并长期扎根灾区，在扶贫目标人群的定位上具备优势。另外，社区型扶贫NGO具有一定的弹性和灵活性，可以设计不同的项目回应社区需求，将资源放在政府无法兼顾的地方，以弥补政府扶贫的不足。绵竹市大天池村四组的部分土地地势较低，雨季容易被淹，不适宜猕猴桃种植，因此一些村民未能从政府主导的"千亩猕猴桃基地"项目获益。绵竹市青红社工服务中心便将这部分村民组织起来，通过建立"银杏种植合作社"，帮助他们开展银杏种植以进行灾后生计重建。

第三，每个社区型扶贫NGO背后都有3~4个更为专业的机构或团体为其提供资金、人力、技术等支持。来自高校的教师和科研机构的专家作为社区型扶贫NGO的"智库"，发挥专业所长，为社区型扶贫NGO开展的各项工作提供有益的指导，帮助社区扶贫项目顺利开展。中国扶贫基金会顺应社会发展趋势，强化筹资型基金会的功能，全方位培育和促进社区扶贫NGO发展。

1.2 社区扶贫理念

基于公益最大化和助人自助的理念，社区型扶贫NGO在开展扶贫活动时主要以贫困家庭的需求为导向，尊重并相信他们的能力，充分赋权并维护他们应有的权益，引导扶贫对象充分发挥潜能，同时结合其所处社区的实际情况，以机构有限的资源回应受助贫困家庭多样化的需求。社区型扶贫NGO在充分了解贫困家庭需求的基础上设计和实施扶贫活动，切实为当地居民带来福祉，有效避免了自上而下、大规模区域式开发扶贫方式下社区和贫困家庭被动接受和消极参与的缺憾。这种以贫困家庭需求为导向的社区扶贫策略使扶贫项目设计更加体贴民意，使自下而上的诉求表达更加顺畅。

1.3　社区扶贫对象

灾后社区扶贫以灾后贫困家庭及其有劳动能力的成员为扶贫开发对象。

灾后贫困家庭和一般意义上的贫困家庭不同。在地震灾区，除了传统的以人均收入来论的贫困家庭外，更多的是"因灾返贫"和"因灾受贫"的家庭，其中因地震带来的心灵重创和生活方式改变是灾后贫困的另一种表现。众所周知，按照农民年人均纯收入确定贫困人口有许多缺陷，其一是忽视灾后贫困家庭的特殊性，其二是忽视贫困家庭内部的贫困分布。

大多数灾后社区扶贫项目以培养合作社、互助组等形式组织灾后贫困家庭开展扶贫活动。汶川县席草村灾后重建可持续生计发展项目在实施过程中，鼓励以家庭为单位参加养鸡合作社，村里的一些大家庭，有一个人加入合作社往往可以带动 7~8 个家庭成员共同养鸡致富。

1.4　社区扶贫内容

目前灾后社区扶贫主要有两类：第一类是以发展经济为主，主要以培养合作社等形式组织村民开展种养殖业项目。首先，社区型扶贫 NGO 以小额信贷或直接发放生产资料的方式帮助扶贫对象启动项目，并邀请相关领域专家提供技术培训；其次，社区型扶贫 NGO 充分发挥"资源整合者"的作用，帮助农户建立规范化的合作社或互助组，扩展其产品销售渠道；再次，向社区居民宣传倡导生态建设理念，改善生存环境；最后，注重扶贫对象的能力建设，充分赋权，培养其作为合作社成员的主体意识和合作意识，促进自主管理。

第二类是以社区文化和社会关系建设为主，重在培养灾区居民参与社区自治的能力。首先，社区型扶贫 NGO 开展诸如广场舞、洞经音乐演奏、川剧表演、舞蹈表演等社区活动，帮助灾后异地重建社区内邻里关系的重建，促进社区团结；其次，针对儿童、老年人等社区内的弱势群体，社区型扶贫 NGO 根据实际情况举办青少年课堂、暑期夏令营，推行空巢老人陪伴计划和中医保健医疗卫生义诊等养老服务，关爱社区老年人和少年儿童群体，提升他们自我管理、自我服务的能力；再次，提供项目资金、推动乡村社区基础公共设施建设，培训社区物管人员，为灾后新建社区提供配套的专业物管服务；最后，在建设社区文化的同时，社区型扶贫 NGO 还为扶贫对象提供手工、电脑、舞蹈、农家乐经营管理等方面的培训，提高居民的谋生技能。

1.5　社区扶贫方法

尽管很多开展社区扶贫工作的社区型扶贫 NGO 长期扎根本土，与当地居民关系融洽，但从某种意义上说，它们仍是"外来者"。因此，只有采取适宜的工作方法介入当地，取得当地居民的了解和信任，才能保证机构在立足当地的同时持续顺利开展扶贫项目。

首先是参与式扶贫方式。这种扶贫方式以扶贫对象受益为基本原则，以赋权为核心，以扶贫对象的广泛参与为基础，以自下而上的决策方式，从贫困群体的角度设计项目，让其参与项目决策、项目规划、项目实施结果的评估等，通过他们自我发展能力的提高而彻底摆脱贫困。

其次是社会工作方法。很多社区型扶贫 NGO 将社区工作中的社会策划模式以及地区发展模式结合起来，突破以往自上而下的扶贫模式的局限，保证了项目决策的实施和推进，消除项目发展障碍，得到扶贫对象的信赖，提高扶贫对象自我组织的能力。

最后是努力发掘和培养社区精英。一方面，社区精英更了解当地的实际情况，另一方面，社区型扶贫 NGO 发挥专业优势对扶贫对象进行辅导，真正使社区扶贫转变为社区居民自己的事情。

1.6　社区扶贫投入

政策支持、资源配给以及专业团队是社区扶贫模式运行的保障性要素。

首先，国家政策是影响社区型扶贫 NGO 开展社区扶贫项目的重要指针，地震后中央政府对灾区的高度关注，是推动灾后社会组织蓬勃发展的重要引擎。其次，中国扶贫基金会等国家级公益性组织为社区扶贫项目提供稳定的资金保障，高校和科研机构提供专业技术支持，这些重要投入保证了社区扶贫项目的实施。最后，社区型扶贫 NGO 工作团队具备良好的职业道德和丰富的实践经验，能够把握当地实际情况，开展适合当地人群的活动，可以保证社区扶贫项目有序、高效执行。

2 灾后社区扶贫的主要成效

调查结果显示，灾后社区扶贫获得较高满意度，这得益于社区扶贫模式框架下的一系列举措，总结起来有以下四个方面。

2.1 重视扶贫对象参与，强化社区扶贫基础

良好的群众基础是社区扶贫项目顺利开展的保证。社区型扶贫 NGO 始终将扶贫对象的充分参与作为首要工作目标。通过广泛宣传和入户家访，使扶贫对象真正了解项目内容。以项目为契机，通过一系列技术培训和团队建设，改善扶贫对象生活状况，实现扶贫对象的自我增能。这一方面使项目更符合当地的实际，得到扶贫对象的支持，保证项目顺利推进；另一方面，也最大限度地调动了扶贫对象的积极性，使其在参与项目的同时提高了社会资本，增强了自我发展的能力。

2.2 运用适宜工作方法，创新社区扶贫途径

首先，参与式扶贫和社会工作方法具备优势。区别于政府扶贫活动中贫困者的被动接受，灾后社区扶贫模式促进扶贫对象的实质性参与，使得他们的乡土知识得以发挥，他们在社区发展中的重要角色和地位也得到很好的显现，真正建构起了扶贫对象的决策主体性和管理主体性，使其从扶贫受益者转变为自我脱贫决策者和扶贫项目实施与监督者；其次，以合作社或复互助的集体方式开展扶贫项目，在一定程度上降低了贫困家庭个体经营管理上的风险，也为社区贫困家庭搭建起一个相互沟通的平台，促进社区贫困家庭团结协作，进而重建被地震解构了的人际关系以及社会关系，增强社区凝聚力。

2.3 建设有力扶贫队伍，抓住社区扶贫关键

社区型扶贫 NGO 是社区扶贫模式成功运行的主导力量。社区型扶贫 NGO 规范、专业、高效的工作模式保障了扶贫项目的运行。大部分社区型扶贫 NGO 的项目执行者都具备良好的专业素养和丰富的实践经验，能够更好地把握当地实际情况，采取灵活多样化的帮扶方式。其工作内容通过定期

简报等形式对外展示，在接受社会监督的同时也宣传了组织自身，为机构今后的发展争取了社会信任和社会资源。同时，NGO 还重视发展本地力量，努力发掘培养本土社区精英，这有利于扶贫项目的顺利开展，也有利于促进社会组织的本土化。

2.4　广泛链接社会资源，确保社区扶贫投入

社区型扶贫 NGO 在扶贫过程中注重全方位的资源整合、开发和利用，发挥"中介者"和"资源整合者"的作用，为贫困社区发展链接了丰富的社会资源。与政府建立良好的沟通和互动，争取政府的政策、资源支持，并且根据项目活动的具体需求，与相关部门和组织建立合作关系，为扶贫项目开展提供技术支撑。

3　灾后社区扶贫的主要问题和建议

3.1　灾后社区扶贫存在的主要问题

基于实地调查和全程跟踪评估，本研究认为当前灾后社区扶贫主要存在以下四个方面的问题。

3.1.1　社区型扶贫 NGO 与政府在公共领域里的权责边界尚未达成共识

在中国，政府与 NGO 的关系表现为"政府既是 NGO 的管理者，又是 NGO 所需资源的供给者，还是 NGO 的影响对象"[1]。社区型扶贫 NGO 相对于政府扶贫来说具有某些优势，工作具有一定的弹性和灵活性，可以将项目和资源放在政府无法兼顾的地方。从某种意义上讲，这是"政府负责、社会协同"的具体体现。但是，社区型扶贫 NGO 在实现其公益性目标过程中必然要进入公共服务领域，而地方政府对于社区型扶贫 NGO 进入公共领域是有很多担心的，最主要的担心是原有管理秩序的失控。在这样的情形下，社区型扶贫 NGO 与地方政府在共处的扶贫活动领域里，如果责任与协作的边界不清，就很容易产生冲突和矛盾。

当前大部分社区型扶贫 NGO 的话语权和社会影响力都比较弱，而且是

---

[1]　郭虹、庄明等编《NGO 参与汶川地震过渡安置研究》，北京大学出版社，2009，第 120 页。

非主流。这种现状使机构自身及其所代表的群体的利益难以有效维护和充分表达。在"强政府，弱社会"的背景下，社区型扶贫 NGO 若是与政府在协同上出现不和谐，势必影响机构在当地的扎根以及扶贫项目的可持续运行。有鉴于此，社区型扶贫 NGO 的生存与发展不得不依托于政府，这样一来又影响到机构的独立性，阻碍其功能发挥。这是目前国内公益性社会组织发展中所面临的共同难题。

3.1.2　社区型扶贫 NGO 难以满足灾后生计发展和社区建设的综合需求

贫困是一个内涵丰富的概念，不仅包括低收入、生活条件差、生产难以维持的经济范畴，还包括预期寿命、文化程度，以及安全感、正义、公平等关于生活质量的社会文化和精神心理范畴①。特别是在"5.12"地震灾区，居民普遍面临生计难寻、邻里关系淡漠、缺乏社区凝聚力、难以适应新的生活方式等困难。由此生发出了社区扶贫的两个路径：一是以生计发展为切入点的经济合作互助，二是以社区文化和社会关系建设为切入点的社区活动。

然而，社区型扶贫 NGO 由于自身的资源限制，并不能面面俱到地满足目标对象的全部需求，只能是针对其中最主要的关注点来开展相关扶贫工作。例如，上海市闸北区热爱家园青年社区志愿者协会根据组织自身的特点在都江堰龙池镇进行新家园项目，着力于当地的社区发展，对重建生计的关注度不高，使得项目的受益人群较为狭窄，参与积极性难以提高。尽管新家园项目也在积极探索生计重建的道路，但受限于机构的资源与能力，效果并不明显。

3.1.3　灾后社区扶贫出现小群体凝聚和社区裂变的趋势

由于社区型扶贫 NGO 自身能力和支持资金的制约，所开展的社区扶贫项目范围较小，且短期内无法将服务范围扩大，难以满足更多贫困家庭以及社区的需求。尤其是生计类扶贫项目，通常采取合作社（互助组）的运作模式，将部分村民组织起来，互帮互助。由于合作社（互助组）成员数量有限，受益人群体规模不大，在一些社区已经出现小群体凝聚且与原社区成员分隔的现象。

这样的问题在绵竹市大天池村已经凸显。作为"青红"银杏种植合作社的骨干，L 是一个"地震名人"，社会以及社会组织对 L 的过度关注引起

---

①　王卓：《中国贫困人口研究》，四川科学技术出版社，2004，第 3 页。

周围人的不满，L家的超市门口被人刻上"黑店"标签。L坦言，由于目前是银杏合作社运作的第一年，而且启动资金有限，因此，在社员的选择上倾向于找自己熟悉和了解的人。项目启动中，L和合作社的主要负责人把社员选择锁定在大天池村四组，并采取滚雪球的方式来寻找有意加入银杏种植合作社的人员。然而，由于宣传不到位，不能保证大天池村四组全体村民都能知晓这一项目。这意味着，那些不熟的、不是大天池村四组或者不能及时知晓项目消息的贫困家庭可能被排除在合作社之外。如此下来，银杏种植合作社成员的同质性就不可避免。事实上，这个合作社的大部分成员是地震伤员，带有不同程度的残疾，这一群灾后残疾人在抱团适应从健全人到残疾人的突发变故过程中，又因为合作社凝聚在一起，并将自己标签化为"残疾人群体"，刻意排斥外界对于他们身体残疾的种种非议。

3.1.4 社区型扶贫 NGO 的队伍建设缺乏制度保障

人力资源不足，队伍专业性不强，资金支持不够是目前我国社会组织普遍存在的难题，这直接制约着社会组织自身的发展，影响扶贫项目的持续开展，从长远看，也不利于扶贫对象的生计改善和能力培养。

课题组跟踪评估的 10 个社区型扶贫 NGO，其主要工作人员大多由在校大学生志愿者和大学毕业生组成，他们的流动性很强，在机构待上几个月便会离开，部分受访者表示自己"只是借助这个平台积累基层工作经验，并不打算长期在这里做社工"。一些社区型扶贫 NGO 工作人员凭热情和激情行事，缺乏必要的理论储备和专业训练，这导致了项目整体执行力不足，使得原本设计优良的项目理念易流于形式，达不到预期的目标。另外，资金匮乏、机构自我造血能力不强，只能依靠项目资金维持机构运行，这也是目前我国社区型扶贫 NGO 的制度性问题。

3.2 完善灾后社区扶贫模式的政策建议

3.2.1 积极争取当地政府政策支持，保障社区扶贫可持续进行

在探索中国特色社会主义民主政治的进程中，政府、市场和以社会组织为代表的第三部门共同构成了我国社会公共服务体系。国家承担着公共服务的主要职责，为服务的主要提供者、购买者和服务体系的维护者；市场通过"看不见的手"调节公共服务的配置，提高公共服务的效率，降低公共服务的成本；以社会组织为代表的第三部门，维护不同群体的利益，对公共服务

进行有效的补充和监督，重在促进社会公正和民主①。伴随社区公共服务需求的不断增长，社区多元治理结构的不断探索，社会组织在公共事务中的作用也越来越显著。因此，社会组织应当积极与政府建立广泛的协作关系，在"党委领导、政府负责、社会协同、公众参与"的原则下开展扶贫工作。同时结合市场规律开展生计扶持项目，为社区贫困家庭提供有效率的支持，帮助他们改善生活状态，早日脱贫致富达小康。对于政府来讲，应客观认识社会组织的正功能和正能量，把社区型扶贫 NGO 纳入社会建设的框架内，通过购买服务等方式，分解部分社会服务的职能与权力，吸纳更多的社会力量推进中国特色社会主义建设。

3.2.2 采取多样化的扶贫方式，积极拓宽社区扶贫范围

无论是生计发展还是社区文化建设，其宗旨都是改善灾后社区居民生活水平，培育社区能力。灾后社区不仅需要经济援助，更需要自我发展能力的培养。因此，社会组织在开展社区扶贫工作时，应当关注扶贫对象的需求，扶贫方案设计应建立在对贫困群体的需求评估基础上，充分考虑社区实际情况，围绕扶贫宗旨，采取灵活多样的扶贫方式，积极拓宽扶贫范围，使项目设计更贴合当地实际，达到资源效用最大化。在开展项目活动时要充分尊重当地的宗教信仰、风俗文化和行为习惯，注重社区生态环境和资源的保护，在保护的前提下合理开发。

3.2.3 强化扶贫对象合作意识，促进扶贫社区和谐稳定

传统的区域性扶贫开发，以收入增长为目标。社区扶贫在关注贫困家庭生计改善的同时，更注重贫困家庭能力建设、社区成员互助合作和社区发展。社区型扶贫 NGO 在扶贫工作中，不仅需要团结合作社（互助组）成员，还要逐步扩大受益范围，为社区提供及时的专业服务，协助社区成员提升自我意识，助推目标群体实现自我增能和赋权，使其形成积极的公民意识，并逐渐培养起自我组织、自我管理的能力。把赋权落实到社会参与，使贫困家庭在参与中体验合作和互助。另外，灾后扶贫还应注重提升社区归属感和构建社会关系，通过组织形式多样、内容丰富的社区活动，增进灾后社区成员间彼此了解，逐渐消除新建社区居民的陌生感和隔阂，恢复和重建社

---

① 张强、陆奇斌、张欢等编《巨灾与 NGO——全球视野下的挑战与应对》，北京大学出版社，2009，第 2 页。

会关系，最终达成居民团结、社区和谐的目标。

3.2.4 推进社区扶贫队伍建设，逐步提高社区扶贫专业性

类似中国扶贫基金会这样的大型公益性基金会和其他行业性社会组织应加强对社区型扶贫 NGO 工作人员在工作方式、工作内容及机构成长等方面的督导，加强国内外社区扶贫信息交流，扩展社区扶贫模式的思路和完善社区扶贫工作方法，促进社区扶贫效率不断提高。扩大社区扶贫效果还应广泛吸纳人才，建立一支稳定的高素质的专业人才队伍。一方面，积极吸纳高校具有扶贫相关专业知识的大学毕业生，充实扶贫队伍；另一方面，加强对本地志愿者的培养，提高本地居民对社区公共事务的参与程度与参与能力，强化社区自组织的培养，缓解社区型扶贫 NGO 在开展活动时人手缺乏的状况。同时，还要注重提高现有工作人员的专业水平，定期对其进行社区扶贫理论及方法的培训，提升团队整体工作能力。加强队伍管理，为工作人员建立良好的职业发展渠道，逐步提高机构工作人员的经济待遇和社会声望，充分调动他们的工作积极性。

第二章

个人与国家关系视角下的农房重建

——以绵竹市广济镇新和村为个案

1　引论

1.1　研究缘起

"5.12"大地震发生之后，笔者发挥专业优势，先后三次参与灾后重建的课题研究，并多次深入灾区进行实地调研。这三个课题分别是：四川大学的"公民社会视野下的成都市统筹城乡社会发展研究"①、四川大学与香港理工大学"灾后支援与重建研究中心"的"灾后社区生计重建基线调查"②和清华大学社会学系的"可持续乡村重建研究"③。"公民社会视野下的成都市统筹城乡社会发展研究"课题主要研究成都市市民的公民意识现状，农村、城市社会组织生存现状，公民社会建设与统筹城乡发展之间的关系，以及大地震这一突发事件对我国公民社会的影响。"绵竹市清平乡生计资源评估"课题属于基线评估，将资源操作化为人力资源、固定资产、财务资源、社会资源和文化资源，目的是对当地的资源现状作一个盘点，服务

---

① 该课题是成都市委、市政府委托四川大学成都科学发展研究院的重大课题，负责人是四川大学罗中枢教授和王卓教授。

② 该课题是四川大学与香港理工大学联合共建的"灾后支援与重建研究中心"重大研究课题，课题负责人是四川大学王卓教授。

③ 该课题是清华大学社会学系关于灾后重建的课题，负责人是清华大学社会学系罗家德教授。

于今后项目的介入。"可持续乡村重建研究"主要研究村民的社会资本对灾后生产生活恢复的影响，以及灾后一年受灾群众的心理恢复情况。课题的项目点分布比较广泛，有都江堰、绵竹、什邡、北川。对灾区的实地调研加深了对我们灾区的认识，笔者被灾区民众顽强的生命力所感动，为不能尽自己的微力而懊恼不已。笔者唯一能做的就是对他们重建过程中发生的事情作一个记录。

在参加课题研究的同时，笔者也在导师带领下参与了一些灾后重建的研讨会。2009年2月27日在四川省社科院召开了"震后重建融资机制讲演会"，主讲者分享了日本阪神大地震、台湾"9.21"抗震基金经验。台湾的专家以桃米社区为个案，分享了参与式理念在灾后重建中的重大作用。来自日本的专家谈到了复兴基金在恢复重建中的重要作用，特别是个人的生活重建和住宅重建。由于日本是一个以私有制为主体的国家，对利用公共基金支援私人住宅的重建，国家认为这背离了私有财产制度这一原则，因此不可能为所有受灾的国民包办全部住房重建。作为财团法人的复兴基金，采取了"概念空转、债权转换"的模式以民间方式运作了公共基金。公营住宅是政府行为，主要是为城市弱势群体提供廉租房，复兴基金作为必要的补充参与了公营住宅的重建，特别是公营住宅中对老年人的特殊照顾措施，如修建老年人自立支援广场、安置老年户生活援助员、召开老年人自立支援专门委员会。此外，复兴基金还支援了自立重建中不足的部分，对住宅重建资金融资贷款进行利息补给。① 2009年5月11日，四川大学与香港理工大学共同主办的"5.12"汶川地震周年纪念暨灾后重建国际学术研讨会召开。与会学者从建筑工程、医疗康复、生计发展和社会重建四个方面展开了对灾后重建经验的反思。与会学者特别谈到了灾后重建中对社会建设这一领域的忽略与忽视，在一个强政府、弱社会的治理框架下，地震对社会的影响不容易被发现，可是这种影响会严重制约其他重建项目与活动的进展。参与重建研讨会开阔了眼界，丰富了知识，使笔者认识到不仅应该对重建作一个感性的描述，更应当上升到学理层面进行理性分析。

都江堰之行使笔者见识了村民的智慧，他们创造了一种独特的重建模式，他们结合自身旅游资源优势和农村产权制度改革的最新成果，吸纳社会

---

① 震后重建融资机制演讲会《会议手册》，2009。

资金，采取城乡"联建"方式进行灾后重建。北川之行让笔者见到了灾区推行的一种全新的住宅——轻钢生态房，主体结构为钢材，有很强的抗震效果。绵竹之行让笔者对灾后住房重建模式有了全面的了解，包括统规统建、统规自建、原址重建和维修加固。笔者一直为找不到合适的选题而苦恼不已，一方面是灾区值得关注的点太多，另一方面是自己的兴趣太广，一时间从这个点跳跃到另外一个点。回顾调研中的所见所闻，聚焦为一个共同的词语——"房子"，何不研究农村住房重建呢？笔者顿时有一种豁然开朗的感觉。但是具体到研究房屋的什么，又让笔者陷入了困惑。但是有一点是确定的，那就是研究灾后农村的农房重建，至于采取何种视角，以某种理论作为切入点有待进一步实地田野调查。

据四川省委农工办提供的不完全统计数据，"5.12"大地震造成灾区农村住房倒塌 100.45 万户，314.87 万间；损毁 321.21 万户，1606.04 万间。房屋不仅仅是一个起遮风避雨作用的物理意义上的空间，更是村民重要的日常起居场所，古语有"男以女为室，女以男为家"一说。房屋更凝结了村民对于家的情感和对于家的想象。因此，房子就是家，家就是房子。房屋重建对于普通村民来说是一件大事，只有安居才能乐业。房屋重建对于普通村民来说又是一件难事，大庇天下寒士的广厦千万间只是诗人的遐想，何况是灾后家破人亡的灾民呢？灾后房屋的重建不光是人力、财力和物力的聚合点，更是农村社区中各种社会关系的聚合点，有矛盾，有冲突，有妥协。回顾调查中的所见所闻，仔细揣摩统规统建和统规自建，发现统规统建的"统"和统规自建的"自"有丰富的内涵，不仅仅是房屋集中和分散的物理呈现，内部还隐藏着村民个人和政府之间的关系，"统"暗含了政府的主动选择，是政府公事；"自"暗含了村民自己主动选择，是村民自己的私事。从绵竹的实地调查发现来看，实际上政府对当地农民的介入程度是不同的。新和村三组以奖励为驱动，鼓励村民维修加固，这种方式中政府的介入程度较浅，类似于市场经济中政府的宏观引导。新和村五组采取的统一集中规划、村民自己修建的模式，这种方式中政府介入程度比较深。而新和村十五组则是澳门红十字会援建，属于统规统建。到底农房重建是村民的私事还是政府的公事？农房重建中"公"、"私"比重各占多少？村民如何看待这种私事和公事？政府如何看待这种公事和私事？以上便是本研究主要关注的问题，透过农房重建，研究村民与政府之间的关系。

人类学他者的视角使得笔者不能仅仅把研究定于一个乡村，历时的视角将兼顾地震之前村民农房的重建以及一般灾害后村民的住房重建，共时的视角将横向比较汶川大地震、台湾"9.21"地震和日本阪神大地震中政府的不同介入方式、介入的程度和介入产生的影响。本研究定位于应用人类学，依托于乡村治理理论，通过建房事件，凸显村民个人与政府的关系，探究农房重建到底是村民的私事还是政府的公事，抑或是二者的结合体？此项研究主要关注农户是如何在与村委会和基层政府的互动中确立某一种住房重建模式，这一重建模式中家庭和政府的权利、义务的分配是怎样的，以及这一重建模式对农户以后生产生活造成什么样的影响。本研究加入了地震这一变量，对研究突发事件后的公共决策有一定新意，对乡村治理研究也有一定的理论价值。

　　费孝通先生在《乡土中国》中对农村居住模式有过相关的研究，他指出"游牧的人逐水草而居，飘忽无定；做工业的人可以择地而居，迁移无碍；而种地的人确搬迁不动地，长在土里的庄稼行动不得"。[①] 他还对中国农村聚村而居的原因进行了分析，其主要原因有"一是每家所耕的面积小，所谓小农经营，所以聚在一起住，住宅和农场不会距离过分远。二是需要水利的地方，他们有合作的需要。三是为了安全，人多容易保卫。四是土地平等继承的原则下，兄弟分别继承祖上的遗业，使人口在一地方一代一代积起来，成了相当大的村落"。[②] 费孝通先生只是分析了农耕文明聚村而居的原因，并对农耕文明与游牧文明和工业文明的居住形态进行了对比，实际上农耕文明中的农村社区的居住形态也各有不同，有长江流域星罗棋布的"村"，也有少数民族山区依山傍水、沿山而建的"寨"，也有北方聚族而居的"庄"。阎云翔在《从南北炕到单元房》中考察了黑龙江农村的住宅结构的变迁与私人空间的变化，论述了私人空间和隐私权对于农民生活的意义。[③] 另外，建筑学中也积极引入文化人类学的理念，考察传统民居所负载的文化内涵，并诞生了一门新兴学科——建筑人类学。灾后农房的重建也为农村居住模式带来了变革，是分散还是集中，是院落还是小区，每一种重建

---

①　费孝通：《乡土中国　生育制度》，北京大学出版社，2005。
②　费孝通：《乡土中国　生育制度》，北京大学出版社，2005。
③　阎云翔：《从南北炕到单元房》，载黄宗志主编《中国乡村研究》（第二辑），商务印书馆，2003。

方式都会对村民以后的生产方式和生活方式造成一定的影响。与西方国家在工业革命推动下的城市化不同，转型期的中国更多的是政府主导的城市化。同时，新农村建设的过程中也进行撤村并村，开始大规模的农房改造，并积极探索土地制度的变革。城镇化的浪潮和土地流转制度的变革也急需加强对农村居住模式的研究，因此，本研究也有一定的现实意义和应用价值。

1.2 国内外相关研究述评

1.2.1 人类学中关于住居的研究

人类学早期着重研究原初民社会的基本状况，研究范围也极其广泛，主要有政治组织、经济类型、婚姻家庭和宗教仪式。而作为一位人类学家成年礼的标志，民族志也试图对初民社会的方方面面作一个全景呈现，住居自然也成为其研究的一个对象，其主要关注的是人类居住、聚落形态以及由之发展出来的各种社会文化现象。关于住居的研究的范围也比较宽泛，主要涉及"房屋的类型、建造的过程与相关习俗；房屋的功能、布局与设置，以及与之对应的家庭和亲属关系；与住居有关的信仰、世界观或风水观念；有关居处的禁忌与巫术；居住与生计之间的关系；聚落形态，如村落与城市的起源"。[①]

美国学者摩尔根认为，要在具体的历史环境中理解特定的文化。他曾研究美洲土著人的房屋，发现风俗习惯、家庭生活方式与一定的房屋的构成相适应。他的研究显然与早期人类学在美国的学科发展有关，考古人类学是人类学的四大分支之一，他多从起源的角度展开对住居的研究。深受美国人类学影响的中国人类学南派的重要代表人物林惠祥先生也在其代表著作《文化人类学》中分析习俗与居住空间的关系。他研究发现：印第安人进入别人家的房屋，不能随便坐立，男女老幼都有特殊的行立坐卧的位置规定，形成这种风俗是由于早期印第安部落居住空间狭窄所致。四合院是我国北方传统住宅的典型，其左右对称、内外有别、尊卑有序的平面布局是受封建宗法制度影响，这样的空间限制了居住者的行为，直接影响居住习俗的形成。主人居于内院，仆人居于前院，正房为长辈起居处，厢房为晚辈起居处，反映了特有的文化观念。封建制度解体后，一家一户的四合院变为多户共居的杂

---

① 庄孔韶：《人类学通论》，山西教育出版社，2005。

院，人口的增长、都市的现代生活打破了四合院的传统形制，人们在院中搭建小屋争取更多的生活空间，完整对称的院落消失了，同时也造就了一种新的居住格局和邻里关系，形成了新的居住习俗。①

　　法国结构主义人类学家列维·斯特劳斯另辟蹊径，引入结构主义理论，他跨越社会—文化间的区别、联系之论争，把注意力投入到隐藏于社会—文化表面下的"无意识结"。他发现"社会制度、社会结构、社会组织对人类的生活方式、对文化现象的形式方面的影响。婚姻制度、家庭关系甚至房主的社会地位和社会关系可通过房屋的形式反映出来"。② 中国传统建筑与宗法礼制的对应关系实际也是这种建筑形态—社会制度关系的表现。例如，故宫中宫殿的结构和布局不会出现在第二座建筑中，这是皇帝统治地位和封建社会统治关系的象征。在传统住宅中，大门形式是主人社会地位的标志，从气派体面的大门可看出主人社会地位的高低。正如列维·斯特劳斯的研究所发现的一样，建筑正是社会思想过程的一种外部投射，在社会制度和建筑形态之间存在着必然的联系。

　　与人类学中关注文化、习俗对建筑形态的影响类似，社会学也关注社会变迁中房屋的变迁，并试图从变迁的过程中去发现其与社会关系、社会心理之间的联系。曹锦清先生在《当代浙北乡村的社会文化变迁》中论述了浙江北部农村地区自新中国成立后房屋的变迁，他把住房的变迁分为：老房旧房延用时期（1949～1963）、第一次建房运动（1963～1983）和第二次建房运动（1983年至今）。同时也分析了农村住房的布局和不同层级村民房屋的状况。从他的论述中，我们看到的不仅仅是村民房屋结构、居住面积的变化，还可以看到村民生活水平的日益提高以及背后村民心理文化的变化的轨迹。他认为，"建房运动中村民之间所出现的住房条件的差别，实乃以财产、权力、地位为标识的社会分化在住房上的反映，在乡村，要识别人们的社会分层，再也没有比住房更为明显的标志了"。③ 阎云翔先生根据在黑龙江的田野经历，考察了居民的房屋从南北炕到单元房的变迁，论述了私人空间和隐私权对于农民生活的意义。他认为："住房的变迁从阶级差异和个体

①　张晓春：《建筑人类学之纬——论文化人类学与建筑学的关系》，《新建筑》1999年第4期。
②　张晓春：《建筑人类学之纬——论文化人类学与建筑学的关系》，《新建筑》1999年第4期。
③　曹锦清：《当代浙北乡村的社会文化变迁》，上海远东出版社，2000。

差异两个层面上突破了传统文化的限制，通过营造专属自己的一方天地，村民实际上参与了私人生活领域的一场革命性的变迁。个体成员也在家庭内部获得个人权利意识并由此而产生对于私人空间和营私权更为强烈的追求。"①

阎云翔先生对炕到单元房极其敏感的关注，与其研究农村私人生活的变革不无关系，房屋的变迁仅仅是一个"托儿"，更重要的目的是为了叙述背后社会关系的变化、变革与变迁。卢晖临讲述后集体时代发生在一个中国村庄里的楼房竞赛故事，分析这一现象背后的农民平均主义心态，指出："与动辄将平均主义归咎于中国传统文化的做法不同，文章利用田野资料，结合更宏大的历史文化背景，精心建构出一个故事脉络，以特别探讨集体化经历与这一心态形成之间的关系。"②

以上研究要么直接描绘房屋的变迁，要么从结构主义出发研究住房背后的社会关系和社会制度，缺乏从政治人类学的角度，论述建房所涉及的村民与政府之间的关系，即建房到底是私事还是公事，抑或是二者的复合体。对"公"与"私"的研究又涉及乡村治理理论，必须对其发展进行梳理。

1.2.2 乡村治理相关的研究

乡村治理，简称村治，主要指运用公共权威对乡村社区进行组织、管理和调控，构建乡村秩序，推动乡村发展。它一方面区别于村民自治，村民自治在乡村治理视野中只是一种民主化治理模式的设计和实践，而乡村治理是包括自治权力在内的各种权力对乡村社会的治理活动；另一方面，它又不是仅仅指村庄内部的封闭式治理，乡村社会与基层政权和国家宏观政治之间的互动都是乡村治理的重要内容。关于乡村社会的研究非常多，下面将根据研究内容和时间顺序，把乡村治理研究分为：20 世纪早期对乡村社会治理的研究、20 世纪后半期对乡村治理的研究和西方汉学家对中国乡村治理的研究。

1.2.2.1 20 世纪早期对乡村社会治理的研究

20 世纪的中国乡村社会研究与中国社会变革之间紧密相连。在中华人民共和国成立之前，中国面临的历史使命是挽救民族危亡，建立主权国家。就国内研究情况看，早期乡村治理研究中存在着两种不同的路径：一种是服务

---

① 阎云翔：《从南北炕到单元房》商务印书馆，2003。
② 卢晖临：《集体化与农民平均主义心态的形成——关于房屋的故事》，《社会学研究》2006年第 6 期。

于实践的应用研究，即为乡村建设提供理论支持，这就是著名的乡村建设运动中对乡村社会的研究。另一种是从学术层面上研究中国农村和农民问题并为解决农村和农民问题提供思路，其中主要是以费孝通为代表的社区研究学派。

在土地集中状况严重、民不聊生、内战连绵的情况下诞生的乡村建设运动为解决农村问题，为研究乡村治理提供了理论和实践的舞台。乡村建设运动主要以晏阳初和梁漱溟为代表。晏阳初以"民为邦本，本固邦宁"为信条，以"除天下文盲，做世界新民"为己任，针对农村的四大病根"愚、贫、弱、私"以学校、家庭、社会三结合的方式，推行"生计、文艺、卫生、公民"教育，培养民众的"知识力、生产力、健康力、团结力"。梁漱溟的乡村建设模式则建立在中国传统文化的重新认识基础之上，他比较了中国、西方和印度的三种文化，认为：中国文化的早熟性表现为在物质文化发展不充分、不健全之下就转向发展精神文化。在物质文化上西方具有优势，在精神文化上东方具有优势。因此，中国保持其先进精神文化而学习西方先进物质文化，尤其是科学技术。在《中国文化要义》和《乡村建设理论》两本著作中，梁漱溟首先从文化本位出发，认为中国社会是以人伦关系为本位，只有职业之别，而没有阶级之分，解决乡村问题进而解决中国问题的唯一出路是通过乡村建设复兴中华文明。乡村建设的基本任务就是依靠乡村自治，创造一种以理性和伦理为基础的新团体组织，由此推动经济、政治与社会的全面进步。可以说，梁漱溟独具慧眼地看到了以城市化、工业化为主要内容的西方现代化道路的两大弊端，即物欲横流和乡村遗弃，认为中国不能走西方的老路，力图以文化重建复兴乡村，进而改良中国；他还强调知识精英必须到农村去，主张知识精英与农民结合。其局限性在于：一是过分强调中国特殊性，从而否定现代工业文明的普适性，这必然妨碍他正确认识、分析中国和乡村的根本问题；二是文化本位的分析方法忽视了农民贫困化的根源。

在英国功能学派和美国芝加哥学派的影响之下，吴文藻大力在中国倡导社区研究，其中以费孝通为研究集大成者。《江村经济——中国农民的生活》以江苏吴江县开玄弓村调查为基础，通过对一个农村社区社会结构及其运行的描述，勾画出一个由各相关的要素有系统地配合起来的整体，并试图从村落内部的社会结构分析中国社会变迁的动力。费孝通认为，传统中国农村经济具有工农相辅的内涵，农业和手工业在中国延续了几千年的时间。现代化不是凭空而来的，要在传统的基础上建设。中国农村的发展必须注意到传统力量与新的动力具有同等重要性，这两种力量相互作用的产物不会是西方世界的复制品或者传统的复归，其结果如何，将取决于人民如何去解决他们自己的问题。同时，这也意味着中国的乡土重建既不能复制西方，也不能复归传统，而应在传统力量和新的动力相互作用下依靠民众去解决。

建立在社区研究的基础之上，费孝通还对中国社会结构进行分析，其中以《乡土中国》最为深刻。在对农业文明和工业文明的对比基础上，他认为传统社会就是一个乡土社会，乡土社会的核心就是"土"。他创造性地提出了乡村社会关系，主要有：以己为中心，向外层层推出的差序格局；建立在差序格局之上的"私我"和"私德"；以血缘和地缘为基础的血缘关系和地缘关系。乡土社会的社会秩序主要有以礼制为基础的长老统治，无讼是其理想追求。《乡土中国》代表了费孝通研究方法的转向：从微观的视角转入以宏观的角度审视整个社会，分析社会的整体架构，提出自己的普遍模式。如果说《江村经济》是费先生微观社区调查研究方法的实践应用，那么《乡土中国》则是依据实践的经验所总结出的总体框架。

此外，基于功能主义的不足，他还注重对历史资料的研究，研究传统社会的基层社会结构。他在《皇权与绅权》中论述了我国封建解体之后，大一统专制皇权确立之后中国社会中的两大权力体系——皇权与绅权的关系以及二者之间的互动。他认为"在任何政治体系下，人民的意见都不可能被完全忽视，这意味着必须有着自下而上的平行轨道"。专制统治有着非正式的轨道，人民的意见能够借此通到上层。而且中国传统的政治体系中，有两道防线阻止专制君主变为不可容忍的暴君，第一道防线是中国政治哲学中的无为思想，第二道防线就是自下而上的政治轨道。除了在意识形态上限制政治权力外，限制行政体系的范围，设法"悬空"中央权力是防止政治专制主义的第二道"防线"，也就是所说的双轨制的第二条轨道，自下而上的轨道。他认为：研究衙门和每家每户之间的关系非常重要，它是中央权力当局和地方自治社区的结合点。只有了解了这个结合点，才能了解中国的传统体系实际上是如何运作的。他精辟地论述了县官、皂吏、公家、乡约、士绅之间的互动，这就是乡村社区中自下而上的轨道，绅权在这一轨道中发生重要作用。

1.2.2.2 20世纪后半期对乡村治理的研究

对中国乡村社会的研究在中华人民共和国成立后陷入低潮，直到1978

年之后才有所复兴。近 20 年，国内学者的研究成果颇丰，出现了像王振耀、白纲、张厚安、徐勇、项继权、贺雪峰、王铭铭等一批有影响的学者。国内的《中国农村观察》、《社会学研究》、《社会主义研究》、《华中师范大学学报》、《调研世界》等学术刊物上经常发表相关调研报告和理论论文。研究村民选举、村民自治的学术专著、系列丛书也大批出版。

贺雪峰的《乡村的前途》应该说是这方面的代表性著作，在这本收录了 60 多篇论文的著作中，作者探讨了农民组织、文化建设、老年人协会、公共品供给等诸多问题在新农村建设中的影响和作用。同时，作者对农村不同区域乡村治理的不同实践效果进行了思考，并给出了自己的一些独特的观点。作者认为，新农村建设的重点不在经济方面，而在文化和社会方面防止农村和农民的过度边缘化，改善和增加农民的福利待遇，优化公共政策。在这本书中，他试图提出一个关于中国农村发展道路的新方案，其核心就是提高农民的主体地位和文化感受能力，使农民过上体面而有尊严的生活。

华中师范大学徐勇教授在《中国农村村民自治》一书中以国家—社会关系为分析工具来研究中国农村村民自治。这本书是中国第一部系统地研究村民自治的著作。作者通过实地考察，对作为乡村治理重要组成部分的村民自治制度的功能及其自身的问题进行了深入研究并提出了解决对策。

于建嵘的《岳村政治——转型期中国乡村政治结构的变迁》，大胆揭露了农村基层治理的危机而在学术界引起了很大的反响。他以国家与社会关系理论为分析框架，拓展了国家—社会"二分法"的研究视野，通过对湖南省的五个县进行田野调查，并将衡山县白果镇的岳村作为分析样本，在实地考察的基础上，剖析了转型期中国乡村治理的发展特征，在他看来，村民自治健康发展的动力源于农村社会内部力量。

吴毅在《村治变迁中的权威与秩序——20 世纪川东双村的表达》一书中，运用政治学和人类学的方法，在四川东部农村进行了个案研究，以一个村庄在 20 世纪的百年历史变迁为分析主线，描述了在"村庄场域"中由国家与乡村社会的互动所构成的乡村政治生活全景图。

王铭铭的《村落视野中的文化和权力》是较早运用国外人类学理论考察中国农村的专著，在书中他借用吉登斯的政治社会学理论，以地方性制度变迁为分析主线，通过对闽南农村的个案调查，对中国农村政治变迁进行细致、深入的考察。

以上学者都借助国家—社会关系的框架，从个案描述出发研究中国的乡村治理问题。张静的《基层政权：乡村制度诸问题》是一部研究乡村治理的力作，它把实证研究与理论分析相结合，通过对地方权威性质和作用的分析，翔实地展现了乡村社会的权力结构，同时也表明了中国现阶段基层治理与"现代公共治理"尚存在一定距离。在张静看来，"国家政权建设"并没有导致现代意义上的基层政权产生，它并没有建立起真正意义上的公共关系——公共权威和村民的现代性关系。

贺雪峰对乡村治理的理论和方法进行了梳理，他认为："乡村治理研究是以理解乡村秩序如何维系，乡村社会如何发展为主要任务的问题导向的多学科综合研究。它大体上可以从宏观、中观和微观三个层面展开。宏观层面的研究主要是理解乡村治理发生的背景、历史条件及其现实处境；中观层面的研究主要是理解自上而下的政策、制度和法律在农村实践的过程、机制及后果，并为理解农村政策的实践提供理论解释；微观层面的研究主要是理解乡村社会内在的运作机制及农民的生活逻辑"。[①] 他把乡村治理研究分为三个主题，即第一个主题是，中国农村将在相当长一个时期处于"温饱有余、小康不足"的状况。"温饱有余、小康不足"的状况，无法支撑起各种现代的乡村治理制度。第二个主题是"制度安排对乡村社会性质有着深刻依赖，同一个制度安排在不同性质的乡村可能具有极其不同的效果"。第三个主题是，村庄作为农民生产、生活和娱乐的三位一体的空间，不会在短期内消失，村庄治理（或村组治理）是乡村治理研究的核心内容。[②]

1.2.2.3　西方汉学家对中国乡村治理的研究

西方汉学家也对中国乡村社会充满了研究兴趣。早在 20 世纪上半期，一些外国学者就开始涉足中国农村和农民问题研究，他们的介入对中国农村和农民问题研究第一次高潮的出现起了推波助澜的作用。例如，1925 年库尔普撰写了《南部中国的乡村生活：家族主义的社会学》，卜凯 1933 年出版的《中国农家经济》，同一时期费正清的《美国与中国》，以及日本"满铁"调查报告出版《中国农村惯行调查》（6 卷）等。到了 50～70 年代，国外对中国农村和农民问题的研究已经取得了一定的进展。其中影响较大的

---

① 贺雪峰：《乡村治理研究的现状与前瞻》，《学习与实践》2007 年第 8 期。
② 贺雪峰：《乡村治理研究的三大主题》，《社会科学战线》2005 年第 1 期。

有：旅美华人杨庆堃根据自己 50 年代初在广州郊区鹭江村的调查写成的《共产主义过渡初期的一个中国农村》（1959）；威廉·韩丁根据他对人民公社时期陕西长弓村的再度调查，出版了《翻身：一个中国农村的继续革命》（1983）；1975～1978 年，美国汉学家陈佩华等人撰写了《陈村：毛泽东时代一个中国农民社区的现代史》（1984）；Madsen 撰写了《一个中国村落的道德和权力》（1984）等。这些研究，基本上停留在对中国社会生活现象的描述和乡村社会特质的初步认识上，主要是从他者的眼光来看待中国乡村社会生活。

美国学者黄宗智从历史学和社会学的视角出发，对华北和长江三角洲乡村社会中国家与乡村社会关系的变迁进行了分析，他利用"满铁"调查资料编写了《华北的小农经济与社会变迁》①，在这本书中提到"民国时期的政府，有能力把权力延伸入村，但它缺乏直接派任领薪人员入村的机器，而必须通过村庄内部的人来控制自然村。民国后期的农村与国家，其关系处于紧张状态，因而充满了滥用权力的事例和可能"。他的另一部代表作为《长江三角洲小农家庭与农村发展》②，与《华北的小农经济与社会变迁》不同，这本书是黄宗智在对中国农村实地考察的基础上形成的研究成果，其中提出了"内卷化"的分析概念。此外，他在《国家与社会之间的第三领域》③中又提出了"第三领域"的概念。

同黄宗智一样，杜赞奇在 1988 年出版的《文化、权力与国家——1900～1942 的华北农村》④，也是依据日本"南满洲铁道株式会社"所作"中国农村惯行调查"的资料完成的，在这本书中作者用"权力的文化网络"这一概念来阐释国家与乡村社会的关系。在杜赞奇看来，国家政权试图下沉到农村社会，但由于国家财政紧张，受经费所扼，无力承担在农村社会设立一级行政权力机构所需费用，故此需在乡村社会内部寻找国家政权的代理者，但国家政权代理者的权力异化，导致了农村社会与国家的冲突对抗。

人类学家萧凤霞通过对广东省新会县环城乡的实地考察，在《华南的

---

① 〔美〕黄宗智：《华北的小农经济与社会变迁》，中华书局，2000。
② 〔美〕黄宗智：《长江三角洲小农家庭与农村发展》，中华书局，2000。
③ 〔美〕黄宗智：《国家与社会之间的第三领域》，中华书局，2000。
④ 〔美〕杜赞奇：《文化、权力与国家——1900～1942 年的华北农村》，王福明译，江苏人民出版社，2004。

代理人与受害者》一书中分析了近代以来国家与华南乡村社会关系的变化，并指出传统乡村社会远离中央政权中心，因此，乡村社会的自主性较强。但进入 20 世纪以后，国家的行政权力逐渐向乡村社会下沉。由此使村庄成为被国家权力控制的"细胞化社区"。

另外，从 20 世纪 20 年代到 70 年代，农业经济学、农村社会学、农民学领域关于小农经济行为逐渐形成了形式主义和实体主义两派对立的观点。波普金在其著作《理性的小农》中阐述了"理性小农"的观点。他认为，小农的农场最适宜用资本主义的公司比拟描述，而小农作为行动者可以比作市场上的投资者。小农是一个能够在权衡长、短期利益之后，以追求最大利益为目标作出合理抉择的人。斯科特在其《农民的道义经济：东南亚的反抗与生存》一书中，提出了生存伦理的概念，认为农民在安全第一的生存伦理下，所追求的不是经济收入的最大化，而是较低分配风险与较高的生存保障之间的平衡。黄宗智主张对中国农民的考察应该综合形式主义、实体主义以及马克思的阶级理论，在他看来小农既是一个追求利润者，又是维持生计的生产者，也是受剥削的耕作者。郭于华则认为，所谓"道义经济"和"理性小农"的区别并非一个真问题，两者事实上都是农民理性的体现，并提出前者是一种"生存理性"，后者可以说是一种"经济理性"。

1.2.3　农房重建相关研究

"5.12"地震之后，关于灾后农房重建的文献资料以新闻媒体报道重建进程和有关农房重建的政策为多，相关研究的文献比较少。在现有的相关研究中，仇保兴分析研究了我国传统地震灾后的农房重建模式及其缺陷，提出市场化背景下灾后农房重建的基本思路，他认为："应处理好城镇与乡村、市场与政府、产权所有与社会公正、当地政府与对口援建政府、就地重建与异地重建、房产拥有者与原住房贷款银行等六方面的关系，并阐述了政府补助的四项原则。"① 还有的学者运用比较的方法，研究分析了国外震灾后的住房重建政策。李连祺分析研究了美国、日本、意大利等国的震后住房重建政策，他认为"5.12"地震后重建过程中应制定相应的住房重建特别法解决房地产权问题；降低入住条件，积极推动廉租房及经济适用住房制度，开展社区重建；健全和落实资金补助措施，推动灾后住房重建；建立住房修缮

---

① 仇保兴：《"5.12"灾后住房重建工作的对策和建议》，《住宅产业》2008 年第 8 期。

辅助制度，减少社会资源浪费。① 另外，也有对于住房重建的实证调查研究，但是多限于现状描述，没有上升到学理层面进行理论分析。

1.2.4　对以往研究的反思

通过对国内外研究的回顾，笔者发现，以往的研究还存在着以下不足，克服不足、推进理论是以后研究的主要方向。

在学科类型上，目前的研究多是由社会学、人类学和经济学所完成，他们所关注的问题多以村庄的社会结构、经济发展和文化构成为主。尽管近几年有学者进行了跨学科研究，但是这方面的研究还比较少。

在研究方法上，以往的研究多以乡或行政村为单位作个案研究，尽管研究者尽力寻找典型的乡或行政村，以"解剖麻雀"式的方法求得研究的细致入微。但是很明显，对于偌大的中国来讲，一个乡或行政村难以代表整个中国乡村社会。

在研究视角上，以往有两种研究的视角：自下而上的视角和自上而下的视角，也就是乡村自治的视角和国家政权建设的视角。自下而上是从村民的日常行动逻辑审视乡村治理，传统的研究多采用这样的角度。自上而下是从政权运行的视角俯视乡村治理。但是国家政治和乡村政治所定义的乡村治理并不是一个完全等同的概念，所以只有将两者有机结合起来，才能达到对乡土社会的全景呈现。

在理论框架上，多数研究者受西方学术方法论的影响，自觉或不自觉地受"国家—社会"二分法的视界及语境所支配。但是，过多地将国家作为社会的对立物展示出来，以这样的理论框架分析中国乡村社会，不符合中国社会的现实情况。笔者没有预先的理论假设，只是在田野调查的过程中发现兴趣点，收集资料，然后归纳出论点，与相关的理论进行对话，最后重返田野，实地回访，深化对理论的认识。

1.3　研究方法

本研究采取他者的视角，研究绵竹市广济镇新和村的不同农房重建模式并对其进行比较。经过"出来—进去—出来"三个研究过程，以期达到主位与客位的结合。

---

① 李连祺：《国际震灾后住房重建制度及其经验借鉴》，《法制与经济》2008 年第 10 期。

与社会学定性研究中的线性模式不同，人类学中的参与观察更多的是采取环形的研究模式。民族志研究循环圈主要包括：选择研究项目、民族志问题的询问、民族志资料收集、民族志的记录、民族志资料的分析和民族志的写作。其中从民族志问题的提出到民族志资料的收集，到民族志的记录，再到民族志的分析，这些环节都是要不断循环的，可以是不同的问题，也可以是同一个问题的不同侧面。其中不同的观察类型决定不同类型的资料分析方法。

本研究以人类学中的田野调查为主，对绵竹市广济镇新和村农房重建过程作一个全面的描述。在具体研究方法上采取参与观察法和深度访谈法，访谈对象主要包括镇政府干部、村委会干部和普通村民。同时采用参与式发展研究中的绘图工具，以期对研究村落的描述更为形象和生动。

2　田野地概况

2.1　地理概况

绵竹市广济镇新和村地处川西平原，距绵竹市区16公里，全村环绕广济场镇分布，东与玉泉镇接壤，南靠石亭江，与什邡市洛水镇隔江相望，西接本镇卧云村，北至土门镇分界。全村面积3800余亩，辖16个村民小组，现有农户1716户，4380人。该村系2007年12月由原南岳村和黑虎村合并而成，新合并之村谓之"新和村"，"新"通"兴"，意为兴盛、和谐。

新和村位于石亭江北岸，江水从北山流出，至高景关平梁水分为三埝，即朱埝、李埝、火埝，朱、李二埝为什邡所辖，火埝属广济镇。自高景关分下之水经支渠流往各个村落，渠分横渠和斗渠，主要用作稻田灌溉之用。村民饮用水多来自水井，每个村民小组都建有水塔，饮用水经自来水管道输送到各家各户。新和村因处石亭江沿岸，每年雨季，山洪暴发，河水猛涨，对人、畜、生产都是很大的威胁。该村最高山峰为马鞍腰，形如马鞍，两边高，中间低。该地属成都凹陷盆地半冲积平原，地形起伏较小，无高山丘陵，西北地形逐渐高于东南，地质构造复杂，为龙门山地震带，多年来经历多次地震，但震级较小，破坏性较弱。

　　该地属四川盆地亚热带湿润季风气候区，气候温和，雨量充沛，无霜期长，冬无严寒，夏无酷暑，春早夏长，四季分明。年平均平均气温 15.8℃，年平均降雨量 1000mm 左右，全年总日照数 700 ~ 850 个小时，常年主导风向为东北风。[①]

　　新和村绕场镇分布，交通比较便捷，乡镇之间公路多是水泥硬化的道路，村道虽未硬化，但道路较为平坦，组与组之间均有公路连接。村民的房屋多修建于公路两侧，呈带状分布。

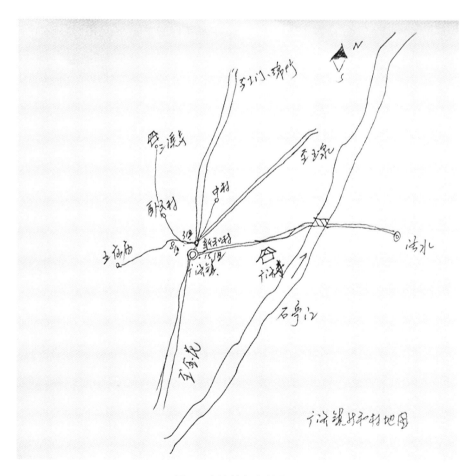

图1　广济镇新和村位置

---

① 《绵竹市广济镇总体规划 2008 ~ 2020》，2009。

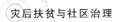

2.2　经济水平

新和村集体经济不强，无大型厂矿企业。据地震前统计，有鱼塘 60 亩，门面 25 间，冻库 1 个，加上机械厂、磷肥厂、水泥厂、石棉瓦厂等交纳土地使用费，估计村集体经济在地震之前每年的收入大概为 3 万元左右。

该村地势平坦，气候温和，水源充沛，很适合农业生产。农业种植结构中分为大春与小春，大春主要是水稻，小春包括油菜、小麦和玉米。农业经济作物主要为大蒜和反季节蔬菜。该村虽然自然条件优越，但是农业产业化水平不高，机械化水平较低。其一是因为人多地少；其二是因为土地支离破碎，无法集中形成规模经营。该村几乎户户种植大蒜，该村的大蒜无论是单产量还是品质都高于附近乡镇所产大蒜，曾获得某食品博览会的金奖，很大部分销往国外。大蒜之所以如此高产，当地人解释是缘于当地独特的地形，由于当地地形酷似马鞍，所以夜晚河风比较大，露水少，有利于大蒜的生长。当地养殖业主要以家庭养殖为主，多饲养猪、鸡、鸭、兔。

该村由于人多地少，农闲时间较长，闲置的剩余劳动力纷纷向第三产业转移。由于距离绵竹、什邡较近，加之两地厂矿企业较多，很多村民在这里打工，另有很多家庭利用农闲时间在附加区县打零工。该村靠近场镇，在市镇从事个体工商经营的家庭较多。据统计，地震之前该村农民人均可支配收入为 4900 元。

表 1　农业生产季节历

作物＼月份	1	2	3	4	5	6	7	8	9	10	11	12
水稻		整地、育苗		插秧	施肥、除草、除虫				收割			
小麦		播种					收割					
油菜					收割							种植
大蒜				收蒜薹			收蒜					
蔬菜	四季均有											

2.3　历史沿革

广济镇原名火烧埝，农田引石亭江水分流灌溉。水发源自茂县牛心山，沿山发水有 15 处，远近二百余里，俱在三江寺汇成大河，谓之三江河，下又有小河二道随入大河，到高景关出口。明万历年间，因象鼻山巨石林立，阻断水道，乡民遂设法烧山钻石，开凿埝口，引水灌田。此后，场址迁移至现在地址，重建街市，再兴商贾，并建有广济硚一座。河岸设上下二渡，因此更名为广济场。意在广施济度，为民便利。1940 年改为广济乡。①

2.4　地震大事记

虽然笔者也经历了地震的惊心动魄，但是毕竟距离震中较远，与极重灾区的民众所经历的有所差异，借用对村民的访谈实录，重新展现地震发生时的场景。

"地震那天，我去帮我儿子打田。刚到田里面，哦豁！看见房子倒得噼噼啪啪的，全倒完了，瓦也在垮，都在喊房子倒了，房子倒了；都吼圆了，瓦一直往下梭，都在摇晃，路上更加厉害。"

"当时我正在睡觉，迷迷糊糊的，我听见咚咚的响声，我以为是老鼠在上面整响。但是又觉得不对哟，声音咋个这么大呢，也就说从地壳传过来的声音，振动还没有来。噔噔的又来了，我爬起来，就往门外冲，我刚走到门旁边，院子里面就有房子开始倒塌，哗哗的，我们哥的房子就这么的一下就这么"按"下来了。当时人就开始箍了，我第一反应就是"糟了，大地震"，我跑到院坝之后，有棵核桃树，我就把树子抱着，站不住，他们的房子倒塌了，我的房子就像船在海上遇到风浪那种，不断地摇晃。"

"我刚走到门口，我就对我老婆说你看那房子为啥子在甩呢？我妹弟说是打雷了，下冰雹了。我说糟了，地震来了，赶快跑，我们就一起跑出来，蹲在院坝当中，看到墙根在箍，看到墙根上面几根砖块落下来了，那简直把人弄得，简直不是箍，是筛，团圈圈，不然咋个这么厉害呢。轰隆隆的，烟雾尘尘的，就是房子倒塌出现的灰尘，三米以内的距离都看不到什么东西，倒塌得一片汪洋。我把手机拿过来，看了下时间，我这个时间慢一分钟，两点二十七，最后报道的两点二十八。"

① 《绵竹市广济镇总体规划 2008～2020》，2009。

全村在"5.12"地震之中死亡41人，受伤200余人，其中重伤50余人。全村房屋约95%倒塌，交通、通信、电力、供水基本瘫痪。地震发生后，重伤员被送往镇医院救治，但是镇医院也遭受损毁，加之伤员过多，很多伤员没能得到及时有效的救治。由于通信中断，处于惊恐之中的村民还遭受谣言的侵袭。

当天下午，惊魂未定的村民正忙着自救，有的抢救伤员，有的从废墟中抢救物资。忽然，有人从横渠边骑车过来，边骑行边吼"山里面氨液罐爆了，大家快跑呀"。村干道上挤满了人，拖家带口地往土门方向跑。跑不动的老年人就只有待在院坝，任凭老天爷的处置。有的村民还算理智，用湿帕子包着鼻子。后来证实什邡一化工厂在地震中倒塌，设备损毁，确有氨气泄漏，但后来经过工人抢修，修复了破损的管道，堵住了泄漏的氨气。

当晚，当地下起瓢泼大雨，村民只得从废墟中掏出一些花胶布或者塑料薄膜，在空地上搭建一些棚子，当地话叫"鸭儿棚子"。处于无序状态的村民就是靠亲缘、地缘关系联系在一起，同甘苦共患难。很多村民很怀恋地震后左邻右舍之间互相帮助的日子，都认为地震之后人的思想观念改变了，人际关系都变得非常和谐，就是几辈子不打交道的也可以在同一口锅里喝粥。

地震第二天，镇政府就和外地村委取得联系，一部分物资运到该村，该村的一部分伤员得以转运到外地。最开始发放到该村的物资较少，就十来箱饼干和一车矿泉水，物资发放非常公平，饼干按照人头发放，精确到块数。雨还在持续不断地下，石亭江的水位也有所上升，处于河坝地带的村民就遭受洪水的威胁。第二天晚上，公路边有人在喊"水来了，洪水来了，快跑"，又有很多村民往绵竹方向跑，但有几个村民比较理智，叫住了奔跑的人群。新和村虽然处于石亭江河畔，地势高于河坝地带，如果跑向绵竹后果更为严重，因为绵竹地势更低。石亭江上游因地震形成了堰塞湖，但是面积不是很大，没有出现溃坝的情况。

第三天，当地开始闹藏独分子，喊的是"要杀人，杀小孩子，抢东西"，有人在路上喊"来了，来了"。当地村民人心惶惶的，还是在马路上奔跑。有的村民说，"都到了这步田地了，不跑了，要钱没有，要粮掩埋了"。最后政府工作人员下来，派出所也来人做宣传，说的是不要相信谣言。这个消息最后证实是从什邡洛水传入，当地派出所逮捕了几个化妆成藏

人的人。由于"5.21"地震之前发生了拉萨"3.14"事件，民族问题比较敏感，不排除一部分势力利用地震搞一些破坏活动。这一事件发生后，当地以小组为单位，成立了以退伍军人为主体的巡逻队，每天夜晚都在干道路口巡逻。

第三天后，外部的援助人员越来越多，志愿者、部队齐聚广济。部队官兵开往广济后，不仅帮助村民排危，疏通河道，安全巡逻，还负责地震后的防疫工作。遇难者的遗体被重新深埋或者焚烧，整个废墟都经过层层消毒，水井也经过人工消毒。由于防疫工作做得比较好，确保了大灾后没有产生大疫。由于地震后在当地属于农忙时节，部队官兵还帮助村民抢收农作物。当地军民关系融洽，村民自发组织许多慰问活动去看望驻守的官兵。

农忙结束之后，村民就开始搭建过渡房。过渡房补贴以个人为单位，人均800元。村民的过渡房多用杉木作为框架结构，竹胶板作为墙体，盖石棉瓦。过渡房后是一些用花胶布临时搭的棚子，里面是村民的日常生产生活物资，由于地处农村，居住较为分散，没有像城镇那样居住板房。由于当地政府在年前住房重建政策还未出台，只有极少数村民开始重建住房，大多数村民处于观望状态。广济由江苏省昆山市援建①，年前部分基础设施就已开始动工，主要是学校、医院、政务中心和集镇干道。

国家对地震灾区的补贴最开始是遇难者家庭的抚恤金，每户是5000元，抚恤金在地震后一周内都全部发放到位。之后是政府对灾区群众的生活补贴，即三个月内保证每人每天一斤米、一斤油、十元钱，老百姓对生活补贴发放非常满意，都认为政府的考虑非常周到，月份较大的两个月都是拿310元。后来国家又给地震重灾区每户居民追加生活补贴，每人每月200元。当地政府在后三个月生活补贴发放时对发放政策作了适当修改，统筹补助资金，有人遇难的家庭适当多发放一定的补助，这样下来每户实际领取的补贴就是260元。这一做法最开始也没有遭到村民多大反对，但是在临近春节时矛盾越来越突出。由于广济紧靠洛水，洛水每位村民都是领取600元，村民普遍认为当官的把钱"吃"②了，"凭什么人家是600，我们是260"，不公

---

① 援建：援建是一种对口支援灾区的重建政策，由未受灾的省市援助受灾的区市县，如上海市援助都江堰，江苏省援助绵竹市。

② "吃"是当地方言，即私吞的意思。

平感不断集聚，矛盾一触即发。临近春节，绵竹举办年画节，村民自发到广济镇讨要说法，政府的解答没有令村民满意。于是很多村民拿着家中的板凳，把绵竹到广济的道路堵了起来，也有的到镇政府静坐。最后市领导下来调解这一问题，也出动了部队和特警。但由于参与者多是些婆婆大娘，政府也无可奈何，最后又把补贴变成了 420 元，每个人增加 180 元。虽然没有拿到全部补贴，但是都认为拿到一部分总比一分钱没有要好。虽然春节期间有政府组织慰问，但是当地的节日氛围十分冷清，村民都认为完全没有年味，亲戚之间也没有走动，也没有人放鞭炮。

年后，国家出台相关的住房重建政策及配套的贷款政策，当地建房热火朝天地进行起来，重建的方式也比较多样，原址重建，统规自建，统规统建，这是本章将详细论述的话题。截至 2009 年 9 月，该村 90% 的农户完成了重建，房屋重建大多完成，但心理、社会关系的修复还在进行之中。从表面看，村民的房屋都大同小异，外观十分光鲜；但透过光鲜的外表，建房所展示的故事却是千差万别，这也是下文所要讲述的主要话题。

2.5　选择这个村子的理由

绵竹市是"5.12"大地震中的极重灾区，广济镇在整个绵竹来说也是农房受损最严重的乡镇，新和村包含大多数灾后重建模式：维修加固、原址重建、统规自建、统规统建，具有研究不同重建模式的比较价值。特别是透过不同重建模式，厘清各种社会关系，研究个人（户）与国家（政府）的关系。过去十多年，中国农村正在发生翻天覆地的变化，正进行各种政策革新的试点，这些变革活动与中国社会变迁息息相关，特别是重大突发事件对个人与国家关系以及公、私观念有重要影响。

另外，笔者于 2009 年 6 月在新和村参加过一次灾后重建的课题调研，该村的书记也希望有人对重建过程作记录，以扩大影响力和知名度，便于以后经济的发展。书记本人对本次调查非常支持，不仅提供相关资料，还提出一些可行的办法和建议。田野期间，房东带着笔者跑遍了新和村，他对很多问题的独到看法也深深影响了笔者的写作。

笔者的调查是在 2009 年 7 月中旬至 8 月中旬进行的，历时一个月。在有限的一个月内，笔者自然不能对以一整年为周期的社会生产生活进行全面记录，以完成人类学的成年礼。但是，一个月对了解灾后重建，特别是住房重建，资料的收集还是比较充分。适时的回访，也加深了对重建过程的认识。这段宝贵的田野调查，不仅加深了笔者对灾区的认识，同时也是一段认识自我、反思自我的重要经历。

3　原址重建

新和村 3 组位于新和村的南端，是距离场镇最远的一个村民组。家庭户数总共 60 余户，在这次地震中该组严重受损失的农户约占 40 余户，轻度受损的占 20 余户。该组人均土地的占有量居全村首位，但稻田被道路和水渠横纵分割，没有形成集中经营。村民的房屋多位于村干道或者水渠两旁，居住较为分散。

3.1　维修加固

2009 年 2 月，政府开始宣传住房重建政策，村上也召开多次村民大会。会上宣传的是房屋轻度受损的，且经专业机构鉴定可以居住的属于维修加固的范畴；受损严重的可以选择重建，重建可选择原址重建，也可以选择统规统建，还可以选择统规自建。重建方式充分尊重村民的意见，统建工作由村民小组负责协调。

在宣传住房政策的同时，当地政府还多次调研地震后村民的住房需求，并发放一些户型图供村民选择。很多村民看后认为造价太高，凭自身的经济实力无论如何也无法承受。当地队长①在宣传的时候也积极宣传该组将要划归工业园区的小道消息，如果划归工业园区后面临重新搬迁，前期的投入将会打了水漂，所以主动带头选择维修加固。在队长的带头下，大多数村民选择了维修加固，其中包括一部分房屋属于严重受损，必须重新修建的农户。

3.2　加固变重建

2009 年 1 月以来，该地还有零星余震，有几次余震震级比较大。村民的房屋受损就更加严重了，轻微受损的变成中度受损，中度受损的变成了重度受损。面对残酷的现状，村民只得向政府反映。但政府已经对重建方式进

---

　　①　队长：当地方言，村民称呼村民小组长为"队长"。

行了统计，部分村民已经拿到了维修加固补助金，重建方式的变更会增加政府的行政成本。最开始当地政府并没有受理村民的请求，后来，希望变更重建方式的村民越来越多，很多村民甚至到市上上访。市上在受理村民的上访后，专门派人下村子调研，对村民的房屋进行了鉴定。最后当地政府认可了村民由维修加固变更为重建的行为，扣除维修加固费用，发放了重建的建房补贴。

维修加固变更为重新修建，就面临重建方式的选择。当月该组召开了一次村民大会，对重建方式进行了统计，第一次选择统建的是 40 余户，有 20 余户选择自建。选择统建的农户认为集中修建便于安装水电，而且集中起来比较热闹；选择自建的农户却认为统建的房屋面积没有原来的大，并且距离田地较远，耕种不方便。过了一周，该村又作一次统计，这时选择统建的只有 20 多户，选择自建的反而占 40 余户。见意见无法统一，该组有几户农户就开始自己动工在原址修建。见有人动工，全组其他农户也开始效仿。最后，新和村 3 组就无法统一，只能选择原址重建。

无法形成统一的意见，3 组就只能选择原址重建这一重建模式。原址重建也有三种类型：第一种是在旧宅基地上重建；第二种是在自己的承包地，如靠近村道或者水渠边重修；第三种就是原宅基地交通不便，与他人调田到交通方便的地方修建。调田修建一般来说是村民私下协商，村民小组只是起到中介调停的角色。调田的成功与否有赖于村民本身的社会资本和影响力，很多村民在调田的时候还会补偿被调方的青苗损失费。当地在调田的过程中，一户比较弱势的农户向一户较为强势的农户调田修建房屋，强势一方要求另一方支付 5000 元的补偿金，后来村民小组长介入，认为不应该乘人之危，更不能起这个头，形成风气之后调田就更加麻烦。迫于群体压力，强势的一方放弃了额外的补助金，只是在田的面积上增加了一分地。村民的宅基地调整虽然换了主人，但是集体土地承包证上的承包人还保持不变，这一现象非常普遍，当地政府也默许这一行为。

原址重建是村民主动的选择，政府的介入不是很深，但政府通过住房重建补贴的发放对村民住房的重建进行监控，因为基层政府也面临重建的政绩考核。当农户买好材料，拆掉危房，平整好地基，经过村民小组认定，就可以领取第一笔补贴；当农户打好住房的框架结构，上了梁就可以领取第二笔补贴，上梁是当地建房的风俗，上好梁意味着接近竣工；第三笔补贴是房屋完工后支付；最后一笔是基础设施，如水、电、光纤，另外就是原来宅基地的"还耕"①，还耕验收合格之后方能领取第四笔补贴。

3.3　家与户

当地政府住房补助资金的发放方式就相关的问题作过专门的调研，也征求过村民和基层干部的意见。最后政府采取的是以户籍登记中的户单位发放，即1~3人1.6万元，1~4人1.9万元，5人及以上3.3万元。以户标准发放虽然照顾了农村部分群体的利益，但在操作中也带来一些难题。有的一个户头上一个人是1.6万元，有的一个户头上三个人也是1.6万元，很多村民就认为补贴发放不公平。最主要的是农村中很多主干家庭和联合家庭，实质上已经分灶多年，但户籍上仍然是一个户头，就只能享受一个户的补贴。当地历来形成一个共识：很早就分户的都是家庭不太和睦的，家庭非常和谐的没有分户。传统的大家庭观念遇上了现代户籍制度，这一矛盾引起了很多村民的不满，不满就导致了不断上访。后来当地采取自然分户法，即一家三代，在地震之前已经分灶，且粮食补贴都已经分开领取的就自然分为两户。

自然的分户解决了一部分群体的问题，但更多的村民发现有利可图，都要争着分户。有的两口子假离婚也要分户，有的一家三个人也要分成三个户，就这样该组分户成为风气。政府自然不能坐视不管，除了地震后三代之间的自然分户外，其余的分户以地震之前的户口为准。用访谈中村干部的话来说就是"不该你享受的，不管你咋个闹，闹翻天，政策不允许，坚决就不得行"。

3.4　合与分

不仅地震后存在分户矛盾，已婚子女和自己父母房屋的重建也发生了很多矛盾。很多已婚子女和父母在地震之前已经分户，享受的是两个家庭的补贴。但是面临资金问题的父母不可能单独修建房屋，又不可能不修房屋，因为必须居住。特别是有几个已婚儿子的家庭，就在父母房屋的修建以及父母户头建房补助金的分配上产生了矛盾。老年人没有能力单独修，又不敢把所

---

①　还耕：把原来的宅基地开垦为耕地，由于很难开垦，原宅基地多用于树木种植或畜牧养殖。

有的钱全部分给子女修，这样在子女之间、婆媳之间产生了很大矛盾，扯皮纠纷时有发生。主干家庭还好，没有推卸，就是把两个户头的钱统一支配，集中修建房屋。田野调查期间所居住的房东家采取的做法颇为典型：房东本人有两兄弟，地震之前已分户多年，父母供养上采取的是"轮火头"，房东父母的补贴平均分配给房东和房东的哥哥，两个人都为自己的父母修建了一间卧室，父母每月轮流供养。

3.5　建筑成本与满意度

2009 年春节之后，当地住房重建进度较为缓慢，一是农户确实资金紧张，另外当地仍然有余震，村民害怕修好的住房又被震坏。与此同时，国家也在调整灾后重建的规划，其中最明显的就是重建时限的变化，三年重建变为两年重建。迫于重建政绩的考核，当地政府于 2009 年度出台了一系列鼓励政策，如每组最开始修建的农户有一定的奖励，每户奖 8000 元。奖励的政策并没有收到多大的效果。后来驻村干部进一步展开宣传，如果在"5.12"地震周年之前住房没有打好基础，就拿不到江苏昆山援建的8000 元钱。奖励的举措没有收到明显的效果，惩罚的措施立竿见影。村民知道这一政策后，不管是家里有钱没钱都开始动工修建。一哄而上带来的是建材价格的上涨，红砖每匹涨到五角多，水泥每吨涨四百多。与 2009 年 8 月建材的价格相比，每户在房屋修建过程中就多支出一万余元。最后，最早开始积极修建的拿到了 8000 元，但是这是江苏援建的资金，每户均有。这在村民心中造成很大的不平衡，认为国家的补贴刚好抵消了建材上涨的支出，这样就相当于修建房屋没有拿到国家的补助。有的村民甚至认为是政府与建材商人勾结，合谋操控建材价格，说地震时遭受"震灾"，重建时遭受"官灾"。

3.6　重建中社会组织的介入

新和村旁边是卧云村，地震之后爱德基金①常驻该地，给当地村民很多帮助，住房补贴是人均 5000 元，在秋收的时候还给每户家庭一个装粮食的

---

① 爱德基金会成立于 1985 年 4 月，是一个由中国基督徒发起、社会各界人士参加的民间团体，致力于促进我国的医疗卫生、教育、社会福利和农村发展工作。

仓（铁皮制作）。看到邻村的村民得到很多好处，新和村的村民就开始议论纷纷，说领导没有本事。后来，新和村的村书记就和几位村民一起找到爱德基金，阐明相关缘由，说是两村距离太近，一个村子发放东西，另一个村子没有，会在老百姓心中造成很大的不公平感。开始爱德基金没有答应，新和村的书记找了很多次，被书记的诚心感动，最后每户发放一个仓。

宣明会①是通过该组一户村民联系上的。该户村民和台湾老板想在该地推广轻钢生态房，但效果不太好。虽然房子抗震效果不错，但是村民担心不能防雷。轻钢生态房虽然没有推广开，但是通过台湾的老板引荐了宣明会。宣明会准备在新和村设一个点，户均一万元的补贴。虽然是村委会直接和宣明会联系，但镇上想将援助资金统筹。镇上的做法遭到村干部的抵制，因为邻村爱德基金的补贴都没统筹。宣明会也不同意这一做法，要亲自将钱发放到村民手中。最后宣明会的工作人员入户登记，为当地村民每户开了一个户，钱直接转到账户上面。

3.7　小结

从实地调查发现来看：原址重建主要具有节约建筑成本、节约用地、使用面积较大、节约劳动成本、方便农村生活等优点，但也存在基础设施不好规划等缺陷。原址重建相当于是村民自己的事情，政府只是在政策上引导，主要有：确定了建筑的面积，即人均35平方米；给予补贴以及贷款的支持；对建筑队的监控，有资质的建筑队才给予备案，赋予其合法性。至于修什么样的户型，用什么样的建材，请什么样的包工队，这些统统都是村民的私事，由村民自己去选择。国家采取补贴分批次发放的形式，确保了对建筑质量以及建筑进度的监控。

4　统规自建

新和村5组住房主要集中在三个老院子，重建过程中还是充分尊重村民

---

① 世界宣明会（World Vision）是一个发扬人道与博爱精神的国际慈善团体，于1950年创立，其宗旨是以爱心服务贫苦及有需要的人们，与他们一起面对贫穷和灾难，合力克服困境，使其走上康庄之路。

的选择。最开始村民选择的重建模式是原址重建，但有很多村民宅基地距离村干道较远，不好运输建材，于是向政府反映这一情况。最后村民小组牵头，确定了三个集中修建点，政府负责修建完善基础设施，村民的房屋由村民自己修建。村民之所以选择统规自建而不是统规统建，主要是怕建筑商人"吃"钱，同时担心建筑的质量问题。

4.1　修建方式

房屋在修建过程中存在三种建筑方式，即全包（包工包料）、半包（包工不包料）和换工修建。全包就是把整个房屋修建全部承包给建筑队，建筑款按平方米来计算，竣工交钱拿钥匙即可。半包就是房主负责购买材料，建筑队负责修建。房东在购买建材的时候可以保证质量，有的资金不足的可以购买稍微便宜点的建材，当地话叫"多大的脚穿多大的鞋"。换工修建即房主自己购买材料，由亲戚朋友之间互相换工修建。该组换工修建的仅有五户，五户之间都是亲戚关系，且有两户家庭中有人从事建筑行业。换工所需的基本建材比如脚手架、撑木都是共同出资购买，先集体出工打好一家的地基，待房屋结构成型后修建第二家，这样依次轮换修建。换工的确节约了建筑成本，但是换工修建工人数较少，比起建筑队的集团作战来说修建进度较为缓慢。

4.2　房屋的户型

当地的房屋多为政府委托专门设计机构设计，政府下发了很多户型图纸到村上供村民选择。根据家庭人口多少可以选择三套五和四套二等。也有村民向建筑队阐述自己的想法，然后建筑队把村民的想法变为事实，村民人人都成了设计师。修建的房屋不只是正屋，还包括后房（附属房），后房是村民放置杂物或者饲养牲口的场所。当地村民还发挥本土智慧，利用住房的结构节约建筑成本。有很多家庭的房屋联排修建，修建成连体房，这样两户人家可以共用一面墙，三户人家可以共用两面墙。联体房的修建虽然可以节约成本，但是也埋下了以后邻里纠纷的隐患。有的家庭采取外合内分，即外面看起来是连在一起的，但是附属房是分开的，且后面各户都是用围墙隔开，这样既可节约建筑成本，又可获得独立的生活空间，可谓一举两得。

4.3 建房的仪式

通过访谈当地的风水先生，笔者获得很多该地关于建房仪式方面的知识。这些仪式在地震之前较为盛行，地震之后有所简化。当宅基地确定之后，建房的第一步就是定方位，方位的选择综合了地理位置、采光及户主家庭成员的生辰八字等要素，当地的房屋大多选择靠近村道两侧或沟渠两旁。宅基地定了之后就请风水先生来确定朝向，风水先生所用工具即罗盘（指南针），当地房屋的朝向多为坐北朝南，既符合通风、采光的需要，同时也符合风水的基本原理，当地风水先生解释为"南为丙丁火，即太阳，万物生长都离不开太阳"。

方位朝向已定，接下来就是动土，动土主要就是动工时间的选择。风水先生多用承袭几代的理论来确定动土时间，或用历书，上面记载有每天适宜做什么事情、忌讳做什么事情。当地房屋修建时间多为三月，风水先生解释的就是"要背东风、背三煞，要得发，背三煞"。动土时间确定时候就是挖四角，即建筑师傅围绕宅基地的四周挖土，一个角挖一小锄头，然后把挖出来的土往中间抛，当地的风俗叫作"搂财"，象征吉利。之后就是下基地，下圈梁，浇筑构造柱，这一工程多承包给建筑队。

房屋主体结构成型之后最重要的仪式就是上梁。梁正中是一个八卦，八卦分成十六，十六分成三十二，三十二又分成六十四，三十二卦为阳，三十二卦为阴。八卦两侧写着一些吉利的词语，如荣华富贵、金银满堂、地久天长、人寿财丰。梁的右侧画一个宝剑，用于避邪。

上梁仪式的第一步是祭五方，在堂屋里面，东南西北中央屋基土，舀八个汤圆，祭祀鲁班。第二步就是主人拜梁，全家穿着整洁，风水先生就喊"一拜天长地久，二拜地久天长，三拜金银满堂，四拜荣华富贵，五拜五子登科，六拜六六顺，七拜儿孙满堂，八拜四方，方方发财，九拜长寿，十拜十全十美"，主人如果高兴，喊一次就会给风水先生一个红包。

第三步是师傅祭梁，用鸡公①祭梁。木匠师傅用斧头把鸡冠上面切去一点，一边祭祀一边说一些吉利的话语，如"祭梁祭梁，是地久天长；先生贵子，是国家栋梁；一祭祭梁头，主人是王侯；二祭祭梁中，主人代代在朝

---

① 鸡公：当地称呼公鸡为"鸡公"。

中；三祭祭梁尾，主人代代是支委；主梁步步升，主人财到兴"。有的排场比较大的还要弄"眼杀鸡"。眼杀鸡也是木匠做的事情，在木马上面，用锉子在鸡公喉管上面锉一个很小的眼，他就是围绕房子跑一圈，还要一边祭祀一边念咒语"一祭东方甲乙木，二祭南方我不说，三祭西方五更金，四祭北方人贵水，五祭中央屋基土"，跑遍了回来就到客厅，说"天不祭，地不祭，年不祭，月不祭，姜太公在此，是大吉大利"，啪的一声就把鸡公撂在地上，鸡公几弹几弹就死了。之后，鸡公就交由木匠师傅、泥工师傅享用。

祭祀师傅一边祭祀一边抛撒喜糖、喜烟、喜钱。钱用红纸包着，数量不多，有一角、两角、五角、一元的，红包总数有的为 66 个，六六顺；有的是 88 个，即事事发；有的是 99 个，九九长寿。然后就是亲戚朋友放鞭炮庆祝。随后，泥工师傅就把大梁上好，风水先生也说一些吉利的话语，抽活①主人，如"正梁步步升，主人财到兴"，师傅会一边喊一边抛撒喜糖、喜烟、喜钱，如"一撒纷纷霞叶落，二撒南风我不说"、"三撒西方无根地"。梁上好之后就是吃汤圆，风水先生会喊："早不吃，晚不吃，正当主人上梁时"，有些来不及的就把梁上了吃汤圆，大多数是上饱梁，也就是先把汤圆吃了再上。最后要在梁上挂红，有的是把红布搭在梁上，有的是挽一个绣球绑在梁上。

房屋修成后，搬家的时候也有一定的讲究。主人家要买九斤九两米，抱一点材块，到堂屋，烧一盆火，全家人或者亲戚就从火上面跨过，意味着红红火火。最先搬进去的是箱子、柜子之类的物品，代表"柜子柜子，早生贵子"。搬家也是要请客的，有钱的请厨子做几桌，或者是在馆子里面包几桌。

祭祀中"看梁鸡"与眼杀鸡不同，看梁鸡用于拜梁的仪式而不是祭梁的仪式。拜梁的过程中，把看梁鸡放到大梁上，它会在上面走两转，要鸣叫，鸣叫就是吉利的象征。看梁鸡是不能随便杀的，喂了 120 天之后就卖给别人。5 组的一户刘姓的农户，他家的房子是承包给广安的建筑队的，那边风俗习惯和广济本地有所差异，风水先生、木匠师傅可以把鸡公拿回家去吃。拜梁仪式之后，建筑队的工人把鸡捉来抓住，拿来自己吃了。主人知道之后就非常生气，因为当地的风俗是只能吃眼杀鸡而不能吃看梁鸡，据说把

---

① 抽活：当地方言，给予照顾的意思。

看梁鸡吃了就是把自己一家的命脉断了，与把家里面的人杀了是一样的后果。事情闹得很大，房主执意不交付建筑队的工资，当地派出所出面了也没有调解好这一问题。最后风水先生出面协调，解释工人的出发点都是好的，都来帮助修房子；他们还是比较辛苦，他们要按照他们的礼节，不知者不为怪。最后建筑队同意赔付了一千三百九十九元，主人也支付了拖欠的九万多元的工程款。最后，风水先生在主人家画了一副太上老君符，就是用朱砂在红布上面画了一道保全家的符，写上"天不祭，地不祭，年不祭，月不祭，姜太公在此，是大吉大利"，用胶布粘在梁上，就把事情解决了。

4.4　建房与社会关系、习俗

地震后，村民依靠血缘、地缘等纽带联系在一起，共同应对地震带来的困难。当地村民普遍认为地震后人的观念都开始转变，好人好事多了，特别是在抗震救灾的最初几个月，不管有多大的深仇大恨都能暂时放下。每当有村民做好事时，都被其他村民戏称为"志愿者"。当地属于地震极重灾区，地震对当地的建房风俗也造成了一定影响，很多仪式能减少的就减少，能简化的就简化。例如，房屋的挂红也不是家家都有，请客的时候一般就是直系亲属，形式也比较简单。另外，很多家庭的亲戚朋友都受灾，亲戚之间的走动变得越来越少，村民都认为亲戚之间的关系淡了很多。他们认为走亲戚总不能空手去，买礼品经济又比较拮据。的确，礼品不仅仅是一个事物，而是承载了亲戚之前的情感，没有钱购买礼物，感情自然变得淡了。绵竹地处川西平原，物产丰富，自古以来都过着"水旱从人，不知饥馑"的生活，村民闲暇时间较多，麻将在当地也比较盛行。地震之后，村民的经济状况受到冲击，享受安逸的生活变成了勒紧裤腰带过日子，这也是地震对当地村民生活的重要影响。

当然也不排除有部分村民遭受地震的打击比较沉重，地震已经摧毁了他们生活的斗志，认为过一天是一天，人生苦短，及时行乐的人大有人在。地震使村民变成了灾民，也有的变成了刁民，认为"我是灾民，我怕谁"，不断地向政府提条件，经常到政府上访闹事。

4.5　面子洋盘与内部空虚

房屋的面积和户型取决于家庭人口数量、经济水平等因素，是一个多变量的综合考量。每当问起修房子考虑最多的因素是什么时，村民说得最多的一句话就是"量力而行，有多大脚买多大鞋子"，但也不排除有的家庭超前消费，透支了几年甚至上十年的收入。在农村，衡量一户家庭经济水平和社会地位最明显的标志莫过于房屋，这就难怪有的叫房屋为"门面"。该组就有一户村民，家庭经济本来就差，但他认为房屋修建就应该一步到位，免得以后重复修建。房屋的面积也大于实际需求，房屋内部的装修也比较讲究。但这基本上都是欠工程队的钱，大概有五万余元。工程队多次上门讨债，没有收获就想尽各种方法威胁房主。与此同时，房主还和自己的兄弟因为赡养父母的问题发生矛盾，当工程队的人再次踏进房主家时，房主无可奈何，就喝了除草剂自杀，最后没有抢救回来，一个鲜活的生命就这样消逝了。访谈中，很多村民都说房屋重建是"外表洋盘"，"内部空虚"。"外表洋盘"说的是房屋的外观光鲜亮丽，"内部空虚"说的是经济缺乏可持续。

4.6 小结

统规自建既可以保证政府监控的效力，又能充分调动村民的积极性。同时，我们还可以看到传统的社会关系对灾后的恢复重建仍然起着重要的作用。一些乡村社会中的传统风俗仍然有其存在的沃土，但地震也是造成该地民风民俗变迁的重要因素。

5 统规统建

新和村 15 组靠近场镇，共 130 余户，是该村距离场镇最近的一个村民小组。该组在这次地震中受损失非常严重，仅有一栋房屋没有倒塌。在地震之前该组房屋较为集中，多修在石亭江河坝。该组的经济水平在全村居于首位，因为靠近场镇，可以在附近工厂务工，同时可以种植蔬菜、经济作物。另外，从事个体经济的农户也比较多，但大多数还是兼业户，没有完全脱离农业生产。

5.1 征地与划拨土地

最初，当地采取的重建方式就是原址重建，各自在原来的宅基地上重建。后来，当地政府在援建方昆山的牵线下联系上了澳门红十字会，澳门红十字会补助该组每户 15000 元，但是要集中修建。当地政府选择 15 组的原因是该组距离场镇最近，近水楼台先得月，可以把该组作为一个灾后重建的示范点打造；同时该镇修建了很多公共基础设施，如学校、医院都是占用该组的土地，可以作为一定的补偿。

15 组靠近场镇，场镇基础设施的建设都是占用该组的土地，即为了公益需要，集体土地划拨给场镇使用。15 组被占土地共有 35 亩，地震之前公益设施建设占用 20 亩，地震之后基础设施建设和重建中统规统建集中修建占用 15 亩。公益事业土地的补偿是国土局直接拨付，由组上统筹，组上再按照户口平均分配给该组村民。失地农民还可以享受国家的社保，但是资金构成上国家占 40%，私人出 60%，由于该组达不到平均每家一户人购买社保，为了平均，该组就从划拨土地出让金里面补差。购买社保的这部分村民就转为城镇户籍，属社区管理。当地农户不是所有的家庭成员都转为城镇户口，为了照顾当地村民的利益，虽然有的户籍变了，但是房屋修建过程中仍然计算宅基地。当地村民在由散居变集中修建时，原来的宅基地面积较大，集中修建是按照人均 35 平方米，这就存在一个补差问题。该组的村民就认为应该按照划拨土地每亩五万元补偿，但是该组只认可土地的重新调整和用公田款作补偿。占用同样的土地获得的补偿不一样，在村民中就引起了不满，不满很快变为上访，用组长的话来说就是"认死理，私心重"。

5.2　宅基地的选择

重建方式和重建位置已定，接下来就是每家每户宅基地的确定。最初，修建方是计划按照家庭人口构成分成三个小区，即 60 平方米的一部分，90 平方米的一部分，120 平方米的一部分，这样修建不仅布局结构比较完整，同时可以节约一定的建筑成本。抱着个人利益最大化的原则，这一方案很快遭到村民的否定。位置分布第二套方案是按照不同的户型修建成三部分，每一栋楼编一个号，抓阄确定宅基地的位置。这一方案也没有得到确定，很多村民以前是一个小院子，都愿意一个院子集中居住，不愿意分散。最后当地政府采取了一个折中的方案，以原分布为主，即把原来大院子中房屋的布局复制到集中修建点，顺序按照以前院子的布局为准，散户就采取抓阄穿插到两边。

该村集中修建点房屋的户型是援建方昆山委托上海设计院设计，户型设计过程中充分考虑了当地村民的生产生活，综合了川西民居中的很多元素和符号。户型确定之后是承建商的选择，当地政府采取招标确定。经过层层筛选，最后确定了三家承建商。确定了承建商，当地政府动用各方资源来核算造价，承建商报价是每平方米 750 元，最后经过讨价还价达成协议为每平方米 720 元。

5.3　资金的构成

该组房屋修建的过程中资金结构主要有以下几个部分：国家建房补助金 1.6 万元，澳门红十字会补助 1 万元，昆山援建资金户均 8000 元，国家贷款 2 万元。其中国家建房补助金由政府出面提前拨付给承建商，昆山援建资金由村民自行领取，国家的建房贷款是专款转到户主的账户"一折通"。该组的建房速度还是比较快，不到四个月的时间全部框架都已经成形，但是在 2009 年 8 月的时候施工进度停了下来，其中最大的原因就是资金不到位。澳门红十字会当初承诺的是三次拨付补助金，"基础"起来给 5000 元，"圈梁"打起来给 5000 元，最后完工给 5000 元。8 月答复变成"圈梁"弄好给 5000 元，验收合格给 1 万元。当地村民也向政府沟通好多次，都没有明确的答复，一分钱也没有转移到村民的账户。

另外，很多村民也没有把国家的住房贷款交给承建方，当建筑队去收钱的时候就找各种理由，高兴给就给，不高兴就不给，拖欠建筑队工程款已经形成了一种风气。村民也有自己的理由，认为修建好的房子空间距离与图纸设计上有差距，合同上约定的是 2.8 米，但是老百姓认定的是 3 米，因为其他自建的房屋都是 3 米。集体的争议使得建筑队以停工应对，房屋修建的进度也近于停止。访谈中，村干部认为像这种统一建设的模式，资金就应该由集体统筹，政府应当管这个事情，把钱发到老百姓手里想重新收起来就不容易了。还认为如果采取了统一规划自行修建，烦心的事情也会少很多。如果要统一就要统到底，特别是重建资金的统筹。

5.4　聚居与生产、生活

统一规划统一修建，原来的散居变成了聚居，以后村民的生产生活将会发生相当大的变化。该组组长的设想是以后每家每户出一点钱，请几个人专门负责打扫居住区的公共卫生，另外可以组织年轻人成立一个安全巡逻队，既可以保证安全，又可以节约成本。聚居的格局也意味着很多农民以后很难从事农业生产，劳动力向二三产业转移也是该组以后发展的方向。

5.5　房屋的变迁

地震也成为当地房屋变迁的重要因素。访问该村年龄较大的老人，追忆房屋变迁的经过。新中国成立前，该地农房中最多的是草房，只有富裕的家庭修建的是砖木结构的小青瓦房。后来随着生活水平的提高，草房逐渐消失，更多的村民盖起了小青瓦房，但是很多墙体用的是土砖，形式也比较简陋。改革开放以后，该村的房屋有了很大改观，大多数村民修建了砖木结构的小青瓦房，但用的是窑灰砖，这也是地震中倒塌比较严重的重要原因。也有些先富起来的村民修建了楼房，但是比例较低。地震之后村民大多修建的是平房，基本是现浇，有的还是框架结构。村民不修建楼房的原因主要是害怕地震。

5.6　小结

统规统建具有规模效应，视觉效果较好，基础设施规划方便。在统规统建中，国家的介入程度最深。宅基地的位置确定是由政府统一协调确定，基础设施是由政府统一规划修建，修建过程中也是全权包办。从表面上看，这种选择应该是最经济的，但是面临政府与村民之间的信任问题。村民总是担心政府与建筑商勾结，采用劣质建材，无法保证建筑质量。所以在房屋验收阶段，村民总是找各种理由拒绝交付房款。另外，政府包办房屋的修建，不排除一部分村民有"搭便车"现象。这对于个人效用最大化目标来说当然是理性行为，然而假设大家都习惯于这样的行为模式，那么在客观上就增加了获得公共福利的成本和难度，显然这一导向与社会福利最大化目标之间存在一定的矛盾和冲突。

6　结论和讨论

从对今后生产生活的影响来看，三种重建模式各不相同。原址重建主要有如下几个优点：一是节约建筑成本，因为可以沿用原来的宅基地，就可以省去平整土地的支出；二是节约用地，沿用原宅基地，就不用重新占用耕地，原宅基地虽然可以还耕，但是短期内不能种植农作物；三是建筑面积普遍高于统建的面积，统建中房屋的面积是国家规划限定的，自建可以在国家限定的范围内适当调整；四是与农村生活相适应，散建靠近农田可节约劳动成本。但是散建的缺点也十分明显。从外表来看，散建布局分散，没有形成规模效益。另外，散建中基础设施不好规划，特别是道路、水、电等。统规统建正好弥补了散建的缺点，具有规模效应，视觉效果较好，基础设施规划方便。但是统建最大的困境在于村民对建筑商的信任，村民总担心建筑商赚走了钱又没有保证房屋的质量。统规自建综合了原址重建和统规统建的优点，规避了二者的缺点，统规保证整体的布局，又保证了基础设施的统一，自己修建也消除了修建过程中的信任危机。

从国家政治权力的介入来看，三种重建模式介入的深浅不一；从村民的主动性参与来看，三种重建模式的参与程度高低不同。原址重建相当于是村民自己的事情，政府只是在政策上引导，主要有：确定了建筑的面积，即人均35平方米；给予补贴以及贷款的支持；对建筑队的监控，有资质的建筑队才给予备案，赋予其合法性。至于修什么样的户型，用什么样的建材，请什么样的包工队，这些统统都是村民的私事，村民自己去选择。国家采取补贴分批次发放的形式，确保了对建筑质量以及建筑进度的监控。

在统规统建中，国家的介入程度最深。宅基地的位置确定是由政府统一协调确定，基础设施是由政府统一规划修建，修建过程中也是全权包办。从表面上，这种选择应该是最经济的，但是面临政府与村民之间的信任问题。村民总是担心政府与建筑商勾结，采用劣质建材，无法保证建筑质量。所以在房屋验收阶段，村民总是找各种理由拒绝交付房款。另外，政府包办房屋的修建，不排除一部分村民有"搭便车"现象。这对于个人效用最大化目标来说当然是理性行为，然而假设大家都习惯于这样的行为模式，那么在客观上就增加了获得公共福利的实现，甚至延缓公共福利的实现，显然这一导向与社会福利最大化目标之间存在一定的矛盾和冲突。

统规自建弥补了原址重建和统规统建出现的问题，既可以保证政府监控的效力，又能充分调动村民的积极性。反思政府介入的程度，如果政府采取不管不理，抱着个人利益最大化的选择是不利于整体利益的；如果政府采取全部包干的形式，公共意识欠缺的村民会绑架整体的利益，最后反而不利于整体利益的实现；如果政府采取宏观引导，发挥村民的主体地位，调动村民的积极性，这样整体利益才能最大化，村民的利益也才能最大化。

在传统中国社会，国家权力无法直达乡村社会。为解决与农民生产、生活和娱乐密切相关的公共事务，乡村社会创造了在家庭以上的功能性组织，从而形成了一个双重的认同与行动单位，其中的第一重是家庭，第二重是超出家庭的宗族或者以宗族为基础的村庄认同。维护功能性组织运转的基础是克服内部的分离力量，办法有两个，一是对"搭便车"的人进行惩罚，二是将组织力量内化到村民心中。一旦村庄或宗族变成"我们"的村庄或宗族，变成一个"私"的单位，这种认同就会极大地降低内部运作的组织成本，有效地满足村庄超出家庭层面的公共事务需要。[①] 在现代中国社会，国家权力直达基层，村民委员会作为村民自治组织俨然成为基层政府的附属机构。但是，在某些方面村委会和基层政府间存在博弈关系，如对世界宣明会援助资金，村委会不愿意镇政府统筹。此外，传统的基于血缘、地缘结成的社会关系对灾后恢复重建起着重要的作用，如换工修建房屋就大大降低了建房成本。

个人与国家关系反映在思想意识层面上就是公私观念。"崇公抑私"是中国传统政治文化的重要特征和基本指向。然而，对私的贬抑和对公的推崇造成对私人利益合法性的漠视，并没有带来人际平等和宪政民主制度的落实，"崇公抑私"这种伦理关怀到了现实中就演变成了公共领域和私人领域的双重扭曲。历史证明，"灭私欲"无益于社会的发展，社会的进步要靠公私协调。对"公"的维护要建立在对"私"的认可和尊重的基础之上，否则必然导致公私利益"两无"的结果。现代民主的运行要求公民普遍具有公共精神，它要求公民善于超越自身"私人性"的局限，体认更为普遍的联系和价值。对中国传统政治文化现代转换的研究，必须首先认识传统政治文化的基本结构，看到传统政治文化与现代化碰撞的必然性，这是培育现代公共精神的文化导向与价值源流。[②] 从新和村"5.12"地震灾后农房重建中，我们可以看到村民个人意识的觉醒及其对自身权利的追求。但在追求个人利益的同时，如何培育公民意识和公共精神是今后有待研究的新课题。

---

① 贺雪峰：《公私观念与中国农民的双层认同》，《天津社会科学》2006 年第 1 期。
② 秦菊波：《中国传统公私观念与现代公共精神的培育》，《求索》2009 年第 4 期。

第三章

社会工作对灾后社会建设的作用研究

——以绵竹市清平乡为个案

1 导论

1.1 研究缘起

2006 年 10 月 11 日，中共中央十六届六中全会通过了《中共中央关于构建社会主义和谐社会若干重大问题的决定》，其中明确提出："建设宏大的社会工作人才队伍，是构建社会主义和谐社会的迫切需要……"在良好的政策环境下，社会工作教育领域掀起了发展、壮大中国社会工作教育事业的高潮。随后，全国有 200 多所高校陆续开办了社会工作本科专业，社会工作专业人才队伍逐渐成长起来。

2008 年 5 月 12 日 14 点 28 分，四川发生了 8.0 级特大地震，不仅造成了巨大的人员伤亡与经济损失，还对当地人民的心理健康和原有的社区关系及社会支持系统造成了破坏性影响。截至 2008 年 9 月 25 日 12 时，汶川地震已确认 69227 人遇难，374643 人受伤，失踪 17923 人[①]，直接经济损失 8964.3 亿元[②]。面对如此重大的灾难，社会各界通力合作，千方百计抗震救

---

① 具体情况见《四川汶川地震抗震救灾进展情况（9 月 25 日）》，http://www.512gov.cn/GB/123057/8107719.html。
② 国家减灾委员会、科学技术部抗震救灾专家组：《汶川地震灾害综合分析与评估》，科学出版社，2008，第 173 页。

灾。2008 年 6 月 21 日，四川大学与香港理工大学在香港赛马会的大力资助下，在成都联合成立"四川地震灾后重建支援与研究中心"。① 次年 4 月，笔者参与了由该中心重点支持的"灾后社区生计重建基线调查"项目。该项目预计对地震重灾区绵竹市清平乡进行历时三年的追踪研究。2009 年 4 月，项目组入驻清平灾区，开展了为期半个月的基线调查。此次调查研究顺利完成了灾后清平乡盐井村、元包村的个案评估以及盐井村、元包村共 700 余户农户的基线调查和农户分类建档立卡工作。调查期间，由香港理工大学与四川大学联合在清平乡设立的社工站以及常驻于此的社工们吸引了笔者的视线。第二年，为进一步了解清平乡灾后重建的进展情况，"灾后社区生计重建基线调查"项目组于 7 月 19 日至 21 日，对清平乡进行了跟踪调查。7 月 20 日下午，笔者对清平乡盐井村的村支书孟生容进行了深度访谈。当问到他对社工站和社工们的看法时，孟书记毫不掩饰地说，地震以前，他不知道社工是干什么的。当社工找上门来，希望组织村民活动，他还很担心社工能否发挥作用。但是，与社工接触下来，透过他们开展的一系列活动的效果以及村民们的反响，他对社工的了解加深了，并且对社工的工作成果给予了好评。

1. 2 研究意义

社会工作发端于西方社会。作为一种专业的助人活动，社会工作在国际上已有百余年的历史。它应工业革命及其引发的社会问题之需要产生，并且在解决社会问题的实践中不断规范化、完善化，最终以其专业性获得西方社会的普遍认同。作为一种自下而上发展起来的制度，社会工作早已是西方社会福利体系中不可或缺的组成部分。

严格意义上，我国是在改革开放后引入社会工作的。"自 1987 年国家民政部为了推动中国社会工作的发展，在北京举行社会工作教育论证会，确立社会工作的学科地位，至今，专业社会工作在中国的发展不过十几年。无论是在社会工作专业的课程设置还是在社会工作实务方面，我们大多是沿袭西方的理论体系和经验。"② 这种背景迫使中国学者致力于为来到中国的社会

---

① 在此基础上，四川大学与香港理工大学于 2011 年 3 月联合组建成立"灾后重建与管理学院"。
② 杨尔飞：《我国社会工作本土化的路径探索——对两家社工机构的比较研究启示》，安徽大学硕士学位论文，2010。

工作找出特有的理论。"5.12"大地震发生以后，许多从事社会工作教育的院校、社会组织和社会工作者开始介入灾区的抗震救灾与灾后重建工作。与此同时，学界也在尝试性地探索社会工作介入灾后重建的路径，积极总结社会工作介入灾后重建的经验。

本研究以"5.12"特大地震灾害为背景，探讨社会工作作为一种新兴的制度进入到地震灾区，对当地社会建设发挥的作用。另外，本研究还有一个潜在的目的，即观察专业的社会工作在中国本土的适用性。借此，希望对社会工作本土化研究进行适当补充，并为社会工作在中国的发展寻找独特的理论基础贡献绵薄之力。

"5.12"地震灾害给受灾地区的社会生活秩序造成了破坏性的影响。人们的生命财产遭到严重损害，身心遭受极大创伤，社会也由稳定走向失序。当受灾地区原有的社会结构遭到严重破坏、社会关系断裂来不及修补之时，社会工作作为一套救援和重建机制进入到灾区，及时地为当地补充了社会支持力量，并为灾区社会重建提供了新的路径。因此，分析研究社会工作对地震灾区的社会建设发挥的作用，评估社会工作在中国本土的适用性，对于灾后重建工作的有效推进具有重要的现实意义。

我国社会工作的发展遵循的是一条自上而下的路径。在发展的初期，社会工作缺乏厚实的社会基础。由于民众缺乏对社会工作的普遍认同，社会工作在中国的推广比较艰难。然而，"5.12"汶川地震给社会工作的发展带来了前所未有的机遇。以台湾地区为例，"社会工作在台湾地区近年来透明度、知名度以及影响力都较大陆地区高，其原因之一就在于台湾社会工作者在SARS风暴和"9.21"大地震中，通过各种方式积极参与了危机干预及灾后重建的工作，以其出色表现而让社会各界印象深刻"。[①] 因此，本研究以"5.12"特大地震为契机，尝试分析研究社会工作在灾后社会建设方面的作用，归纳社会工作在中国本土发展的经验。这些经验对于如何使社会工作深入人心、深入社区具有重要的指导意义和应用价值，从长远来看，有助于社会工作更有效地介入社会问题，促进社会和谐。

---

① 刘斌志：《论"5.12"震灾对我国社会工作教育的启示》，《重庆师范大学学报》（哲学社会科学版）2009年第2期。

1.3　相关文献研究综述

1.3.1　社会工作的相关研究综述

1.3.1.1　西方社会工作理论简要回顾

社会工作在西方社会存在有百余年之久，但是，它的理论发展相对较晚。

"在西方国家，社会工作经历了一个从没有理论指导到自觉采用理论指导、从指导理论的单一化到指导理论的多元化、从主要借用心理学的理论到尝试借用心理学、社会学、认识论等多学科的理论这样一种发展、演变历程。"① 通过大卫·豪（David Howe）在《社会工作理论导论》一书中的描述，大致可以将社会工作理论发展的过程分为 7 个阶段，即："调查"阶段、"精神分析学"阶段、"精神分析学派"与"功能主义学派"并立阶段、"获得"阶段、"盘点"阶段、"理论统一"阶段、"理论归类"阶段。在"调查"阶段，社会工作者更注重实际工作，缺乏对这些工作进行理论上的思考和认识。但是，在这一阶段，社会工作者通过实践活动积累了丰富的资料，为理论的形成和发展奠定了基础。在第二阶段（20 世纪 20 ~ 30 年代），社会工作者逐渐认识到，仅仅凭借经验来指导社会工作实践活动是不科学的。他们开始采用精神分析学理论来指导自己的实践。20 世纪 40 ~ 50 年代，与精神分析学派相对立的功能主义学派发展起来，社会工作理论的发展进入第三阶段。与精神分析学派注重依据个体早年经历来治疗服务对象的观念不同，持有功能主义学派社会工作观的社会工作者更关注个体当前所处的情境，并主张与案主一起，利用社会工作机构的功能，挖掘案主潜能，促成问题的解决。这一阶段，两派在对立冲突中，坚持采用各自的观点服务案主。第四个阶段（20 世纪 60 年代），社会工作可采借的理论增多，弗洛伊德心理学、认知心理学、社会学等学科进入社会工作者的视野，它们被广泛用于指导社会工作实践。到了 20 世纪 60 年代末（第五阶段），社会工作者意识到，有必要对种类繁多的理论进行梳理、盘点。直至 20 世纪 70 年代（第六阶段），一批社会工作者希望将这些理论整合到统一的理论框架之下。"其中最时髦的是'系统理论'。这种理论试图用'社会功能'这个概念来

---

① 王思斌、谢立中等：《西方社会工作理论的历史与现状》，《中国社会工作》1996 年第 2 期。

把各种理论与方法统合起来。"① 随之，"大一统"的构想和努力遭到激进理论和人文主义理论学者的反对和批评。他们认为，各种理论应当在竞争中并存。因此，多元理论并存的观点和局面成为社会工作理论发展进入第七个阶段的主要特征。

从西方社会工作理论发展的历史，我们可以看出，社会工作主要采借其他学科的理论丰富自身，并且，这些理论的种类是丰富多样的。王思斌教授参照大卫·豪和马尔科姆·佩恩（Malcolm Payne）等人的著作，将西方社会工作理论大致概括为十一种，即：心理分析学理论、认知理论、行为主义理论、社会系统理论、标签理论、沟通理论、人文主义理论、激进的人文主义理论、马克思主义理论、"增权"或"倡导"理论以及女权主义理论。另外，还有一些属于指导具体实务工作的模式理论，如危机介入理论和任务中心理论，也有正在兴起的后现代主义社会工作理论。可见，"'社会工作'作为一种'学'，它的理论基础建立于一个颇为模糊的地基上，而且，这基础多是借助于社会学、心理学、哲学，甚至社会政策等学科"。②

虽然列出了社会工作理论的清单，但是这些理论之间的关系仍然很含混。一些西方学者致力于探索这层关系。惠丁顿（Whitington）、霍兰德（Holland）和大卫·豪受"范式"概念的启发，不约而同地构造了四范式社会工作理论分类模型，如图 1 所示。

但是，佩恩不同意这种多范式的分类模型。在他看来，"社会工作理论只有一个范式，这个范式的核心是心理动力学，各种其他的社会工作理论都可以根据它们通这个核心的关系被组织到这个范式之中去"。③

从以上的概述中我们可以看到，西方社会工作的理论意识是非常强烈的，而多元化的社会工作理论也是在各学派百家争鸣的竞逐过程中形成的。另外，由于社会工作多采借其他学科的理论，因此，它与其他学科的关系也显得非常密切。特别是 20 世纪 70 年代以来，"社会工作理论有明显社会学化的趋势"。④

---

① 王思斌、谢立中等：《西方社会工作理论的历史与现状》，《中国社会工作》1996 年第 2 期。
② 何国良、王思斌：《华人社会——社会工作本质的初探》，《中国社会报》2003 年 7 月 24 日。
③ 王思斌、谢立中等：《西方社会工作理论的历史与现状》，《中国社会工作》1996 年第 2 期。
④ 王思斌、谢立中等：《西方社会工作理论的历史与现状》，《中国社会工作》1996 年第 2 期。

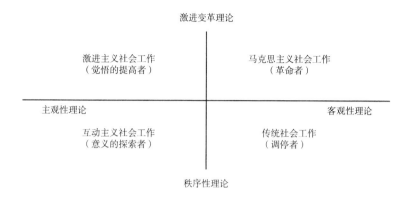

图 1 惠丁顿、霍兰德和大卫·豪的四范式社会工作理论分类模型

1.3.1.2 国内社会工作相关研究综述

对于中国而言，社会工作是一种舶来品。因此，它在进入中国之初，就不可避免地引起了学界对于社会工作本土化的讨论。关于这一主题，王思斌教授的研究是最系统、最具代表性的。他指出，首先应该界定清楚两个概念，即"社会工作本土化"和"本土性社会工作"。在他看来，"社会工作在中国的本土化是指产生于外部的社会工作模式进入中国（这是一套经济的、政治的、社会文化的制度体系），同其相互影响进而适应中国社会的需要而发挥功能的过程"。[①] 而"那些生长于本土的、与其经济、政治和社会制度以及文化传统相适应的有效的、制度化的助人模式可称为本土性社会工作"。[②] 本土性社会工作主要由两类助人系统构成，一是依据差序格局原则建立的民间互济体系，二是依据身份隶属原则实施的政府助人体系（行政性社会工作）。在本土化过程中，专业社会工作与本土性社会工作应当实现优势互补。对于专业社会工作在中国的发展路径，王思斌借用卡尔·波兰尼（K. Polany）的"嵌入"概念，指出：在行政性社会工作占主导地位的社会空间里，"专业社会工作只能在嵌入中推进"。[③]

早在 20 世纪 90 年代初期，陆士桢教授通过对中国社会形态以及社会问

---

① 王思斌：《试论我国社会工作的本土化》，《浙江学刊》2001 年第 2 期。
② 王思斌：《试论我国社会工作的本土化》，《浙江学刊》2001 年第 2 期。
③ 王思斌、阮曾媛琪：《和谐社会建设背景下中国社会工作的发展》，《中国社会科学》2009 年第 5 期。

题的分析指出：社会工作在中国的发展"必须建立在对中国特有民族文化乃至特有人性的研究之上"。① 同一时期，孙立亚教授分析了发展中国社会工作的文化基础和社会基础，并明确提出"社会工作也不是万能的，它需要与其他方面的社会调节机制密切配合"。② 自此，学界掀起了一股社会工作与本土文化对话的浪潮。韩明谟教授在《文化与社会工作》一文中，提炼出体现中华民族基本特征的"人本观"、"综合观"、"中和观"，试图通过挖掘本土的优良文化素质，实现与专业社会工作价值理念的对接。李图强教授更是明确指出，"社会工作其本身就是社会——文化的产物"，因此，要"逐步实现社会工作与社会——文化环境的'同化'"，"将社会工作有机地纳入有关的社会环境之中并融为一体"。③ 与上述研究不同，马良教授在看待社会工作本土化的问题上，不仅看到了中国文化和西方文化的地域差异，即横向冲突，还看到了中国文化内部的传统与现代的历史冲突，即纵向冲突。马良认为，作为专业社会工作根基的西方文化是"现代性"的文化，而中国的文化是"前现代性"的。因此，挖掘中国传统文化中的精华以期实现与社会工作的文化对接，是犯了方向性的错误。他指出，"问题的实质不是在中西文化的差异有多大，而是在中国文化要从传统的形态进入现代的形态"。④ 围绕这些学者的讨论，张宇莲教授有自己的看法。她认为，这类宏观、抽象和整体性的讨论固然有益，但是，"对推动社会工作实务则缺乏指导性。社会工作的基本特征是实践性，其生命力在于回应当前的社会需求。在这个认识基础上，讨论其专业性才是最为急需的"。⑤

近年来，构建和谐社会成为我们时代的主旋律，社会工作被推向了中国社会的前台。从 2006 年 7 月 20 日《社会工作者职业水平评价暂行规定》和《助理社会工作师、社会工作师职业水平考试实施办法》的出台，到 2006 年 10 月 11 日中共中央十六届六中全会明确提出"建设宏大的社会工作人才队伍，是构建社会主义和谐社会的迫切需要"，再到整个高校系统热火朝天

---

① 陆士桢：《中国社会工作发展之思考》，《中国青年政治学院学报》1994 年第 3 期。
② 孙立亚：《社会工作在中国的文化及社会基础》，《社会工作研究》1994 年第 4 期。
③ 李图强：《社会——文化系统下的社会工作及其发展途径》，《社会工作》2010 年第 2 期。
④ 马良：《中国社会工作本土化和文化适切性的哲学思考》，《辽东学院学报》（社会科学版）2010 年第 2 期。
⑤ 张宇莲：《"专业性"社会工作的本土实践反思——以灾后重建为例》，《社会》2009 年第 3 期。

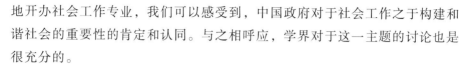

地开办社会工作专业，我们可以感受到，中国政府对于社会工作之于构建和谐社会的重要性的肯定和认同。与之相呼应，学界对于这一主题的讨论也是很充分的。

透过社会工作在欧美国家发展的历史经验，徐永祥教授总结出社会工作"以人为本"的柔性管理特征，以及在推动社会保障平等化，进而促进社会和谐方面发挥的"润滑剂"作用。因此，他得出了"社会工作在和谐社会中具有服务建构功能"[①] 和"社会工作是现代社会管理与公共服务的重要手段"[②] 的重要结论。王思斌教授认为："社会工作专业在我国的发展是由体制改革促进的。"[③] 因此，他从我国经济体制改革、行政体制改革以及由此引发的诸多社会问题出发，论证了在当前的和谐社会建设中，社会工作在为困难群体提供济贫解困的服务、推进公共服务、预防和解决突发性事件以及促进社会管理等方面可能会有的积极贡献。

综观国内外社会工作的历史发展，我们可以看到，国外社会工作的理论总结更为充分、系统、细致，而我国的社会工作更注重实务经验，在理论建构方面明显不足。

1.3.2 灾害的相关研究综述

1.3.2.1 国外灾害社会学发展史

为了更好地对灾害进行研究，人们发展了灾害社会学。灾害社会学是社会学的一个分支。

20 世纪四五十年代是国外灾害社会学的萌芽阶段。最初从事灾害研究的社会科学家是美国的 S. 普林斯，他论证了在加拿大哈利法克斯港湾发生的一起装载武器弹药的轮船的爆炸事件造成的社会后果。此后，1942 年美国社会学家索罗金出版的《灾祸中的人与社会》一书，探讨了战争、革命、饥荒和瘟疫对人们的心理过程、行为、社会组织和文化的影响。20 世纪 50 年代，美国国家科学院还专门成立了灾害研究小组。这一时期，研究者侧重于研究灾害中个人的社会心理，并探讨针对某些灾害的预防手段，以便减轻灾害对社会生活造成的损失。到了 20 世纪 60 年代，学界提出了灾害的功

---

① 徐永祥：《社会工作在和谐社会中具有服务建构功能》，《中国社会报》2007 年 5 月 14 日。
② 徐永祥：《社会工作是现代社会管理与公共服务的重要手段》，《河北学刊》2007 年第 3 期。
③ 王思斌：《转型期我国社会工作专业的地位》，《北京大学学报》（哲学社会科学版）1997年第 4 期。

能、灾害防治的社会效应以及灾区的社会整合等问题。70 年代，一些学者又把研究视角放到了个人和组织在灾害中的行为上，研究危急情况下的角色冲突、个人和组织的协调等问题。其间，管理科学、人口学、生态学等学科都为灾害研究的深入发展作出了贡献，表现了多学科的特征。灾害研究的重点也逐渐从理论分析转向实际应用。此外，这一时期，灾害社会学的跨文化研究特征更加明显，除了英国、日本等国的灾害社会学研究逐步开展之外，发展中国家的学者也加入到灾害研究的行列。并且，各国学者之间的合作研究项目也增多了。到 80 年代，灾害研究在全球范围内普遍开展。总之，在灾害研究中，社会学家的作用和贡献正得到社会越来越广泛的承认。这一方面是由于在许多国家，社会学家在从事灾害研究的社会科学家中扮演着领导者的角色；另一方面也是由于社会学的许多理论和研究方法都适用于灾害研究。

1.3.2.2 国内自然灾害研究的相关综述

我国进行的自然灾害研究，主要分为自然灾害的自然科学和工程技术研究与自然灾害的社会科学研究两个方面。就自然科学和工程技术研究来说，我国的研究起步较早、成果较多、发展较快。但同时又暴露出学科发展不平衡的缺陷，有些学科较成熟，发展较快，比如对地震灾害、洪涝灾害、地质灾害等的研究；而有些学科或某些灾种的研究进展则较慢，成果运用效果不明显，比如对旱灾、虫灾、某些海洋灾害的研究。另外，对自然灾害的自然科学研究运用成果较多，但是理论概括不够。

在自然灾害的社会科学研究方面，我国起步较晚，取得的研究成果也不多。从社会科学的知识、立场、视角出发探讨自然灾害的某些问题，始于我国开展国际减灾十年活动之后。1990 年我国开展国际减灾十年活动以来，社会科学界逐渐开始了对自然灾害的社会科学研究，比如开展了灾害社会学、灾害经济学、灾害保险学、灾害防治学以及灾害法、灾害史的研究，先后出版了《灾害论》、《灾害与社会》、《灾害与灾害经济》、《中国灾害史》等灾害社会科学著作。"八五"期间，社科研究机构规划办先后资助了灾害社会学、灾害经济学、减灾政策等问题的研究。这些研究中，曙光的灾害生态经济研究、郭强的灾害行为研究、陆立德的减灾政策研究、赵庆泽的灾害保险研究已开始进行并取得成果。但是这些研究还不够系统，缺乏实证分析。另外，对于影响我国发展和建设的一些重大理论问题，目前的灾害研究

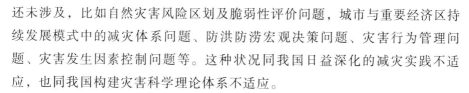

还未涉及，比如自然灾害风险区划及脆弱性评价问题，城市与重要经济区持续发展模式中的减灾体系问题、防洪防涝宏观决策问题、灾害行为管理问题、灾害发生因素控制问题等。这种状况同我国日益深化的减灾实践不适应，也同我国构建灾害科学理论体系不适应。

在自然灾害研究中，国内学者对地震灾害的研究占主要地位。从目前我国的地震社会学研究成果来看，一般性论述较多，主要涉及地震带给人们的经济损失、心理创伤，以及物资帮助、城市规划、心理抚慰、社会扶助等方面，而真正使用社会学的方法来研究地震灾害的较少，研究成果的数量有限，也没有专门的学术刊物。除邹其嘉等使用社会调查方法，在1987年和1989年开展了唐山地震的社会经济影响和唐山地震灾区社会恢复与社会问题的调查研究，并出版了专著外，较少有人在这个领域开展工作。赵延东教授将注意力放在了人们的社会关系网络和社群的特征之上，在灾后重建的社会学研究中引入了"社会资本"概念，用定量研究的方法考察了社会资本拥有情况与灾后恢复程度之间的关系。顾建华等学者在对该领域的研究进行梳理时，呈现了地震社会学的发展历程，同时也指出了地震社会学研究中出现的问题和不足，并提出了意见和建议。

从总体来看，国内社会学对地震灾害的研究还处在初级阶段，对于相关问题的探讨尚显粗浅。例如，对于灾后社会重建这一重要课题，亟须学者们加强研究，构建理论体系，科学地指导灾后重建。

1.3.3　"5.12"震后社会工作与灾后社会建设的相关研究综述

"5.12"汶川地震发生以来，社会工作者参与救灾与灾后重建，这"在新中国救灾史上尚属首次，因此极具标志性价值和多方面的探索意义"。[①] 因此，学者们纷纷献智献策，从不同学科领域、不同角度、不同层次对灾后重建进行了深入研究和探讨，以期用科学的理论和方法指导灾后重建工作实践的顺利推进。在社会学领域，涌现了大量以社会工作为视角探讨灾后重建的研究成果。

一部分学者结合灾区调研的经验，以个案分析的形式，总结、介绍社会工作介入灾后重建的某个方面取得的成果。其中，上海华东理工大学社工服

---

① 范志海：《灾后重建社会工作助人关系之定位与反思》，《华东理工大学学报》（社会科学版）2008年第4期。

务队①的研究产出最为丰富。顾东辉教授认为，社会工作介入灾后重建，应当兼顾外来经验本土化和本土经验专业化，"要结合当地的人文、社会和行政环境，在对象、主体、目标、技术、伦理和社会认可等方面都进行适应和修订"②，同时，也要尽量参照专业社会工作的国际标准提炼本土经验，并促成二者融合。在此基础上，他总结出社会工作介入灾后社会重建的本土导向策略。徐永祥教授认为，进入社会工作制度尚未建立的受灾地区，社工服务应该秉持"嵌入"（即社工要主动将自己纳入受助对象的关系网中，包括灾区的行政体制）、"建构"（即"帮助灾区建构一种既旧又新的社会关系及其基础上的社会支持体系、社会服务体系和社会管理体系"③）和"增能"（即协助受助者提高自我发展的能力）这三个服务理念。在此基础上，分享了在灾后社会工作实践中总结出的政社分工与合作模式、社区信息链接模式、需求评估与回应模式、"巷巷会"和"社区互助网络"四个服务模式。杨发祥、何雪松教授全面总结出了以"助人自助"等理念对接安置灾区特质，通过开发"巷巷会"等项目回应受灾群众服务需求，科学运用个案、小组和社区工作方法嵌入灾区重建路径的系统性经验。刘小霞通过回顾"巷巷会"的发展历程，介绍"巷巷会"的运作经验，并且基于后期回访与评估"巷巷会"效果得到的良好反馈，最终得出"巷巷会"是"一种整合性重建机制"、"是安置社区自治建设的重要形式"④的重要结论。刘华丽教授从灾民需求、社会关系重建、资源调配与官民矛盾的四个角度指明了社会工作在灾后重建中能够有所作为的空间，并就当前社会工作所处"强政府弱社会"的尴尬境地，提出社会工作要介入宏观层面的建议。费梅苹教授以"勤俭人家"安置社区的社会工作服务经验为基础，"从社会工作服务目

---

① "5.12" 汶川地震发生后，作为对口援建都江堰的上海市，先后派出华东理工大学、复旦大学、上海师范大学、浦东社工师协会四支社工服务队，组成上海社工服务团进入灾区，他们成为活跃在灾后社会重建中的重要力量。上海华东理工大学社工服务队作为上海社工服务团的先遣军进入都江堰市"勤俭人家"安置社区提供援建服务。基于在该安置区的社会工作服务经验，他们贡献出了丰富的研究成果。

② 顾东辉：《本土导向：灾后社区社会重建的实践智慧》，《杭州师范大学学报》（社会科学版）2009 年第 2 期。

③ 徐永祥：《建构式社会工作与灾后社会重建：核心理念与服务模式——基于上海社工服务团赴川援助的实践经验分析》，《华东理工大学学报》（社会科学版）2009 年第 1 期。

④ 刘小霞：《灾后重建中社区建设新路径探索——基于 Q 安置社区中的"巷巷会"运作经验》，《华东理工大学学报》（社会科学版）2009 年第 1 期。

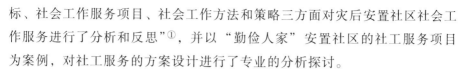

标、社会工作服务项目、社会工作方法和策略三方面对灾后安置社区社会工作服务进行了分析和反思"①，并以"勤俭人家"安置社区的社工服务项目为案例，对社工服务的方案设计进行了专业的分析探讨。

一些学者认为，社会工作应该瞄准"社区"这个"面"，对灾后重建进行综合、全面地介入。刘斌志在梳理了美国旧金山大地震、日本阪神大地震以及台湾"9.21"大地震在灾后重建方面的成功经验和理论后，认为我国汶川地震的灾后重建应当借鉴既有经验，以受灾社区为基本框架，通过社区工作的模式，协助社区居民共同参与重建，建立社区组织、社区意识，最终回应灾民的需求。而社区重建涉及"受灾居民房屋重建、社区空间重建、生态环境恢复、产业重建与恢复、社区文化重建与重塑等方面"。② 另外，他还特别强调，要明确灾后重建的基本主体是灾民，要实现行政主导型社区重建模式与社区动员的重建模式之间的优势互补。徐文艳则参照卡普兰三级预防体系理论③，为灾后重建搭建了一个"以社区为平台、预防性与治疗性工作并重、以增加外部资源联结和内部资源发掘为根本宗旨的社区为本的综合服务框架"④，将"社区重建"往纵深推进。

和上述研究不同，林聚任教授和张昱教授着重从社会关系的恢复和重建入手，探索其对灾后重建的作用和意义。考虑到原有社会关系在地震中受到破坏的情况，林聚任教授主要从社会学意义上，探讨了社会关系重建在灾后社会建设中的重要意义，并从重建首属关系、重建开放性的社会支持网络两方面，为社会重建指明了道路。基于"社会关系是人的本质所在"⑤ 的判断，张昱教授认为，社会关系的恢复和重建是社会工作介入的路径。并且，根据灾区实际，他将社会关系操作化为个体的自我关系、个体与个体的关系、个体与社区的关系、个体与政府的关系、个体与环境的关系五个方面，

① 费梅苹：《灾后安置社区社会工作的实践与反思——都江堰市"勤俭人家"社会工作服务经验研究》，《华东理工大学学报》（社会科学版）2008 年第 4 期。

② 刘斌志：《"5.12"震灾后的社区重建：含义、策略及其服务框架》，《城市发展研究》2009年第 4 期。

③ 卡普兰三级预防体系理论源于社区精神卫生领域。

④ 徐文艳、沙卫等：《"社区为本"的综合社会服务：灾后重建中的社会工作实务》，《西北师大学报》（社会科学版）2009 年第 3 期。

⑤ 张昱：《灾后社会关系恢复与重建的路径探索——基于 Q 安置社区社会工作介入的实践》，《华东理工大学学报》（社会科学版）2008 年第 4 期。

并据此有针对性地发展了五个项目，促成灾区互助体系和社会支持体系的修复和重建。

此外，针对灾后重建，一些学者还提出了独到、深刻的理论见解。文军教授指出，对于灾区而言，物质救助和制度层面的支援是不够的，也是有局限的，它"不能解决深层次的社会问题和长期的可持续发展的问题"，① 应该在重建人的主体性上下工夫，而这种主体性就是灾民的社会调适能力。"从文化人类学意义上来说，这种所谓的自我调适能力，就是一种底层社会的文化（或者在这里称之为灾民们的文化）"。② 因此，灾后社会的重建应该在尊重底层社会自身运作的逻辑（即底层社会的文化）的基础上进行。那些心怀善意支援灾区的外部力量也"需要在一个文化的氛围中得到合理的安排"。③ 受标签理论的启示，张昱教授指出，受灾群众在被标签化为灾民的同时，也在对灾民身份进行自我标签。这样的后果就是形成一种"灾民文化"。一方面，"灾民"这个标签是一种资本，是他们获得相关利益的表达方式；但是另一方面，受灾群众会对自己进行弱势化的定位，不断地接受、寻求外部支持，从而遮蔽自己的发展能力。张昱教授认为，灾难虽然是灾民文化生成的直接原因，但是，灾民文化的生成也与"家国同构"的文化观念遮蔽了个体有关，还与社会体制不健全有关。

一部分学者还就社会工作在灾后重建中的角色进行了归纳、整理。冯燕提出社会工作者在协助救灾与灾后重建的过程中，其实兼具了直接与间接服务的介入角色，符合一般社会工作实务中恢复、预防和发展的服务本质。④ 张和清等人认为，广州社会工作者从个人——社会关系、优势视角和弱势优先的理念出发，在灾后服务中主要扮演了社区心理支持者的角色、能力促进者的角色、资源链接者角色。⑤ 邓宁华认为，社会工作者在灾害救助中有着独特角色定位，表现为：资源输送者、服务提供者、民间组织者、积极建构者、和谐理念的社会推动者。⑥ 朱孔芳认为，社会工作者在灾后重建中应该

---

① 文军、刘拥华：《社会重建的社会——文化逻辑》，《吉林大学社会科学学报》2008 年第 5 期。
② 文军、刘拥华：《社会重建的社会——文化逻辑》，《吉林大学社会科学学报》2008 年第 5 期。
③ 文军、刘拥华：《社会重建的社会——文化逻辑》，《吉林大学社会科学学报》2008 年第 5 期。
④ 冯燕：《灾变社会工作功能与角色——台湾九二一大地震的社工经验》［EB/OL］，（2008 - 09 - 21）［2009 - 01 - 23］，http：//chinaswedu. com/news/yxjjs. html。
⑤ 王思斌：《中国社会工作研究》，社会科学文献出版社，2008。
⑥ 摘自《灾后恢复重建与社会工作研讨会资料汇编》，民政部社会工作司，2008。

注重社区能力建设，其在社区能力建设中的工作角色是启发催化的角色、鼓励的角色、协调联络的角色、中介的角色。① 陈涛认为，社会工作者在汶川地震后有服务提供者的角色、支持者的角色、调解者的角色。② 综合众多研究者的观点，韦克难认为，社会工作者在灾后重建中恰当体现调查评估者、政策影响者、支持者、资源链接者、社区组织者、能力促进者（使能者）等"一体多面"的角色。③

对于社会工作在灾后重建中的作用，王思斌教授分别从灾后重建政策的落实及福利服务的提供、开展需要评估并设计服务和重建计划、提供实际的专业服务这三个方面，指明了社会工作有所作为的方向。另外，鉴于社会工作介入灾后重建已有一年多时间，谭祖雪教授组织了一次对灾后社会工作的功能和作用现状进行客观评估的调研④，并取得了有价值的成果。谭祖雪教授将社会工作者在灾区开展的工作操作化为心理支持、灾难救助、资源协调、能力促进、促进新社区整合、提供咨询和医疗社会工作介入这7个一级指标，在此基础上，又细化出29个二级指标，并采取多段抽样的方法，在四川39个重灾区和极重灾区中抽取了都江堰灌口镇、汶川映秀镇、绵竹剑南镇、什邡洛水镇、彭州通济镇5个镇，共发放自填式问卷800份，辅之以个案访谈40例。调查结果显示，对社会工作在七个方面开展的工作，表示"非常满意"的比率很小，认为"比较满意"的占绝大多数。另外，从均值分析结果看，人们对这些工作的评价介于"比较满意"和"一般"之间。"由此可见，重灾区、极重灾区居民对社会工作者实施各项工作的评价不仅远未达到优秀，甚至还有不尽如人意之处。"⑤ 另外，从均值排序情况看，"重灾区居民对社工开展心理支持与灾难救助工作的评价更高，而对资源协调与提供咨询工作的评价相对更低"。⑥ 结合40例访谈，谭祖雪教授总结得

① 摘自《灾后恢复重建与社会工作研讨会资料汇编》，民政部社会工作司，2008。
② 王思斌：《中国社会工作研究》，社会科学文献出版社，2008。
③ 韦克难：《一体多面：灾后社会重建中社会工作者的多元角色》，《杭州师范大学学报》（社会科学版）2009年第2期。
④ 该研究系民政部2008年社会工作人才队伍建设试点总结评估招标课题。
⑤ 谭祖雪、周炎炎等：《灾后重建中的社会工作——以都江堰等5个极重灾区的调查为例》，《华东理工大学学报》（社会科学版）2009年第3期。
⑥ 谭祖雪、周炎炎等：《灾后重建中的社会工作——以都江堰等5个极重灾区的调查为例》，《华东理工大学学报》（社会科学版）2009年第3期。

出，社会工作的恢复功能发挥显著，主要表现在"灾难救援"、"心理支持"、"医疗社工介入"、"能力促进"这几个方面。社会工作的预防、发展功能也日趋显现。另外，根据调研反馈的情况，谭祖雪教授指出了社会工作在灾后重建中存在的不足，如宣传力度和普及程度低、社工团体之间缺乏沟通协调、工作思路缺乏可持续性考虑等。对此，她表示，相应的政策环境和配套的社工救灾机制、完善稳定成熟的社工人才队伍、社工自身的角色认知与定位以及社工的理论实践水平等，都是影响社会工作在灾后重建中功能发挥的重要因素。

通过对文献进行梳理，我们可以发现，"5.12"汶川地震的发生在客观上促进了社会工作研究往纵深发展。事实上，社会工作者们在介入灾后重建的过程中，总结、积累了丰富的实践经验和教训，这就为中国社会工作理论的建构提供了非常有价值的素材。"5.12"地震以前，学者们主要就"社会工作本土化"之类的问题进行宏观、抽象、整体性的讨论和研究，这主要与社会工作大规模引入中国不久的客观情况有关。而地震以后，社会工作终于可以在中国土地上"大展身手"，因此，一线社会工作者的灾后重建经验，迅速以研究成果的形式在学界蔓延开来。其中，以社会工作专业院校师生为代表，他们以个案研究的形式，从社会工作的视角出发，归纳、整理出许多对社会工作介入灾后社会建设的实践具有指导意义的研究成果。也有一部分学者从"社区重建"、"社会关系重建"、"社工角色定位"等各自侧重的方面入手，对社会工作介入灾后重建进行了规范性研究。从研究范围和内容来看，目前有关社会工作介入灾后重建的研究主要集中在社工援建灾区的个别性经验总结、社工介入灾后重建的路径探索、社工在灾后重建中的角色定位等方面。虽然有一项针对社会工作在灾后重建中的功能和作用现状的评估性研究，但是和上述方面的研究成果相比，这类研究明显是相当缺乏的。从研究视角来看，以社会工作的本位视角来研究社会工作介入灾后重建的文献占很大比重，从社会学的视野出发，客观探讨、评价社会工作介入灾后社会建设的作用的研究很少。从研究方法来看，定性研究较多，定量研究很少。因此，本文选择从社会学的研究视野出发，采用以质性研究为主、定量研究为辅的方式，对社会工作在灾后社会建设中的作用进行研究，并进一步探讨专业社会工作在灾后重建中的地位及其在中国本土的适用性等问题。

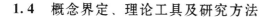

1.4　概念界定、理论工具及研究方法

1.4.1　概念界定

1.4.1.1　社会工作

"社会工作"一词是从英文 social work 翻译过来的。在某些国家，社会工作与社会服务（social service）或社会福利服务（social welfare service）的含义是等同的。

联合国于 1960 年在《国家社会服务方案的发展》一书中指出，社会工作是协助个人及其社会环境，以使其更好地相互适应的活动。

英国社会学家邓肯和米切尔认为："社会工作是指帮助人们满足那些他们不能仅靠自己来获得满足的需要的各种有组织的方法。"[1]

弗瑞德兰德（W. A. Friedlander）认为，社会工作是一种以科学的知识和技能协助个人以达到社会和个人的满足和自主的专业服务过程。

芬克（Fink）认为，社会工作是一种艺术和科学，它具有通过提供助人的服务来增强个人与团体的人际关系和社会生活的功能。

贝斯提克（Biestek）则认为，社会工作不具有独特的哲学和严密的知识逻辑，因此，它不是一门科学，而是一种助人的艺术。

威特默在《社会工作——一种社会制度分析》一书中指出，社会工作是一个有组织的机构或社团为解决个人所遭遇的困难而提供的一种援助，为协助个人调整其社会关系而提供的各种服务。

可以看出，国外学者对社会工作的理解因侧重点不同而有所差异。

社会工作进入中国以后，国内学者也对社会工作的含义进行了大量探讨。早在 20 世纪 80 年代初，雷洁琼教授就指出，"民政工作是社会工作"[2]。卢谋华认为，民政工作有社会工作之实，只是没有社会工作之名。[3] 从这两种定义可以看出，学者们是在强调，中国也有自己的社会工作，那就是民政工作。为了对社会工作作出更准确的界定，王思斌教授首创了一对概念——"本土社会工作"和"专业社会工作"。他指出，"在计划经济时期中国存在着一套

---

① 邓肯、米切尔主编《新社会学词典》，蔡振扬等译，上海译文出版社，1987，第 344 页。
② 民进中央宣传部编《雷洁琼文集》，开明出版社，1994，第 430 页。
③ 卢谋华：《社会工作的理论与实践》，中国社会出版社，2007，第 23 页。

系统化的，由政府部门、人民团体、企事业单位实施的，帮助其成员解决现实困难和问题的制度化做法"，这就是"行政性非专业社会工作"，也就是本土社会工作。当然，这种社会工作除了具有提供服务的性质，还具有社会管理的功能。和本土社会工作不同，"专业社会工作是以社会工作专业教育和培训为基础，以社会工作价值观为指导、运用社会工作专业方法提供的社会服务"。[1]

《中国大百科全书（社会学卷）》对社会工作的解释是："国家和社会解决和预防社会成员因缺乏社会生活适应能力、社会功能失调而产生的社会问题的一项专门事业和一门学科。它的性能是通过社会服务和社会管理，调整社会关系，改善社会制度，推进社会建设，促进社会的稳定发展。"[2]

《中共中央关于构建和谐社会若干重大问题的决定》指出，社会工作是社会建设的重要组成部分，是一种体现社会主义核心价值理念，遵循专业的伦理规范，坚持"助人自助"宗旨，在社会服务、社会管理领域，综合运用专业知识、技能和方法，帮助有需要的个人、家庭、群体、组织和社区，整合社会资源，协调社会关系，预防和解决社会问题，恢复和发展社会功能，促进社会和谐的职业活动。可以看出，中国政府为社会工作下了一个颇有中国特色的、综合性的社会工作定义。

本研究中的社会工作是专业社会工作，是在一定的社会福利制度框架下，以利他主义价值观为指导，运用专业方法，帮助那些因外部的、自身的或结构性的原因而不能正常进入社会生活的有困难的个人或群体走出困境，并最终促成受助者自我发展能力的提升的职业性活动。

1.4.1.2 社会建设

"'社会建设'是一个颇具中国特色的概念，在西方学术话语中难以找到对应的说法。其实，即便在中文语境目前流行的用法中，'社会建设'也有多重含义。"[3]

"社会"这个概念本身就有广义和狭义之分。广义的社会包含政治、经济、文化等领域，狭义的社会是与政治、经济、文化等系统相对独立的、并

---

[1] 王思斌、阮曾媛琪：《和谐社会建设背景下中国社会工作的发展》，《中国社会科学》2009年第5期。

[2] 《中国大百科全书（社会学卷）》，中国大百科全书出版社，1991，第291页。

[3] 成伯清：《从乌托邦到好社会——西方现代社会建设理念的演变》，《江苏社会科学》2007年第6期。

列的概念。与之相对应，"社会建设"也有广义和狭义之分。广义的社会建设是指政治、经济、文化等领域的全方位的、综合性建设，而狭义的社会建设是指社会子系统的建设。

当然，不同学者对社会建设的理解是有差别的。

陆学艺教授认为："社会建设是指社会主体根据社会需要，有目的、有计划、有组织进行的改善民生和推进社会进步的社会行为与过程。"①

包晓霞认为："社会建设主要是指通过社会制度的建构和再建构，使社会更加趋于良性化运行。"②　　　`

关于社会建设的定义，郑杭生教授指出，可以从正向和逆向两个方面来把握。"从正向说，就是要在社会领域建立和完善能够合理配置社会资源和社会机会的社会结构和社会机制，并相应地形成各种能够良性调节社会关系的社会组织和社会力量；从逆向说，就是要根据社会矛盾、社会问题和社会风险的新表现、新特点和新趋势，不断创造和完善正确处理社会矛盾、社会问题和社会风险的新机制、新实体和新主体，以此更好地化解矛盾，控制冲突，降低风险，增加安全，增进团结，改善民生。"③

成伯清教授指出，社会建设有四层含义。一是相对于政治、经济、文化建设而言，社会建设偏重于社会关系（包括人际关系和群际关系）的整合（这相当于"社会整合"，即 social integration）；二是指整个社会系统的和谐发展，各子系统和制度间的协调运作（相当于"系统整合"，即 system integration）；三是更为具体的含义，比如社会保障体系的建设；四是与中华民族的伟大复兴有关，类似于西方的 nation-building。

本研究对社会建设的概念界定沿用成伯清教授对此概念的第一层理解，即社会建设偏重于社会关系的整合，即社会整合，其中包括人际关系和群际关系的整合。

1.4.1.3　灾后社会建设

如前所述，本文对社会建设的理解偏重于社会关系的整合。而灾后社

---

① 陆学艺：《关于社会建设的理论与实践》［N/OL］，《中国社会科学院院报》2008 年 4 月，http：//www. sociology. cass. net. cn/shxw/shll/t20080415_ 16340. htm。
② 包晓霞：《社会学关于现代社会管理和社会建设的理论》，《甘肃社会科学》2010 年第 5 期。
③ 郑杭生：《中国特色社区建设与社会建设———一种社会学的分析》，《中南民族大学学报》（人文社会科学版）2008 年第 6 期。

会建设则是指，由于自然灾害等（这里是指地震灾害）不可抗拒因素的影响，人们的生存环境受到破坏，生活共同体遭遇解体。在这样的情况下，社会建设就是要重新整合被破坏的社会关系，恢复原有的社会运行秩序，并在恢复的过程中，建构适应灾后社会形势变化的新的社会结构的过程。灾后社会建设和房屋重建等一样，它既包括修复加固，也包括建设新的适应性更好的社会机制。因此，本研究关于社会工作对灾后社会建设的作用的探讨，也是旨在考察社会工作作为一种全新的社会机制介入到灾后重建中的适应性问题。

1.4.2　分析工具

所谓"作用"，在社会学语境里，就是功能的意思。在结构功能主义者看来，功能是指一种社会现象对其所在的更大系统的客观后果。① 因此，本文对社会工作的研究，也是要探寻其对社会系统的客观后果。

结构功能主义有两个基本的假设。首先，社会是由相互关联的部分构成的系统，这些部分发生着相互支持的关系（功能），从而维持着社会系统作为一个整体的存在。其次，社会系统从根本上来说是处在动态均衡的状态之中。一些破坏、冲突和紧张，只是暂时的，社会系统会对这些外部变化作出适应性反应，将它们消解，最终实现总体平衡。

另外，功能有显性和隐性之分。显性功能（或显功能）是指相关参与者所预料到和认识到的对于系统的客观后果，隐性功能（或潜功能）则是未曾预料到或认识到的。功能也有正反之分。凡是有利于社会系统模式的生存和调适的活动，即具有正功能；凡是带来干扰和紊乱的消极作用的，就具有反功能。显功能—潜功能和正功能—反功能的交叉分类构成了功能分析的四个基本取向，即显—正功能、潜—正功能、显—反功能和潜—反功能。结构功能主义的重要奠基人默顿（Robert K. Merton）强调，应当高度重视潜—反功能。因为一项社会制度除了具有显现在外的正功能，往往还会附带产生没有预料到的副作用，这种潜在后果可能导致系统的紧张和紊乱，它们累积到一定程度就会衍生成为社会问题，就有可能威胁到整个社会系统的均衡。

---

① 童星主编《现代社会学理论新编》，南京大学出版社，2003，第18页。

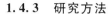

1.4.3　研究方法

笔者主要运用以下三种研究方法。第一，文献研究。通过搜索中国知网等数据库、相关网站的文献资料，阅读社会学、社会工作教科书及专著，对与本研究主题有关的文献进行归纳、整理，并根据现有的文献和研究成果确定自己的研究方向。第二，实地研究。笔者先后四次深入清平灾区[①]，通过对当地村民、社工站负责人、村支书和乡干部进行访谈，实地考察当地社工站的运行及发展状况，了解当地百姓和政府对社工站的评价，以此收集第一手资料。第三，问卷调查。为了更全面、客观地评估社会工作对灾后社会建设的作用，笔者基于 2009 年 4 月对清平乡灾后社区生计重建基线调查的问卷，有针对性地增加了 8 个与当地社工站有关的问题，并以此于 2011 年 3 月对清平乡的部分受灾群众进行了问卷调查。本次调查以绵竹市清平乡所有农户家庭为调查总体，样本的选取采用分层抽样的方式，以清平乡的 5 个行政村里包括的 35 个村民小组制作抽样框。然后以随机抽样的方式抽取 10 个村民小组，每组抽取 10 户家庭进行问卷调查，一共调查 100 个家庭。另外，以 "5.12" 震后清平乡统建的小区——幸福家园为独立单位，随机抽取 25 个家庭作为调查对象，并采取入户访问的方式，对入户遇到的第一位家庭成年成员进行访问。本次调查共发出问卷 125 份，收回有效问卷 119 份，有效回收率为 95.2%。问卷调查收集到的相关数据采用 SPSS13.0 软件进行录入处理和统计分析。在数据整理完成的基础上，对有关变量进行单变量的描述性统计，以测量社会工作对清平乡当地村民的影响。

2　清平乡、社工站与灾后重建

2.1　清平乡的简要描述

清平乡地处绵竹市西北部，距市区 32 公里，面积 302 平方公里，占绵竹市总面积的 1/4。清平乡于 1958 年从原茂汶县划出归到绵竹县（现在为绵竹市），南与天池乡、汉旺镇、金花镇相邻，西靠什邡市，北邻茂县，东

[①]　笔者于 2009 年 4 月、2010 年 7 月、2011 年 1 月以及 2011 年 3 月先后四次深入清平灾区，了解社工站介入灾后社会建设的相关情况，收集了大量的一手资料。

邻汶川县。

该乡辖5个行政村（即院通村、盐井村、棋盘村、元包村、湔沟村），35个村民小组，2116户。2007年年末总人口6185人，其中农业人口5874人，占比95%，是一个典型的山区农业乡。全乡人口基本上都是汉族，有少数几户是羌族。

2008年，全乡有劳动力1600余人，其中有约1000人在本乡的多个磷矿里打工，矿山上外来务工劳动力还有约1000余人。清平乡幅员中耕地很少，大部分是原始森林，其中95%的林区在行政区划上属于清平乡，但按照国家政策由国有伐木场独立管理。

全乡居民主要是沿横穿境内的绵远河两岸、依公路居住在约1公里长、3公里宽的一个小盆地内，和其他山区乡村相比，清平乡居民分布比较集中，人口密度也比较大。

盐井村是清平乡的1村（当地人称之为1大队），由6个村民小组组成。盐井村有385户农户，总人口为1253人。2006年起，当地农户依托清平乡打造的"中国银杏沟"生态文化旅游项目，统一修建了别墅，以"居住带经营"的形式搞起了多种经营，比如经营运输、搞农家乐、开商店等，大力发展旅游服务业。在"5.12"地震中，盐井村有94人遇难。其中，位于盐井村6组的文家沟（也叫王家沟），有48名村民被地震震垮的山石整体掩埋。另外，由于盐井村的楼房修建时间较晚，且为砖混结构，因此该村的房屋大多受损，经过加固、修缮则可以重新居住。

元包村是清平乡的4村（当地人称之为4大队），由8个村民小组构成。元包村有366户农户，总人口约1200人。相较于盐井村，该村的经济发展落后，产业结构单一，主要以种植业、养殖业为主。在"5.12"地震中，元包村有36人遇难。另外，元包村的绝大多数房屋都是老旧住房，且多为砖瓦、砖木结构，因此，在地震中几乎全部倒塌，只有6处住房可以加固、维修，重新居住。

整体来看，"5.12"地震灾害后，清平乡损失惨重。全乡6000多人受灾，死亡278人，重伤190人，失踪18人；全乡90%的村民住房倒塌，其中农房倒塌16438间，耕地受损2063亩；全乡道路交通曾一度中断，其中损毁乡级公路18公里，村级公路24.7公里，其他公路如矿山公路168公里；损失防洪堤1.3公里，引水工程3000米。全乡经济损失共计70.8186亿元。

2.2　清平乡灾后重建的总体情况

"5.12"地震后，中央政府高度重视灾后重建工作，不仅确立了"一省帮一重灾县，加快恢复重建"的战略目标，而且制订了《汶川地震灾后恢复重建总体规划》（以下简称《规划》），指导全省各灾区的灾后重建工作。《规划》列出了29704个项目，其中主要涉及居民住房、学校、医疗卫生机构、交通、通信、邮政、水利等各类基础设施的恢复重建。截至2010年4月底，97.2%的项目已开工，78.2%的项目已完工。

2.2.1　农房重建基本完成

在地震造成的损失中，房屋的损失是惨重的。调查发现，80.3%的农房全部或部分倒塌，12.9%的农房严重受损，村民们无家可归。为了鼓励村民们尽快返乡建房，2008年年底，清平乡政府出台了一系列农房重建和加固的补贴政策，即房屋重建人均补贴一万元，房屋加固人均补贴7000元。在乡政府的号召下，青壮年们陆续从汉旺、马尾板房回乡重建、维修农房。截至2010年7月，笔者重访清平乡时，当地的农房重建工作已经基本完成，绝大部分村民住进了新建的房屋。

由于地震对农房造成的损坏程度有所不同，且受灾居民家庭条件、生活习惯和原房屋所在地受地质灾害威胁的程度有所差异，因此，村民们对于重建的选址、居住面积等要求各不相同。结合实际情况，当地政府制订了多种房屋重建方案。

1. 原址重建

原址重建，即灾民在原合法取得的宅基地上，自主设计，自行购买建筑材料进行农房重建。通过走访调查，我们了解到，在实际重建中，这种重建方式是主导。原址重建给灾民以很大的发挥空间，结合了灾民家庭的经济实际，充分尊重了灾民的农村生活习惯，顾及到灾民对原居住社区的归属感，有利于社区秩序和社会关系的快速恢复。

2. 统归自建

据了解，因原宅基地被泥石流掩埋，或因地质专家测定原宅基地所在地存在地质灾害危险，不能居住，一部分灾民只能放弃原来生活的社区，重新选址建房。乡政府划定了集中规划区，清平乡所辖的5个村的灾民都可以在此处购买地皮，自建房屋。在集中规划区购买地皮的价钱是740元/m²。另外，规划区建房的施工方是由乡政府牵头，面向市场统一招标竞选出来的。农户可以自由挑选中标的施工队。在修建过程中，施工方负责挑选建筑工人、选购建材等，农户只需进行监督和验收。此外，农户可以在房子周围自行搭建厨房，开辟自留地。统归自建模式既有规划设计，又有村民的自主参与，既节约了土地资源，又尊重了农户建房的差异化需求。

3. 统归统建

清平乡的幸福家园就是由江阴市援建的，以统归统建方式建成的住宅小区。房屋以联排别墅、一楼一底的形式，井然有序地坐落在绵远河畔，毗邻清平乡政府新址。据了解，凡符合原宅基地被地震损毁，或处于地质灾害危险区，或者家中有人遇难这些情况，受灾农户便可以在幸福家园购房居住。房屋售价是 800 元/m²。房屋的户型结构完整，配套设施比较完善，通路、通水、通电。家户门口都有一小片公共绿地，但不允许种菜、养殖。目前，全乡有 480 多户家庭杂居在幸福家园。统归统建提高了土地利用率，方便了公共服务的输送，也改变了农民的居住生活习惯。

4. 加固维修

房屋在地震中没有倒塌，经过维修加固可以入住的，由房屋所有权人按照相关规定进行修缮处理。以盐井村为例，由于该村的楼房修建时间较晚，且为砖混结构，因此在地震中，该村的房屋多为不同程度的受损，经过加固维修则可以入住。

2.2.2　基础设施主体基本完工

目前，除德阿公路（也叫绵茂公路）清平乡一段仍在建设当中以外，清平乡的乡道、村道等微型道路网络已经修复完成。位于绵远河出口的，由江苏省援建的，以灌溉为主，兼有防洪、灌区人（畜）用水、工业用水、发电、水产养殖、城市生态环境等综合利用的官宋硼堰取水枢纽工程也于 2010 年 8 月底完工。在银杏沟大桥附近，还新落成了一个自来水厂，主要向幸福家园和清平乡场镇的住户供水。另外，清平乡的供电系统和电信网络也已经恢复正常。学校、卫生院和敬老院等公共服务设施也已经修建完成，目前已投入使用。整体来看，清平乡的基础设施和公共服务设施主体建设基本完成。

2.2.3　产业恢复缓慢

一直以来，清平乡的旅游业、采矿业较为发达。随着灾后重建工作向纵深推进，产业的恢复、调整和升级日益被提上未来经济发展的日程。

为扩大优势产业的规模效应，改变由于矿产资源分布不均导致的各行政村发展不均衡的局面，同时扩大群众的受益面，从 2009 年开始，清平乡的8 个矿山企业被整合、归并至乡一级，由川农公司统一管理。整合之后，这些矿山企业的部分利润由乡政府用于还贷，因为补贴农房重建，乡政府欠下了一笔高额贷款。2010 年三四月份，清平乡的矿山企业相继恢复开采。然而受地震影响，当地的旅游业仍然处在低迷期。

2.2.4　家庭负债累累，生计重建滞后

在农房重建方面，当地村民获得了较好的补贴政策①，享受到了低息贷款的优惠②，得到了社会资金的支持③。尽管如此，建房是需要大量资金投入其中的重大事件，对大多数农民而言，修房子将耗尽他们大半辈子的积蓄。通过走访调查，我们了解到，当地农民贷款建房的比例较高，家庭负债现象普遍。并且，到目前为止，仍然有一部分农民没有还清贷款。究其原因，主要是当地旅游业、采矿业没有全面恢复，影响到村民开业、就业，致使家庭收入减少造成的。加之，矿山开采受到洪水期、国家重大节日活动④的影响，有较长的休假期，工人的收入必然受影响减少。在建房耗空了积蓄，家庭收入来源减少的情况下，偿还贷款加重了农民的负担，农民面临着严重的生计危机。

到目前为止，清平乡的灾后重建主要集中在：受灾居民房屋重建和加固维修；公共服务设施重建，如学校、卫生院和养老院等；基础设施重建：如水、电、路、桥等。作为灾后重建的重要主体之一，政府在这些重建中发挥着组织、筹措资金等主导作用。然而，我们也发现灾后社会建设是一个被政府忽略的领域。

2.3　社工站与灾后重建

清平社工站全称清平乡社会工作站，它是由香港理工大学和四川大学于

---

① 国家关于灾后农房重建的补贴政策：给予家庭人口为 1~3 人的农户，每户 1.6 万元的建房补贴；给予家庭人口为 3~5 人的农户，每户 1.9 万元的建房补贴。乡政府关于灾后农房重建的补贴政策：农房重建人均补贴 1 万元；农房加固人均补贴 7000 元。

② 在农房重建方面，银行的贷款利息为 4.5 厘，贷款的最高额度为 3 万元，还款期限为 3 年。而同期商业贷款的利息高达 9 厘。

③ 当地村民分别得到了江苏省党员、红十字会给予的每户 1 万元的捐款。

④ 例如，上海举办世博会期间，全乡的矿山企业都被禁止开矿。

2009 年 2 月联合成立的。从组织结构来看，该社工站有一位香港方面的项目总负责人、三个项目督导（其中，两位香港督导，一位内地督导）、四个常驻社会工作者（均是社会工作专业的本科应届毕业生）。另外，还有一些流动性较强的实习社工。该社工站具有明确的组织目标，即与社区居民一起发掘个人及社区的优势资源，提升居民建设社区的能力，恢复生计、基本保障和社会服务，最终实现社区的可持续发展。

从 2009 年 2 月社工站入驻清平灾区板房，到 2009 年 10 月社工站搬迁至清平乡幸福家园，再到 2011 年 3 月，清平社工站已经建站两年多时间。若以社工站搬迁这一事件为中点，可以将社工站服务清平灾区的过程划分为两个阶段。

第一个阶段为全面调研和项目确立的准备阶段。

为了能尽快熟悉社区，了解当地居民的需求，从 2009 年 2 月 1 日起，清平社工站进行了为期三个月的入户调研访谈工作。整个调研访谈在"资产为本"的理念指引下，将"资产"分解成人力资本、财务资本、有形资本、社会资本和文化资本五个方面，分别从家庭和社区两个层面进行调查。最后，社工站共计完成了 440 余户的样本调查，调研样本量约占社区总户数的 25%。

在完成前期调研工作的基础上，社工站逐步确定了未来工作开展的方向，确立了四个具体的工作项目：文化历史项目、青少年储蓄项目、"轻钢房"项目和生计项目。文化历史项目旨在通过小组活动、社区活动以及以社区老人为对象的口述历史等方式，丰富当地百姓的业余生活，促进当地本土文化的传承与发展，增强村民对灾后新建社区的认同感与归属感；青少年储蓄项目设想以"储蓄"为媒介，通过青少年对自身未来的设计，利用有针对性的培训，促使其个人能力提升，达致其人生规划的形成与实施；"轻钢房"项目是以清平社工站为主导推广，乡村建筑工作室①参与合作的形

---

① 乡村建筑工作室（Rural Architecture Studio）是中国人民大学乡建中心乡村建筑工作室的简称，其基本理念是通过改善村庄的基础设施与人居环境，实现节能型社会与可持续发展。因此，该机构致力于研究、开发一种结合农村经济与社会条件的环保绿色建筑，并希望通过培训、合作等手段鼓励当地农民的积极参与，以草根组织的形式推行环保理念和实践。汶川地震后，乡村建筑工作室致力于在灾区推行"轻钢生态房"建设，一方面希望能切实帮助村民重建家园，另一方面亦希望在组织村民重建家园的过程中，强化社区意识，增进社区发展动力。

式，通过提供信息、组织互助和资源整合等方式，促使因贫困无法建房的困难家庭修建永久性住房；生计项目旨在通过参与式方法，发掘清平乡本土资源，恢复及发展社区居民的生活和生产，它主要包括养殖生计项目和旅游生计项目。项目确立以后，社工站相继小规模地开展了一些小组活动，组织了一两场大型社区活动，为后期各个项目的深入开展奠定了基础。

第二个阶段为项目全面开展的实施阶段。

在文化历史项目方面，社工站相继举办了"湔沟村寺庙信仰"、"羌汉山歌"口述历史茶话会，并以清平乡幸福家园广场为据点，先后举办了大型的社区趣味游园活动、以"迎新接福虎、百姓乐开怀"为主题的 2010 年新年庆祝活动和"山寨版"银杏文化艺术节篝火晚会①。至此，幸福家园社区广场逐渐成为清平乡的文化活动中心。由于幸福家园广场场地位置优越、硬件设施较为完善，离居民集中居住区较近，加上以前清平乡旅游业较为发达，整个文化基础较好，社区里有不少能歌善舞的人，因此，社工站牵头，找到一名本地的具有从事幼儿教育经历的领舞人，带领社区居民在广场上跳"坝坝舞"，这样的活动形式逐渐固定下来。到后来，老百姓意识到自己可以自由掌握跳舞的时间，社工也逐渐将活动的组织权移交给了"坝坝舞"的领舞人。社工站运用社区工作方法，以社区和社区居民为案主，通过发动和组织社区居民参与集体活动，调动了居民的社会参与积极性，调整、修复了社会关系，增强了社区的凝聚力，发掘并培养了社区的精英。从牵头组织"坝坝舞"到组织权移交于民的整个过程，都体现出社会工作的专业性，即：助人自助——社会工作者通过发掘案主的潜能，增强案主的"自救"能力，而非越俎代庖帮助案主解决问题。

另外，2009 年 10 月，社工站对原来的青少年储蓄项目作了重新评估，认为该项目投入大且周期太长，实施起来非常困难，最后决定取消该项目。同时，通过对清平乡的评估，社工站认为在妇女工作上可以有较大突破。因为在地震后，大多数家庭失去了自己的土地，妇女每天的劳作时间减少，闲暇时间明显增多，因此，社工站决定将妇女群体纳入项目活动

---

① 银杏文化艺术节是清平乡政府为推动当地旅游业的发展，每隔一年组织一次的大型文化艺术活动，时间为每年的 4 月 26 日。截至 2008 年，已成功举办两届。由于汶川地震的发生以及重建家园的紧迫性，清平乡政府取消了该年的银杏文化艺术节。为使这一传统很好地延续下去，社工站举办了这样一场"山寨版"的篝火晚会。

中。同年 12 月份，社工运用小组工作方法，对幸福家园中 10 个住户的妇女进行了访谈，了解她们的家庭基本情况，对妇女每天的工作内容和工作的时间进行了深入分析，了解妇女群体的需求，并策划开发出专门为妇女群体服务的项目。

在"轻钢房"项目方面，根据清平乡政府提供的名单、居民的意愿和当地实际情况，社工站选择了棋盘村 1 组村民孟贵兴作为"轻钢房"项目的第一户服务对象。建房过程中，孟贵兴充分调动了身边的资源：建房工人是自己的同姓兄弟兼邻居；运输钢材和沙子用的工具是邻居的车；联系各类建材的是自己的叔叔——村里的小队长；做饭的是自己的婶娘；一些必需的建材是从附近工地借来的。事实上，从动手放线、挖地基开始，到充分调动身边资源，最终建好房屋，孟贵兴的潜能被一一发掘出来。截至目前，一共有两户家庭建成了社工站补贴修建的轻钢生态房。相较于本土的行政性社会工作惯常采用物质救济的"输血"式助人方法，社会工作的个案工作方法更能培养案主的主体意识，增强案主主动适应社会的能力，避免单纯"输血"助长案主"等、靠、要"的依赖思想。

经过社区和家庭评估，以及数十次生计方向的小组讨论后，首批养殖生计项目正式进入具体实施阶段。2010 年 3 月，社工站提供的首批扶持基金到位，确定具体实施项目的几位成员在自己的努力下和社工站的帮助下，陆续购买到了生猪。与此同时，首批养殖生计项目实施户自发组织，进行了统购饲料、兽药的工作，这种自发互助的举动有效降低了零散购买饲料的成本，也增加了项目成员发展养殖事业的信心。另外，为了帮助项目成员更好地发展养殖，社工站协助几位养殖项目户对自家圈舍的供水系统进行了改造。改造工作主要是把圈舍的人工加水，改造为水塔自动供水。养殖的猪也从水槽喝水变为通过水龙头进水，这种改变既能减少育肥猪感染疾病的危险，也有利于圈舍的清洁卫生，为养殖事业的发展提供了有效保障。

2010 年 3 月中旬，清平乡社工站的工作人员对清平乡的旅游业发展现状进行了基本了解，对农户进行了走访，完成了大型农家乐的调研工作和小型农家乐农户的二十多份问卷。最终确定旅游项目实施的地点为清平乡盐井村六组，实施对象以文家沟迁移户为主，主要的工作方向是扶持小型农家乐的发展。同年 4 ~ 5 月，社工站工作人员与项目成员共同进行了 8 次小组活动，探讨家庭生计的方向，并对发展旅游业所需要的物质进行了初步的成本计算。为了项目的顺利开展和吸收其他地区农村旅游发展的经验，社工站的工作人员先后走访了眉山市洪雅县曲沿村、成都龙泉驿万亩观光果园、幸福梅林、郫县农科村等地，并组织旅游生计项目组成员到彭州通济镇的乐和家园，实地参观、学习当地农家乐的经营管理经验。社工运用小组工作方法，把致力于发展旅游生计的村民组织起来，形成目标明确的小组。在小组中，村民通过分享不同的经验，丰富和扩大了见识，结交了更多志同道合的朋友；在小组中，利用团体的力量来解决问题，共同探索发展旅游业的致富之路则避免了个人行动的势单力薄。

自从社工站介入清平乡灾后重建工作以来，知晓社会工作者的当地村民也越来越多了。在 119 个受访村民中，有 97 个知道社工，其中有 85 个表示，在"5.12"汶川地震前根本没听说过社工。也就是说，"5.12"地震是社会工作进入清平乡的一个重要契机。在清平乡百姓接受社会工作者的项目服务的同时，社会工作的知名度也在这个山区农业乡里扩大了。

另外，为了解当地村民对社工站开展的上述活动的评价，笔者设置了"您认为社工开展的这些活动怎么样"这一问题，并给出了"非常好"、"还可以"、"一般"、"不是很好"、"不好"五个选项。调查结果显示，83% 的受访村民对社工开展的活动给予了好评，表示"非常好"的比率不高，而认为"还可以"的占绝大多数。另外，也有 3.4% 的受访村民对社工开展的活动表示不太满意。

从某种意义上说，村民对社工开展活动的主观评价能直接反映社会工作介入灾后重建的成效，除此以外，也能通过村民对社工站的依恋程度来间接评估社工站在当地发挥的作用。为此，笔者设置了"如果在重建完成后，社工（或社工工作站）撤出，会对您或您的家人有影响吗"这样一个问题，并相应地给出了"有很大影响"、"有一些影响"、"一般"、"没什么影响"、"没有影响"五个选项。调查结果显示，67.5% 的受访者认为，社工撤走后，对他/她或他/她的家人"没什么影响"或根本"没有影响"；19.7% 的村民表示，社工撤走对他/她或他/她的家人"有一些影响"；只有 3.4% 的人觉得社工撤走后，对他/她或他/她的家人"有很大影响"。由此可见，当地村民对社工的依恋程度较低，社工站与当地村民在关系层面上不存在深度卷入，因此，社工在与不在，对他们的生活而言，是没有多大影响的。

3 社会工作对灾后社会建设的作用

在第三章第二节，笔者已经提到，将运用结构功能主义理论中显功能—潜功能和正功能—反功能的交叉分类来分析社会工作对灾后社会建设的作用。在结构功能主义的话语体系中，显—正功能是指，相关参与者所预料到和认识到的对于社会系统的客观后果，而这种客观后果将有利于社会系统模式的生存和调适。在本研究中，社会工作在灾后社会建设方面的显—正功能主要体现在，增强了村民对灾后新建社区的归属感和补充了当地的助人体系两个方面。

潜—正功能是指，相关参与者未曾预料到或认识到的对于社会系统的客观后果，而这种客观后果同样有利于社会系统模式的生存和调适。本研究发现，社工在以小组方式推广养殖、旅游等生计项目的同时，无意中促成了当地社会次级群体的生长，而次级群体的发展前景无疑关系到清平乡从"传统"到"现代"的转型；同时，外部社会工作的嵌入无疑将推动自上而下与自下而上相结合的社会建设。社会工作对灾后社会建设的潜—正功能主要体现在这些方面。

潜—反功能则是指，相关参与者未曾预料到或认识到的，对于社会系统会产生副作用的客观后果，这种潜在后果可能导致系统的紧张和紊乱，它们累积到一定程度就会衍生成为社会问题，就有可能威胁到整个社会系统的均衡。在本研究中，社会工作在灾后社会建设方面的潜—反功能主要体现在两个方面。一方面，社会工作功能的冲突唤起了部分群众的不公平感；另一方面，社会工作功能的局限降低了少数群众对社工的认同感。

接下来，笔者将从显—正功能、潜—正功能、潜—反功能这三个方面，对社会工作在灾后社会建设方面的作用进行分类讨论。

3.1 社会工作在灾后社会建设方面的显—正功能

3.1.1 社会工作增强了村民对灾后新建社区的归属感

"5.12"地震不仅摧毁了清平乡村民赖以生存的家园，而且破坏了人们长期以来形成的生活共同体。地震以后，政府统一组织安排、统筹规划，为一部分无家可归的灾民新修了永久性安置区。前文提到的"幸福家园"便是清平乡统规统建的安置小区。清平乡各个村组的人从原来分散居住的地方，搬迁到集中居住的小区，他们在生产生活方式、群体归属、身份认同等方面都面临转变与适应的问题。此外，在人们过去居住的传统农村社区，村民之间或以亲缘或以宗族为纽带，人与人的关系同质性强，社会流动缓慢，邻里关系密切。这些特征就使得搬迁村民对原来的农村社区具有较高的归属感，而对灾后新建的社区缺乏认同。考虑到这一点，清平社工站制定了一系列的文化历史项目，旨在提高村民的凝聚力，增强村民对新建社区的归属感。社工站相继举办了"湔沟村寺庙信仰"、"羌汉山歌"口述历史茶话会，并以清平乡幸福家园广场为据点，先后举办了大型的社区趣味游园活动、以"迎新接福虎、百姓乐开怀"为主题的 2010 年新年庆祝活动和"山寨版"银杏文化艺术节篝火晚会。另外，在社工站的牵头与协助下，"坝坝舞"逐渐延续下来，并成为当地较为固定的休闲娱乐方式。通过参与这些社区层面上的大型文娱活动，人们的互动频繁了，新的社会关系也逐渐产生，社区居民对新建社区的归属感也与日俱增。

3.1.2　社会工作补充了当地的助人体系

地震发生以前，当地村民主要通过两种渠道来解决困难，一种是由家庭、亲友和邻里构成的具有自助性、互助性的民间助人系统，另一种是由政府系统提供的具有法定救助性的解困济难的手段。在这个典型的农村社会，人们是按照亲疏远近的差序格局①来决定向谁寻求帮助的优先顺序。一般而言，人们主要通过亲友互助系统来解决日常生活领域的困难，只有当该系统不能满足其需要的时候，才会向政府系统寻求帮助。但是，地震以后，这些助人系统受到不同程度的破坏。地方政府无暇顾及社会底层的每户家庭，亲友、邻居对待求助也是有心无力。在这种情况下，社会工作介入灾后社会建设，及时地补充了当地的助人体系，为当地村民提供了一定的社会支持力量。

为了更客观地评估社会工作在当地助人体系中的地位，笔者设置了

---

①　"差序格局"的概念是由社会学家费孝通先生在研究中国乡村结构时提出的。费先生在《乡土中国》中是这样形容"差序格局"的："每一家以自己的地位作为中心，周围划出一个圈子，这个圈子的大小要依着中心势力的厚薄而定"，"以己为中心，像石子一般投入水中，和别人所联系成的社会关系不像团体中的分子一般大家立在一个平面上，而像水的波纹一般，一圈圈推出去，越推越远，也越推越薄。"

"在您遇到困难时，您会向谁求助"的多选题，并给出了"亲朋好友"、"左邻右舍"、"社工"、"政府"、"其他"五个选项。调查结果显示，由亲朋好友和左邻右舍构成的民间助人系统仍然是当地社会最主要、最强大的社会支持体系，而社工则处在整个助人体系的最边缘（参见图2）。由此可见，"5.12"地震并未打乱当地社会基于差序格局形成的求助顺序，亲缘和地缘关系仍然是人们认同和依附的最主要的社会关系。

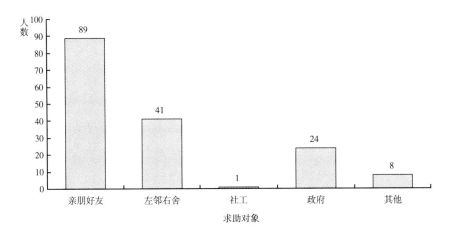

图2 村民选择求助对象的类型

但是，当问及"如果社工向您提供帮助，您愿意接受吗"这一问题时，88%的受访村民表示愿意接受社工帮助；而问及遇到困难是否会主动向社工寻求帮助时，只有18.8%的受访者表示会主动找社工帮忙。由此可见，当地村民还是愿意接纳社工这一求助系统的，只不过人们对社工的需要属于被动的消极需求。与之相反，在西方社会，社工一般是从有需要者的求助开始的。也就是说，西方社会工作一般面对的是"求助者"，而社会工作来到中国，则需要面对很多"受助者"。因此，发端于西方社会的社会工作，来到中国本土，就必然得顺应中国的社会—文化环境，在助人理念、策略等方面进行相应改进。

3.2 社会工作在灾后社会建设方面的潜—正功能

3.2.1 社会工作促成了次级群体的生长

社会群体是社会关系的一种重要形式。在社会学中，对社会群体所作的通常定义是：一定数量的个人，因较稳定的互动和社会关系而结合起来进行共同活动的社会共同体。美国社会学家库利根据群体内成员关系的特点，把社会群体区分为初级群体（primary group）和次级群体（secondary group）两大类。在初级群体中，成员间经常发生面对面的交往与互动，具有较亲密的关系和较浓厚的感情。属于这类群体的，首先是家庭。由亲朋好友结成的群体、左邻右舍，以及一些小村落也属于初级群体。在农业社会中，大都是初级群体。次级群体则是指成员间不经常发生直接的、面对面的接触和交往，并且成员的互动具有较浓的功用色彩的群体。库利的群体分类使社会学发现了这样一种情况：现代工业社会与过去的农业社会的一个重要区别，就在于工业社会中次级群体的作用大，而农业社会中初级群体的作用大；次级群体在工业社会中占主导地位，而初级群体在农业社会中占主导地位。

前文已经提到，为恢复当地的生产，增加村民的收入来源，社工站招募了一些村民，以小组方式推广养殖、旅游等生计项目。这些村民或以发展养殖为目的，或以发展旅游为目的，从各个村组而来汇聚在一起，共同讨论、交流发展生产的经验。事实上，这种以项目为导向的小组活动形式无意中促成了当地社会次级群体的生长。当地村民的交往范围不再局限于亲朋好友、邻里之间，而是扩大到由不同村组成员构成的、拥有共同目标的生计小组里来。因此，笔者大胆推测，当地社会次级群体的长期发展和繁荣，必将推动清平乡从"传统"向"现代"转型。

3.2.2 社会工作推动了自上而下与自下而上相结合的社会建设

"5.12"地震后，社会工作从外部嵌入到清平乡。这里的外部嵌入直接地表现为由香港理工大学亲自督导、直接资助等特点。因此，境外的专业社会工作在工作理念和方法上具有强烈的西方文化色彩，在行动方面具有相对充分的独立性。在第四章第三节中，笔者介绍了社工站介入清平乡灾后重建的具体内容，无论是口述历史、"坝坝舞"，还是养殖、旅游生计小组，都体现着境外专业社会工作自下而上推动社会建设的工作思路。他们善于从底层社会出发，挖掘底层社会的潜能，旨在推动底层百姓建构强大的社会系统。

王思斌教授曾指出，中国的政府部门所推展的社会服务、为群众排忧解难的工作也具有半专业化的社会工作性质。这类工作以行政体系为依托，以政府工作人员为主体，其部分工作技巧与专业社会工作的方法相符。这些特征意味着，政府系统的助人活动是一种国家或集体对群众的职能或责任，助人者与受助者是上对下的国家对百姓的关系。助人过程一般是提供物质帮助，或者是对受助人进行思想政治教育，助人活动的结果是有困难的成员获得物质帮助，或者思想上有"问题"者认同了代表国家或集体的助人者的思想政治观点。由此可见，行政性的社会工作除了具有社会服务的功能以外，还带有强烈的社会管理色彩，这就决定了政府系统自上而下的社会建设思路。

通过对比两种社会工作，可以发现，境外的专业社会工作在工作理念和方法上具有先进性，其推展的助人活动以发掘案主的潜能、增强案主的社会适应能力为最终目标，能帮助案主相对彻底地、可持续地解决同类问题。而行政性的社会工作凭借强大的行政系统作后盾，有着强有力的财力和社会动员力，因此，在解决重大社会问题、稳定社会秩序等社会管理和社会控制方面具有显著优势。"5.12"地震后，境外社会工作的嵌入无疑将推动自上而下与自下而上相结合的社会建设。

3.3　社会工作在灾后社会建设方面的潜—反功能

3.3.1　社会工作功能的冲突唤起了部分群众的不公平感

社会工作功能的冲突是指，"社会工作的实施既有利于困难群体，却也对其他群体和方面的利益造成妨害的情形"。① 笔者在清平乡进行调研的时候，确实发现了这类情形。例如，为了使项目服务更有效地推进，社工在招募项目成员的时候，会筛选出与项目更匹配的村民。因此，只有一部分村民能获得社工站的项目服务，相对而言，"落选"村民的利益受到了损害。另外，笔者还发现，由于清平社工站驻扎在幸福家园广场边，且广场又是该乡的文化活动中心，因此，在幸福家园居住的村民与社工站的接触机会更多，获得社工的帮助和服务也更容易、更便利。而居住在河对岸的元包村、棋盘村的村民，由于离社工站和广场较远，他们在获取社工服务方面就显得有些"吃亏"。在入户调查的时候，这里的村民反映："他们（社工）都在下面（幸福家园）搞活动，我们这里都没有（举行文化活动）。"可见，社工站在为一部分村民服务的同时，也在无意中忽视和损害了一部分群体的利益。这样的情形会唤起部分群众的不公平感，进而影响社会关系的健康发展。

---

① 王思斌：《社会工作导论》，高等教育出版社，2004。

3.3.2 社会工作功能的局限降低了少数群众对社工的认同感

西方社会工作形成于 19 世纪末 20 世纪初。经过百余年的发展，其功能日趋完善、成熟。然而，社会工作来到中国之初，就表现出先天的不足：缺乏社会工作的价值观基础，缺乏发育成熟的公民社会，缺乏专业性的支撑、缺乏群众的普遍认同等。种种缺陷致使社会工作在介入灾后重建时，产生了一定的功能性障碍。另外，社会工作只是社会调节机制的重要组成部分之一，社会工作也不是万能的。然而，一部分群众对社会工作功能的期待过高，一旦社工无法解决他们的困难或满足不了他们的特定需求时，他们就会对社工产生不满意的情绪，由此也降低了对社工的认同感。2011 年 1 月，笔者在清平乡进行入户调查时，结识了参加过社工站的养殖、旅游生计项目的 L 女士和 X 女士。从笔者与她们的访谈中可以证实这一点：

> L 女士："8 月 13 号，我们地震过后重新修的房子遭泥石流围了（埋了）。现在这儿（幸福家园对面）是跟人买的宅基地修的。我和我们家那个（丈夫）又没得关系，去打杂工，人家（援建单位）又不要。后来，我们就开了这个铺子（杂货铺），卖点儿小东西，拖一天是一天嘛。"当笔者问到她是否知道社工时，L 女士表示："地震之前，不晓得啥子社工。都是后来，地震过后，我们住在马尾板房，才听说有社工的。"当问到社工搞的活动有什么意义时，X 女士说，"也没好大意思，（组织唱歌跳舞）可能对那些爱跳舞的有意义"。从 X 女士的语气中，笔者听出了她对社工的不满。于是，接着追问她参加养殖项目的收获。X 女士说："虽说学了养殖，但是，找他们贷款还要利息，也没好大意义。我总觉得，他们做的事没在刀刃上。"一讲到这里，X 女士像打开了话匣子，立马跟笔者讲起去年 7 月，社工组织她们到彭州乐和家园参观学习的事。她说："他们（清平社工）和廖晓义[①]差十万八千里，我

---

① 廖晓义是民间环保组织北京地球村环境教育中心负责人，是中国第一位获得有"诺贝尔环境奖"之称的"苏菲环境大奖"的民间环保人士。她倡导"绿色生活"、"绿色社区"，鼓励人们采用"绿色的"生活方式。2008 年，廖晓义率队来到彭州市通济镇大坪村，在中国红十字基金会为主导的社会公益基金资助下，和当地村民、政府一道，建起了红十字乐和家园。在乐和家园的有机种植基地，园中的蔬菜不用化学农药，用的都是有机肥，蔬菜长虫也不用农药，而是用捉虫的办法。

觉得彭州的社工是给老百姓办实事。我觉得他们（清平社工）帮我们找事做就好。我们这儿的男人家没活路做了，都在屋里耍起，还贷了一屁股的债。"说到这里，L女士也插话进来："泥石流的时候，有一点危险，社工都跑了。第二天，他们就坐直升机走了。而且，泥石流过后，贷款（社工站为项目组成员提供的项目扶持金）也终止了，说是现在这里不安全，不发贷款了。"后来，X女士又讲到乡上的腐败问题，也不忘责怪社工几句："他们（清平社工）啥子话都不敢说，不能为我们伸张正义。"

总体来说，清平乡村民对社工的评价是正向的。在访问时，大多数村民都表示"社工很伟大"，"社工志愿为村民服务，是在做好事"，而且"给大家带来了欢乐"。但是，当地仍然不乏一些对社工服务不满意的村民，他们对社工的潜在的负面评价，如果累积到一定程度，就有可能衍生成为社会问题，最终影响社会团结和社会稳定。

4 结论与讨论

从2009年2月建站到2011年5月，清平社工站在该乡的灾后重建工作已经进行了两年有余。社工站立足整个社区，以发掘村民的潜能为理念，并通过项目化的服务方式嵌入"底层社会"，把专业性、多元化的服务输送给当地村民。在乡政府大力兴建农房、道路、水利等硬件设施的同时，社工站在修复当地社会关系、促进社会融合方面作出了重要的贡献。在田野调研中，笔者发现社会工作日益获得当地社会的认同。

在界定"社会工作"这一概念时，王思斌教授认为，中国也有"本土性社会工作"。在他看来，"那些生长于本土的、与其经济、政治和社会制度以及文化传统相适应的有效的、制度化的助人模式可称为本土性社会工作"。[1] 在中国，本土性社会工作主要由两类助人系统构成，一是依据差序格局原则建立的民间互济体系，二是依据身份隶属原则实施的政府助人体系（行政性社会工作）。通过调查研究，笔者发现，"5.12"地震以

---

[1] 王思斌：《试论我国社会工作的本土化》，《浙江学刊》2001年第2期。

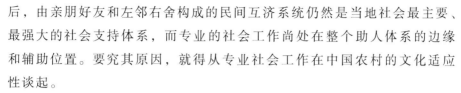

后，由亲朋好友和左邻右舍构成的民间互济系统仍然是当地社会最主要、最强大的社会支持体系，而专业的社会工作尚处在整个助人体系的边缘和辅助位置。要究其原因，就得从专业社会工作在中国农村的文化适应性谈起。

诞生于西方社会的专业社会工作是以个人主义、人道主义和理性主义为思想根基的，它的理论、原则和方法中蕴含着与之相匹配的价值取向，而中国农村的人文伦理观念与西方大有不同。在中国农村，人们依据远近不同的血缘、地缘关系建构自己的位置。每一个现实中的人首先不是单独的个体，而是关系中的存在。建立在个人主义思想基础之上的专业社会工作，强调"自我"的概念，倡导自我价值的实现，但在中国农村，自我实现在大多情况下等同于"自私"，而"自私"的人则很难在讲求关系、强调顺应的农村文化中生存。另外，在中国农村，人们的情感比较内敛，不善表达，遇到困难一般不向外人（社工在当地相当于"外人"）求助。专业社工如若等着村民上门求助，则会使工作陷入被动。此外，在中国的农村文化中，人们的权威观念和依赖心理很重。素来强调社工与案主应建立平等关系的社会工作价值观在中国农村是行不通的。村民倾向于把社工看做权威，并因此对社工产生较高的期待和较强的依赖。他们一旦获得社工的帮助，就希望问题得到彻底解决。比如，某些村民参加了社工开展的养殖或旅游生计项目，他们就希望得到立竿见影的实质性的回报，而不太关心自己的能力是否得到提升。如果社工只是强调提供意见和"案主自觉"①，那么社工的行为就可能被理解为虚情假意或毫无意义。因此，蕴含了西方文化价值的专业社会工作来到中国农村，就必然在文化适应性方面作相关的调整。同时，中国农村的民间互济系统建立在由血缘、地缘关系产生的天然信任的基础之上，加之，数千年来祖祖辈辈都是从这个系统获得帮助，因此，村民在遇到困难或问题时，习惯性地依赖或下意识地就会选择民间互济系统。即使发生"5.12"地震，也未能撼动它在当地助人体系中的主导地位。

通过调查研究，笔者发现，专业社会工作在清平乡的灾后社会建设方面

---

① "案主自觉"是社会工作的一项核心原则，它是指：社会工作者应当尊重案主的尊严和价值，相信案主的潜能。对于案主遇到的问题，社工应当给予解决方案或建议，而不能越俎代庖，剥夺案主自我作主和自我决定的机会。

是有一定贡献的。对于目前社会工作尚处在当地助人体系的边缘地位的现状，我们应该用发展的眼光去看待。受时间的限制，本研究对社会工作在灾后社会建设方面的作用的考察只能得出这样的结论。今后，在人力、物力、财力等各方面条件具备的前提下，笔者希望进行后续研究，考察社会工作在一段时间之后（如五年、十年）对于当地社会建设发挥的作用。这样得出的结论可能会更有意义和价值。

第四章

地震对灾区社会关系的影响研究

——以绵竹市清平乡为个案

1 导论

1.1 研究缘起

如今的灾区在各级政府的大力支持下呈现一派新景象，基础设施大体上修缮完毕，硬件配套较地震前也有很大改善，按某灾区政府官员的话说是"提前了 20 多年"。不可否认的是，从外观上看，许多灾区脱胎换骨，一派欣欣向荣。但经过"5.12"地震重创后的灾区却并不是那么轻易地就缓过了神：生计重建遇到的瓶颈、社区发展难以逾越的关卡、作为主体性的"人"的重建障碍等都使得灾区的前进举步维艰。可以说，灾区目前的困难依旧是严峻的。

庆幸的是，仍有许多 NGO 活跃在灾后重建的前线队伍当中，他们根据灾区的不同情况，因地制宜地发挥机构所长，在政府无暇顾及却又事关重大的一些领域发挥着举足轻重的作用。在与 NGO 的紧密接触和长期合作中，笔者发现不管是有志于重建灾区生计的，抑或是整合资源促进灾区社区发展的，有一个理念一直或明或暗地存在于其机构行动前提中，那就是社会关系的重建。一些 NGO 通过建立合作社把部分灾民组织起来，在共同追求经济效益之余，还扩充了他们的社会资本，增强和巩固其社会支持网，在一定意义上也重建了他们的社会关系；还有一些 NGO 在灾区成立舞蹈队、腰鼓队、青年志愿者队伍、执行委员会等社区自组织，并协助他们进行活动策划、组织和队伍建设，在重建"人"的基础上重建社会关系。可见，尽管 NGO 在灾区实施的项目各有侧重：有的关注生计重建，有的着力于社区发展，但作为外来力量的他们面临的首要任务就是灾民的社会关系重建，也只有这样，才能真正使项目效果可持续地发挥作用，才能切实地使灾区能够有所改变。

毕竟，人始终是社会性的动物，只要是生活在社会中的个体，就不可避免地要与其他个体产生各式各样的互动，形成各式各样的关联。在常态的社会生活中，社会关系的形成需要一定的时间积累，并具有相对的独立性，在社会交往中也扮演着重要的角色。就我们的日常经验而言，和谐的人际关系、充足的社会资本无论是对个人的前途发展，或者是简单的舒心生活都具有积极的正功能；反之，个体则往往陷入诸事不顺的藩篱之中。由此便知社会关系对社会人的重要性。而地震的破坏是瞬时的、致命的，一个生命消逝，不仅给活着的人们带来心理上的痛苦煎熬，还在一定程度上阻断了一部分社会关系，终止了不同形式的社会支持。无疑，许多灾区民众的社会关系因地震而发生改变，但它到底产生了怎样的变化？这样的变化对他们的日常生活产生了哪些影响？这一系列问题就是笔者很想去探究的，也是本研究试图回应的问题。

1.2 文献综述

社会关系是社会学中最古老而传统的研究课题之一，许多社会学家都或多或少地对这一问题进行过论述，如迪尔凯姆定义的"机械团结"与"有机团结"、帕森斯关于"特殊主义"与"普遍主义"的区分，以及马克思的著名论断"人是一切社会关系的总和"等都是对社会关系深入而独到的分析和见解。美国社会学家格兰诺维特甚至主张，是"关系"而非个人亦非社会系统才是主要的研究主题，更是把社会关系研究置于社会学研究的核心地位。可以说，社会关系研究一直是社会学界的宠儿，针对社会关系以及由它所阐发出的社会现象的研究经久不衰并随着时代的变迁不断呈现新的学术价值。

1.2.1 国内外关于社会关系的网络研究

1.2.1.1 弱关系与强关系之辩

最初对社会关系的强弱程度进行区分的是美国社会学家格兰诺维特，他以认识时间长短、互动频率、亲密程度和互惠服务四个维度把社会关系（Tie）[①] 分为强关系、弱关系和无关系[②]。强关系指认识时间较长、互动较频繁、亲密程度较高，且存在一定的互惠性行为的社会关系，亲人、朋友是强关系的主要代表；弱关系则限于普通相识或点头之交。强关系可以使人们之间产生信任，降低不确定性，有助于克服个人的孤独感，给予个人情感支持。[③] 但由于强关系多存在于封闭小团体内，团体成员相似度高，关系重叠较多，因此信息重复率也较大，此时弱关系的优势就显现出来。弱关系有利于在更广的范围内传递信息，有助于人们接受新事物，找到合适的工作，甚至能够增加社区凝聚力，保持社区稳定。[④] 在论述弱关系的重要性时，格兰诺维特引出 "桥"（bridge）的概念：桥是在一个网络中，提供给两点之间唯一路径的一条线（this is a line in a network which provides the only path between two points），[⑤] 是不同群体间互通信息的唯一通道。弱连带的 "桥" 功能在于它 "不仅是自己可以操控的网络资源，而且他们同时也是穿越社会距离的管道，以便某些理念、影响力或信息可以从自己传达到他们身上"。[⑥] 虽然并不是所有的弱关系都可以充当信息桥，但是，能够充当信息桥的必定是弱关系。

为了验证 "弱关系的优势"，格兰诺维特在美国马萨诸塞州牛顿城收集了 100 份个人访问以及 182 份邮寄问卷，调查专业人员、技术人员和管理人员 "促进流动的信息是如何获得和传播的"[⑦]，以此来证实为个人提供有效工作信息的到底是强关系还是弱关系。他发现，在管理人员中有 56% 的被访者使用了 "个人关系" 寻找工作，此处的 "个人关系" 是指 "被访者与

---

① 有人将 Tie 翻译为连带，有人翻译为关系。笔者考虑在社会网络语境下，Tie 意味着个体之间的联结，意义接近中国的 "关系"，因此在此处我们暂且用关系来表示 Tie。

② Mark Granovetter, "The Strength of Weak Tie", *The American Journal of Sociology*, Vol. 78, No. 6（May, 1973), p. 1361.

③ 慈玉鹏：《格兰诺维特论 "弱连带"》，《管理学家》（实践版）2011 年第 6 期。

④ 慈玉鹏：《格兰诺维特论 "弱连带"》，《管理学家》（实践版）2011 年第 6 期。

⑤ Mark Granovetter, "The Strength of Weak Tie", *The American Journal of Sociology*, Vol. 78, No. 6（May, 1973), p. 1364.

⑥ Mark Granovetter, "The Strength of Weak Tie", *The American Journal of Sociology*, Vol. 78, No. 6（May, 1973).

⑦ 马克·格兰诺维特：《找工作：关系人与职业生涯的研究》，张文宏等译，格致出版社，2008。

某个人有私人关系，原来在某个与寻找工作信息不相关的场合认识，而从那个人那里找到了新工作，或这个人将他推荐给日后联系他的某个人"①。此外，这种"个人关系"不仅提供了信息，而且还发挥影响力，起到了积极的"举荐"作用。"被使用的超过80%的个人关系不仅告诉了被访者新的工作信息，而且为他'美言'了几句。"② 因此，格兰诺维特下结论说："好工作是通过关系找到的"、"能够找到最好工作的那些人，他们与关系人的关系是职业关系而非社会关系，而且多数是弱连带而非强连带，且信息链更短"。③ 弱关系的优势得到证实。

格兰诺维特作为社会网络研究的领跑者④，同时也是研究社会关系的中坚力量。他的理论贡献不止是提出了"弱关系的优势"，更在于他开辟了利用社会网络工具分析社会关系的新领地。后来的学者正是在他的理论启发下推进社会关系研究，并通过实证研究进一步考察"弱关系的优势"，形成了大量的研究成果。其中，不乏证实"弱关系的优势"的经验研究，但同时也有不少学者得出了不一致的结论，如日籍学者渡边深1985年主持的东京地区职业流动调查，西德社会学家韦格纳1987年所作的西德职业流动调查，边燕杰等分别于1988年、1999年在中国天津和1994年在新加坡所作的职业流动调查。⑤

渡边深对日本白领的职业流动研究发现，在职业找寻方面，大部分日本白领劳动者通过强关系搜索职位信息；在职业流动方面，日本白领越是通过强关系找工作，越能得到报酬较高的职业，流动者对新职业的满意度也越高。⑥ 韦格纳对西德604名男女的生活史调查则显示，关系强度与先前的职业声望存在交互作用，即先前职业声望低的转职者使用强关系实现流动，而那些职业声望高的则利用弱关系实现流动，因此他认为在异质性网络中，究

① 马克·格兰诺维特：《找工作：关系人与职业生涯的研究》，张文宏等译，格致出版社，2008。
② 马克·格兰诺维特：《找工作：关系人与职业生涯的研究》，张文宏等译，格致出版社，2008。
③ 马克·格兰诺维特：《找工作：关系人与职业生涯的研究》，张文宏等译，格致出版社，2008。
④ 慈玉鹏：《社会网络研究的领跑者：格兰诺维特》，《管理学家》（实践版）2011年第6期。
⑤ 王鹏：《个人地位获致的社会资本分析——一项职业生涯的个案研究》，山东大学，社会学硕士学位论文。
⑥ 肖鸿：《试析当代社会网研究的若干进展》，《社会学研究》1999年第3期。

竟是何种关系强度发挥作用取决于个人先前的地位。[1] 边燕杰在天津等地进行的职业流动调查又发现，无论是在再分配体制下，抑或是在双轨制时代和转型时代，综合熟、亲、信为一体的强关系，比一面之交、仅是相识程度的弱关系，作用力度和有效性都更强。[2] 在此基础上，边燕杰针锋相对地提出"强关系假设"。

对"弱关系的优势"的理论及实证方面的质疑和挑战，丝毫没有降低它的学术价值，而是在更广阔的意义上达到了互补和理论完善的目的。反观学界对弱关系和强关系的争论，都是在格兰诺维特开创的理论路数与研究方法上发展起来的，即用社会网络工具考察不同地区、不同阶段的劳动力市场入职匹配与职业流动问题。鉴于社会结构、文化体制、市场经济发展水平、个人地位等多方面异质因素的影响，强弱关系对职业流动也呈现较为不同的影响力。概而论之，弱关系在信息获取对求职者作用较大的情况下显示出更为重要的价值，而强关系在以人情为主的社会中则占据着不可撼动的地位。除此以外，我们在强弱关系之辩中还可获得一个重要的启示，即无论关系的强度如何，社会关系本身就对"社会性"人的社会行为、社会心理、社会生活起着不可替代的关键作用。

1.2.1.2 社会资源理论

美国著名华裔社会学家林南的社会资源理论是对格兰诺维特的"弱关系"理论的修正和扩展。他认为弱关系确实能够促进不同群体之间的信息交流，但它更大的价值在于有助于获取不同的资源。同时，那些嵌入于个人网络中的社会资源，如权力、财富和声望等，并不为个人所直接占有，而是通过个人的直接或间接的社会关系来获取。[3]

根据林南对社会资本的定义——"个体为了在嵌入性资源中获取回报，通过工具行动和表达行动而在社会关系中的投资"[4]，我们至少可以得出以下几点，一是个体的理性行动是其研究的出发点，理论脉络以个体行为和社

① 魏永峰：《社会网络与职业获得：问题与研究方向》，《浙江社会科学》2009 年第 5 期。
② 孙晓娥、边燕杰：《留美科学家的国内参与及其社会网络——强弱关系假设的再探讨》，《社会》2011 年 2 月第 31 卷。
③ 肖鸿：《试析当代社会网研究的若干进展》，《社会学研究》1999 年第 3 期。
④ Lin, Nan; Cook, K.; Burt, R. S., 2001, *Social Capital: Theory and Research*, NY: AIdine-de Gruyter.

会结构的互动为基础；二是社会资本植根于社会关系之中，离不开个体的社会网络；三是社会资本是一种可以增值的资源，这种资源不仅包含货币、财产等物质资本，而且也包含声望、信任、规范等文化资本以及蕴含在个人身体之中的知识与技术等人力资本；四是社会资本不仅是嵌入在社会关系中的资源，而且也是人们为了获取各种效益的投资活动。① 林南的定义深入而形象地剖析了社会资本的本质内涵，同时也突破性地指出社会资源是社会关系带给个体的最大收益。正是社会关系背后所蕴含的丰富的社会资源，而非社会关系本身，是促进个体向上流动的重要推手。而弱关系之所以比强关系更加重要，也正是因为弱关系往往能够提供更加丰富和有效的社会资源。

在此基础上，林南把资源、社会结构和个体行动整合起来，提出社会资源理论的三大假设：（1）地位强度假设，人们的社会地位越高，摄取社会资源的机会越多；（2）弱关系强度假设，一个人的社会网络异质性越大，通过弱关系摄取社会资源的概率越高；（3）社会资源效应假设，人们的社会资源越丰富，工具性行动的结果越理想。② 可以看出，社会资源理论是在"弱关系"理论的基础上往前再迈了一步，它汲取了"弱关系"理论的精髓，也注意到了学界对"弱关系"理论的批判，最终在自己的理论框架下构建出更加完善的社会关系学说。

1.2.1.3 "结构洞"理论

"结构洞"理论是在"弱关系"理论启发下发展出来的另一种具有代表性的学术成果，由美国社会学家博特提出。结构洞是指"社会网络中的某个或某些个体和有些个体发生直接联系，但与其他个体不发生直接联系或关系间断的现象，从网络整体看好像网络结构中出现了洞穴"。③ 他举了一个形象的例子：对于三个行动者 A、B、C 而言，如果 A 和 B 有联系，A 与 C 有联系，但是 B 和 C 之间不存在联系的话，那么 B 和 C 之间就相当于存在一个洞。A、B、C 之间关系的这种结构就是一个结构洞。社会网络中的结

---

① 刘少杰：《以行动与结构互动为基础的社会资本研究——评林南社会资本理论的方法原则和理论视野》，《国外社会科学》2004 年第 2 期。

② 肖鸿：《试析当代社会网研究的若干进展》，《社会学研究》1999 年第 3 期。

③ 罗纳德·伯特：《结构洞：竞争的社会结构》，任敏、李璐、林虹译，上海人民出版社，2008。

构洞不仅有更大的获取非重复资源的机会，而且可以为由结构洞连接的一组组接点之间控制资源流动在战略上进行定位，因而能给位于竞争场域的参与者带来更大的收益。[①] 博特把这种来自社会网络的收益分为信息收益和控制收益两种：信息收益包含及时获得更有价值的信息和被人推荐而获得机会；控制收益指处于特殊位置所独具的协调、控制的优势。依旧是上面那个例子，相比较于 B 和 C，结构洞中间人 A 更具竞争优势，因为他知道得更多，参与得更多，操纵得更多，故而可能带来回报的机会就更大。

在博特那里，关系强度并不是最主要的分析变量，网络的结构才是他理论的落脚点。换言之，他认为在市场竞争中，关系强弱无关乎竞争优势，而在网络中所处的位置才真正影响着竞争双方的成败。在《结构洞》一书中，博特认为弱关系和结构洞所针对和描述的是同一现象[②]，但他显然对自己的理论更有信心，并认为"结构洞"理论"直接揭示出了原因，并为理论奠定了坚实的基础，为经验研究明确了方向"[③]。

1.2.1.4　小结

自格兰诺维特提出"弱关系的优势"以来，社会网络分析方法已越来越被社会学界接受，并逐渐形成一个具有理论基础和方法预设的学科分支。不可否认的是社会网络研究已逐渐走向成熟，并为社会学的发展作出了不可磨灭的贡献。从理论上讲，社会网络研究调和了社会学研究中历来存在的宏观分析与微观分析的分歧，利用社会网络研究工具把社会结构同个体行为进行了巧妙的结合，构建了一套破除宏观与微观二元划分的研究范式。并且我们也可喜地看到，不少社会网络研究理论问世，我们在这部分所梳理的强弱关系理论、社会资源理论与结构洞理论便是其中的典型代表。从方法上讲，社会网络研究发展出了自己的一套研究方法，利用社会关系图、社会计量学、社会统计模型等辅助工具，以网络规模、网络构成、网顶与网差等具体

---

① 白小瑜：《从社会网络的"洞"中获利——伯特的"结构洞"理论评析》，《重庆邮电大学学报》2009 年第 21 卷第 4 期。

② 罗纳德·伯特：《结构洞：竞争的社会结构》，任敏、李璐、林虹译，上海人民出版社，2008，第 28 页。

③ 白小瑜：《从社会网络的"洞"中获利——伯特的"结构洞"理论评析》，《重庆邮电大学学报》2009 年第 21 卷第 4 期。

指标对社会关系进行定量化的描述，使社会关系得以更加形象地表达。目前学界已有越来越多的学者，如罗家德、张文宏、赵延东等运用社会网络分析法进行了大量的经验研究，得出了许多极有价值的研究成果，研究的主题也逐渐从劳动力市场转向更为广泛的社会现象层面。

科学的伟大之处在于它能够被证伪，同样的，一套理论体系或者说是一种分析工具值得被信赖，也离不开它的缺陷。社会网络研究也是一样，我们还需看到它的不足和进一步完善的需要。鉴于社会网络主要研究对象是社会关系，而社会关系是一个内涵极为丰富的概念，它指代的东西无形似有形，可说而又不可说。因此，在用社会网络研究对社会关系进行定量分析的时候，难免会遗漏了一些重要的部分，使研究结果的信度与效度不高。此外，社会网络分析起源于西方，理论的验证和方法论的选取都是以西方社会既有社会现实为依据的，而这种契合在何种程度上适应于中国社会还欠缺论证，本土化的问题始终存在。但尽管如此，社会网络研究中的一些理念和方法依然十分值得我们借鉴和学习。

1.2.2 关于中国社会关系的研究

如前所述，"关系"一词具有多重内涵，它不仅是一种中立性的理论视角，还具有社会生活中人际交往的重要意涵。尽管关系现象并不是中国所特有，但其在中国社会的特殊性却是毋庸置疑的。这一点也体现在语言翻译中，许多学者在翻译"中国社会中的关系"时，并不用 relationship、interaction、tie 等对应的英文词汇，而是直接用大写字母 GUANXI 指代中国的社会关系，以凸显这个词的丰富性。而若要对"关系"所指与能指之间作恰如其分的拿捏，就离不开对中国社会及关系本质的谙熟与把握。庆幸的是，学者前辈们的学术成果给了我们许多启示。

1.2.2.1 "伦理本位"与"差序格局"

在对中国社会关系研究进行梳理时，梁漱溟先生与费孝通先生对传统社会中社会关系的把握最为到位。

梁漱溟在《中国文化要义》中有这样一段话：

> 人一生下来，便有与他相关系之人（父母、兄弟等），人生且将始终在与人相关系中而生活（不能离社会），如此则知，人生实存在于各种关系之上。此种种关系，即是种种伦理。伦者，伦偶，正指人们

> 彼此之相与。相与之间，关系逐生。家人父子，是其天然基本关系，故伦理首重家庭。父母总是最先有的，再则有兄弟姊妹。既长，则有夫妇，有子女，而宗族戚党亦即由此而生。出来到社会上，于教学则有师徒；于经济则有东伙；于政治则有君臣官民；平素多往返，遇事多扶持，则有乡邻朋友。随一个人年龄和生活之开展，而渐有其四面八方若近若远数不尽的关系，是关系，皆是伦理；伦理始于家庭，而不止于家庭。①

梁先生的刻画平实而精准，他揭示了关系的实在及其生发，将关系等同于"伦"。伦即是指个体间的纽带，中国传统社会极重君臣、父子、兄弟、夫妇和朋友五伦，以此为最基本的社会关系，同时也是社会行动的基础。而规定五伦的行为规范或者说"礼"，即是伦理。因此，梁先生说，中国社会既不是个人本位，也不是集体本位，而是"伦理本位"。

对中国传统社会的另一经典概括出自费孝通先生的"差序格局"。以下两段话摘抄于他的《乡土中国》：

> 西洋的社会有些象我们在田里捆柴，几根稻草束成一把，几把束成一扎，几扎束成一捆，几捆束成一挑。每一根柴在整个挑里都属于一定的捆、扎、把。每一根柴也可以找到同把、同扎、同捆的柴，分扎得清楚不会乱的。在社会，这些单位就是团体。我说西洋社会组织象捆柴就是想指明：他们常常由若干人组成一个个的团体。团体是有一定的界限的，谁是团体里的人，谁是团体外的人，不能模糊，一定分得清楚。在团体里的人是一伙，对于团体的关系是相同的，如果同一团体中有组别或等级的分别，那也是先规定的。②
> 我们的格局不是一捆一捆扎清楚的柴，而是好象把一块石头丢在水面上所发生的一圈圈推出去的波纹。每个人都是他社会影响所推出的圈子的中心。被圈子的波纹所推及的就发生联系。每个人在某一时间某一

① 梁漱溟：《中国文化要义》，上海人民出版社，2005，第72页。
② 费孝通：《乡土中国》，三联出版社，1985。

地点所动用的圈子是不一定相同的。[①]

可以看出，费孝通是在与西洋社会的"团体格局"对比下形象而深刻地揭露出中国社会差序式的社会关系模式，他称之为"差序格局"。在中国传统社会中，人与人之间的关系就像石头入水时产生的一圈圈推出去的波纹一样，越推越远，越推越薄。中国人差别化地建构与不同人的社会关系，此种行为的依据能够在差序格局中找到其合理性，即由与己的关系亲近程度决定具体的行为模式。应当说，"差序格局"在当时的中国社会具有极强的解释力。

"伦理本位"和"差序格局"都是在儒家传统上提出来的，儒家强调五伦，讲究爱有差等，主张"老吾老以及人之老，幼吾幼以及人之幼"，即知儒家传统中的社会关系是由己向外生发，推己及人的。在中国泱泱历史长河中，儒家文化对国人的影响最为深厚，也在一定程度上决定了中国人的关系导向和基于此而形成的行为模式。"伦理本位"和"差序格局"便是对这种社会中社会关系最精妙的概括，具有极高的学术价值。然而，在中国由传统社会向现代化转型的过程中，社会结构、社会制度、上层建筑等社会事实都发生较大变化，这种理论是否还具有解释力？中国社会关系有着哪些方面的微妙变化？体现出什么样的结构特征？后来学者们在这方面下了许多工夫。

1.2.2.2 在"差序格局"中前进

比起梁漱溟和费孝通的时代，现在的社会在许多方面都有了较大的变化。尽管社会关系具有相对独立性，但现代性因素的不断侵蚀、社会结构的反复变迁等都对它产生了潜移默化的影响，并体现出一些新特征。许多学者也注意到了这点，开始在"差序格局"理论的基础上修补和调整，以期提高理论与现实的匹配度。

李沛良根据1977年香港中文大学对550位成人抽样调查的数据来考察在现代工业化的中国人社会里如香港是否仍实行差序格局。通过定量分析，他提出一个更切合现代社会的概念"工具性差序格局"，并对这个概念进行界说："（1）社会联系是自我中心式的，即围绕着个人而建立起来；（2）人

---

① 费孝通：《乡土中国》，三联出版社，1985。

们建立关系时考虑的主要是有实利可图，所以亲属和非亲属都可以被纳入格局之中；（3）从格局的中心向外，格局中成员的工具性价值逐级递减；（4）中心成员常要加强与其他成员亲密的关系；（5）关系越亲密，就越有可能被中心成员用来实现其实利目标。"① 以此来强调在社会关系的构建中工具主义越来越成为一种主要取向。李沛良在"差序格局"下对社会关系道德和情感的考虑之外，加进工具性的因素，使理论更加适切现代性的社会。

孙立平在"差序格局"理论的基础上，分析社会中稀缺资源的配置制度对人际关系形成的作用。他认为"'差序格局'实际上也是一种对社会中的稀缺资源进行配置的模式或格局"②。他进一步分析，在传统中国社会稀缺资源是以血缘和地缘为基础进行分配的，而新中国成立以后，国家垄断了几乎所有的稀缺资源，社会主义再分配经济体制取代了以往的配置制度，而正是这种新的稀缺资源的配置方式，成为新的社会关系形成的基础，带来了差序格局的变动。

周建国用"紧缩圈层结构"来描述现代社会的社会关系，认为生存在现代社会关系中的人们总是力图获取超过社会资源平均份额的那一部分资源，因此每个人都会尽自己的最大努力向资源最多的中心圈内移动，向圈内挤压，使得财富、权力、声望三个圈子向内紧缩形成紧缩圈；另外，社会还存在一个纵向的"层"，所以越接近资源中心，资源分布密度就越大。在这种"紧缩"的作用下，越往上层靠近，则密度越大，资源相对也越集中。③

罗家德以社会网络的视角来看待差序格局，认为"所谓差序格局就是以自己为中心、以亲属关系和朋友关系为经纬而形成的亲疏有致、远近有别的社会支持网络"④。他把中国人的社会网由内向外分为家人、熟人、生人以及陌生人，不同关系层会适用不同的交换法则和不同的行为法则：最内层的家人连带适用需求法则，越往关系网的外层走就越适用公平法则，而到陌生人一层时则适用"不是人法则"。

① 李沛良：《论中国式社会学研究的关联概念与命题》，载北京大学社会学与人类学所《东西社会研究》，北京大学出版社，1993，第71页。
② 孙立平：《"关系"、社会关系与社会结构》，《社会学研究》1996年第5期。
③ 周建国：《紧缩圈层结构论——一项中国人际关系的结构与功能分析》，《社会科学研究》2002年第2期。
④ 罗家德：《中国人的信任游戏》，《商界·中国商业评论》2007年第2期。

阎云翔指出在差序格局结构中，多数学者只看到横向的弹性的以自我为中心的"差"，而忽略了纵向的刚性的等级化的"序"。他认为差序格局的维系有赖于尊卑上下的等级差异的不断再生产，而这种再生产是通过伦理规范、资源配置、奖惩机制以及社会流动等社会文化制度实现的。在这种格局下形成的差序人格对中国文化有着决定性的影响。[①]

以上学者对中国社会关系的阐释都是在"差序格局"理论的基础上提出来，并对"差序格局"进行了修补和调整，使其在一定程度上适应于快速变化的现代社会。但仅是这样，也未能完全展现中国社会关系的丰富性，解释力度稍显不足。

1.2.2.3 关系社会学

许多学者都意识到了"关系"研究的重要性，如港台学者金耀基先生认为："任何一个在中国大陆、台湾、香港或海外华人社会中生活过的人，都不会对一种叫做关系的社会现象全无意识。毫不夸大地说，关系、人情和面子是理解中国社会结构的关键性的社会－文化概念。"[②] 杨国枢更明确地表示："在社会互动中，对方与自己的关系决定了如何对待对方及其他的相关事项。"[③] 翟学伟也认为："无论在哪种层面上看，关系从来都是人类社会的本质，自然也是社会学研究的核心，而其他概念不过是环绕着关系的不同连接方式派生出来的，比如契约、民主、权力、规范、博弈、信任、裙带、面子等等。"[④] 他还利用中国人际关系的本土概念——人缘、人情和人伦——来建构中国人际关系的基本模式。[⑤]

在这批学者的共同努力之下，边燕杰抛出"关系社会学"的新提法。他指出，"关系社会学是关于关系主义现象的本质、内在变动规律及社会影响和作用的社会学研究专题"[⑥]，并认为关系社会学的发展"也许是探索和

---

①　阎云翔：《差序格局与中国文化的等级观》，《社会学研究》2006 年第 4 期。

②　金耀基：《关系和网络的建构：一个社会学的诠释》，《金耀基自选集》，上海教育出版社，2002。

③　杨国枢：《中国人的社会取向：社会互动的观点》，杨国枢、余安邦主编《中国人的心理与行为：理论及方法篇》，台湾桂冠图书公司，p. 106。

④　翟学伟：《关系研究的多重立场与理论重构》，《江苏社会科学》2007 年第 3 期。

⑤　翟学伟：《中国人际关系的特质——本土的概念及其模式》，《社会学研究》1993 年第 4 期。

⑥　边燕杰：《关系社会学及其学科地位》，《西安交通大学学报》（社会科学版）2010 年第 3 期。

推动中国社会学理念、中国社会学学科方向、社会学的中国学术流派形成发展的一个可能的突破口"。① 他把社会关系研究的地位上升到学科的高度。

1.2.3　关于社会关系重建的研究

无论是学界关于社会关系的相关研究，抑或是中国特殊语境下社会关系的本质探讨，都是在一个相对常态的环境下进行观察和分析的。尽管常态下的社会关系也非一成不变，但那毕竟是随着时代的逐步变迁而产生的相应变化。那么，在一些非常态的环境中，社会关系又有什么样的变化？其在人们的社会生活中扮演怎样的角色呢？国内目前关于社会关系重建的研究，较多的是针对拆迁群体、各类移民、艾滋病群体的研究，考察这些特殊群体在遭遇具体社会事件时社会关系的变化过程及原因，并得出了一些较有价值的研究成果，如徐晓军通过对乡村艾滋病人原社会关系系统的断裂、旧关系修复与新关系重建过程的分析，发现乡村社会个体的社会关系系统已经呈现明显的内核与外围两极分化的结构，乡村社会关系的外围已高度利益化，而与之对应的是内核部分的高度情感化。② 在已有研究侧重于描述与归纳某个共同体的社会关系现状，揭示社会关系本质之外，这类研究加入了社会关系的变化过程分析、个体建构社会关系的动机与策略分析，以及非常态与常态环境中社会关系的不同功能和发展趋向等方面的研究，使社会关系的探讨更加丰富和完善。

但同为非常态的社会环境中，由大型灾难而导致的社会关系变动又与拆迁等其他社会事件不同。灾难导致的社会关系变动具有突发性和巨大的破坏性，人们还来不及根据外界变化调适自己行为时，一系列的打击和变故就已经接踵而至，其中杀伤力最持久、损失最难以弥补的便是社会关系的破坏，而受灾者几乎是被动地在顷刻间遭遇社会关系的巨大变故：社会关系的丧失、社会支持的中断、社会网络的断裂……对于社会关系重建的重要性，学界几乎拥有一致的共识，不少学者专门撰文论述社会关系重建在灾后重建中的重要意义，如林聚任③、屈锡华、李宏伟④等。还有一些学者以灾区不同

①　边燕杰：《关系社会学：理论与研究》，社会科学文献出版社，2011，第2页。

②　徐晓军：《内核—外围：传统乡土社会关系结构的变动——以鄂东乡村艾滋病人社会关系重构为例》，《社会学研究》2009年第1期。

③　林聚任：《论社会关系重建在社会重建中的意义与途径》，《吉林大学社会科学学报》2008年第5期。

④　李宏伟、屈锡华、严敏：《社会再适应、参与式重建与反脆弱性发展——汶川地震灾后重建启示录》，《社会科学研究》2009年第3期。

群体为主要研究对象进行社会关系重建研究，如《恢复和重建未成年人社会支持网络》[1]与《灾后社会关系重建与老年人的社会资本》[2]等。除此之外，部分学者还以社会工作实务为例子，分享社会组织在灾区运用社会工作专业方法帮助当地灾民进行社会关系重建的具体途径和典型个案。

通过对文献的梳理，可以看出，学界历来不缺乏对社会关系的研究。然而，对于受灾群众这一总体，灾难对他们的社会关系造成的影响、社会关系如何变化以及灾民重建社会关系的动机与策略等等问题还鲜有研究。而这也是本研究需要着力的地方。

1.3 研究设计

1.3.1 研究对象

鉴于本研究的主题是灾区的社会关系，是故研究对象锁定在汶川地震中受影响较深的区域。在众多的灾区中，笔者选定绵竹市清平乡为观察点，理由有三：一是清平乡为汶川地震中的重灾区，经历地震灾劫后伤痕累累的清平符合笔者选择研究对象的基本要求。二是笔者与清平有着剪不断的关联：清平乡是笔者开始研究生涯的第一站，差不多三年前与师门众兄妹曾留守清平，进行过较为翔实的基线调查，并在之后的学习和研究过程中一直关注清平乡的发展变化，对乡里的基本概况有较为清晰的认知。三是出于项目的便利，笔者较为了解驻清平的社工站及部分援助项目，在一定程度上降低了实地调研的时间和经济成本；四是在调研过程中有社工站从旁协助，也为调研的顺利进行铺平了道路。

在初步选定绵竹市清平乡为研究对象后，笔者发现清平乡震后情况较为多元，主要体现在重建房屋的类型上。在清平乡，不仅有统规统建的新社区，还有统规自建的集中居住区，也有不少住户选择原址重建和维修加固。考虑到与本次研究主题的适切性，笔者决定选择清平乡的幸福家园作为研究对象，一方面是因为幸福家园是地震后统规统建的新社区，当地村民打乱入住，社会关系较易显示出其差别之处；另一方面是小区式的集中居住不仅不

---

① 佟新：《恢复和重建未成年人社会支持网络》，《北京观察》2008 年第 7 期。
② 孙志丽：《灾后社会关系重建与老年人的社会资本——以都江堰市 Q 安置社区为例》，《社会工作下半月（理论）》2009 年第 10 期。

同于村民所惯有的居住方式，对村民日常生活、社会交往等方面冲击较大，在这种大背景下考察社会关系的变动或许更有意义一些，此外，集中的居住方式也为我们的调研提供了许多便利。

1.3.2　研究方法

1.3.2.1　社会网络分析法

在致力于建构社会网络分析的前辈们那里得到启示，社会网络的一些分析工具对于社会关系的研究大有用武之地，不但破除了宏观研究时结构上的不可见性，也弥补了微观分析时局限于个体间互动而导致的片段化和无结构的缺陷。因此，用社会网络法进行分析完整展现了社会关系微观互动的同时，还勾画出了社会关系的结构化特征，使对社会关系的精确把握成为可能。因此，在分析灾区社会关系在地震不同阶段的变动时，笔者也将借鉴社会网络的理念和工具。

首先，笔者将纷繁复杂的个体需求分为经济、劳务、心理及娱乐四类。其中，将经济需求操作为借钱或是借东西的需要，劳务需求操作为帮忙干活、照看房屋及小孩或是介绍工作，心理需求操作为谈心聊天或是寻求安慰，一般指比较私密的话题间的相互倾诉，娱乐需求则操作为打牌、跳舞、结伴出游等消遣活动。在此四种需求之上建构起灾民的四种社会支持网络，分别为经济支持网、劳务支持网、心理支持网以及娱乐支持网，并通过对不同支持网络的考察和分析，还原村民社会网络，乃至社会关系的基本状况。

其次，提名法的运用将贯穿整个研究过程，笔者不仅会引导受访者主动提及地震前后主要交往的社会关系，还将分别在经济、劳务、心理与娱乐四个子网络中，以提名法的方式对村民主要的社会关系进行定位。需要特别说明的是，本研究所运用的提名法只指向不同的社会关系类别，而无涉具体交往的个人。

最后，笔者将对村民不同阶段的社会网络进行分析，而网络规模、网络构成和网络中的关系强度是分析的几个重要维度。然而，考虑到历时久远，要村民回忆起不同阶段、不同需求下的具体支持人数已不大可行，因此笔者舍弃网络规模这一重要变量，把研究重点放在网络构成与关系强度两方面。

1.3.2.2　定性研究与定量研究

本研究是在定性研究与定量研究相结合之下的探索，主要采取访谈法和问卷法。

以无结构深度访谈为主，详细了解村民对不同社会关系在不同阶段的看法和态度，动态地考察地震前、地震时及地震后三个时间段对应下的社会关系呈现的不同特点，使社会关系的分析深入全面且有重点。

此外，笔者在前人研究的基础上，设计了一套问卷，以期利用问卷收集大量村民社会网络的定量数据，以此来对社会关系的分析给予足够的定量支撑。

1.3.3 概念及操作

1.3.3.1 社会关系

社会关系指社会中人与人关系的总称，包括个人之间的关系、个人与群体之间的关系、个人与国家之间的关系、群体与群体之间的关系和群体与国家之间的关系。为使分析不偏不倚，故在本研究中仅把社会关系限定在亲属、邻里及社区之间。

亲属关系指具有血缘或亲缘关系的个体，不仅包括直系与旁系血亲，也包括因婚姻纽带联结而成的姻亲关系。

邻里关系指在地理位置上相隔不远的住户，因其外延的模糊性，本研究一以贯之地将邻居这一概念限定在与受访者所住之处比邻而居的几户人家。因清平乡遭遇再三搬迁之苦，因此当地村民的邻里关系也不可避免地被贴上新与旧的标签。

社区关系主要考察的是作为个体的村民与代表整体的村委会、乡政府，乃至与社会或者是国家之间的关系。

1.3.3.2 问卷设计

问卷的目的在于定量化地收集关于村民社会网络基本状况的数据，以此加强我们对社会关系的分析力度，因此，笔者特地将社会网络的分析工具贯穿于问卷的设计中。

问卷分为两部分：第一部分是受访者的基本情况，包括性别、年龄、民族、婚姻状况、教育水平、工作及收入等。第二部分主要针对受访者社会关系状况，以地震前、地震时、地震后为时间线索，充分运用提名法，鼓励受访者自己回忆并说出主要的社会关系类别及当有经济、劳务、心理、娱乐需求时主要提供帮助的是哪些社会关系，以此来考察不同阶段村民社会网络的构成，并在此基础上，借用格兰诺维特的四个维度：互动频率、亲密程度、信任程度和互惠服务，来分析不同社会关系的关系强度。

此外，在本部分中围绕着亲属关系、邻里关系和社区关系设计了前后对应的若干问题，以考察地震前后此三类关系的变化及地震对此三类关系产生了何种影响。

1.3.3.3　无结构访谈

在历时研究的趋势分析视角下，对受访者进行的深度访谈是本研究论点的重要支撑。访谈围绕着村民的社会关系进行，仍以地震发生的整个过程为时间线索，鼓励村民回忆并说出地震前、地震时及地震后各人的社会关系状况，在村民讲述的具体生活事件中，提取涉及社会关系的片段，以期获得对村民社会关系较为深入且直观的认识和理解，并以此作为本研究的重要论据。

2　研究过程

2.1　走进清平乡与幸福家园

2.1.1　关于清平乡

清平乡位于绵竹市西北 32 公里处的山区，面积 302 平方公里，南与天池乡、汉旺镇、金花镇交界，西靠什邡市，北接茂县，东邻汶川县。其下辖的院通、盐井、棋盘、元包、湔沟 5 个行政村依次分布在绵远河的两岸。

在地震之前，清平乡的发展前景一直较好：有磷矿作为支柱产业，解决大部分青壮年劳动力就业问题的同时，工业增长值一路领跑；气候宜人的自然环境使其天然就具有丰富的旅游资源，再加上政府主力打造生态文化旅游项目，以"中国银杏沟"为名大力宣传清平乡，当地村民以盐井村为首通过开办农家乐等旅游服务业发家致富；此外也有不少村民依靠传统种植业和养殖业维持基本生活。

而地震的发生给发展势头迅猛的清平乡当头一棒，全乡 6000 多人受灾，死亡 278 人，重伤 190 人，失踪 18 人；全乡 90% 的村民住房倒塌，其中农房倒塌 16438 间，耕地受损 2063 亩；全乡道路交通曾一度中断，其中损毁乡级公路 18 公里，村级公路 24.7 公里，其他公路如矿山公路 168 公里；损失防洪堤 1.3 公里，引水工程 3000 米。全乡经济损失共计

70.8186 亿元。

不止这样，在地震两年后的清平又发生了两次特大山洪泥石流①，使不少刚从阴霾中走出来的村民又被笼罩在更深的黑暗和恐惧之中。地质条件的不稳定、次生灾害多发使这个风光秀丽的小山村一而再、再而三地受到灾难的折磨，这不仅极大地阻碍了基础设施的修建与完善，还使清平"恶名在外"，把潜在的旅游大军牢牢地挡在大门之外。

庆幸的是，磷矿作为清平的支柱依旧屹立不倒，给风雨飘摇中的村民带去了些许安慰和希望。丰富的矿石资源不仅有效地稳固了当地的财政收入，还捆绑住了大量的青壮年劳动力，在短期内解决了他们的生计问题。因此不同于其他灾区丧失支柱产业而导致劳动力大量外流，清平乡外出打工的现象虽然存在但并不多。

清平的住房重建形式比较多元，村民们根据自家的实际情况及相关的政策规定来决定以何种方式进行住房重建，主要有统规统建、统规自建、原址重建和维修加固几种。幸福家园便是其中一个统规统建的新社区。

2.1.2　关于幸福家园

地震发生后不久，中央政府本着"一方有难，八方支援"的优良传统，以行政命令的方式规定对口援建的相关方案，确定了"一省帮一重灾县，几省帮一重灾市"的重要决定。江苏省江阴市临危受命前来援助清平，并在统一规划的基础上修建了这座曾获得四川省省级"四优"项目荣誉的幸福家园。

幸福家园外观上时尚前卫，主要以独栋联排、一楼一底的形式错落有致地掩映于山水间，布局紧凑而不失格调。建筑风貌融合了川西民居特色与苏南风格，再配上一幅幅色彩鲜明的绵竹年画，很有小桥流水人家的清风雅致，更显韵味十足。小区水、电、气三通，跟城市社区无异，社区内配套完善，有供村民休闲娱乐的文化广场和各式各样的商店，各家户门口还有一小块公共绿地。除此之外，小学、卫生院、邮政储蓄等公共设施也分布在距小区不远的地方，极大地方便了村民的日常生活。

2009 年 6 月，幸福家园竣工，面向清平乡村民以 800 元/m² 的价格出

---

① "8.13"泥石流和"8.18"泥石流。

售，并有大小不同的多种户型供村民自行选择。前来幸福家园购置房屋的多为原宅基地被地震损毁，或处于地质灾害危险区的住户。2009 年 10 月，村民陆陆续续地住进了"山地别墅"式的幸福家园。目前，全乡约有 201 户家庭杂居在此。

由于幸福家园的购买方式是由村民以家庭为单位，自行选择住房面积、房屋地段等，因此之前以行政村为单位的居住模式被打破，村民被打乱入住幸福家园，除了社会关系需要重建之外，村民的日常生活也受到极大冲击：首先，象征农民生命的地没了，以往自给自足的生活方式一去不复返，吃穿住行等一切生活资料都需要用货币购买，这对货币存量本就不足且在地震中损失惨重的村民来讲是不小的挑战；其次，村民住房形式由传统的小青瓦房向独栋"别墅"的过渡也给村民带来小小的不适应，尽管如今的房屋外观惹眼、结构完善，但怎么都不比震前的房屋宽敞实用。

因此，幸福家园里的住户同时享有着方便与不方便，生活的多方面变革潜移默化地影响着他们的心理活动与处世行为。而社会关系会不会也随着外界环境和氛围的变迁呈现迥异的变化呢？

2.2 样本介绍

2.2.1 问卷样本

此次实地调研共发放 40 份问卷，回收 39 份，有效回收率为 97.5%。本次抽样调查的样本特征主要有以下几个方面：一，性别分布较均衡，其中男性占比 46.2%，女性占比 53.8%。二，主要以中老年人为主，年龄最小的受访者 24 岁，最大的有 80 岁，平均年龄 56 岁，其中 30 岁以下的占比 5.1%，31 岁至 59 岁的占比 48.7%，60 岁以上的占比 46.2%，而之所以会产生这样的情况，主要是由于调研期间青年人多在外学习或者上班，不易寻得。三，样本中的受访者全为汉族，因清平乡主要是汉族聚居区，仅有少数几户为羌族。四，婚姻状况多为已婚，其中未婚占比 12.8%，离异占比 7.7%，丧偶占比 20.5%，已婚占比 59.0%，无其他婚姻情况。五，受访者学历普遍不高。文盲占比 17.9%，最高学历也仅为 12 年，其中教育年限在 1~6 年的占比 59.0%，在 7~9 年的占比 20.5%，在 9~12 年的占比 2.6%（详见表 1）。

表1　清平乡幸福家园村民抽样调查的人口学特征（N=39，2013）

变量	变量	个案数	有效百分比(%)
性别	男	18	46.2
	女	21	53.8
年龄	30岁以下	2	5.1
	31～59岁	19	48.7
	60岁及以上	18	46.2
民族	汉族	39	100.0
	其他民族	0	0
婚姻状况	未婚	5	12.8
	已婚	23	59.0
	离异	3	7.7
	丧偶	8	20.5
学校教育年限	0年	7	17.9
	1～6年	23	59.0
	7～9年	8	20.5
	9～12年	1	2.6

2.2.2　访谈样本

在通过问卷收集资料的过程中，笔者选取了9名有代表性的村民进行深度访谈，访谈对象的基本情况见表2。

表2　深访个案基本情况（N=9，2013）

编号	性别	年龄	受教育程度	原属行政村	常住人口	后编码
1	女	49	初中	盐井村	4	2013030601
2	男	47	小学	湔沟村	2	2013030602
3	女	32	小学	棋盘村	3	2013030603
4	男	76	小学	棋盘村	4	2013030701
5	男	64	文盲	院通村	2	2013030702
6	女	42	文盲	湔沟村	3	2013030703
7	女	39	高中	元包村	4	2013030801
8	女	57	文盲	湔沟村	2	2013030802
9	男	40	初中	盐井村	4	2013030803

3 地震前的社会关系分析

3.1 以血缘、地缘为主的社会关系

中国传统的农村社区多以农业活动为基本的生存方式，长久以来，祖祖辈辈在土地上辛勤耕作、休养生息，确保了个人、家庭和社区的存续和繁衍，这也是为何庄稼人常常视"土地"为命根子的根本原因所在。又正是由于土地的不可流转和耕作的季节性，庄稼人被牢牢捆绑在土地之上。因此，庄稼人的生活随着四季的变换周而复始，重复着相同的轨迹，演绎着类似的人生。久而久之，依靠"土地"生存的人们便慢慢组成封闭的村庄，也构建起守望相助的社会关系。

这样的村庄素描正适合地震前的清平乡，尽管清平并不算一个严格意义上的小农社会，磷矿资源和旅游资源在农业资源之外给清平注入了格外的能量，使清平的社会格局具备更多的可能性，但清平始终以源远流长的传统为权威，土地和农业生产几乎没有被荒废过，并一直作为家庭生活中一项必不可少的活动延续着。同时，与"土地"有关的特性也深深地烙印在每一个清平乡村民身上。

通过运用提名法，询问受访者在地震前主要的交往对象，根据受访者自身的回忆收集信息，并对回答进行后编码处理发现，村民震前的社会关系具有浓厚的血缘、地缘取向。在把配偶、子女、父母、具有血缘关系的兄弟姐妹并入亲人一类，把在地理位置上与受访者家比邻而居的几户人家并入邻居一类后得出，亲人和邻居都被提及 39 次，各占比 43.3%；提及同学 5 次，占比 5.6%；同事 3 次，占比 3.3%；村社干部 2 次，占比 2.2%；外来人口 2 次，占比 2.2%。（详见图 1）

可见，受访者的社会关系较为单一，以时空维度下自然生成的血缘、地缘关系为主。村庄的自给自足使得人口流动不大，村民间的你来我往也被年岁打磨成了固定的模样：有血肉联系的统统都归为"亲人"一类，所谓"亲人"，大多数时候都可以算作是"自己人"。既然是"自己人"，那就得遵照自己人的规范行事，走运时要"一人得道鸡犬升天"，危难时刻切记不忘雪中送炭。那些没有血缘关系但又住得近的邻里乡亲，也大

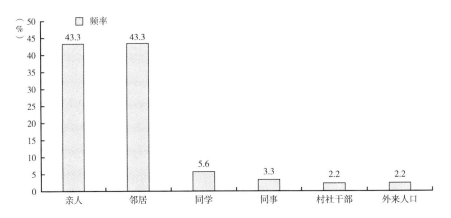

图1　地震前主要社会关系分布（N＝39，2013）

都被贴上"熟人"或是"可信赖的人"的标签，依附着土地而生造就了他们"靠山吃山"的天然秉性，使得他们都在固定的生活情境中经历着相似的生活事件。在这样一个"抬头不见低头见"的社会环境中，频繁的面对面互动使得他们自然而然，或者是无可奈何地与邻里建立起了一种拟亲缘化的社会关系，即通过符号化地运用亲人间的称呼，极力把没有血缘勾连的邻居拉进"自己人"的阵营之内，来共同应对日常生活中的琐碎事务，所以在传统农村我们常常能够听到"二叔"、"三婶"之类的称呼运用于并无血缘关系的个体之间。可以说，传统农村社区的社会关系是在日常生活中自然而然地生成的，所以当个体一出生便自动被抛入了这样一个既成的社会关系网络，而这样的关系网络也足够应付按部就班的日常生活。

　　在清平的调研也证实了这一点，在地震发生前，血缘和地缘两类社会关系占了村民整个社会关系的近90%。而在访谈中也可以常常听到这样的回答：

　　　　"还不是只有跟亲戚邻居交往，其他哪里还有什么人嘛？"
　　　　"经常跟这些隔壁邻舍的姐妹些上山采野菜，那个时候一路上有说有笑的，热闹得很哦。"
　　　　"没有在家头的时候就是在隔壁屋头耍，摆条（聊天）啊，打牌呀，干撒子都可以。"

可见在地震前的清平乡，亲缘关系和邻里关系占据了村民的大部分社会交往，这样一个依旧透着浓烈传统气息的清平乡展现在我们视界之内。

3.2　亲与邻

为了进一步考察地震前清平乡村民的社会关系，笔者把纷繁复杂的社会现象划分为经济、劳务、心理和娱乐四类，同样是让村民以回忆的方式讲述在地震前遇到不同情况时会寻求哪些人的帮忙，以考察当不同事件发生时的社会关系取向。而本部分的研究重点则在于村民社会网络的构成方面。

通过研究分析，在地震前的清平乡，当村民遇到以上社会事件时还是主要倾向于向亲人及邻居寻求帮助，但在亲人与邻居间如何作抉择也是有一定的规律可循的。

3.2.1　亲人构成社会网络的最内层

自古以来，家庭都是最基本的社会单位，由个体组建成家庭，家庭组建成村落和社区，再由村落和社区组建成为城邦和国家。尤其是在受传统儒家文化影响颇深的中国，始终存在君君臣臣父父子子的观念，而在这样一个"爱有差等"的文化氛围中，"施由亲始"便是再自然不过的事了。"亲者，至亲也，而非他人。故孝为人之本也，然后推至孝友，亲爱社会中人。"在中国语境下，修身、齐家、治国、平天下是理想中一脉相承的人生路径，个人以小家为基本，治家然后才能安邦。是故，家庭不仅背负着种族存续的基本功能，更肩担着深远的伦理意义。所以，在一个家庭中，人情而非利益是主要的处世标准，家庭中的个体之间更多的是相亲相爱的利他关系，而少有利益为重的竞争与较量。

取其意而视清平，亲人与其他社会关系的差别在村民有经济需求时明显地表现出来。当笔者问道："当您需要钱或者需要一些东西的时候一般找谁呢"，村民的典型回答有：

"还不是只有找自家的兄弟姐妹，哪个有困难都还是要互相地支持一下。"

"一般还是找屋头的人（亲人），各家都有各家的困难，你去找哪个嘛。"

"我一般不开口找哪个要，实在逼不得已了给儿子说一下。"

　　"找自己家里，万不得已时还是要向左邻右舍开口，我开口了他们都还是要借点。"

　　从数据的分析上，或许我们能够看得更明晰一些：回答会找亲人帮忙的超过八成，找邻居帮忙的占比13.5%，另有5.4%的村民选择会找其他人帮忙，在笔者的追问下，"其他人"这一选项的具体内涵都统一指向找银行借贷这一筹资途径。（详见表3）

表3　有经济需求时一般找谁帮忙（N＝39，2013）

关系类别	频数(N)	有效百分比(%)
亲人	30	81.1
邻居	5	13.5
朋友	—	—
同事	—	—
同学	—	—
干部	—	—
社工	—	—
其他	2	5.4
总计	37	100

　　可见，亲属关系牢牢占据着村民社会网络中最内层的位置，在经济支持层面构成了对村民最有效的社会支持。也可以看出，尽管血缘和地缘关系是清平乡最主要的两类社会关系，但仍然存在亲疏之别。尤其是遭遇经济利益这一敏感而又核心的话题时，村民能实际获得的支持主要还是来源于亲人。受"家丑不可外扬"、"家家有本难念的经"等传统理念的长年侵蚀，当遇到有如经济、家庭矛盾等困难时，大多数村民还是愿意关起门来，通过家庭内部的杠杆来调节和解决，而此时是否具有亲缘关系的分别就显得格外清晰。

3.2.2　邻里关系是内层网络的有效补充

　　地缘关系由生于斯、长于斯的村民在长期面对面互动的基础上自然而生，同时也型塑着他们进一步交往的行为及策略，如此往复，便形成了相对稳固和独立的社会关系，进一步影响着村民的社会生活。地缘关系作为传统社会重要的社会关系，不仅一直被学界视为研究热点，它的重要性也一直被生活在土地上的人们反复实践着。小到柴米油盐酱醋茶的琐碎事务，大到婚丧嫁娶的重大事件，都少不了邻居之间的互相支持与参与。

在清平乡，邻里之间的良好互动关系主要体现在劳务、心理和娱乐方面。（详见表4）

表4　有以下需求时一般找谁帮忙（N＝39，2013）

关系类别	劳务需求（%）	心理需求（%）	娱乐需求（%）
亲人	35.7	28.9	2.8
邻居	53.6	63.2	88.9
朋友	—	—	—
同事	—	—	—
同学	3.6	7.9	8.3
干部	—	—	—
社工	—	—	—
其他	—	—	—
总计	100	100	100

当被问到"您若需要找人帮忙干活，或是照看屋子或孩子时一般找谁？"，有效百分比为53.6%的村民表示会找邻居帮忙，35.7%的村民选择找亲人帮忙，另有3.6%的村民选择找同学帮忙。即知当村民有劳务需求时，亲人和邻居的支持可谓不可或缺，而其中邻里之间的支持甚至占到半数以上，有受访者这样说：

　　"我们这里的邻居都是这样，你做不完的我帮你做，我做不完的你又来帮我做。"

　　"有的时候比如要去街上呀，或是出个远门呀，邻居之间都会帮忙看到屋头，帮忙注意到地里。"

住得近的邻居在日常生活中的互相帮忙在他们眼里都被看做举手之劳，而蕴含于其中的人情又在循环往复的交换中显得愈发珍贵，使村民遇到特殊生活事件时能够有足够的喘息机会和得到必不可少的社会支持。

而当询问到村民的心理需求和娱乐需求时，数据显示有心理需求时找邻居的有63.2%，找亲人的有28.9%，另有7.9%的村民表示会找同学；有娱乐需求时有 88.9% 的村民会选择邻居，2.8% 的村民选择亲人，8.3% 的村民选择同学。选择找邻居这一选项的村民都占了半数以上，甚至远远超出选择亲人的比例，这使得笔者十分诧异。从访谈资料的分析中，笔者又得到进一步的启示：

> Z 女士，42 岁，地震前在家务农，老公一直都在磷矿上工作。因老公早出晚归，一儿一女也都在外念书，Z 女士大多数时间是与年迈的婆婆留守家中。除了照顾婆婆，她一天中最重要的事情便是下地劳作。因常常是孤身一人，且那时彼此家的土地相隔不远，她便总是与左邻右舍结伴同行。除了下地劳作以外，Z 女士也爱跑到邻居家串门，和婆婆发生什么不顺心的事也总爱向邻居同岁的姐妹们诉说。
>
> H 先生，47 岁，地震前开了一个小副食店。除了外出进货，大部分时间都在看店。H 先生喜欢打麻将，下午没事时经常邀约四五个邻居在店里打牌。照他自己的话说："我们这些个邻居平常十分谈得来，又有这么个共同的爱好，关系好得很哟！"

从对村民的访谈中我们可以看出，家庭固然承载着个体生息繁衍和经济支撑等重要的社会功能，但一些有如心理及娱乐方面的需求似乎又是超乎家庭职能范围以外的。一方面，生活在家庭中的个体遭遇琐碎的事务时难免会有所摩擦，此时家庭之外的朋辈群体作用便被无限扩大。对于清平乡的村民来讲，朋辈群体的来源十分有限，而邻居是其主要源泉，这也是为何大多数村民表示想要谈心诉苦时会选择邻居的主要原因。另一方面，村民之间常常由相同的爱好而结成趣缘群体，趣缘群体的存在除了充实村民个体的日常生活之外，还在一定程度上构成个体社会支持网上的一部分。对于流动不频繁的清平乡村民来讲，趣缘群体的来源多是左邻右舍的村民，且本着方便的原则，也总是先与自己周围的人形成固定的趣缘关系。因此，在清平乡，邻居不仅仅具有地缘上的概念，还在一定程度上充实着村民的朋辈群体和趣缘群体，朋友与邻居的概念交织了在一起，很多时候，邻居已成为朋友，朋友也多是来源于邻居。从以上种种便知，在地震发生之前的清平乡，邻居对于村民的作用可谓是不可或缺的。

3.3　乡村社会关系的发展趋势

3.3.1　乡村里的业缘关系

如前所述，清平乡并不是一个纯粹意义上的农业社区，丰富的磷矿资源和旅游资源使其走在普通农业社区的前列，率先接受着现代性的启迪。

自20世纪70年代初清平发现磷矿资源以来，采矿业就逐渐成为支柱产业，捆绑住了当地一大批青壮年劳动力。在笔者的样本中，受访者自己在矿上工作或者受访者家庭内部有矿上工作人员的占到了总体样本的90%以上，而据不完全统计，有70%~80%的青壮年男性劳动力都在磷矿上就业。大量的闲置劳动力与磷矿企业对劳动力的需求形成了良好的无缝对接，只要是18~45周岁的身体健康的青壮年男性，原则上通过简单的招聘程序，都可以到矿上就业。由此，磷矿企业在解决当地就业和促进当地经济增长方面的贡献可见一斑，而在此之外，采矿业的存在改变着当地的社会结构，进而对社会关系的格局产生影响，这主要体现在以下两个方面：一是"同事"这一种社会关系类别越来越多地出现在清平乡村民的社会关系清单中，在村民社会关系网络中成为不可忽视的一部分。尽管同事的所指在许多时候都与邻居相重合，但不可否认的是这一类别的社会关系在扩充村民社会网络方面有自己独特的贡献，尤其是填补网络中间层次和外围的空缺，使网络中能够提供支持的社会关系愈发多样，其蕴含的社会资源也愈发丰富，村民的社会关系不再仅仅局限于血缘和地缘，加入了一种以"业缘"为标签的社会关系，而这种社会关系随着社会的发展将会愈发重要。二是磷矿吸纳的这部分村民最先脱离土地，以工人的身份重新定义自身的角色，他们践行着等价交换的原则，用劳动力换取着货币形式的工资。在这种市场经济的熏陶下，慢慢的，利益越来越受到追捧，并在一定程度上左右着村民的行为模式，使得村民的社会关系建立在人情与利益的双重标准之下。

在采矿业之外，旅游业也促进了清平的社会关系的变动。清平乡依山傍水、风光秀丽，尤其在炎炎酷暑的夏日，绝对堪称避暑休闲的佳境。依托天赐的自然资源，政府于2006年起打造"中国银杏沟"生态文化旅游项目，鼓励当地村民以"居住带经营"的形式发展多种副产业。随着旅游资源的逐步开发，一些家庭在农业劳作之余，开始进军旅游服务业，通过开办农家乐、跑运输或运行商店等形式赚取额外的收益。尤其是毗邻景区的盐井村，旅游服务业发展最迅速，并很快形成了良好的辐射带动作用。在这样的社会格局之下，社会关系也具备了更多的可能性：围绕着利益之争，互动良好的邻里之间蒙上了一层竞争的关系，使他们较有可能在争抢客源、利益得失等方面产生矛盾，进而将原本有效的社会支持移出网络之外，使初级群体大大缩水。尽管这种社会关系发展的可能性在清平并没有取得实证，但这确是社会关系的发展趋势之一。

因此，要是地震没有发生，清平的社会关系极有可能朝着业缘关系的方向发展，这也是经济结构多元化发展影响下的常态社会关系的变动趋向。乡土社会的交往原则也在人情的基础上掺和着利益，而显示出双重导向。

3.3.2 利益与人情的较量

可以看出，利益与人情的较量在地震前的清平乡就已显露出其端倪，但纵观村民社会关系的总体状况，人情原则仍在绝大多数情况下被遵守。

从采矿业来看，鉴于磷矿企业对劳动力的大规模需求，一般而言，只要符合企业对性别、年龄和健康等各方面要求的村民，都可以毛遂自荐，在磷矿企业谋得一份职业。但据部分村民反映，矿山有些属于集体，有些属于国家，但大部分是承包给私人的，私人老板在人事任用方面具有极大的自主性，所以一些产量和效率高的工段往往被留给有关系的人，而那些所谓的有关系的人又多为私人老板们的亲戚及朋友，传统熟人社会的特质在此表露无遗，人情原则始终被践行。

从旅游业来看，村民间的竞争氛围也并不浓厚。L女士震前家住盐井村，紧邻政府倾心打造的"中国银杏沟"景区，为了充分发挥这里得天独厚的优势，L女士一家决定在家开办农家乐。据L女士介绍，地震前她们那一带都是做农家乐的，但从没有为争抢客源发生过矛盾：

> "有的时候家里住满了或者是不方便接客，还互相推荐去隔壁子（邻居家）住。有的时候来的是一大家人，一家住不下就分住几家，吃饭时为求热闹就统一在一个家里做来吃。"而关于利益的分配，她是这样解释的："在谁家住的就付谁家的房钱，至于吃饭嘛，肯定是给做的那家多一点，但我们这些也会前去帮忙或者是带上自家的菜呀、肉呀过去，多少也分得到一点，但谁也不会为这点去计较。"

　　类似 L 女士情况的例子还有很多，可以看到，尽管利益之风在清平越刮越盛，但村民在与初级群体互动时，人情还是占了上风。

3.3.3　小结

　　在村民的回忆中，我们基本上能够较为清晰地勾画出清平震前的模样，也对村民震前的社会关系状况有了最为基本的把握，一张既成的社会关系网络图呈现出来：血缘、地缘取向下的亲人、邻居等强关系构成网络中的最内层，是个体社会支持的主要提供者。而个体主要的社会关系也多局限于这些强关系之中，即是说，强关系在社会关系网络中所占的比重极大。此种社会关系在时空的自然构造中应运而生，村民多为被抛入既定的社会关系网络之中，而自身主动建构网络的情况极少。此外，这种关系网络所蕴含的社会资源较为同质，村民之间并无较大差别。当然，村民社会关系网络中也有部分弱关系存在，主要为同事、村社干部和外来游客等。要是没有发生地震，弱关系的地位将会逐渐凸显。

4　地震发生时的社会关系分析

　　2008 年 5 月 12 日下午 14 点 28 分，这也许是清平乡村民毕生也无法忘记的时刻。天摇地动，山崩地裂，眼见着房屋在顷刻间轰然倒塌，而那屋子里或许还有自己的至亲或好友。在凶猛的大自然面前，惊慌失措的村民还未缓过神来，便几乎已经失去了一切。

　　曾经有学者作出这样的形象比喻："我们日常交往的圈子就是象一个用有弹性的橡皮带紧紧连在一起的竹竿构成的网，这个网精心保持着平衡，拼命拉断一根橡皮带，整个网就散了。每一根紧紧连在一起的竹竿就是我们生活中所交往的个人，如抽出一根竹竿，我们也会痛苦的跌倒，整个网就立刻松弛。"[1] 对于清平乡村民而言，地震不仅埋葬了大多数村民的房屋，还夺走了部分村民的生命。就如同在一张搭建平衡的网络中抽走了若干竹竿，使原本平衡的网络立刻变得松弛，而留在网络里的竹竿也会因为失去了平衡力而无法直立。清平乡村民就是网络中一个个有如结点的竹竿，当一些村民被

---

　　① 林耀华：《中国家族制的社会学研究》，三联书店，1944。

迫离开了本来固定的社会网络时，剩下来的村民也会因为突然被中断了原有的社会支持而产生痛苦的感觉，而痛苦感觉的强弱便取决于被抽走的竹竿与自己交往的远近，即离去的村民与自己关系的远近。那么，在强震发生时和发生不久后村民的社会关系到底呈现怎样的特点呢？为了使文章更严谨，笔者把这个时间段操作为自地震发生之时起，至村民被初步安置下来为止。

4.1　亲人的凝聚

地震突如其来，受惊吓之下的村民的本能反应及这种反应如何体现在社会关系上是本节关注的重点。在收集资料过程中，笔者曾问过受访者地震时最担心谁的安危，回答自然是五花八门。为了忠实于受访者的原始答案，笔者将其进行罗列：回答为"娃娃"的占比20.5%，回答为"父母"的占比17.9%，回答为"老伴"的占比15.3%，回答为"老公"的占比12.8%，回答为"孩子"的占比10.3%，回答为"儿子"的占比7.7%，回答为"妈"的占比7.7%，回答为"妻子"的占比5.1%，回答为"大哥"的占比2.5%。通过合并同类项后发现，担心孩子的有38.5%，担心父母的有25.6%，担心配偶的有33.2%，担心兄弟的有2.5%，可以说，几乎全部都为至亲的亲人。

　　C女士为我们描述了她的地震经历："那天我和邻居们采完野菜回来刚洗了个澡，本来准备睡个午觉，但头发没有干完，就去外面和邻居们摆条（聊天）。还好没睡哦，突然就晃起来了，我看到那个房子一下子全都倒完了，当时人都吓傻了。稍微平稳了一点后，我一想糟糕了，屋里都像这样，学校还得了，娃娃还在学校得嘛，于是就马上跟几个邻居一起翻那个山（那时路已经被毁）到学校去找娃娃。到了学校也是一片混乱哦，大人也在哭，娃娃也在哭。终于找到娃娃他们老师了，才看到我娃娃没有受伤，心才放下来了。找到娃娃后，才感觉两腿一瘫，人完全没得力气了，就倒地上去了。"

　　M女士就没有L女士那么幸运了，虽然她也逃过了一劫，但说起地震她还是连连抹眼泪："当时我没在屋头，要是在屋头，可能我也没了。我那个时候正在地里，突然听到很大的声音，看到房子跟到跟到就倒了。才想起妈还在屋里，赶忙跑起回去看，哪里看得到个人嘛，全淹（埋）完了。老公又还在矿上，也完全没有消息，只有等了撒。后来才

带信回来说没得事，但他们矿上也遭了几个的。"

F 先生地震时正在绵竹采购，妻子一个人在家，儿子在绵竹上学。地震发生后的第一时间里，他就往学校赶，看到儿子没事后，就和儿子一起回家去找妻子，当时路断了，只能徒步进山。回家后才得知妻子已经遇难的消息。F 先生为此事一直很自责，认为当时要是带妻子一起去绵竹就没事了。

通过受访者的讲述，可以看出在大灾难发生的间隙，村民心里记挂的是与自己血肉相连的至亲，这种心理感受也体现在具体行为上，从他们的区位移动就可以获得证实。灾难发生后，大部分村民都会在第一时间里互寻亲人，确保彼此的平安，包括外出打工人员的争相回乡，本地受灾群众的奔走探望。从一个宏观视角来看，分散的个体以一定的轨迹逐渐凝结成一个一个的小单元，单元内部异常团结和牢固，且主要由亲人构成，进一步印证了亲人构成社会关系网络最内层的观点。在一起生活的亲人，除了在日常生活中培养起来的浓厚感情之外，还是个体社会支持的主要提供者，是最牢固的共同体。虽然在这个共同体中不能完全做到喜怒哀乐的一致性，但痛痒还是能够在一定的程度上走出肌肤，渲染着个体的切身感受。正如费孝通先生描绘的差序格局一样，社会关系是以己为中心，由内向外推出的波纹，越推越远，越推越薄。感情的疏远与生发也是循着这个路径，由内向外延伸。因此，在寻找至亲之后，村民也开始关注起周围的其他人来。

4.2　邻里的互救

经历几分钟山摇地动的惊险和地表上人造物的瞬间坍塌之后，侥幸存活下来的村民这才意识到一无所有的滋味：有的人至亲没了，呼天天不应，叫地地不灵；有的人房子没了，辛苦大半辈子创下的基业没了；与此同时，还有许多同胞被埋在已是废墟的钢筋水泥之中。在地震之初，由于道路中断和外来救援队伍不能及时介入灾区，村民之间的互救为挽留生命腾出更多的空间，即是说许多生命都是在附近村民的共同努力之下挽救的，这一点在其他大灾难中已经得到证实，当然也适用于此次汶川地震。在清平乡的调研中，也不乏这样的例子：自地震发生至外来救援力量打通"生命线"进驻灾区的这段时间里，当地村民自发结成一个临时的突击救援队，主要由青壮年村民组成，以寻找、救援被埋灾民和抢救米、水等生活必需品为主要职责，在实施救援过程中，也不时会有邻近村民自发加入。

除此之外，耕地被毁，道路中断，山体移动，缺粮缺水，村民被牢牢困在原地，进退不得。面对余震不断的威胁，村民惊慌失措之余更是对未来的路感到茫然和彷徨。面对同为灾民的乡里乡亲，活下来的村民自动地抱成一团：

> "等山体稍微稳定下来了，我就跟我老公回去刨（挖）东西，看能不能找到点吃的。后来弄到了点，就给大队上的人背去。"
> "当时还是多亏了这些邻居，大家都把能找到的吃的东西拿出来，互相帮助嘛。都那个时候了，还不是只有走一步看一步了。"
> "当时大家都在一堆的，地震那天晚上就这样背靠背地坐着，坐了一夜。"
> "地震了就出来找人嘛，看到人多的地方就跟到一路，大家在一起也相互有个照应撒。"

在地震这一共同的生活事件的影响之下，清平乡人的身份也从普通村民转变为灾区灾民，大家有共同的遭遇、共同的记忆，较为容易在心理上形成一种普遍的认同感，进而互相依赖，共渡难关。是故，大灾来临之际，在受灾的村民之间反而结成了一种更加强有力的凝合力，把他们紧紧地凝聚在一起。

同时，个体在寻找出路的时候，总是试图寻找同类以结成群体，仿佛只有群体的力量才能够和外界变幻无常的自然环境相抗衡，也只有在同类面前，相同的经历和遭遇才更容易被识别和理解。而村民总是以周围其他村民为参照群体，与参照群体经历的相似性，传递给个体的便是更大的勇气以接受这不幸的事实，这也是村民灾后抱团取暖的合理性所在。此外，在共同遭遇重大变故之时，村民间的社会关系呈现短暂的普遍主义取向，个人利益的得失暂时被淡化，群体内的共存亡才是最重要的主题。

4.3　社区的整合

4.3.1　与村级权威的社会关系

一般而言，亲人关系和邻里关系是村民最主要的两种社会关系，且这两类社会关系在大多数情况下能够为个体提供满足当下生活的充足社会资源和社会支持，当然这是在常态的社会情境之下。而当整个社区面临大规模灾难，村民以往的社会资源或社会支持的提供者也面临困境之时，社区的自在力量反而得到凸显，而这个力量首先就来源于村社干部。

就我国的乡村治理而言，对基层的管理主要由村委会实施，村委会以管理本村公共事务、维护村民合法权益和依法调解民间纠纷为主要职责，与村民保持着管理与被管理，服务与被服务的关系。村委会成员由村民选举产生，名义上不属于国家干部，也不由政府财政支付工资，其职务收入由村民决定和支付。在访谈中谈到涉及地震前的经济和劳务等需求时，村社干部也会偶尔被提到：

> "有的时候找不到活路，就去找村上的干部，看看他们有没有什么门路。"
>
> "找村上的干部帮忙，看他们能不能想办法给我贷点钱。"

可以看出，在传统社区中，村委会或者说是村社干部对村民能起到一定程度的社会支持，但这种社会支持对村民的影响和作用都不是主要的，因此，传统社区之下，村干部与村民之间的关系较为零散。

在地震发生时，受强震惊吓之余的村民迫切需要抓住一根"救命的稻草"，而此时村社干部就被当成了暂时的庇护所，再加上这些干部在组织村民和撤离村民方面所作出的贡献又重塑了他们的权威形象。因此，地震在应急阶段反而整合了村民和村干部，使彼此的社会关系在互相体谅中达到最融洽的状态。

此外，一些村里能人在紧要关头也扮演了村级权威的角色，他们通过组织"救援突击队"、安置周围村民等有力行为，临时充当社区指挥者，安抚民心、稳定秩序。

> M女士的情况就是这样："我老公在矿上，娃娃也不在身边。多亏W队长，他当队长好多年，对这些事情有经验些。他就把我们这些邻居组织起来，都弄到一堆。我一个独人，他还是啥子都喊到我，一起吃呀什么的。"

可见，灾难反倒促成了社区能力的提升，为社区社会关系的重建提供了新的可能和更广阔的空间。

4.3.2 弱关系的有效替补

如前所述，村民的强关系同在地震中受灾，难以为个体提供持续有效的社会支持，而这个时候，弱关系就成了有效替补。

在问卷中设计有一问："地震发生时谁给您提供了何种帮助？"仍然是对受访者的回答进行编码后处理，把凡是提到部队、国家、解放军、政府、当兵的、外地医生、火山轮车夫及志愿者都归为弱关系的社会支持一类，把提到一家人、兄弟姐妹、邻居等的归为强关系的社会支持一类。通过频数分析，弱关系的社会支持被提及次数为73.5%，强关系的社会支持被提及26.5%。（详见表5）

表5 地震发生时谁给您提供了帮助

分类	频数（N）	有效百分比（%）
强关系的社会支持	14	26.5
弱关系的社会支持	39	73.5
总计	53	100

从数据分析中可以看出，超过七成的村民提到曾经接受过弱关系的社会支持。实地调研中的观察和访谈也能够佐证这一观点，许多村民在笔者问出这个问题后，几乎是不假思索脱口而出地讲述自己是如何获得弱关系的帮助的：

> "解放军撒，是他们开起飞机来把我这个老头子拉出去的。我老了又走不动，要我自己走出去还不如死在这里算了。"
>
> "那些当兵的娃儿呀，看起也不过就十七八岁，大老远地跑到我们里头来，给我们引路，给我们发吃的，真的是不容易呀！"
>
> "还是要感谢中央政府，危急关头还是没有放弃我们清平乡的人，花那么多功夫把我们拉出去，你说如果是你的话你感动不？"

因地震造成了山体垮塌和道路中断，使得外来的支援力量并不能在第一时间就赶赴清平。通过连日连夜的疏通道路、扫除障碍，部队打通"生命线"进入清平也是在地震发生的两三天之后了。而从地震发生到外界实际支援的这段时间内村民之间的互相帮助却很少能够被人清晰地回忆出来，这一点从村民对帮助提供者的表述中可以看出，很少有村民主动提及这个时候周围亲人和邻居的帮助，大多是在笔者追问部队来之前的情况或是直接询问当时亲人邻居的互动时才意识到亲人邻居等的支持也从未间断和必不可少。

而这是为什么呢？难道是清平乡的村民太麻木不仁抑或是不懂感恩？显然不是。对于同为灾民的清平乡村民而言，亲人和邻居这类强关系的互相支持在这个时候往往被视为一种出于本能的应急反应，或者是发自人情的自然流露，而不是他们语境和理解中的"帮助"，无论是帮助别人还是自己被帮助。换句话说，他们或许没有意识到亲人邻居在那个时候的那种互动就是一种社会支持，无论是日常生活的相互照顾，还是心灵上的相互告慰。还有一个重要的原因，村民与其强关系所掌握的社会资源较为同质，而同在地震中受灾的事实使得彼此间互相支持的力量和资源都略显不足。相反，此时由外界支援力量提供的社会支持就很容易被感受和识别。一方面，相比于此时强关系提供的社会支持，此类社会支持具有强大的力量，能够直接将脆弱的村民带出险境，并妥善安置；另一方面，弱关系对灾区的介入，不光是提供了有效的社会支持，其本身携带的较为异质的社会资源也大大丰富了灾民的社会资本。此外，以国家为主体提供救助，使村民与国家之间建立起某种形式的联系，在村民中间迅速树立起了一种新权威，也正是这种新权威在灾民社会关系受到强烈冲击的情况下，能够获得另一种形式的社会支持的替代，在一定时期内减轻了村民的生理和心理负担。所以，村民对弱关系的依赖实质上是对社会支持的一种迫切需求，弱关系的力量在灾难中得到彰显。

4.3.3　小结

地震的发生无疑是一场大的灾难，但它也给我们营造了这样一个实验场，让我们能够观察并探析由它带来的社会关系的变动和实质。

在遭遇大灾之时，清平乡村民的社会关系呈现两方面的特质：一是循着差序格局中所预设的社会关系的路径，当地村民灾变后的感情生发、关系亲疏也较为清晰地呈现了出来。从最初的互寻亲人，到等待救援过程中的抱团取暖，再到后来对弱关系的需求，都展现出了一张以个人为中心、按亲疏远近依次排开的社会关系网络，在确保最切己的亲人安全的情况下，这种同感

121

心理也依次延及邻居和其他村民；二是弱关系对处于绝境之中的村民而言其重要性不可低估，这种社会支持是在灾民个人支持网之外的重要支撑力量，在特殊情形下，甚至比强关系对个体的作用更加强大和有效。

5　地震发生后的社会关系分析

经历了地震的连番洗劫，村民不胜折腾，变得疲惫不堪。而悲苦的命运却还没有至此终结，已经沦为灾民的清平乡村民们又再次踏上了一段新的奔波旅途。尽管地震的威胁已经渐行渐远，由地震带来的伤害也在逐渐平复，但村民接下来要承受的是居无定所的悲苦、亲友离散的空虚和看不到未来的绝望。首先就是一波三折的搬迁之路。

清平乡村民被大规模救出后，他们最初被暂时安置在绵竹市体育馆，以搭帐篷的形式统一居住，通常是两到三个家庭，十多个人住一个帐篷。那时的居住条件十分有限，除了日常生活的极不便利之外，村民还不得不忍受拥挤之苦，有村民就抱怨说晚上起来上厕所都需要摸着别人的脚出去。所幸的是这样的日子没过多久，清平乡村民就又搬进了新的临时安置点——马尾板房区。在板房时，条件略微有所改善，村民以家庭为单位入住板房，保证了一定的生活空间和私密空间，也在一定程度上恢复了村民正常的生活状态。但板房毕竟不是家，清平乡人在这儿一住就是一年，在这一年中也只有依靠着身边亲友的互相鼓励和对新生活的向往维持了每一天艰难的生活。所以，在第二年清平灾后重建的硬件设施基本成形之时，也是清平乡人踊跃回乡之日。至此，清平乡村民的奔波之路才算告一段落。

回顾这一路的奔波劳苦，也见证了清平乡村民的血泪史。地震以及这之后的一切不仅改变了清平的面貌，也潜移默化地影响着村民的心理状态和行为模式。那么，社会关系这一较为稳固的变量，会不会也随着外界环境的一再变更而呈现新的特质呢？通过数据分析，可以看出村民地震后的社会关系主要有以下类别：亲人被提及 39 次，占比 38.61%；新邻居被提及 27 次，占比 26.71%；旧邻居被提及 18 次，占比 17.82%；另有提及同学和村社干部 3 次，各占比 5.6%；同事 5 次，占比 4.95%；社工 6 次，占比 5.94%。（详见图 2）

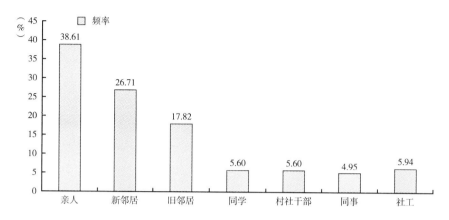

图2　地震后主要社会关系分布（N = 39，2013）

5.1　亲人关系是最为稳固的社会关系

5.1.1　宏观视野下亲人关系的强化

在地震后的辗转过程中，无论是在绵竹体育馆搭帐篷，抑或是聚居在马尾板房，还是返回清平购置家业之时，家庭都以一个小团体的姿态出现在变化万千的外部环境面前，这样的居住安排不仅整合了受灾村民，也方便政府提供服务和进行管理。是故，唯有"亲人"这一变量在地震前后村民主要社会关系类别中被提及的次数相等。也就是说样本中没有出现过因为地震的缘故而与亲人失去来往的情况。可见，亲人之间的社会关系受外界环境变动的影响最小，也最为稳固。

本着实证的需要，笔者依然把纷繁复杂的社会事实分为经济、劳务、心理和娱乐四种情形，操作方法与问卷前半部分的操作方法保持一致，用"当您现在有……的需求时一般找谁帮您呢？"的提问方法收集数据，以考察在不同的现实情境中，村民社会关系在震前与震后的区别。而从数据的分析中，笔者得出了这样的结论：就目前来看，当村民有经济需求时，选择找亲人帮忙的笔者占比87.1%，比地震前提高了6个百分点；当村民有劳务需求时，选择"亲人"这一选项的占比39.3%，而地震前的这一比例为35.7%；亲人为个体提供心理支持的比例从地震前的28.9%提高至地震后的46.2%；在娱乐需求方面，地震前比例为2.8%，而地震后这一比例为3.8%。可见，亲人在现实生活中的各个方面提供社会支持的能量均比起地

震前有所提升，尤其是在心理层面上，提升了 17.3 个百分点。（详见图 3）

之所以有这样的结果，是因为宏观看来，当地震在很大程度上改变了清平乡村民生活环境、生活习惯和生活格局的情况下，亲人这一类社会关系内部的变动相对较小，亲人之间的互动频率、亲密程度、信任程度和互惠程度在地震的影响下不但没有减弱，反而加强了。是故，亲人间的关系强度也随之加强。而血缘关系一直以来都被看做打断骨头连着筋，因此，不管外面世界发生怎么样翻天覆地的变化，血缘的连带都会一直存在并且有效将个体进行整合。再者，除了传统家庭观念根深蒂固的影响之外，地震中失去亲人的切实伤痛或可能失去亲人的恐惧都在一定程度上加深了亲人关系的整合。这也是为什么地震后亲人关系在不同现实情境中的互相支持相比于地震前要大的原因。

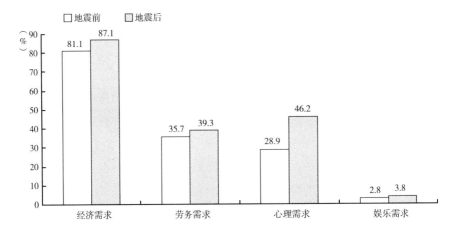

图 3　地震前后亲人提供社会支持情况（N = 39，2013）

5.1.2　微观视界下亲人关系的解构

然而，当家庭内部的社会关系结构发生变动时，情况就又不一样了。这里说的家庭内部社会关系结构的变动，主要是指当家庭内有个体在地震中丧生的特殊情况。依据社会网络理论，社会网络中任何形式的变动，无论是个体的加入抑或是个体的离去，都会对网络中的其他个体产生积极或消极的影响。在这里，我们主要探讨的是社会网络在有人离去时对其他个体造成的影响。

亲人这一类社会关系在个人的社会网络中占据着距离个体最近的位置，

因此亲人之间常常具有互动频繁、亲密程度高、信任等级高和互惠作用大的特点。而当巨大的外力作用将亲人强行剥离出社会网络之外，并切断其与其他个体的一切社会联系时，便不可避免地造成了网络的松动，甚至是解体，进而给网络中的其他个体造成痛苦的心理感受。在此，笔者以家庭为切入点，分析个体的消逝对家庭其他成员社会关系带来的影响。

当家庭中的老人在地震中离世时，对家庭内部的社会关系影响最小。就目前来看，社会往往存在多种不同形式的家庭模式，而无论哪一种具体的家庭模式，老人都不占家庭结构中的核心地位，因而不会影响家庭的基本运作。在个体逐渐老去的生理过程中，也是个体逐渐退出承担家庭功能的历史舞台的时刻，此时的老人便退居二线，扮演较次一级的家庭角色，如抚养孙辈或者是赋闲在家。因此，当有老人离去之时，除了引起家庭其他成员痛苦的心理状况之外，对其他成员之间的社会关系不会产生太大的影响。在清平调研时遇到家中老人在地震中丧生的情况还不少，如笔者访谈到的一位 M 女士，她的母亲在地震中丧失，但她表示亲人关系没怎么受影响："一样的一样的，没什么变化。我老公还是在矿上，娃娃也还是在绵竹。我以前就种点地嘛，现在地没了，就耍嘛。"通过观察和访谈，可以看出老人离世后，其他家庭成员的社会关系并无多大变化。

当地震带走家庭中的孩子时，将会对家庭内部的社会关系有所影响，特别是当这个家庭仅有一个孩子的时候。长久以来，"养儿防老"、"不孝有三，无后为大"、"续香火"等观念一直或明或暗地存在于每个中国人的头脑中，使孩子这一角色在家庭中具有无比重要的地位。随着社会的进步与发展，当代人虽已摒弃了其中一些不合时宜的老旧观念，但因孩子具备保证家庭存续和结构完整的正功能而仍然有着不可替代的作用。因此，当地震带走孩子的生命时，家庭的结构就会暴露出一个缺口，对家庭其他成员的打击也相当大，这不仅意味着他们失去了一位非常重要的家庭成员，还在一定程度上影响了家庭的正常运作和家庭功能的良性发挥。在实地调研中，也确有这类型的家庭，如 W 女士 8 岁的儿子在地震中不幸辞世之后，她透露那段日子里自己和老公的关系出现危机，而这种状况在震后他们的女儿出生后有所缓解。

当地震夺去的是夫妇中的一个时，对家庭中的社会关系影响最大。在一个家庭中，所有核心的功能都是由正值壮年的夫妇来承担的，如生产和生育的功能，而他们的离去往往不可避免地使家庭陷入混乱，家庭的结构倾向于失衡，甚至使原本关系良好的家庭成员之间渐生隔阂。笔者在清平乡就遇见这样一个家庭：妻子在地震中丧生，留下丈夫和儿子相依为命，因为家庭中缺失妻子和母亲这一角色来维系，家庭的正常生活出现问题。丈夫和儿子在极度悲伤之余都忽略了彼此的感受，因而逐渐变得疏远和陌生。"他（儿子）一般也是周末才回来，平时在绵竹上学。回来了也不经常跟我们说话，就一个人看电视或者是耍手机上的游戏。我也要去矿上打工了嘛，也没得多少时间管他。哎……"

5.1.3　亲人关系的重构

家庭作为一个共同体，本身具有一定的自我修复和再生产的能力，所以在家庭结构出现失衡、家庭关系出现断裂的情况下，家庭内在的调节杠杆也会自发地发挥作用。

当家庭在地震中失去孩子时，一些还有生育能力的夫妇会选择重新创造新生命，以此来重构家庭的完整性。在清平的调研过程中，能够看见许多三四岁的孩子，这些孩子大多在地震后出生，他们的到来承载了多于生命本身的更深厚的意义：一方面稳固了家庭的结构，使家庭运作趋于正常，家庭结构趋于完整；另一方面也给受尽折磨的村民带来了一丝欢乐和一丝温暖，使他们能够重享天伦之乐。

此外，在清平也有一些家庭重组的案例，一些在地震中丧偶的灾民也多有再婚的倾向，寻找新伴侣构建新家庭。如访谈到的一位 F 先生，其妻在地震中丧生，两年后他在别人的介绍下与一位在地震中丧夫的女性结成新家庭。

综上所述，我们可以看到在宏观层面上，地震的发生进一步整合了亲人关系，而在微观层面上，家庭中任意成员的离去，都将给其他成员带来或大或小的影响，并且对个体而言，最不易找到亲人关系的替代品，因此亲人的离去是个体最惨重的损失。而家庭本身具有的自我修复和再生产的能力，使得家庭内部亲人关系的修复和重构较其他社会关系稍微容易一点，也从侧面反映了亲人关系是最为稳固的一种社会关系的观点。

5.2　邻里关系的解构与建构

在村民由清平大规模撤出，到绵竹体育馆搭帐篷度日，再到马尾板房聚族而居，最后重回清平住进幸福家园的这一段路途中，家庭始终是最小规模的集合体，因此家庭内部的结构最少变化。而除此之外，村民的居住环境及左邻右舍等外部氛围都处于跌宕起伏的无常变化之中。而在本节中，我们主要考察清平乡村民邻里关系在遭遇地震过后的变化。

要考察邻里关系，首先需对何为邻居下一个定义。因为在清平的调研中，笔者发现村民对邻居的理解很是宽泛，他们认为只要是一个村民小组的，甚至只要是一个村的都可以纳入邻居的范畴之内。在中国古代典籍中也有不少对邻居的界定，如《周礼》中说："五家为邻，五邻为里。"即认为以五家为单位形成邻居。《尔雅》中对邻居的解释是："邻，近也。"即邻居就是住得近的人。而在日常生活意义上的邻居既可以仅包含住得近的这一两家，也可以大到对一个社区住户的统称，界定得不那么绝对，能指范围具有较大的伸缩性。为了使文章一以贯之地保持严谨的作风和态度，结合清平乡几度变化的居住形式的实际考虑，我们在这里把邻居仅限定于与村民所住之处比邻而居的几户人家，并在问卷和访谈过程中将这一限定传达给受访者，使他们的回答具有较强的可辨别性。

一般而言，人们是不情愿随便迁移到一个完全没有"关系"基础的社区生活的。在集中安置灾民时，为了减轻灾民的不适应度和焦虑紧张感，政府也充分考虑到了这一点，无论是在紧急安置期还是在过渡安置期，都以家庭为单位，尽量把以前统属一个村的村民都安置在一块。但由于数量多、情况杂，村民几乎不大可能一直与同一邻居居住在一处。在经历了三次大的搬迁之后，清平乡村民可谓是三易其邻。那么，在这种大背景下，村民的邻里关系究竟如何呢？

5.2.1 旧邻里关系的解构

为了便于分析，笔者把村民的邻居分为两种类型：一种是地震前的旧邻居；另一种是地震后因不同的居住安排而形成的新邻居。从数据分析中我们能够非常直观地看到地震对旧邻里关系的影响：在地震前，当受访者被问到主要的交往对象时，邻里关系是和亲人关系同样重要的社会关系，在村民的日常生活中扮演着不可替代的重要作用；而地震后，提及旧邻居是个人主要交往对象的仅有 18 次，占比 17.82%。（详见图 2）在访谈中，我们也能很轻易地找到这样的例证：

W 女士原住在盐井村，因地震严重冲毁屋基，只得在幸福家园另购房产。对于 W 女士来说，无论是在绵竹体育馆还是在马尾板房，都不是与地震前的旧邻居住在一起。"那个时候（安置期）的邻居都还是一个大队（一个村）的，彼此还是认得到，但是都没有之前的邻居熟悉，关系也没有那么好。不过老邻居也都在挨到不远，走两步就走过去了，有的时候还是会相互走动，看看互相的状况。"后来搬到幸福家园后，W 女士与旧邻居的距离就更远了，选择原址重建或是维修加固的旧邻居都留在了盐井村的老地盘，而同在幸福家园买了房的旧邻居，也都是散落在幸福家园的不同地方。因长期缺乏互动和交往，W 女士也慢慢地和旧邻居失去了联系。

在幸福家园，跟 W 女士有着类似情况的村民不在少数。在安置期，虽然左邻右舍并不都是故人，但旧邻居也都在相距不远的地方，步行几分钟便可到达，空间还没能达到阻隔他们交往的程度。并且，对遭遇过大动荡的村民而言，他们是更加愿意同旧有的社会关系交往和互动的，尤其是那些经历过相同生活事件的邻居，因为在旧邻居那里不仅能够对彼此共有而又已逝去的过去形成共鸣，还能为双方提供一种无声息却又有能量的社会支持。是故不少村民都提到，不管是在体育馆还是在板房区，他们都还是同旧邻居保持着一定的来往：

"隔得不是很远，转过去就是他们（邻居）的板房。那个时候又闲得无聊，转着转着就到他们那儿了。"

"还是时不时都要去看一下，他们家（邻居）孙子着埋了，我们就都去陪到摆哈条呀什么的，毕竟以前都是挨到住的。"

因此，在安置期，基于联系的便利性和村民的个人选择，旧的邻里关系还暂时没有大的变化。

而搬到幸福家园后，空间距离骤然变大，频繁互动已不再可能，再加上长期与旧邻居疏于来往，彼此的连带也逐渐变弱，以致最终失去联系。当谈起与旧邻居互动时，笔者能经常听到这样的回答：

"都不在一堆了，你哪个去来往嘛？"

"远，他们远得很，前些年我有的时候还要走路走回去看看，这些年懒得走动了，再说也没得多大个意思。"

"好远嘛，心里还是想他们呢，但是就是不方便嘛。你说我们又没个交通工具，再说去了也是打扰人家，各家都有各家的事情。"

从数据中得到的启示是：和老邻居联系频率高的有 28.2%，一般的有 23.1%，而联系频率低的则有 48.7%。可以看出，大地震确实震断了部分邻里关系，但关系的断裂并非直接导源于地震本身的破坏力，而是时空二重维度被打破后的逐渐剥离与自然断裂。

5.2.2　新邻里关系的重构

在村民震后的主要社会关系类别中，"新邻居"超过"旧邻居"成为村民第二重要的社会关系，被提及 27 次，占比 26.71%（详见图 2）。新邻居多是在村民搬到幸福家园之后重新建构起来的新关系，虽然有部分新邻居在地震前也相互认识，但大多数是在搬来后才熟识起来的，认识年限不超过五年。

居住在幸福家园的村民建构新的邻里关系时，也都是采取一种顺其自然的态度，以至于新关系的建构仍然带着浓厚的传统色彩，即是由频繁的面对面交往而自然生成社会关系。受访者在回答如何认识新邻居时具有高度的一致性：

"头两年是不熟嘛，后来天天都看到，慢慢就认识了嘛。人嘛，到哪个地方都是一样，别人对你好，你就对人家好嘛。"

"都是清平的，最先搬来的时候不认识，后来就认识了。"

"才住进来的时候不熟悉，现在都晓得你姓啥子、他姓啥子了。"

村民们本着一直以来的生活惯性，和居住在周围的其他村民通过这种日常生活的朴实联系而逐渐建构起了一种同旧有邻里关系看似并无差别的新的邻里关系。

而实际上是有差别的，尽管这两种邻里关系都是在地缘基础上自然而生的，但无论是认识年限、亲密及互动频率等方面都有较大的差异。在问卷中，笔者设置了一题："您对邻居的熟悉情况如何？"笔者还按照强弱程度设计了四个问题,分别是:"是否清楚邻居家有几口人?""是否清楚邻居的姓名?""是否经常和邻居交往?""是否主动帮助过邻居?"笔者以此分别考察地震前后邻里关系社会距离的远近。经过数据处理后得出以下结论:在四个问题上,选择"是"的村民比起地震前均有所下降,其中考察对邻居熟悉程度的前两个问题下降幅度不大,都由地震前的100%下降至94.9%;而在"是否经常和邻居交往"的问题上,地震前作出肯定回答的占比94.9%,而地震后的这一数值为82.1%,下降了12.8个百分点;在"是否主动帮助过邻居"的问题上,下降幅度最大,由地震前的89.7%降至56.4%,下降了33.3个百分点。(详见表6)

表6　地震发生前后对邻居的熟悉情况 (N=39,2013)

	地震前(%)		地震后(%)	
	是	否	是	否
是否清楚邻居家有几口人	100	0	94.9	5.1
是否清楚邻居的姓名	100	0	94.9	5.1
是否经常和邻居交往	94.9	5.1	82.1	17.9
是否主动帮助过邻居	89.7	10.3	56.4	43.6

可见,在熟悉程度、交往频率和互惠程度等方面,地震后的邻里关系都不及地震前高。这说明什么呢?因地震后多为新建构的邻里关系,而这种新的邻里关系由建构时间尚短、日常交往不够等多方面的原因所致,使之不能同地震前较为深厚的邻里关系同日而语。多数新建构的邻里关系都止于表面的日常交往,而缺乏进一步的深层次交流,如当村民有经济需求时,几乎不会向新邻居开口:

"虽然现在住在一堆的,但说实话没得以前邻居关系那么好。而且地震后各家买房子都贷得有账,你说我哪个好意思开口去找他们(新邻居)要嘛。"

还有村民明确说出新邻里关系的实质:

"都是住在一堆的人些,抬头不见低头见,关系自然要处好点咯。

但跟现在这些邻居都是表面上的功夫，见面打个招呼啊，互相借点茶米油盐的还是可以，但真要是有个事呀，那也难得说哦。"

因此，幸福家园里邻居之间的社会距离相比于地震前还散居在各个村落时邻居之间的社会距离要远一些，也就是说幸福家园中新建构的邻里关系的整合度和耐受性都要低一些。

5.2.3　延续旧邻里关系的倾向

在清平乡，除了看到旧邻里关系在震后的断裂和新邻里关系的自然建构之外，还有一个现象引起了笔者的注意，那就是村民延续旧邻里关系的倾向。

在地震乃至震后安置的整个过程中，村民大多数时候都是被动地接受命运的安排或是政府的调剂，供个人的选择性空间十分狭小。而在幸福家园购置房屋这一事上，村民却是有极大的自由选择空间的，包括房屋的大小、房屋的位置以及是否来购买幸福家园的房子等问题。一方面，选择来幸福家园买房的大都为屋基被严重冲毁，或者是处于灾害多发的危险地段的住户，这也说明了村民是不大愿意离开一个已建立好完整社会网络的生活环境，而进入一个相对陌生的社区的，除非是实在没有办法的情况下。另一方面，由于幸福家园面向外界出售，村民可自行选择有关房屋的诸多事宜，包括自己的邻居，因此在幸福家园有扎堆住的痕迹，即熟识的几户人家相约买到一处，或者是后来买的人家倾向于选择与同村人住得更近一些。这种现象在湔沟村村民身上体现得特别明显，在幸福家园现已入住的 201 户住户中，有 77 户都是来自湔沟村，因此湔沟村算得上是幸福家园中的"大户人家"。在访谈过程中，笔者发现湔沟村村民都住得相对集中，且在询问邻里关系时，他们会强调他们的邻里关系没有变化，仍是以前的老邻居。因此，可以看出，在可能的情况下，村民会尽量选择延续旧的社会关系，而不是重新建构新的社会关系。

另外，如前所述，新旧邻里关系在关系强度上是有较大差异的。大多数村民会把他们的旧邻居贴上"可信赖的人"的标签，而新邻居则不然。在笔者的访谈对象中有一位 L 大爷，他原是棋盘村的人，同样也是因为房屋在地震中受损严重而选择来幸福家园购置新房。当笔者问他现在若有经济需求时会找哪些人帮忙时，他的回答是可信赖的人，而笔者进一步追问哪些人是可信赖的人时，他表示是以前的那些邻居。

> "若是需要钱的话，我宁愿走路走几个小时回去找以前那些邻居借。现在这些邻居虽然住得近，但是感情不深，别个也不见得就会借给你。"

在许多村民心里，都是极不舍得以前的旧邻居的。数据显示，有17.9%的人非常想念以前的老邻居，56.4%的人有一点想念，没什么感觉的有23.1%，而从不想念的仅有2.6%。可见，有超过七成的村民都表示是想念以前的老邻居的。而有69.2%的人希望和老邻居住在一起，另外20.8%的人表示无所谓，在这一问题中没有人选择不希望和老邻居住在一起。从这些数据中反映出旧邻居之间因时间的沉淀而逐步形成的较为深厚的感情，是新的邻里关系所无法比拟的。而面对现实生活中距离和时间的无奈，多数村民是无法和旧邻居保持跟震前一样的互动的，但他们仍然会采取一些策略来保持一定的往来，如遇到红白喜事时会互相宴请，为彼此的互动提供了一个充分而又合理的理由，一些村民表示以前的旧邻居就算住得再远，但要是有个什么事情，自己还是会去参加的。同样的，要是自家有婚宴或是祝寿酒时，也会邀请以前的邻居前来叙旧。在一定程度上维持了与旧有邻里关系的联系。但遗憾的是，这样的情况毕竟是少数，在长期日常生活的打磨下，时间与空间的阻隔还是把与旧邻居的良好关系打了大大的折扣。但不可否认的是，村民间维持旧邻里关系的倾向仍然存在并且还较为强烈。

5.2.4 邻居关系的总体表现

通过分析，可以看出幸福家园的邻里关系呈现断裂与延续的两方面特点：一方面是与旧邻里关系的普遍断裂；另一方面新邻居作为替补使邻里关系得到延续，同时不少村民仍有维持旧邻里关系的强烈倾向。

若把旧邻里关系和新邻里关系合并起来看，在经济、劳务、心理及娱乐各项具体事务中，邻居这一选项在各项社会关系中所占比例均有一定程度的下滑：其中，当村民有经济需求时，选择找邻居帮忙的占比7.7%，比地震前降低了5.8个百分点；当村民有劳务需求时，选择"邻居"这一选项的占比35.9%，而地震前的这一比例为53.6%；邻居为个体提供心理支持的比例从地震前的63.2%下降至地震后的48.7%；在娱乐需求方面，地震前比例为88.9%，而地震后这一比例为80.0%。（详见图4）

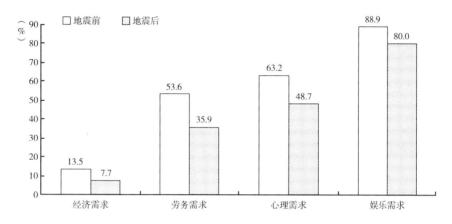

图4　地震前后邻居提供社会支持情况（N＝39，2013）

可见，在旧的邻里关系逐步断裂和新的邻里关系还未充分建构起来之时，村民社会网络中邻里的关系这一领域仿佛留出了许多空白。作为一种社会关系类别，邻居之于幸福家园中村民的重要性已不如从前，互相能提供的社会支持也有所缩减，那种传统社会中守望相助的深厚邻里关系正在渐行渐远。

此外，邻里互动的形式也有所改变。在问起受访者地震前如何与邻居进行互动时，"串门"是一个出现得较为频繁的词儿。而搬到幸福家园后，"串门"就变得不那么理所当然了，村民生活的私密性开始得到注重，村民间进行互动的场所也逐渐由家内移出了家外，多为公共广场或是商店门前。这也是为什么在进行实地调研时，常常能够看见一大堆人集结在室外的某个固定地点，他们并不是有目的性地进行集会，而仅仅是出于习惯自发地前往，以满足互动的需求抑或仅仅是消磨时光。

像幸福家园这样的新型小区，钢筋混凝土式的建筑结构似乎本身就具有这样一种拒人于大门之外的魔力，在有效保证家庭内部私密性的同时，也阻隔了邻里之间的有效来往，为建构新的邻里关系带来了一定的阻碍。因新邻里关系的生长土壤不及地震前的传统社区，也就造成了新邻里关系的先天不足。但小区内公共场所的建设又为村民们营造了一个难得的交流平台和公共空间，弥补了村民因缺乏互动引起的焦躁感和无力感，也为村民新邻里关系的建构注入了更多的可能性。一村民就表示：

> "现在认识的人还比以前多些，以前就认识周围一团转的，平时也只是跟他们来往。现在大家都住在这一堆，平时没得事都出来走走转转，能碰见好多人，慢慢地也就相互认识了。"

是故，新邻里关系的强度虽然不及旧邻里关系，但在广度上有超越旧邻里关系之势。

5.3　社区的社会关系

社区的社会关系多由个体的弱关系构成。弱关系虽不似强关系那样拥有直接的经常的面对面互动和亲密的不可替代的感情，但在日常生活中它存在的合理性却是毋庸置疑的。在本节中我们主要关注和探讨的便是这类社会关系。

5.3.1　与村级权威的社会关系

在紧急救援期，村社干部的权威形象以及他们在疏散和组织群众方面作出的实际贡献是他们与灾民之间关系的润滑剂，彼此都在相互理解和配合中达到关系最融洽的状态。但这种融洽状态在震后第一批救灾物资进入清平时就瞬间土崩瓦解了。因村委会主要承担着救灾物资和救灾资金的管理和发放的重任，而在缺乏相应监督机制和公开透明的公示环节的情况下，围绕着利益之争，便很快地形成了村民与村委会，甚至是乡政府对立的局势。

> "电视上看到说给我们清平捐了好多好多东西，我们老百姓哪里真真实实得到了好多嘛，还不是遭那些有权有势的内部消化了。"
>
> "别个汉旺外面的都说你们清平这次地震好划得来哦，得到那么多补助。我说实话，除了每个人都有的那万把块地震补贴，哪里还有个撒子补贴嘛？你说这个钱哪儿去了呢？我不说你也应该晓得了撒。"

还有些受访者在震后受到不公平的对待，也因此与乡镇干部及村社干部结下梁子：

> Y 先生原是院通村人，地震前，Y 先生将多年的积蓄用于房屋改造，在自家原址重新修建了一栋新房。庆幸的是，房屋质量过关，在地震中并没有受到多大的损毁，稍加修缮就能继续居住。但由于 Y 先生家的房子正巧位于政府规划的幸福家园范围内，所以政府多次前来做思想工作，希望 Y 先生配合政府的灾后重建，并同时也承诺在幸福家园内提供一套住房和数目不小的补偿。但地震过去四五年了，政府除了兑现提供住房外，额外的补助却打了水漂："之前要修幸福家园，非要把我的房子给我拆了，本来答应了要给我额外的补助，结果到现在了，地震都过去四五年了，还没有拿个话出来说。"

虽然村民对有些事情并无确实的证据，但他们就一口咬定是村委会乃至乡政府蚕食了本该属于他们自己的利益，因此在地震风波平息后，村民与村委会及乡政府的隔阂反而加深了：一方面，村民认为自身利益被乡政府和村委会里的干部严重侵占了，且腐败现象尤其严重；另一方面，乡领导和村干部又认为村民"等靠要"思想严重，对日常工作造成了极大阻碍。在这样的恶性循环之下，村民和以乡领导和村干部为代表的权威机构的社会关系与日俱下。

5.3.2　弱关系的持续支持

随着紧急救援期向灾后重建期的过渡，外来的救援力量也逐步有序地撤出灾区，而一类新的社会关系介入到村民的日常生活中。对比村民在地震前和地震后的主要社会关系类别，社工这一类新的社会关系映入我们的眼帘。对于大多数幸福家园的村民来说，认识和了解"社工"都是从地震发生后社工站进驻清平之时开始的。

清平乡社工站是由四川大学和香港理工大学联合成立，并于 2009 年 2 月进驻清平，从板房搬至幸福家园的整个过程中都一直伴随着当地村民。目前，社工站在清平的项目主要有两类：一类是文化项目，一类是生计项目。本着"助人自助"的核心理念，社工站立足当地，深度挖掘清平的优势和潜能，以一个伙伴者的角色帮助当地灾民进行灾后重建，在这其中，社会关系的重建也自然是社工站的核心任务之一。因幸福家园地盘开阔、硬件配套齐全，且为村民聚居区，离社工站距离也近，故社工站的许多活动，如篝火晚会、坝坝舞等，都拿到幸福家园来搞，因而幸福家园的村民便是社工站的首要受益群体。是故，当笔者问道是否参加过社工站组织的项目或活动时，有 67.1% 的村民表示曾经接受过，32.9% 的村民表示未曾接受过。

那么，社工站所作出的种种努力对幸福家园的村民而言是否有用呢？当笔者拿着这一问题询问受访者时，呈现五五分成的比例：有 53.8% 的村民认为社工站的项目或活动对自己有帮助，而另外 46.2% 的村民则表示没有帮助。一方面，一些村民认为社工站举办的活动丰富了自己的生活，加强了自己对幸福家园的归宿感，帮助自己尽快地从地震的伤痛中走出来，还通过活动认识了更多的村民。

"这些娃娃还是不容易，从地震过后就一直在我们这里，给我们举办一些晚会，还教我们跳舞，真的是很感谢他们。"

"还是有用的嘛，如果没有他们，我们整天在屋头又没得事做，好无聊嘛。他们来了，也至少给我们找得到一点事情做，生活也好有个盼头嘛！"

另一方面，一些村民认为社工站大多举办的都是一些唱歌跳舞类的活动，没能解决生活中的实际困难，也没能给处变不惊的生活带来实际的改变。

"一天都是些唱歌啊、跳舞啊，可能那些喜欢唱歌跳舞的人愿意去嘛。我是从来没有去参加过。"

"你说他们要是帮我们找到点事（工作）做，那还是可以。但现在生活都成困难哦，哪里有空去参加他那些名堂哦。"

"那些娃娃人还是可以，尽心尽力帮助我们。但我说实话，没得什么切实地帮助。"

此外，在村民有一些实际需求时，社工的作用体现得也并不明晰，只有在有娱乐需求时，有 10.8% 的村民表示会去找社工帮忙。

不可否认的是，社工在清平确实做出了一番努力，不仅通过推进一些具体项目使村民在其中受益，还在项目中促进了幸福家园村民的社会交往和互动，形成了一些次级群体，激活了村民的部分弱关系，也加强了村民能实际获得的社会支持。在这个过程中，社工是一个资源链接者、需求评估者和服务提供者，其存在本身也是对当地灾民的一种支持。但遗憾的是，社工的这些努力囿于自身资源的有限，也都只能是在小范围内的打闹，不仅受益群体十分有限，对受益群体的迫切需求也只能勉强贴近。在村民社会关系重建方面，社工在其中固然起到了穿针引线和润滑的作用，但毕竟影响范围较小，难以在整个社区形成良好的辐射作用。但仍然使我们感到庆幸的是，社工的存在提供了这样一种可能性，即在常规的社会网络之外加入了一种新的专业的社会支持，能够在村民社会关系重建、社会生活重建等方面发挥它能够发挥的作用。

5.3.3　小结

在本章中，我们详细梳理了地震发生至今的这段时期内，村民亲人关系、邻里关系和社区关系的变化和发展：首先，在亲缘关系方面，地震的发生在宏观上整合了社区内的家庭关系，但也存在因家庭结构变动而导致的家庭秩序失调和家庭关系紊乱的状况，而家庭的自我修复功能也促使其对自身进行重组和完善；其次，邻里关系在地震后呈现断裂和延续的两方面特点，在与旧邻里关系自然断裂的同时，村民也逐渐建构起部分新邻里关系，并在这一过程中，一直试图维持与旧邻里关系的交往；最后，地震后的一些利益关系损害了村民与代表权威机构的村干部及乡领导的关系，但社工作为一支新的力量已扎根民心，尽管力量微弱，但仍然逐渐发挥着它应有的作用。

6　结论与讨论

6.1　研究结论

通过把汶川地震这一灾难事件放在一个历时研究的视角下来审视，可以较为清晰地滤清社会关系在每个不同阶段的表现和特质，也能够反映出强震对社会关系到底产生了怎么样的影响。

6.1.1　清平乡的亲缘关系

亲缘关系构成社会关系网络的最内层。无论是在地震前的传统社区，还是在遭遇地震袭击后的新社区，亲缘关系都作为最主要的一支社会支持力量出现在村民的社会网络之中。

在地震发生前，清平乡呈现浓厚的血缘、地缘取向，社会关系以亲人和邻居为主。同时，在血缘关系中透露出强烈的地缘气息，而在地缘关系中也隐含着深深的类血缘勾连。换句话说，血缘关系中的地缘气息即体现在有血缘关系的亲戚一般情况下居住得较为集中，且也正是这种较近的空间距离提供了频繁交往和深入联系感情的机会，而那些住得较远的亲戚，如出嫁的姊妹，社会连带则不如同时又有地缘优势的亲缘关系。

地震的发生对亲缘关系起到了暂时的整合作用，在灾难来临之际，村民的第一反应便是确保亲人的安全；而在最艰难的等待救援期，亲人作为最小的社会单元，不仅是内部成员社会庇护的港湾，同时也是灾后村民共同体的基础。而此时在亲人之间形成的这种共同体也是最牢不可破的，村民在由亲人组成的共同体中，能够得到的并不仅仅是不离不弃的相濡以沫，更是一种必不可少的社会支持，共同维持和修复着个人的社会网络，也支撑着个人的存续。

地震过后，村民经历了由紧急安置期到过渡安置期再到灾后重建期这样一个耗时耗力的过程。从整体上讲，在这一过程中最少变动的是始终作为一个整体的亲缘关系，或者更确切地说是家庭关系。而家庭关系作为个体有力的社会支持，其在社会网络中的地位也越发重要和凸显，因此，家庭关系作为亲缘关系的典型代表，在经历地震的强烈震荡之后反而变得更为坚固，故我们说地震在某种程度上整合了亲缘关系。而从微观上看，一些不那么和谐的现象始终存在：当一个亲缘共同体内部发生结构变动时，社会关系也会大受影响，而其受影响程度的大小则取决于内部结构的变动幅度和功能损耗。

是故，地震对社会关系的影响呈现两方面的特质：在整体上整合了亲缘关系的同时，在一些微观层面又使得亲缘关系出现裂缝，而不得不面临重建的困境。

6.1.2　清平乡的邻里关系

邻里关系可以算是村民社会关系中变动最大的一类。受制于居住环境的再三变更，住在幸福家园的清平乡村民可以算得上是三易其邻，也正是在这种不断变动的外部环境中，邻里关系才出现了比较明显的变化。

在地震前，邻里关系与亲缘关系一起被认为是最重要的社会关系。有时，邻里关系甚至比部分亲缘关系对个人的实际社会支持还要大。村民在日常生活的面对面互动中逐渐形成固定的联系，对邻居之间的基本情况、生活习惯等具体事务了然于胸，并假以时日将这种固定关系打磨并升华，使得邻里关系具有亲缘关系的部分特征，如频繁互动、关系亲密等。而村民也把这种潜在感受贯彻到日常的交往之中，他们最常用到的策略就是将亲人间的称呼普遍使用，使地缘关系也隐含着深深的类血缘勾连。

地震发生时，邻里关系同样作为相对重要的社会关系为村民提供着重要的社会支持。在以亲人为基础的细胞之外，邻里所结成的共同体以组织的形态为村民提供了相对安全的庇护屏障，那个特殊时期的整个社区中，普遍利他的观念被遵守和落实，邻里之间达到高度团结的状态。

地震过后便开始了邻里关系的一波三折。一方面，由于空间和时间的分离，一些旧邻居之间的社会连带开始逐渐断裂；另一方面，作为一种社会关系，邻里关系有其自身的独立性，是故部分村民依然存在较为强烈的延续旧有关系的冲动和行为；再者，在新的空间和时间的重组之下，邻居这一抽象概念又被新的村民替代并重新加以诠释，但新建构的邻里关系在关系强度上远远不如旧的邻里关系。

总的看来，邻里关系这一变量在地震的重创之下，变动程度要稍大于亲缘关系，经历了一个由整合到分解的过程，邻里之间的关系也逐渐在由初级群体向次级群体转变。

6.1.3　清平乡的社区关系

除了与村民交往较为频繁的强关系之外，还有一类社会关系不可忽视，那便是村民与以村干部、乡领导为代表的非个人化组织的关系，笔者统称其为社区关系。

地震前的清平乡，村民主要的交往对象为亲人和邻居，除了一些具体事务的处理，如低保等，需要与村委会或乡政府打交道以外，村民与社区的关系总体而言较为零散。而社区关系最融洽的顶峰是在刚发生地震后至救灾物资开始大规模进入清平之前。在这段时间内，村干部或乡领导在组织村民和撤离村民方面作出的贡献使其重塑了自身在村民心中的权威形象，给惊慌失措的村民吃下一剂定心丸。但这种融洽状态在救灾物资来临时就土崩瓦解了，围绕着利益之争，形成了村民和社区相对立的局面。因此，贯穿地震发生的整个阶段，村民与社区的关系也经历了由散漫到整合再到破裂的过程。同时，如果说人情是村民与初级群体交往的主要准则，那么当村民与初级群体之外的其他社会主体交往时，利益才是最主要的诉求。

在以村干部或乡领导为代表的正式社会组织之外，以社会力量凝结而成的社工组织在地震之后开始面向清平乡村民。在结合机构自身优势与当地实际情况摸底的基础上，通过翔实的调研、筹备、设计和实施具体项目，社工组织为当地村民提供了一系列的援助和支持。尽管就目前看来，这种支持的力度较小、作用可能也未能完全显现出来，但作为一种专业的社会支持形式，社工可以发挥的空间仍然极大。因为毕竟从无到有本身就是一个突破。同时，社工的到来也给村民与社区的关系添上了浓墨重彩的一笔。

6.2 社会关系特点

6.2.1 自生性强，建构性弱

通过对社会关系链条式的审视，我们可以发现，村民的社会关系以自生为主，主动建构的较少。无论是亲缘、邻里还是社区关系，都是在时间和空间二重维度之下自然形成的，也就是说，长期的时间积淀和邻近的空间距离这两个因素为社会关系的生成提供了沃土和养分，使得社会关系自然地破土而生。而在村民实际的社会关系网络中，也始终透露着时空组合的痕迹，时空聚，则关系生；时空散，则关系灭。

相比较而言，村民社会关系的自主建构性不足。村民大多习惯于在被给定的生活情境中生存，而少有主动去建构新的社会关系的倾向。血缘、亲缘、地缘是中国传统社会网络结构赖以形成和存在的基础，成员内部互惠是中国城乡居民社会网络存在的主要形式。而按部就班的日常生活有这些社会关系就足够应付了，是故村民对除此以外的其他社会关系需求较少，表现在行为上便是建构性弱。

6.2.2 独立性与依赖性并存

不同于其他的社会事实，社会关系一旦生成便具有相对的独立性，不随着外部世界的流转而即刻变化。但同时，社会关系也有依赖性，即在外界的快速变换中，体现出极大的伸缩性，处于社会网络之中的个体，会依照环境的变化修正自己的行为及心态，以此重构生活的日常性。如此一来，社会关

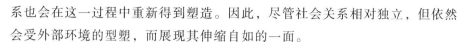

系也会在这一过程中重新得到塑造。因此，尽管社会关系相对独立，但依然会受外部环境的型塑，而展现其伸缩自如的一面。

这样一来，社会关系似乎是同时具有独立性和依赖性的，而这两种特性就如同社会关系的两面，共同拼凑出了一个完整的社会关系。在不同情况之下，这两种特性此消彼长，而哪一种特性占上风则又取决于社会关系本身。若为强关系，则关系的独立性是主要方面；若为弱关系，则社会关系就较易体现出其依赖性的一面。

6.2.3　人情与利益的双重行为导向

人情与利益的较量始终贯穿于村民的社会关系之中，而这两套处世标准的权衡也因不同的社会关系而得到区别对待：一般而言，在个体社会网络中，距离个体最近的初级群体之间往往以人情为判别标准；而在网络外围的社会关系中，利益则变成主要的考量方向。

而随着现代化的加深，利益开始蚕食人情的地盘，逐渐从网络外围向网络内部进发，使得人情能发挥作用的区域越来越小，只坚守住了家庭内部的社会关系。因此，人情还是利益，依旧取决于社会关系本身是强还是弱。

6.3　震后社会关系的变化

通过对地震前、地震时、地震后三个时间段对应下社会关系状况的梳理，不难看出社会关系在遭遇地震后所发生的一些变化。

6.3.1　强关系数量减少，而强度增强

地震造成了强关系的减少：一方面，地震夺去了许多人的生命，一些孩子失去父母，一些老人失去子女，这种强大的非人为因素将某些个体的强关系直接剥离出其社会关系网络之外，造成强关系的断裂。另一方面，地震的发生改变了人们的居住模式及生产生活方式，通过逐步减少强关系之间的互动频率、熟悉程度和亲密程度，将一些强关系剥离出社会关系内层网络，如旧邻居之间因疏于往来而逐渐陌生。

尽管强关系在数量上有所减少，但个体社会关系网络中留下的强关系质量普遍较高，这部分强关系将是个体在经济、劳务、心理和娱乐等方面主要的社会支持提供者。地震作为一场灾难，无疑对社会、经济及生活造成了难以弥补的伤害，但从其积极意义来讲，它也唤醒了人们对生命的热爱和对社会关系的珍惜，尤以强关系为甚。这部分强关系构成了个体社会关系网络中

坚硬的内核。

6.3.2 弱关系在数量和广度上均有所增加

伴随着强关系的减少，个体的弱关系也相应地有所增加。一种是由个体之前的强关系演变而来，充盈了弱关系的阵营；一种是来源于震后得到的外界力量扶持，如由社工站链接的各种资源。

而弱关系不仅仅在数量上有所增加，其广度和覆盖面也较地震前有所提高。在地震前，村民的弱关系仅局限于同事、村社干部或是外来旅游的人口，而地震后，由于清平乡得到的普遍关注，再加上有社工站扎根当地进行项目规划，村民的弱关系在原有基础上，又添加了外来社工、志愿者、学者和同社区的其他村民等。弱关系在数量和覆盖面上的增加，不仅仅作为强关系的有效替补，在社会关系网络中发挥了重要的作用，其本身所携带的较为异质的社会资源也激活了个体的社会关系网络。

6.3.3 新型社会关系的介入

在清平乡，人们对社工站的认知是在地震后逐渐建立起来的。这类社会关系扮演着资源链接者、社区陪伴者的角色，在地震发生不久后就进驻当地，为当地提供了许多社区服务，链接了诸多社会资源，整合了部分社会关系，也培养起了村民的社区意识。此外，社工本身在与村民你来我往的交流中，也逐渐充斥到村民的社会关系网络中，为村民提供着一定的社会支持。

社工站在当地提供的服务为村民社会关系的修复作出了贡献，其本身也作为一种新型社会关系介入到村民的社会关系网络中。但在一个固有的农村治理模式框架内，社工站的到场还是极难撼动原有的国家与社会关系，甚至其本身也不得不在这样一种固定框架内行动。但无论怎样，社工站的存在已经是一个好的开始。

6.4 地震对社会关系的影响机制

地震对社会关系的影响主要来自两个方面，一是其强大的破坏力对社会关系的直接毁灭，二是其造成的后续结果的持续影响，使社会关系在社会性力量的介入下发生改变。前者是突然的，不以人的意志为转移的；而后者是潜移默化的，人在其中具有一定的自主性。鉴于地震对社会关系的直接损伤是自然力的结果，因此在本部分笔者仅讨论后一种情况下地震对社会关系的影响机制。

6.4.1　环境机制

地震的影响之一，是居住形式和生活方式的突变。在地震发生后，幸福家园的村民经历了一波三折的搬迁之苦后最终被安置在统规统建的新型社区内。至此，村民由以前的散居变为现今的集中居住，生活方式与生产方式都跟以前迥异：村民以家庭为单位居住在独楼独栋的小洋房内，周围邻居已不再是昔日再熟悉不过的老邻居了；生活上的便利使得同新邻居间缺少过去柴米油盐酱醋茶的你来我往，非农的生产方式也使其缺少了某种守望相助的相互扶持；物理空间的扩大与缩小，使得社会关系在日常生活中自然地解构和建构。

6.4.2　资源机制

清平乡影响社会关系的另一重要机制是资源机制。地震发生之初，整个社区的资源最为贫瘠之时，同为灾民的村民自发将已有资源同亲人、邻里乃至其他村民共享，身为一方水土守门人的村社干部也在这个时候发挥了组织村民、分发生活必需品、稳定秩序等正功能，整个社区呈现一种按需索取、平等分配的资源分配秩序，总的来说，这个时候整个社区的亲人关系、邻里关系和社区关系都得到了有效的整合和强化。

然而，当大规模资源涌入之时，一方面村民自身的日常生活需求得到基本满足，应急阶段的那种相濡以沫的共同感情也渐渐消失，之前建立起来的较为整合的社会关系也逐渐松散；另一方面，村民在重建过程中，产生出对重建资源的大量需求，而在这一过程中，资源分配的不平等、不透明的操作方式也为村民与干部、村民与村民之间的不和谐埋下伏笔，进而改变社会关系的整体状况。

6.5　研究展望

通过把社会关系放在聚光灯下进行审视和考察，我们已经清晰地梳理出其在地震发生的各个阶段的不同表现和特征、地震使社会关系产生的变化及其影响机制。而限于研究工具和笔者自身能力的欠缺，本项研究仍然存在疏漏及不够深入的地方。

一是此次研究仅以绵竹市清平乡中统规统建的新型社区——幸福家园为研究对象，缺乏横向纵向的比较，研究结论无法解释社会关系在其他灾后社区如何变化，使研究的代表性和普适性大打折扣。二是由于时间和精力的有限，样本容量偏小，难以对整个灾后社区的社会关系进行全面的了解和有效的推断。三是本研究探讨的社会关系大都在一个较为宏观的层面，不免显得有些空洞和苍白。四是由于笔者自身能力不足，分析层次尚浅，未能穷尽现实生活中社会关系的复杂性。这些地方都有待在日后的工作学习中继续完善。

但统而言之，社会关系是一个非常有意思的研究话题，十分值得关注和研究。而以后的研究可以从以下几个方面进行：一是专门探讨社会组织的进驻对当地社会关系的影响。这种新形式的社会力量在村民之前的生活中从未存在过，而其出现不仅为村民提供了一种新形式的社会支持，还带来了一系列的变革，比如说村民自组织的建设、村民日常生活模式的改变等，因此，社会组织对社会关系的影响值得专门撰文指出。二是拓展社会关系研究的广度和深度，可以通过比较研究等方式将不同重建形式的灾后社区之社会关系进行比较，以此来探讨地震对社会关系的影响和社会关系的发展趋向，对社会关系的研究作出更有价值的贡献。

第五章

灾后农村社区多元治理的
实践与反思

——以四川省阿坝藏族自治州汶川县为个案

1 引论

1.1 研究缘起

农村发展一直是国家经济和社会发展中的一件大事，也一直是学界所关注的焦点。一段时间以来的研究发现，部分农村地区的发展呈现"有增长无发展，有投资无效益"的内卷化现象，这不仅是经济发展的内卷化，更是农村治理的内卷化。针对这一现象，政治学、社会学等学科的学者都从自己的研究领域提出了其解决方案，其中一个比较主流的观点即从农村治理的角度出发，鼓励农村外部力量的介入，形成新的治理中心，增加农村治理活力，最终形成多元治理的"善治"，改变农村"内卷化"现象。

而在我国西部很多农村地区，农村脱贫和发展一直由政府所主导，很多地方几乎被政府垄断，难以形成"两委"之外的新力量。2008年四川汶川大地震，将这个垄断的链条拉出了一道口子，使得社会组织和其他社会资源开始介入灾后农村社区重建和社会发展中。在随后的灾后重建中，笔者跟随两个社会组织，全程跟踪其在灾后农村社区以合作社开展的扶贫项目，以期对灾后农村社区"内卷化"打破过程进行深描和研究，对多元社区治理模式形成过程进行探索。

农村社区多元治理并非简单的制度输入就能输出相应的制度，作为一种后来植入的制度，其演进的过程都和原有的社会关系有极大的联系，多元治理的主体多元性意味着对农村原有社会关系进行调整。因此，在研究中，笔者将多元治理作为审视窗口，研究在这一过程中农村社会关系的变化。

1.2 研究意义

1.2.1 理论意义

第一，农村问题，尤其是农村治理和农村贫困问题，一直是学界研究的重点。但在以往众多的研究中，学界只对农村社区多元治理提出了期望并研究了其可行性，缺乏从农村治理角度研究社会组织扶贫项目的案例。本研究通过对两个社会组织操作的项目进行跟踪研究，以期为农村社区多元治理增加一个实践案例。

第二，"行动研究是对社会情境的研究，是以改善社会情境中行动质量的角度来进行研究的一种研究取向"。① 它是一种理论与实践相结合，在资料收集、合作探讨、自我反省、多方总结后解决问题的方法。在近年来的社会组织项目实践中，行动研究得到了越来越多的运用。笔者对两个扶贫项目进行研究，也是基于这一思路，期望对行动研究理论的作进一步的实践。

1.2.2 现实意义

第一，我国处于改革开放和社会转型的大背景下，社会组织开始在我国各个领域发挥着越来越重要的作用。但在我国，社会组织（NGO）还是一个新生事物，国家对此的管理体制并不完善，相对其他组织而言，其内部运作并不规范。社会组织在发展初期面临了很多机遇，也遇到了很多挑战。本研究对社会组织灾后农村社区重建作实证分析，以有利于发现社会组织在运行过程中的困难，对社会组织今后在农村展开项目提供了一定的方法借鉴和参考。

第二，我国农村正处于向现代化转型的时刻，尤其是十七届六中全会和十八大召开后，党和国家对农村各类合作组织的发展给予了高度肯定和支持，预期在今后一段时间里，农村各类合作组织将会得到进一步发展。本研究对灾后农村社区经济合作社发展的实践进行研究，不仅是对灾后重建这一

---

① 转引自陈向明《质的研究方法与社会科学研究》，教育科学出版社，2000，第448页。

热点领域的回应，也是对我国广大农村地区如何发展进行的探讨，以期为农村各类合作组织的发展和农村社区多元治理积累实践经验。

1.3　相关概念界定

1.3.1　社会组织

"社会组织"在不同的地区和不同的意识形态中，有不同的内涵和定义：在美国，叫"非营利组织"，在英国叫"公共慈善组织"，在德国叫"志愿组织"，在法国称为"基金组织"，而在日本，它的法定称谓是"公益法人"。在我国学界中，"社会组织"是与"非政府组织"（NGO）和"民间组织"可以相互替换的概念。

在现有研究中，很多文献在对社会组织概念界定的时候采用了王名2009年所作的定义，指"在社会转型过程中由各个不同社会阶层的公民自发成立的、在一定程度上具有非营利性、非政府性和社会性特征的各种组织形式及其网络形态"[①]。非营利性、非政府性和社会性是社会组织的基本属性，其中非营利性是强调社会组织具有不同于企业等营利组织的特性，非政府性则强调社会组织具有不同于党政机关的特性，社会性则强调社会组织在资源来源、提供服务和问责等方面的社会属性。

本研究中的山水自然保护中心和大同社会工作服务中心等社会组织即符合这样的定义，具有非营利性、非政府性和社会性等基本特征。

1.3.2　农村社区治理

对于农村治理的定义，比较典型的界定有俞可平和华中乡土派学者给出的。俞可平（2004）认为，"农村治理，就是农村公共权威管理农村社区，增进农村社区公共利益的过程"[②]。而吴毅、贺雪峰（2000）[③]认为，乡村治理包含国家权力和农村社区公共权力在乡村地域中的配置、运作、互动及其变化。

综合以上学者的观点，在本研究中，笔者认为，农村社区治理，它不是

[①]　王名：《走向公民社会——我国社会组织发展的历史及趋势》，《吉林大学社会科学学报》2009年第5期，第5页。

[②]　俞可平、徐秀丽：《中国农村治理的历史与现状——以定县、邹平和江宁为例的比较分析》，《经济社会体制比较》2004年第2期，第17页。

[③]　吴毅、贺雪峰：《村治研究论纲——对村治作为一种研究范式的尝试性揭示》，《华中师范大学学报》（人文社会科学版）2000年第3期，第39页。

政府从上而下的管理过程，也不是政府管理职能的延伸。而是一个由村两委、村民、社会力量等公共主体相互协调，共同管理社区（村）内的公共事务，使得社区利益取得最优化的效益，推动本社区不断良性进步和发展的过程。

1.3.3 灾后农村社区

1.3.3.1 农村社区

从 19 世纪德国学者 F. 滕尼斯第一次在他的著作《共同体与社会》中提出"社区"的概念以来，这一概念就与时俱进，至今发展出了不下几百种"社区"的概念。虽然学者们对该概念有着不同的解释，但他们大多有一个比较普遍的认识，即"社区"的特征和要素主要有："一定的地域"、"共同的纽带"、"社会交往"和"认同意识"等。

而"农村社区"是一个与"城市社区"相对应的概念，这一词频繁地出现在各类学术研究的文献中。蔡禾在《社区概论》[①] 这本书中将它定义为"居民以农业生产为主要生活来源的社会区域共同体"；于显祥（2006）将"农村社区"定义为："以农耕为主要生产功能或生活方式的社区，这种社区内的居民大多以农耕及副业为主，居民的居住方式是以村落为主，而且村落的规模通常较小"；胡申生在《社区词典》[②] 中将农村社区定义为"以村镇为活动中心，以从事农业生产为主的社会区域共同体"。

关于农村社区的特点，费孝通在《乡土中国》中用"差序格局"一词对中国农村社区的特点进行了界定。"每一家以自己的地位作为中心，周围划出一个圈子，这个圈子的大小要依着中心势力的厚薄而定"，"以己为中心，像石子一般投入水中，和别人所联系成的社会关系不像团体中的分子一般大家立在一个平面上的，而是像水的波纹一样，一圈圈推出去，愈推愈远，也愈推愈薄"。[③]

从上述概念中我们基本可以看出，学者们从不同的关注点对农村社区进行了界定，他们有的强调农村社区是一个共同体，有的则强调农村社区有特殊的生产生活方式，有的强调其居民有较强的认同感，有的强调具有特定的社会组织和社会制度。

---

① 蔡禾:《社区概论》，高等教育出版社，2005。
② 胡申生:《社区词典》，上海古籍出版社，2006。
③ 费孝通:《乡土中国生育制度》，北京大学出版社，1998，第 24～26 页。

综合各家的观点，笔者认为农村社区即：在农村地域内以自然村或者行政村为范围，以有大致相同的生活方式、价值观和行为规范的农民为构成主体，具有较完备的社区组织、社区文化和社区公共服务的社会生活共同体。

1.3.3.2　灾后农村社区

自然灾害是指由于自然异常变化造成的人员伤亡、财产损失、社会失稳、资源破坏等现象或一系列事件。它的形成必须具备两个条件：一是要有自然异变作为诱因；二是要有受到损害的人、财产、资源作为承受灾害的客体。而灾后农村社区，指经历过自然灾害的农村社区。

在本研究中，灾后农村社区特指经历过 2008 年 "5.12 四川汶川大地震" 的农村社区，笔者选取的 X 村和 H 村即为这样两个社区。

1.3.4　合作社

合作社在我国是一个历史比较长久的概念，在 20 世纪 20 年代到 30 年代，就有一些学者进行了农村合作社的探索，但仅在小范围以内。新中国成立之后，由政府发起成立了农业生产互助合作社，后来将初级合作社变为高级合作社，最后升级为人民公社。在改革开放之后，随着市场社会化的需求，我国农村合作社不断发展，特别是 2007 年《中华人民共和国农民专业合作社法》颁布之后，各种农村合作社更是迅速发展起来。

国际合作社联盟（ICA）在 1995 年第 31 届代表大会上为合作社所下的定义为："合作社是人们自愿联合、通过共同所有和民主控制的企业，来满足社员经济、社会和文化方面的共同需求和渴望的自治组织。" 在我国专业经济领域方面，仅指那些在相关部门登记注册的合作社。

在本研究中，X 村的合作社即属于此类，H 村的互助组虽然没有通过 "合作社" 注册，但发挥了满足成员经济、社会和文化方面的共同需求和渴望的功能，并不断努力进行合作社注册，在此，笔者认为它是一个合作社的雏形，因此放在一起进行对比研究。

1.4　相关研究文献综述

1.4.1　农村社区治理相关研究

1.4.1.1　国外相关研究

（1）农村社区治理研究

关于社区治理，国外的研究较多，其中比较有代表性的是博克斯《公民治理：引领 21 世纪的美国社区》①。在书中，他回顾了公民治理的发展历程，总结社区治理面对的挑战是"在一个很难实现公民自主治理的政治背景之下，如何来满足不断增长的公民自主治理的要求"。针对公民治理存在的这一问题，他提出"让公民治理运转起来"，并给出了地方公民治理的制度创设实施步骤。他还提出了"公民"、"代议者"、"行政管理职业者"三维互动的社区治理模型以回应四种类型的危机。该模型主张社区治理应该坚持规模、民主、责任和理性的四大原则，为此需要重新定位三者的角色，以强化公民的作用，优化三种角色的关系，以促进角色的良性互动。

相对城市社区治理，国外乡村社区治理的研究则相对较少。西方学者指出，乡村治理的内涵应该包括相互联系相互影响的三个方面：首先，能够动员政治的支持，获得民众广泛信任；其次，能够提供好的公共服务，满足农村社区居民的服务需要；最后，能够有效地管理冲突，具有良好的协调机制。②但是这种乡村治理的模式也是以城市社区治理为蓝本的，它把乡村视为一个社区，认为要发展农村社区，就要先提高社区内部的民众参与率，加强社区服务质量和协调社区冲突，但少有顾及农村社区的具体特点。

仅从社会学理论的角度而言，杜尔凯姆（Durkheim）和格兰诺维特（Granovetter）两位学者曾经谈到过乡村社会关系与乡村治理，杜尔凯姆从社会联系的角度提到了农村社区治理，格兰诺维特则从社会支持网的角度谈到农村社区。两位学者认为农村社区居民之间的联系比较少，而这种弱联系是进行社区自治的障碍。

总结而言，国外农村社区的治理方面的研究相对较少，但都比较肯定农村社区居民的参与，强调社区治理的良性循环和发展。

（2）农村社区治理的实践

国外农村社区治理的实践，比较典型的有加拿大纽布朗斯韦克省（New Brunswich）的"新乡村地区治理模式"和韩国的"新村运动"。

---

① 理查德·C. 博克斯：《公民治理：引领 21 世纪的美国社区》，孙柏瑛等译，中国人民大学出版社，2005。
② 转引自万小艳《乡村治理与新农村建设》，知识产权出版社，2011，第 16 页。

加拿大的"新乡村地区治理模式",在处理国家以及地方乡村关系过程中,企图让双方达到双赢,该省乡村权力结构改革的目标不是要推翻现有的地方行政机构,而是鼓励地方政府变得更有效率。这一改革对原有权力格局进行了某些调整,有利于更好地发挥乡村的综合优势,即对乡村权力进行调整。

韩国的新村运动主要是在宏观上进行资源调控,开展实用技术教育的培训和推广以提高农民素质,同时切实维护农民的利益,提高土地的利用率。致力于改善农村村民素质低下和经济发展缓慢的现实,并力图通过运动,加快农村经济发展速度,巩固农村文化教育事业根基,缩小城乡差距,促进共同发展。协调中央政府与地方之间的权力关系,调整国家与人民的利益关系。

除了以上两国,法国的乡村治理主要从发展旅游和现代农业等方面着手,进行农村规划,保障硬件和软件设施,推动城乡的协调发展。美国阿拉斯加州则成立了"乡村治理与充权委员会",增加地方治理的权力。

总的看来,各国的乡村治理的普遍做法除了发挥本地优势以外,另外一个比较典型的就是充分调整乡村的利益关系,协调国家和人民、中央与地方的关系,同时不断发挥地方治理的在乡村治理中的作用。在乡村内部关系上的实践案例较少,在我国,农村治理除了协调农村外部与内部关系,更多则是农村内部关系的互动与良性发展。

1.4.1.2 有关中国农村治理的研究

(1)农村治理研究的起源和内涵

"治理"(governance)一词来源于古希腊语和拉丁语,原意是控制、引导和操纵,该词长期以来和"统治"(government)混用,成为统治的同义词,尤其是在政治学领域,强调运用国家权力(治权)来管理国家和人民。"治理"现代研究大致兴起于20世纪80年代的西方经济学研究中,主要研究现代经济中所有权和管理权分离所出现的一系列问题。后来该词逐渐从企业领域引入国家管理领域,成为社会学和政治学研究的热点。

1989年世界银行初步认为,治理是"为建立一个公平和透明的公共事务规则才被接受的合法权力,是管理一个国家的经济和社会资源方面的权威"。1992年世界银行的年度发展报告又从政治学层面对治理作了解释,是"运用权力对国家经济和社会资源进行管理的一种方式,其权力主体不仅有各种政府组织，还包括各种非政府组织、私人企业和社会公众等主体"。俞可平认为治理是"在一个既定的范围内运用权威维持秩序，满足公众的需要"①。而好的治理则意味着追求公共利益最大化的过程，它不仅是政府与公民对公共生活的合作管理，更是政治国家与公民社会的新关系，是二者之间的最佳状态，同时也是国家的权力向社会的回归，治理的终极目标是"善治"（Good Governance）。

农村治理的相关概念是 1998 年由华中师范大学"中国农村问题研究中心"首次提出的，该中心提出的相近概念是"乡村治理"。笔者阅读该中心的相关文献后发现，其之所以强调"乡村"而非"农村"，与该中心运用制度主义范式的分析框架进行研究是分不开的，在随后的十几年中，贺雪峰、党国英和郭正林等学者都对此概念提出了自己的观点和解释。如贺雪峰认为，乡村治理是指如何对乡村进行管理，或中国乡村如何自主管理，进而实现乡村社会有序的发展。② 党国英以权威为视角，认为乡村治理是指以乡村政府为基础的国家相关机构和乡村内的其他权威机构为主体，给乡村社会提供公共品的活动。③

虽然不同的学者对乡村治理都有自己的看法和观点，但总体上看，学者们都认为，农村社区治理的实质是农村治理的主体通过各种手段进行自我管理和服务的过程，倾向于治理主体的多元化。

（2）农村社区治理的主要研究视角

我国对农村社区治理的研究由来已久，其研究成果可谓是卷帙浩繁。到目前为止，乡村治理已经形成了三个主要的分析视野：国家与社会分析框架、制度主义路向、人类学路向④，贺雪峰（2005）⑤ 归纳了乡村治理研究的三大主题。各学者还提出各种乡村治理的模式，如以徐勇（2002）为代表的"县政乡派村治"⑥ 模式，以沈延生（1988）为代表的

---

① 俞可平：《中国公民社会的兴起与治理的变迁》，社会科学文献出版社，2002。

② 贺雪峰：《乡村治理与村庄研究》，《地方财政研究》2007 年第 3 期。

③ 党国英：《我国乡村治理改革回顾与展望》，《社会科学战线》2008 年第 12 期。

④ 吴毅、李德瑞：《二十年农村政治研究的演进与转向——兼论一段公共学术运动的兴起与终结》，《开放时代》2007 年第 2 期。

⑤ 贺雪峰：《乡村治理研究的三大主题》，《社会科学战线》2005 年第 1 期。

⑥ 徐勇：《从村治到乡政：乡村管理的第二次制度创新》，《山东科技大学学报》（社会科学版）2002 年第 3 期。

"乡治村政社有"模式，以于建嵘（2002）为代表的"乡镇自治"模式①等。

　　本研究主要探讨社会组织对农村社区治理的影响，强调治理的主体性，因此笔者初步从治理主体角度划分了国内乡村治理研究的主要视角，治理主体主要有：国家/政府、村委会、宗族、农村精英和社会组织（见图1）。当然，这些研究视角并非完全独立和分割开来的。

图1　乡村治理研究分类

　　第一是以国家为研究视角。该视角从国家—社会二分法的范式出发，认为乡村的治理离不开国家管理的大背景，走不出国家制度，以由上而下的国家视角对乡村治理进行研究。徐勇指出，国家与社会之间的关系不是截然对立的，而是相互渗透的，尤其是近代以来，"国家"在社会生活中几乎是无处不在。不以"自上而下"的国家视角研究中国的农村社会，根本无法准确地认识和解释当下的农村社会及农村治理。②

　　第二是以村委会为主要视角，以村委会为视角研究村民自治的文献从20世纪90年代开始增多，特别是《中华人民共和国村民委员会组织法》颁布以来。该视角主要研究村民自治的功能与定位和村民自治制度的设计与完善。后来，该类研究逐步扩展到通过自治研究农村地区的社会性质与国家的关系，将村民自治研究扩大到转型期乡村社会性质的研究以及现代国家建构的研究。在以村委会为视角的村民自治研究中，华中地区的学者们做得较为深入，他们立足于实证，不仅关注选举前后的乡村内部的权力博弈，也探讨

---

①　于建嵘：《乡镇自治：根据和路径》，《战略与管理》2002年第6期。
②　徐勇：《当前中国农村研究方法论问题的反思》，《河北学刊》2006年第2期，第69页。

选举背后乡村权力的形成，如贺雪峰、吴毅、徐勇等。①

　　第三是以村庄内的宗族关系为主要视角。对于宗族研究，这恐怕与我国的家族文化息息相关，"民有争执之事，先经本系族正、房长暨村正与村之贤德者平之"。②许多学者从宗族角度对农村治理进行了研究，如林耀华、庄孔韶、王沪宁等，肖唐镖等人还对宗族与社区公共治理之间的关系及影响进行了深入研究。这些不仅包括村庄内宗族势力的成长，也包括研究其行动逻辑，以及其附生权力主体——"村庄混混"等的研究。宗族关系在农村社区治理上的作用是难以一言以蔽之的，各学派学者对此都有不同的态度。肖唐镖、戴利朝等人（2001）通过对赣皖10个村治状况进行研究后提出，宗族概念不仅给村民带来了精神上的慰藉，同时也有团结村民的作用。③而李万忠等人（2010）则对此提出反对意见，他们认为有些大家族会左右选举，当本家族没有能人的时候，仍然希望选出本家族的人担任权力代言人，而这种能力欠佳的人当选后，就会造成"劣绅治村"的后果。④

　　第四是农村（村庄）精英为主要视角，在"皇权不下县，县下唯乡绅"的背景下，我国农村治理与农村精英从来都是密不可分。此类研究中的精英所指并非帕累托口中的"最强有力、最生气勃勃和最精明能干的人"，他们只是农村社会局部中的相对概念，此类人掌握着农村社会中的主要话语权。

　　早在1899年，明恩溥就在其《中国乡村生活》一书中，对传统中国"乡村头面人物"的地位和功能进行了分析。20世纪80年代后，杜赞奇、黄宗智等人对农村精英进行了研究。杜赞奇指出了在20世纪上半叶农村精英的地位和功能从"保护型经纪"向"赢利型经纪"发生了变化。⑤黄宗智在《华北小农经济与社会变迁》一书中，也分析了20世纪上半叶华北农村的乡保、士绅等精英的角色和功能变化。20世纪90年代后，学者们对农村精英的研究则朝向了农村精英的分类和结构进行研究，并对转型期不同农村精英的角色、地位和功能变化分别进行了深入研究。中国学者最早关注的

---

① 吴毅：《村治变迁的权威与秩序》，中国社会科学出版社，2000；徐勇、项继权：《村民自治进程中的乡村关系》，华中师范大学出版社，2003。

② 胡朴安：《中华全国风俗志》（下编），河北出版社，1986。

③ 肖唐镖等：《村治中的宗族》，上海书店出版，2001。

④ 李万忠：《村庄治理主体变迁：从乡镇干部到乡村精英》，《村委主任》2010年第3期，第34页。

⑤ 黄宗智：《华北的小农经济与社会变迁》，中华书局，2000。

是转型期中国农村新兴起的经济精英，徐勇和华农的一些学者发现，在村民自治实践的过程中，经济精英逐渐参与到乡村权力竞争之中，从而使乡村社会出现能人政治现象。仝志辉还专门研究了经济精英在农村村民自治中参与竞争性选举，及其对乡村政治制度变化产生的影响，对农村精英提出"体制精英—非体制精英—普通村民"的划分。① 金太军在"国家—村庄精英—普通村民"的三重权力分析框架下，分析了中国农村村庄权力结构的历史演变，即从传统的村庄双重权力（国家—乡绅）到人民公社时的单一权力构成，再到改革开放后的三重权力结构（国家—村庄—普通民众）。② 吴毅等人认为只有农村"非治理精英"增多才意味着社会力量的增强。③ 最近两年来，张芳山等人基于万载县等地的调研发现，农村精英正在不断流失，形成"后精英政治"。④

第五是以社会组织为研究视角切入，在接下来的文献研究中，笔者将主要集中呈现这种研究视角，即以社会组织为视角进行研究。

（3）社会组织参与农村治理的研究

以往的社会组织参与农村治理研究，其社会组织主要是指农村内的宗族组织和宗教组织，少有本研究意义上的社会组织。进入 21 世纪以来，这方面的研究逐渐多起来。在目前的研究总结来看，大致有三类理论支持社会组织参与农村社区治理，分别是公民社会理论、多中心治理理论和第三方政府理论等，在这些理论支持下，学者们从社会组织参与农村治理的必要性、困境、可行性和作用等角度出发，对社会组织参与农村治理进行了研究。

史传林（2009）、李熠煜（2004）等学者在理论的基础上，从农村内外部环境分析了社会组织参与农村治理的原因，提出了社会组织的参与是农村发展的必要途径。⑤ 赵孟营（2007）则从基层动员的角度探讨了社会组织参

① 仝志辉、贺雪峰：《村庄权力结构的三层分析——兼论选举后村级权力的合法性》，《中国社会科学》2002 年第 1 期。

② 金太军：《村庄治理中三重权力互动的政治社会学分析》，《战略与管理》2002 年第 2 期，第 105～114 页。

③ 吴毅：《村治中的政治人——一个村庄村民公共参与和公共意识的分析》，《战略与管理》1998 年第 1 期。

④ 张芳山：《"后精英政治"乡村治理模式的创新研究——基于万载县布成村的调查分析》，《南昌大学学报》（人文社会科学版）2012 年第 6 期。

⑤ 史传林：《民间组织参与农村公共服务的模式与限度》，《社会主义研究》2009 年第 5 期。李熠煜：《当代农村民间组织生长成因研究》，《人文杂志》2004 年第 1 期。

与农村社区治理的必要性，指出理性的基层动员只有依靠政府和农村草根组织以外的社会组织的介入才能真正得以实现。① 王旭（2009）等人分析了社会组织进入农村社区的人力资源困境。②

对于社会组织参与农村治理和政治，刘义强（2009）等人认为，农村社会组织建设的历史逻辑和根本动力在于中国现代国家建构中对社会整合的需要；社会组织发育的核心目标是建构社会自治能力，形成农村社会的自我规则化机制；社会组织是农村民主制度深化的重要力量，应该形成与基层民主制度之间的联结机制。③

这些研究大多都从理论角度支持社会组织参与农村社区治理并提出相应的解决措施，对于社会组织参与农村治理实践的研究大致分为两类，一类是农村社区内部的自生社会组织研究，另一类是农村社区外部介入的社会组织。

a. 农村内部社会组织

这类研究主要针对农村社区内部的各种经济合作组织、趣缘组织和宗教组织等，甚至也有对村民自治委员会、妇联等权力社会团体的研究。基于本研究的重点在外来社会组织所培育的经济合作组织，这里笔者主要归纳经济合作组织方面的相关研究。

这里所归纳的经济合作组织主要是指农村内部自生的。大部分研究认为中国农村地区"原子化"和"碎片化"比较严重，单一薄弱的小农经济难以抵御市场化竞争。因此，进行农村经济合作组织的建立，可以提高农民的组织化程度。从社会资本角度，建立农民合作组织，可以促进包括信任、合作与激励监督等社会资本的成长；④ 从经济角度，农民专业合作经济组织的构建能够将散户集中在一起，便于控制农产品的质量和各项农产品标准的实施。进一步而言，农村非政府组织的发展拓宽了农民利益表达和政治参与的

---

① 赵孟营：《非政府组织与社会主义新农村建设的基层动员》，《宁夏社会科学》2007 年第 2 期。

② 王旭、陈玲玲：《当前我国农村非政府组织人力资源管理问题探讨》，《广东农业科学》2009 年第 8 期。

③ 刘义强：《构建以社会自治功能为导向的农村社会组织机制》，《东南学术》2009 年第 1 期。

④ 吴光芸、杨龙：《社会资本视角下的社区治理》，《城市发展研究》2006 年第 4 期。
　　吴光芸、李建华：《社会资本视角下的区域公共治理》，《改革与战略》2011 年第 4 期。

渠道，有利于提高农民的组织化程度，形成集体谈判能力，维护他们的合法权益。[①]

以上这些研究主要从农村内生经济组织进行探讨，也有学者结合农村地区内的血缘关系等进行多角度探讨结合。例如，2009 年盘晓愚等人对贵州黔东南地区郎德乡村旅游的可持续发展的研究，认为该地旅游是基于村集体组织、全民参与、"工分制"分配的经济组织模式，与当地苗族社区建立在血缘基础之上的社会组织结构的耦合，经济组织模式与社会组织结构的耦合，保证了文化传承和产业的有效运行，是可持续发展的制度保障。[②]

b. 农村外部社会组织

在我国近现代历史上，农村外部社会组织介入农村治理，最早恐怕可以追溯到梁漱溟先生和晏阳初先生的乡村建设学派，他们希望通过对农民进行教育，达到提高村民素质、形成村民自治的目的，最终推动国家的富强。近年来关于农村外部社会组织参与农村治理的研究，则大多直指社会组织对农村公共服务的补充和公共物品的提供。

当今农村社会中存在公共服务提供不足的现象，尤其是农村税费改革后农村基层公共资源匮乏，王名、史传林等学者建议以社会组织为载体为农村地区提供公共服务。[③] 唐兴霖、李少惠等分析了民间组织在公共服务可发挥作用的领域，以及民间组织在公共服务应有的合法权利和相应的保障途径。这些公共服务和公共资源，具体涉及养老、留守儿童关爱、社会救助、职业教育和医疗制度建设等多个方面，[④] 也有学者从项目管理运作的角度提供了

---

① 张西勇：《促进农村非政府组织发展的几点对策》，《农业经济》2008 年第 3 期。

　　苑鹏：《中国农村市场化进程中的农民合作组织研究》，《中国社会科学》2001 年第 1 期。

　　高伟：《我国发展农村合作经济组织的必要性和模式选择》，《南方经济》2002 年第 8 期。

② 盘晓愚：《经济组织模式与社会组织结构的耦合——贵州乡村旅游可持续发展的制度保障》，《贵州财经学院学报》2009 年第 4 期。

③ 王名、刘培峰等：《民间组织通论》，时事出版社，2004。

　　史传林：《非政府组织参与农村公共服务的理论分析与政策选择》，《学术交流》2007 年第 9 期。

　　史传林：《农村公共服务社会化的模式构建与策略探讨》，《中国行政管理》2008 年第 6 期。

④ 唐兴霖、唐琪、王宁铂：《乡村治理创新——基于永济蒲韩乡村社区的考察》，《行政论坛》2012 年第 3 期。

　　李少惠、王苗：《农村公共文化服务供给社会化的模式构建》，《国家行政学院学报》2010 年第 2 期。

具体的案例。①

除了公共物品的提供，在社会组织参与农村治理研究方面，学者们研究得比较多的则是社会组织对反贫困的作用。学者们普遍认为，社会组织的扶贫方式，相对于政府扶贫来说，从扶贫对象的选择、扶贫资源的投入、扶贫项目的监管到扶贫效果的评估，非政府组织在每一个环节上都有其独特的运行逻辑。②

这方面有许多具体可见的实证案例，如万俊毅（2007）对中国扶贫基金会项目的研究，揭示了社会组织因其特有的优势在政府失灵和市场失灵的制度空间中发挥着重要作用。③ 张海霞和庄天慧（2010）通过调研，运用非线性回归、因子分析、聚类分析等方法，对一个非政府组织扶贫的典型案例——四川农村发展组织进行实证研究，从经济发展角度阐明了社会组织对扶贫的作用。④ 杨明、骆江玲等人（2010）研究亚洲开发银行在三江平原所实施的替代生计项目，探讨替代生计对于改变当地人收入和对环境影响的效果。⑤

除了上述研究，2008 年汶川地震后，四川本地学者丁一等人，还对社会组织参与灾后重建进行了研究，认为农村公共产品生产供给的市场失灵和政府缺陷是社会组织发挥作用的经济学基础，汶川地震灾后恢复重建的艰巨性和长期性是社会组织参与其中的必然要求。⑥

---

① 王秋香：《非政府组织与农村留守儿童权益保障》，《湘潭大学学报》（哲学社会科学版）2008 年第 3 期。

② 许源源和邹丽：《"行政国家"与"隐形社会"：农村扶贫中的国家与社会关系》，《社会主义研究》2010 年第 3 期。
许源源、邹丽：《非政府组织农村扶贫：制度优势与运行逻辑》，《经济与管理研究》2009 年第 1 期。

③ 万俊毅、赖作卿、欧晓明：《扶贫攻坚、非营利组织与中国农村社会发展》，《贵州社会科学》2007 年第 1 期。

④ 张海霞、庄天慧：《非政府组织参与式扶贫的绩效评价研究——以四川农村发展组织为例》，《开发研究》2010 年第 3 期。

⑤ 杨明、骆江玲、明亮：《论替代生计项目在乡村的发展——以 NGO 在三江平原生态保护项目为例》，《农村经济》2010 年第 4 期。

⑥ 吴铀生、丁一：《汶川灾后重建中民间组织的困境与发展》，《西南民族大学学报》（人文社科版）2009 年第 5 期。
丁一、俞雅乖：《灾后重建中民间组织资金运行机制探析——基于四川灾区若干案例调查的视角》，《西南民族大学学报》（人文社科版）2010 年第 5 期。

以上这些研究从各方面对社会组织参与农村社区治理进行了研究和探讨，主要是从社会组织参与公共物品提供，促进农村发展方面进行探讨，少有研究其对社会关系的影响。

1.4.1.2　文献小结

从以上的阐述中，笔者初步总结了以下两点研究趋势。

第一，从农村治理来看，虽然国内各方学者的研究领域各异，观点和看法都各有不同，但是总结起来，大部分学者都赞同农村社区的多元治理，鼓励治理主体的多元性，以打破原有农村社区原子化状态或者是由上而下治理的垄断化状态，以此增进农村社区活力，促进农村社区发展。

第二，现有对农村外部社会组织参与农村社区治理的研究中，大部分案例集中于经济发展和公共物品的提供角度，探讨社会组织对农村经济和社会发展的正面作用，鲜有案例探讨社会组织对农村社会关系的影响，更少有从治理主体的角度对社会组织的参与进行探讨。

因此，在本研究中，笔者将试图从经验入手，以农村社区治理为视角分析社会组织的参与农村社区治理，试图为该领域提供一个真实可信的案例。

1.4.2　农村社会关系与农村社区治理

1.4.2.1　社会关系分析

社会关系一直是社会学研究的一个重要领域，很多学者都对此进行了研究。

在马克思看来，人的本质是对人的现实的社会关系总和的体现和反映，他将人的本质归结为"一切社会关系的总和"。[①] 他认为，人的存在是一种感性活动的存在，而感性活动的展开是结成一定的自然的和社会关系作为前提条件的；人与自然的关系并不是单纯的自然与自然的物质交换关系，而是纳入到人的社会活动、社会过程的物质交换关系；人的本质是在人所从事的社会实践活动中生成的，因而人的本质与人所从事的社会实践活动具有同一性，受到人的实践的自然的和社会关系的规定与制约。

20 世纪末，格兰诺维特提出"嵌入性"（embeddeness）理论，他认为

---

① 《马克思恩格斯全集》（第 42 卷），人民出版社，1979，第 122 页。

对社会行动以及社会制度的分析，都必须被重新置于对社会关系的分析的基础上。他的嵌入性思想的要旨在于，将人看做嵌入于具体的、持续运转的社会关系之中的行动者，并假设建立在亲属或朋友关系、信任或其他友好关系之上的社会网络维持着经济关系和经济制度。不仅个体的经济行动受到社会关系网络的影响，经济制度等更大的经济模式同样莫能例外。即使在相同的经济和技术条件下，如果社会结构不一样，其结果也会显著不同。①

孙立平等人（1996）认为"嵌入性"理论提供给人们的启示是：经济、政治等行动都是嵌入于社会关系之中的。因此，对社会关系的类型和性质的研究，就成为理解社会中的那些重要现象的一个重要的基础。②

尽管有学者批评格兰诺维特的"嵌入性"理论，认为该理论过分强调社会关系而忽略政治等因素。③ 但是我们不得不承认，社会关系分析的确是社会科学分析中一个重要的路径。因此，本研究选取社会关系为研究对象，对农村社区多元治理进行探索和透视。

1.4.2.2　农村社会关系与农村社区治理

（1）农村社会关系及其特点

范瑜、贺雪峰等认为社会关系是因为地缘关系、血缘关系、互惠关系、共同经历以及契约和权威——服从关系而形成的人与人关系的总和。贺雪峰和仝志辉指出，在乡村中常见的社会关系具体有：因为同一自然村或同一居住片区所产生的邻里关系、由姻亲和宗亲所带来的血缘关系、礼尚往来和生产互助产生的互惠关系、共同经历（同学、战友、生意上的合伙人）以及经济社会分层产生的契约关系以及权威—服从关系。④ 在此概念之上，贺雪峰等人区分了社会关联、社会关系和社会凝聚力三个概念，并具体阐述了社会关联对乡村治理的影响。

对农村社会关系特点研究影响最大的恐怕是费孝通了，他提出"差序

---

① 符平：《"嵌入性"：两种取向及其分歧》，《社会学研究》2009 年第 5 期。
　臧得顺：《格兰诺维特的"嵌入理论"与新经济社会学的最新进展》，《中国社会科学院研究》2010 年第 1 期。
② 孙立平：《"关系"、社会关系与社会结构》，《社会学研究》1996 年第 5 期。
③ 侯仕军：《社会嵌入概念与结构的整合性解析》，《江苏社会科学》2011 年第 2 期。
④ 贺雪峰：《乡村治理的社会基础》，中国社会科学出版社，2003。

格局"理论,"我们的格局不是一捆一捆扎清楚的柴,而是好像把一块石头丢在水面上所发生的一圈圈推出去的波纹。每个人都是他社会影响所推出的圈子的中心。被圈子的波纹所推及的就发生联系。每个人在某一时间某一地点所动用的圈子是不一定相同的"。由于中国传统社会是典型的血缘组织和地缘组织的结合体,所以在"乡土中国"中,人们很少流动。"他们活动范围有地域上的限制,在区域间接触少,生活隔离,各自保持着孤立的社会圈子。乡土社会在地方性的限制下成了生于斯、死于斯的社会",是个典型的"熟人社会"。① 华中乡土派的学者进一步指出,现代的农村,已经不仅仅是一个"熟人社会",从更严格意义上讲,是一个"半熟人社会"。②

（2）农村社会关系对农村社区治理的影响

就治理而言,农村社会关系则不仅牵涉农村内部村民与村民之间、村民与村委会之间的关系,也牵涉农村外部村委会与政府、村与社会之间的关系。农村内部之间主要的社会关系对农村社区治理影响研究较多的,主要涉及乡村精英、血缘、宗族和派系关系等,农村外部社会关系则体现为从国家视角与村委会视角对农村社区治理进行研究,这些笔者在前文中已有叙述,此处不赘。

1.5　研究设计

1.5.1　代码说明

出于对案例对象保护的目的,在本研究中,笔者将对所有研究对象进行匿名处理。由于本研究牵涉两个村落,人物信息复杂,为了便于读者理解人物之间的关系,因此在本章开篇对所有代码进行统一的说明。

村名称代码

本研究中有两个村落,分别代称为 X 村和 H 村。

村民姓名代码

村内的村民主要分为两大类,一类是参加了项目的村民,一类是没有参加项目的村民。X 村共有 9 户村民参加项目,按照参加项目的先后顺序,将这 9 户人家编号为家庭 1～家庭 9。H 村一共是 17 户村民参加项目,按照项

① 费孝通:《乡土中国》,北京大学出版社,1998。
② 贺雪峰:《乡村治理的社会基础》,中国社会科学出版社,2003。

目提供的名单，将这 17 户村民编号为家庭 1 ~ 家庭 17。

凡调研对象属于项目成员，均采取"村 + 家庭编码 – 姓 + 名字母代码"形式进行编码，如"X1 – 王 B"，就说明此人属于 X 村项目成员，他来自编号为"1"的家庭，个人的名字母代码为 B。如果调研对象并非项目成员，则采取"村 – 个人姓氏 + 字母代码"形式进行编码，如"H – 刘 NG"，说明此人来自 H 村，是一位姓刘名 NG 的村民。

1.5.2　研究对象

在本研究中，笔者选取将四川省阿坝藏族自治州汶川县的两个贫困村——X 村和 H 村作为研究田野，这两个村在地震之前是比较封闭的乡村。相对而言，X 村比较传统，村内保留着淳朴的民风和典型的祭祀活动。在地震之后，这两个村逐渐从封闭走向开放，在笔者看来，它们都是我国广大农村转型的缩影。

本研究以农村社区治理为审视窗口，研究社会组织进入两村后农村社会关系的变化。在本研究中，笔者将首先对村民之间的关系进行整体性研究，并进一步研究各个治理主体之间的关系变化。

1.5.3　研究方法

本研究将具体采取以下三种研究方法。

1.5.3.1　个案研究法

个案研究是以一个或多个典型事例为具体研究对象，进行全面系统的调查研究，以了解其发生和发展的规律，从而为解决更一般的问题提供经验。笔者有幸在 2011 年 6 月至 2012 年 6 月这段时间内，全程跟踪和评估了两个社会组织分别在 X 村和 H 村中开展的重建项目，收集了大量的一手资料进行个案研究。

本个案研究将采取双个案对比的方式，不仅研究社会组织进入两村后其社会关系变化的相同点，也全景呈现其变化差异。

1.5.3.2　深度访谈法

在田野资料采集的过程中，笔者对社会组织的工作人员、农村社区居民（社区普通居民、项目参与居民以及村长等权力拥有者）和村所在地的乡镇政府工作人员进行了深度访谈，包括结构式访谈和半结构式访谈两种。

1.5.3.3　文献研究

通过对中国知网等数据库和相关网站进行资料检索，笔者阅读了农村治

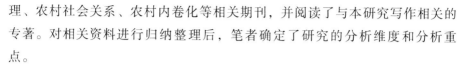

理、农村社会关系、农村内卷化等相关期刊，并阅读了与本研究写作相关的专著。对相关资料进行归纳整理后，笔者确定了研究的分析维度和分析重点。

1.5.3.4　问卷调查

在项目接近尾声时，笔者还对项目参与者和相关参照群体进行了问卷访谈，对从项目开展情况对农村社区居民进行了问卷调查，以辅助更全面地了解整个村的社会经济情况以及社会关系。

2　项目入村的前前后后

笔者从 2011 年 6 月开始对两个项目点进行了为期一年多的持续观察和跟踪，为了更全面地呈现调研的全过程以及田野的基本情况，笔者将简要介绍两个项目的由来、项目的实施机构的性质和特点、项目地的基本情况以及项目实施的基本过程。

2.1　项目的由来和机构基本情况

2.1.1　项目的由来

2008 年 5 月 12 日，四川省汶川县发生了里氏 8.0 级大地震。这场突如其来的灾难使全国 237 个县市区受到不同程度的灾害，给灾区的经济社会发展带来了极大的打击，它造成了近 7 万人遇难，3 万多人受伤，1 万多人失踪，直接经济损失达到 8452 亿元人民币，严重影响了灾区人民的正常生产和生活。

地震之后，许多社会组织参与到了地震灾区的重建事业中，它们在地震灾区创造了很多优秀的公益项目，促进了地震灾区的重建和恢复。3 年过去了，硬件设施重建工作基本完成，地震灾区的社会组织也得到了进一步发展，灾区也进入了发展振兴阶段。

2011 年，为支持社会组织继续关注、参与汶川地震灾区社区发展，中国扶贫基金会决定资助 500 万元，通过公益招投标的方式，公开筛选出有潜力的 NGO 公益项目予以资助，推动汶川地震灾区的社会发展，并实践中国扶贫基金会从"操作型"基金会转型为"筹资型"基金会的战略转型。6 月，通过初步筛选和专家评审，最终有 21 家机构申报的 21 个项目获得初步批准。

其中，在本研究中即将呈现的项目就是这 21 个项目中的两个，笔者作为项目发包方选择的第三方评估机构的成员之一，负责对这两个项目进行全程的跟踪和评估。

2.1.2 项目的实施机构

本研究所呈现的这两个项目分别由北京山水自然保护中心和大同社会工作服务中心两家社会组织负责执行，这两个机构都是在民政部门登记注册的民办非企业。但是这两个机构在特点和性质上略有不同，这里笔者将对这两个机构进行简单的对比。

2.1.2.1 北京山水自然保护中心

山水自然保护中心（下简称"山水"）是在民政部注册的生物多样性保护组织，于 2007 年在北京成立，是一个中国民间环保组织，创办人为北京大学生命科学学院吕植教授[①]。目前的项目主要在中国西部，示范人与自然和谐相处的实例，并推动自然保护在国家和地方政策以及公众意识中的主流化。"山水"的成立得到了保护国际（CI）[②] 的支持，现在为保护国际的合作伙伴。

"山水"语出《论语》："智者乐水，仁者乐山。"在现代语境中，"山水"是自然的形象和代言，是"城外"的景观、野生动植物及乡村生活的集合，山水呵护所有的生命，是人类过去、现在和未来的生存、发展、情感、精神和文化的保障和源泉。

（1）成立背景和组织文化

中国是世界上生物多样性最丰富的国家之一，丰富独特的物种和多样的

---

① 吕植：北京大学教授，耶鲁大学兼职教授。吕植拥有超过 20 年从事自然保护实践的经验，是中国最知名的保护生物学家之一。她是全球环境与可持续发展的积极参与者，世界自然保护联盟（IUCN）世界遗产委员会委员，国际保护生物学学会理事，世界经济论坛（Global Agenda Council）成员，中国科协常委。吕植曾任世界自然基金会（WWF）物种与保护区中国项目主任、保护国际（Conservation International）中国项目主任。在保护国际支持下，2007 年她成立了山水自然保护中心。她撰写学术论文和文章，活跃于国内外媒体表达有关中国自然保护的问题，其作品为《自然》、《科学》和《美国国家地理》等刊物所登载。

② 保护国际（Conservation International，简称 CI）成立于 1987 年，是一个总部在美国华盛顿特区的国际性的非营利环保组织，宗旨是保护地球上尚存的自然遗产和全球的生物多样性，并以此证明人类社会和自然是可以和谐相处的。保护国际通过科学技术、经济、政策影响和社区参与等多种方法保护热点地区的生物多样性。保护国际在全球四个大洲超过 30 个国家开展工作。

生态系统类型令人叹为观止，源于中国的几大河流哺育了全球近 40% 的人口。但是近 30 年来，中国在经济飞速发展和减缓贫困问题的同时也给环境带来巨大的压力。90% 的城市水源受到污染；不清洁的空气和水造成每年一百万早产儿死亡；每年有大约 3500 平方公里的牧场退化成沙漠；白鳍豚和华南虎仅仅是中国令人心碎的生物多样性严重丧失的冰山一角。中国已经成为世界上最大的温室气体排放国之一，并且未来 20 年有可能成为世界上最大的经济体，对于世界范围的资源利用也显示日益重要的影响。"山水"正是在中国的环境危机日益严峻，公民可持续发展意识与日俱增的背景下成立的。

中国已经出台了一系列的环境政策，目前亟须面对的挑战，是在实施层面，如何实现保护与发展驱动的政策之间的平衡。作为一个在保护和发展领域具有国际视野的专业团队，"山水"认为解决之道在于建立保护地社区和城市消费者之间沟通的桥梁，在于打破横亘在西方科学与中国传统智慧之间的界限，在于融合中国的保护实践以及从其他国家借鉴的经验。"山水"希望能够融合中国传统智慧和国际视野，在中国实现基于生态公平的可持续发展。

"山水"坚信只有地球的自然遗产得到保护，我们的后代才能在精神上、文化上和经济上生生不息。而"山水"的使命，就是保护地球上尚存的自然遗产 – 生物多样性，在中国通过创新性的方案，发动政府、企业与公民社会的力量，证明人类社会是有能力与自然和谐共处的。

在成立后，"山水"致力于成为中国优秀的环境保护组织，示范保护与发展相协调的可行方案，作为催化剂、协调者和支持者，推动中国生物多样性保护的进程和主流化，并促进中国在全球环境保护领域里的积极作用。

（2）组织框架

"山水"设有北京总部和成都办事处两个办公地点，包括驻点志愿者在内，共有员工约 30 名。

"山水"的组织框架以项目为导向，随着项目的开展进行调整和变化（见图 2）。但是总体来说，负责整个组织的高层分别是："山水"理事会、主任和执行主任，高层团队主要负责整个组织的运作方向；执行主任下分设运营总监和项目总监两位总监，两位总监共同负责宣传/筹资团队、运营团队和项目团队三个团队的运作，其中运营总监主要负责宣传、财务和行政等与组织运作相关的工作，项目总监（又称野外项目总监）主要负责各种项目的执行管理。

（3）活动区域和主要项目

"山水"主要活动在中国西部，活跃在四川、云南、陕西、甘肃、青海和西藏的 25 个自然保护区和超过 120 个乡村社区，其中有许多地方是社区保护地。

"山水"成立前后，组织和执行了许多与环境保护相关的项目，这些项目主要分为四大类：拯救濒危物种、保护关键生态区、提高中国环境领导力和应对气候变化。

2.1.2.2 汶川大同社会工作服务中心[①]

2008 年汶川大地震发生之后，汶川县由广东省进行对口援建，汶川县大同社会工作服务中心（以下简称汶川大同）是顺应汶川灾区重建的需要，在广东省对口支援四川省汶川县恢复重建工作组和汶川县委、县政府的大力支持下，通过广东工业大学等广东、四川高校社会工作教育和实务领域提供专业技术支持，由广东工业大学文法学院社会工作系副主任刘静林教授[②]和广州市大同社会工作服务中心副总干事周小燕[③]发起，在汶川县民政局注册建立的民办非企业类型的专业性社会工作服务机构。

汶川大同 2009 年 12 月在汶川县民政局注册，以汶川县民政局为业务主管单位，属非营利公益性社会组织。中心字号"大同"来源于《礼记·礼运·大同》："大道之行也，天下为公，选贤与能，讲信修睦。故人不独亲其亲，不独子其子，使老有所终，壮有所用，幼有所长，矜寡孤独废疾者皆有所养……是故谋闭而不兴，盗窃乱贼而不作，故外户而不闭是谓大同。"

汶川大同有六个主要的机构特色：第一是实行"两张牌子一班人马"，即广东大同社会工作服务中心和汶川大同社会工作服务中心两张牌子。第二，是建立"总部—站点"覆盖各乡镇的服务网络，实行"1 + 1 + 1 + N"（即 1 位社会工作专业毕业的社工 + 1 位汶川本地的社工 + 1 位实习社工 +

[①] 本部分内容由汶川大同社工创刊号简报、大同社工网站以及笔者采访资料整理而成。

[②] 刘静林，女，汉族，广东工业大学社工系副主任，主要从事社会工作理论研究和督导培训。在汶川大同社会工作服务中心成立后，一直担任中心项目督导至今，是"汶川县映秀镇黄家院村社区生计发展项目"的项目顾问。

[③] 周小燕，女，汉族，专业社工，汶川县大同社会工作服务中心总干事，主要从事灾害社会工作实务与理论研究，担任"汶川县映秀镇黄家院村社区生计发展项目"项目主任。

若干志愿者）服务队伍，做到"一站一品牌"。第三，本土化取向，理事和社工基本为川籍特别是汶川籍人士。除了理事会成员以及社工成员的川籍以外，服务模式也有本土化趋势，一个是本土志愿者的培养，另一个是推动本土社工建设。第四，建立成长型机构，社工与社工事业、机构、同仁和服务对象共同成长。第五，注重长效发展机制建设。第六，大同社工建立了直属于汶川县县委的党支部，也是汶川县第一个在机构中建立党支部的社会组织。

汶川大同主要通过政府购买服务的方式运作，主要进行社会工作服务、培训和研究。自成立至今已经承接了汶川县民政局购买的"汶川县精神家园建设社会工作服务项目"和民政部、联合国儿童基金会资助的"汶川县高半山区羌族儿童社会化综合服务项目"、"汶川县震后特困单亲家庭社会支持网络建设项目"。

从 2009 年建立第一个社工站——福利中心社工站开始，汶川大同社工现在已经发展出了五个社工站：绵虒社工站（服务区为绵虒镇、威州镇、草坡乡）、雁门社工站（服务区为雁门乡、龙溪乡、龙溪乡）、福利中心站（主要服务区域在汶川县福利中心）、映秀社工站（服务区为映秀镇、卧龙特区、耿达乡和银杏乡）、水磨社工站（服务区为水磨镇、三江乡和漩口镇）。每个社工站都有自己的品牌项目，品牌项目与社工站所在地的经济社会情况密切相关：绵虒社工站位于大禹的故乡，所以该社工站的品牌项目是"凤凰浴火，羌禹涅槃"，主要是搞文化活动；雁门社工站附近有很多汶川出名的中小学，所以该社工站的品牌活动是"快乐伙伴青少年成长计划"，主要搞青少年社会工作；福利社工站位于汶川县福利中心，那里居住了 130 多位老人，所以福利社工站的品牌项目是"最美夕阳红"，做老年人社会工作；映秀社工站主要在搞文化和生计重建，品牌项目是"新家园，新机遇，新生活"；水磨社工站位于汶川县的旅游地带，该社工站的品牌项目是"山水人家"。

本次具体实施项目的是汶川大同社会工作服务中心的映秀社工站，这是该站点第一次承接的生计扶贫类项目。

2.1.3　实施机构基本情况对比

尽管两家机构都是民政部门注册的民办非企业，具有公益性、非政府性和非营利性等特点，但是对比来看，还是会发现两家社会组织有各自的特点。

首先，从机构风格上来看，"山水"走的是国际化路线，除了其合作伙伴为国际组织以外，在项目运作上，也多以国际视野进行设计。汶川大同社会工作服务中心相对而言走的是本土化路线，机构应地震对口援建需要而生，项目设计以及人员配置上都有明显的本土化特征。

其次，从机构的性质上来看，两个机构都是纯血统的民办非企业，但是笔者仍然能从中感受到明显的差异。"山水"的非政府特征比较明显，另外由于机构主要负责人同时属于学术研究人员，该机构也带有一定的学术特征。而汶川大同社会工作服务中心走的是一条亲官方路线，除了理事会成员的偏官方性质和项目由政府购买以外，另外有一个最大的特色是，该组织有一个直接隶属于汶川县党委的党支部。

最后，从专业角度来说，"山水"的重心在环保领域，面向环保，由于从事了多年的环保项目的设计和运行，该机构积累了比较多的环保理念、环保项目设计等方面的相关经验。汶川大同社会工作服务中心的专业性则体现在社会工作方法上，该中心人员以社会工作专业以及相关专业的毕业生为主，运用各种专业的社工手法进行项目的运行。

机构的不同特点，到底会对项目的运作，对农村社区治理带来怎样不同的影响，笔者还会在后文中作一定的阐述和分析。

2.2　项目的实施地

本研究呈现的两个项目均位于四川省阿坝藏族自治州汶川县，北京"山水"所执行的项目位于阿坝州汶川县的 X 村，汶川大同社会工作服务中心所开展的项目位于阿坝州汶川县的 H 村。

2.2.1　X 村的基本情况

2.2.1.1　X 村概况

X 村是其所在乡 9 个行政村中最偏远的村落之一，它位于卧龙国家级自然保护区的东南边界，是通往卧龙保护区西河核心区的门户，也是卧龙下属的保护站隶属社区之一。村内现有居民 121 户，422 人，共有四个村民小组，四个组分布比较远，从一个组走到另外一个组，往往要花上 1 个小时左右的时间。社会组织 X 将运行的项目，主要位于 X 村三组。三组分为上坪和下坪两个部分，对于两个坪相隔多远，村里人没有什么概念，只说"山里头人的脚力嘛，走个二十来分钟"，笔者这样的年轻人，连走带跑，差不多也需要个半个钟头。比起平原地区，村民居住得还是比较分散。

　　X 村所在的阿坝藏族自治州是一个藏族、羌族、汉族等多民族聚集的地区，据介绍，X 村是一个藏族村，村里 80% 以上的居民都登记为藏族户口。对于藏族村这个问题，村里的居民是这样向笔者解释的。

　　　　我们哪里是藏族的嘛，那哈（会儿）说我们这个儿（里）是藏族村，村里（居民）要大部分是藏族的才得行，就给我上了个藏族户口噻，上就上嘛，反正上了又没得撒子（什么）坏处的。不过好像讲（听说）我们以前老祖先是藏族呀啥子的，（不过）都汉化了这么多年了，也不是很清楚。①

　　笔者在对 X 村进行项目跟踪的这一年时间里，几乎没有看到藏族的风俗习惯和生活方式，唯一的藏族特色可能只有村民在跳锅庄舞的时候能看出一二了。翻查相关历史记录，该地有藏族的历史始于 1955 年瓦寺土司统治时期，但村民们对这段历史了解并不多。

　　在 X 村比较常见的风俗是敬山神、供奉家神等传统的民俗。其中敬山神恐怕是最重要的活动了，X 村的人靠山吃山，村里的人时不时要去山里"找活"，每次有村民进山前晚，都要给山神烧纸钱、点香、点红蜡烛，许诺若能平安归来，一定会来还愿。等下山来，就用雄鸡和"刀头"（一块方方正正的腊肉）还愿。

　　村级治理的主体主要是"村两委"、各小组组长和村内的长辈，以村支部和村委会这"村两委"为中心，辅之以各小组组长。论资排辈，老人和长辈在村里比较有威严，不管是"村两委"成员还是各村小组组长都要顾及长辈的面子，大事的决定还是要听下长辈的意见。另外，该村治理上一个比较突出的特点，则是两大姓氏在"村两委"里的"轮流坐庄"。一位社区居民告诉笔者，村里有王、郑两大姓氏，每次选举都"轮流坐庄"，今年郑姓出来当村长（即村民自治委员会主任）的话，王姓就出来当书记（村党支部书记），等三年换届的时候，再由郑姓的人出来当书记，王姓选人出来当村长，这么多年，倒也是平安无事，没有因为不公闹出什么事。

---

　　① 被访人：X1－王 B，男，2011 年 11 月 15 日。

总的来看，X 村是一个比较传统的村，除了保持比较传统的民风外，外出打工的村民也不算多，村内居民比较团结，居住得远，但仍然属于"熟人社会"。

2.2.1.2　地震之后的政府重建

X 村村民全部居住在高山地带，其中大部分居住在距离保护区界限不足 1 公里的区域内。保护区的设立限制了村民对自然资源的索取，村民仅能通过人均不足 1 亩的耕地种植、打零工及少量政府扶持资金维持基本生活，人均年收入不到 1500 元。地震之前，这里很少有相关的扶贫和致富项目。

2008 年四川汶川大地震，该村死亡 1 人。通往该村的道路 95% 被毁，全村有 8 户房屋全部倒塌，有 28 户房屋部分倒塌，63 户房屋变成危房，据不完全统计，该村在地震中遭到的经济损失大概为 400 万元人民币。

2008 年地震后，政府首先对当地的农房进行了硬件修复，通过重建补贴（该村的房屋重建政策为：1～3 人的家庭补贴 1.6 万元，4～6 人的家庭补贴 2.3 万，另外如果该家房屋被鉴定为危房，可获得 5000 元/户的补贴），大部分村民的房屋得到了修缮。

2009 年，作为汶川县扶贫开发和综合防治大骨节病试点工作移民安置财政扶贫资金项目实施村，汶川县扶贫两资以工代赈办公室和乡人民政府共投入 131.3 万元，进行了户办工程 121 户（包括改圈、改厕等工程）、村内道路硬化 4.74 公里、支持产业种植猕猴桃 300 亩、测土配方施肥 2917 亩次和入户电网改造等工作。

2011 年，政府对该村的产业结构进行了调整，并扩大了产业规模，主要集中在种植业和养殖业。种植业主要种植重楼、毛慈姑和厚朴等中药材，通过技术支持和销售帮助等手段鼓励村民种植中药材。养殖业主要是养生猪和生态鸡，政府对养生猪和养生态鸡进行了直接补贴：生猪按照 50 平方米养殖达到 30 头为一个单元进行补贴，一个单元补贴金额为 1 万元；生态鸡按照 80 平方米养殖规模达到 500 只为一个单元进行补贴，一个单元补贴金额为 5000 元。

到 2012 年年初，X 村的种植业和养殖业都有了一定的发展：在种植业方面，中药材重楼从无到有，发展到 100 亩，中药材毛慈姑发展到 60 亩，厚朴发展到 4300 亩；在养殖方面，生猪发展到约 1200 头左右。同时，该村成立了养鸡合作社、养猪合作社和重楼种植合作社三个产业合作社，政府初步计划对每个合作社进行 5 万～6 万元的补贴，通过合作社进一步发展该村的产业规模。

对比社会组织的项目来看，政府的脱贫致富项目主要是地震后进入该村。同时，相比社会组织开展的项目，政府层面的扶贫和致富工作开展有比较充足的资金支持，可以较为广泛和全面地开展扶贫和致富工作。从道路、房屋等硬件方面的改造，到土地质量的检测和提高，最后到产业方向的调整和支持，政府都有比较充足的资金和政策的支持，可以在物资层面保证扶贫项目的顺利开展。

2.2.2　H 村的基本情况

2.2.2.1　H 村概况

提起 H 村，该村所在镇的人们都形容它是"那个最偏远、地势最高的村"，偏远也使得这个小山村常被人遗忘，在 2008 年地震后的地质勘探中，专家们用"世外桃源"来形容这个坐落在山上的闭塞村庄。该村面朝岷江，距离 2008 年四川汶川大地震震中仅 6.5 公里，是一个建在山腰的小村落。有 182 户人家，467 名村民生活在这里。村内有 5 个村民小组，全村均为汉族。在地震之前，5 个村民小组之间都分属于不同的居住点，相隔比较远。地震之后，由于重建，一部分村民房屋并未修建在原居民点，呈现"在一组可能找得到另外几个组的人"的现象。

该村人均耕地不足 3 分，人均年收入不足 2000 元，有的家庭年人均收入甚至不足 800 元，据村书记介绍，全村 80% 以上的村民都是建卡贫困户，是汶川县有名的特困村。1998 年之前，村民靠砍树卖树维持生活。到了 1998 年之后，由于退耕还林，村民不能砍树了，就种一点茄子、辣椒等小农作物维持生计，这种状况一直持续到 2003 年。2003 年，由于修水库，水库涨水，很多村民都搬走了，同时，水库也淹没了村里通往外界的路，村民也不卖菜了。加上村旁的江对岸修起了铝厂，也对村里的农作物生长造成了严重影响。现在，全村基本一半以上的村民都在邻近的县或者外省打工，维持家用。

H 村没有太大的宗族，也没有明显的宗族势力，村民之间也看不出明显的派系之分。由于土地少，农活量不大，也不存在村民经常"换工"的需要，所以整个村感觉比较零碎，"原子化"程度比较高。

在 H 村，以村支部和村委会为治理中心的"村两委"仍然是村内治理的绝对权威，以两委为中心，附带辐射各村小组组长，用村民的话说"就是那些当官的"，在村民眼中，"村民自治委员会"成员不是自己选出来的利益代表，而是一个管辖者和治理者。

2.2.2.2 H 村的灾后重建

在 2008 年地震之前，H 村作为其所在镇最偏远的乡村之一，基本没有个人或者社会组织进入该村进行扶贫活动，该村的扶贫主要是政府的低保、"冬荒"等基本补贴。

2008 年的四川汶川大地震造成 H 村 20 人死亡，房屋全部垮塌，村民的生产生活遭到了毁灭性的破坏。地震之后，其所在镇由广东省某市进行"对口援建"，在援建队的帮助下，该村终于修通了通往所在镇的村级公路，硬件设施基本得到了重建，但是百姓的生计仍然没有能得到重建。

地震之后，逐渐有个人或社会组织进入到该村，进行一定的扶贫（帮扶）活动，这个时期的扶贫主要以物资援助以及硬件改造为主。

2008 年冬天来临之前，该镇开始推行"暖冬计划"。镇政府与对口援建的广东某市一起，为该村每户老百姓发放一床电热毯、一件以上棉大衣、一套绒衣，每人至少 3 床棉被和人均 300 斤大米等。首先从过冬物品上对村民进行了援助。这样的来自政府和社会的物资帮扶，还有很多。

2008 年年底到 2009 年上半年，H 村村民陆续开始了灾后的自家房屋的重建。国家按户头一户人家补 2 万元，援建方按一户人家补助 1.2 万元，村民的大家庭一般有 2 户，爷爷奶奶一户，爸爸妈妈一户，如果子女到了适婚年龄，也可以单独组成一户。有了这部分钱，大部分村民都重建好了房屋。随后，政府开始了"幸福美丽家园"活动的开展，免费为村民装修屋内屋外的设施。

从 2009 年开始，援建方和政府开始为 H 村修建从所在镇到 H 村的村级公路以及入户公路，这路，一直修到 2012 年才算基本完工。

除了房屋和公路的建设，到 2011 年年初，H 村还实现了"五改三建三清"："五改"包括改厕、改厨、改水、改庭院和改圈（即圈舍）；"三建"包括垃圾池（垃圾箱）建设、沼气池建设、清洁能源（太阳能）建设；"三清"包括清理沟渠、清理污泥和清理杂物。村民生产生活设施得到完善，通了水、电、路、通信、广播电视，村民活动室配备了图书室、医务室、警务室、篮球场等。

基础硬件设施基本完工后，政府对 H 村进行了产业扶贫①，主要是对畜牧业、种植业和林业进行扶持。具体而言，在畜牧方面：养生猪圈舍达到 200 平方米，可以获得 2.5 万元补贴；养母猪圈舍达到 400 平方米，可以获得 8 万元到 10 万元补贴；养鸡圈舍达到 100 平方米，可以获得 8000 元补贴；建成奶牛基地可获得 20 万元补贴。

除了畜牧，H 村也进行种植业和林业的扶持，如茶叶、猕猴桃等种植，这些都是由县林业局统一购买植株免费发放给村民种植，并给予一定的种植技术培训。特别是当地的蒟蒻（魔芋）种植，该村成立了蒟蒻种植合作社，2011 年年底，由农牧局蔬菜站统一购买 35 吨蒟蒻种，按照每人 150 斤的标准，为 H 村每位村民发放了蒟蒻种，并请专家来对村民进行了种植培训。

政府希望通过产业扶贫，尽快使得村民能够自我"造血"，达到脱贫致富的目的。政府的扶贫覆盖面广，能够全面覆盖整个村的村民，同时也有坚实的政策和资金支持。但是，这其中也会出现一定的问题。

一些百姓也会为了获得畜牧补贴，不考虑养殖技术和销售渠道，只考虑"达标"，盲目建成相应的场地和规模，等补贴钱到手后就卖掉牲畜，拆掉圈舍，当地百姓称这种行为为"赚项目钱"。

2011 年冬天购买回来的蒟蒻，由于天气寒冷加上路途颠簸，很多蒟蒻都烂在了村民家里，一些勤劳的村民将未烂的蒟蒻挑出来种植下去，但村民说："我们也不晓得今年春天能不能长出（蒟蒻苗）来。"对于茶树和猕猴桃种植，村民指着茶树园说："你看这些茶叶，我家里自己吃都不够，怎么可能拿出去卖嘛。那个猕猴桃基地牌子下面一棵猕猴桃树都没得。"② 项目的真正"造血"性遭到了严重的挑战，扶贫的可持续性也未能体现出来。

2.2.3　项目实施地情况小结

笔者在这里简要对项目实施地的基本情况进行初步的小结。

从地理和经济情况上来看，两个村都属于汶川县的偏远农村，地势高，村民居住分散，自然条件恶劣，经济落后。相对而言，X 村的自然资源要比

---

① 产业化扶贫，就是通过培育扶贫农业龙头企业，为山区贫困地区贫困农户提供产加销、贸工农一体化的服务，带动贫困农户发展生产、搞活流通、增加收入。走产业化开发扶贫的路子，能有效带动贫困农户增加收入，提高农业的现代化水平，能促进贫困人口稳定脱贫、集体脱贫，是一项加快山区贫困地区贫困人口脱贫奔康步伐的新的重要举措。

② 被访人：H - 刘 XX，男，2012 年 3 月 22 日。

H 村好，但是出于自然保护区限制，可利用的并不多。两村的发展都属于只能靠外界的"输血"以达到脱贫，自身并无较大的"造血"功能。政府的扶贫仍然是自上而下的政策性扶贫，无法从根本上发动群众，更不能对村内的治理产生影响。

从社会情况来看，X 村的宗族在全村内仍然具有较大影响，大姓的势力存在，同时村民之间虽然居住较远，但是亲密化程度比较高，属于典型的"熟人社会"。而 H 村村民虽然彼此之间熟悉程度也比较高，但是交往较少，亲密感不强，该村的"原子化"程度比较明显。

从两村治理来看，"村两委"仍然具有绝对的权威和地位，"村两委"仍然被村民看成是"当官"的，而非村民自治代表。其中 X 村的"村两委"还由两大姓氏"轮流坐庄"，使得村支部书记和村委会主任的角色具有模糊性。王卓等人（2010）曾经在对华西农村社区自治作考察时提出，村委会原本应该是一个独立的自下而上的村民自治组织，村支部则具有从上而下的组织性，村支部和村委会的两者的边界模糊会影响村委会的独立性[①]。而在 X 村中，村支部书记和村长角色的交替，更加大了这种模糊性，对村委会的独立具有更加强的影响。

2.3 项目的基本过程

2.3.1 X 村项目实施的基本过程

2.3.1.1 X 村项目的申请背景

项目实施地 X 村位于卧龙保护区周围，特别是 X 村三组位于距离卧龙保护区界限不足 1 公里的区域内，这里的居民居住在海拔 1800 米的高山地带，资源匮乏，部分村民为了生计违规进入保护区内采集自然资源。所在地的自然保护站为了保护当地的野生动植物，防止当地的居民进山偷猎和采药，采取围追堵截和拉建防护网的形式，但这种形式并不能很好地达到保护生态的目的，没有生计来源的当地居民还是会进山偷猎和采药，也使得保护站和村民的关系日益恶劣。

为了可持续地解决 X 村村民的生计问题，减少村民对自然资源的掠夺，"山水"联合卧龙保护区保护站，自 2010 年 5 月起对 X 村三组进行了一年

---

① 罗中枢、王卓：《公民社会与农村社区治理》，社会科学文献出版社，2010。

期的项目，即以合作社的形式帮助村民发展以土鸡养殖为特色的生计产业。2010 年 5 月到 2011 年 5 月期间，合作社项目由某教育基金支持，该项目由"山水"和卧龙保护区①保护站执行，其中"山水"负责项目的监管，项目具体由卧龙保护区保护站负责执行。作为国家事业单位的基层组织，保护站的工作方式主要为自上而下。

合作社建立之初，保护站推选了保护站站长担任合作社的理事长、保护站主任担任合作社经理，并以自上而下的方式筛选了合作社成员，共 6 户村民。合作社成立之后，保护站对合作社成员进行了养殖技术培训，并发放了养殖补助。在 2011 年年底，合作社还尝试进行了第一次养鸡的脱温孵化试验，不过最终以失败告终。

通过数次合作社会议，合作社总章程和组织架构基本形成，合作社成员的养殖初具规模，合作社成员也从一盘散沙的局面到基本认同自己合作社成员的身份。

同时，该项目还存在一定的问题：第一，受资金限制，现仅扶持了 6 户村民作为示范户发展养殖，并且难以在短时间内使更多有养殖意愿的村民受益；第二，村民采用的传统土鸡养殖方式，成本高，繁殖率低，难以形成规模；第三，现阶段土鸡及土鸡蛋产品仅在三江乡市场消化，市场承载量有限且价格不稳定；第四，村民参与生物多样性保护的意愿和行动不够。

为了解决上述四个方面的问题，2011 年 6 月，"山水"向中国扶贫基金会提交项目申请。8 月，申请正式得到批准，并获得中国扶贫基金会 22.1 万元的资助，"山水"计划用一年的时间，解决上述出现的四个问题，并帮助 X 村合作社完善土鸡养殖"生产－销售－生计"渠道，提高与生物多样性保护相平衡的整个体系，使更多的村民受益。

"山水"在 X 村三组开展项目的同时，也有另外 4 个社会组织开展的项目同期在 X 村进行，加上政府的扶贫项目，整个 X 村的灾后重建如图 2 所

① 卧龙自然保护区：始建于 1963 年，面积 2 万公顷，是中国最早建立的综合性国家级保护区之一。1974 年 3 月面积扩大到 20 万公顷。1980 年加入联合国教科文组织"人与生物圈"保护区网，并与世界野生生物基金会合作建立中国保护大熊猫研究中心。1983 年 3 月经国务院批准，将卧龙保护区内汶川县的卧龙、耿达两公社划定为汶川县卧龙特别行政区，实行部、省双重领导体制，由林业厅代管。同年 7 月，省政府、原林业部联合作出了将四川省汶川县卧龙特别行政区改为四川省汶川卧龙特别行政区的决定，与卧龙自然保护区管理局合署办公的综合管理体制。

示。"山水"对合作社项目进行直接运作，该项目同时受到政府和其他社会组织开展的项目的影响。

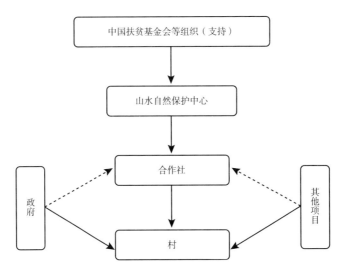

图 2　X 村项目实施背景

"山水"申请到该项目后，派出小刘和小金两位驻村志愿者负责项目实施和跟进。驻村志愿者主要从村民和合作社两个角度进行项目运作。

村民方面，培育村民的自主意识和民主意识。从 2011 年 9 月到 12 月，两位志愿者通过 40 多次家访和每月一次成员培训会，逐渐转变了村民"办合作社就是发补助金"的观念，让村民意识到合作社是自己的。2012 年二月的合作社换届选举，成功将合作社的管理权和发展权从三江保护站负责人手中取得，让村民自己成为了合作社的当家人。

在进行意识培育的同时，发动合作社成员进行合作社发展建设，进行合作社人才、团队、市场和技术的建设。在人才方面，在本村内合作社成员内，培育了合作社的三位青年精英，他们分别是 X1 - 王 B、X3 - 王 JR、X8 - 罗 HG；在团队建设上，将合作社由以前的 6 户成功扩大为 9 户村民（合作社主要成员名单见表 1，其中家庭 1 至家庭 6 是最开始加入的，家庭 7 至家庭 9 是后来发展的）；在市场方面，发动合作社市场带头人开拓成都市场，进行市场探索，并举办土鸡品尝活动，让更多人了解该合作社土鸡；在技术方面，建设了养鸡孵化场，2012 年 4 月成功进行了脱温孵化试验，使得合作社自己掌握了基本的脱温技术，同时对合作社成员进行了技术指导和培训。

表 1　X 村合作社主要成员名单

所属家庭	姓名	性别	年龄	合作社职位 （2012 年换届后职务）	村内职位
1	王 XQ	男	65	理事会成员	无
1	王 B	男	26	生产部经理	无
2	宋 HG	男	41	理事长（社长）	三组组长原民兵连长
3	王 XP	男	62	监事会成员	无
3	王 JR	女	17	技术员	无
4	宋 HT	男	42	出纳	无
5	贺 JW	男	35	理事会成员	无
6	李 SB	男	50	会计	无
7	李 SL	男	33	监事会成员	无
8	罗 HG	男	32	市场部经理	无
9	贺 MX	男	55	无	无

2.3.2　H 村项目实施的基本过程

2.3.2.1　H 村的项目申请

2011 年 4 月，是汶川大同社会工作服务中心的工作人员第一次进入到 H 村，在这之前，他们就已经听说过这个被称为"世外桃源"的山村。这里由于属于山地地区，缺乏耕地，又受到岷江对面大型铝厂污染的影响，果树挂果情况很差，百姓的生活非常艰难。看到这些，该组织工作人员决定要协助村民改变当地经济状况落后的现状。

汶川大同社会工作服务中心的工作人员进入 H 村之后，多次到各家各户走访村民，初步得到了村民的信任。在 2011 年 4、5 月份，多次召开了村民"议事会"，采用"参与式评价"[①]（Participatory Rural Appraisal）的方法评估该村的社会经济情况。

---

①　"参与式评价"（Participatory Rural Appraisal，PRA）是快速评价的一种形式之一，参与式农村评价不仅是由外来者在农村地区获取信息，并将分析情况带走，而且还强调外来者协调和帮助当地人，强调他们的参与，由他们进行调查和分析，双方共同交流，分享结果。

在村民"议事会"上，H村的村民经过自我讨论，觉得本村的耕地面积少，受到环境污染影响，果树挂果情况很差，认为该村发展种植业和林业都是行不通的。可喜的是该村有广阔的山地，虽然不利于发展种植业和林业，但是可以利用这广阔的山地发展跑山鸡养殖。并且养鸡的养殖期短，见效比较快，可以较快地提高村民的收入。

最后，通过汶川大同社会工作服务中心社工与村民的反复讨论，决定在H村组成养殖户组小组，发展见效较快的跑山鸡养殖，以提高村民的收入。

6月，社会组织H正式向中国扶贫基金会提出项目申请，项目得到了中国扶贫基金会的支持，总支持金额是19.4万元，项目实施时间是2011年8月到2012年7月（最迟10月完成）。汶川大同社会工作服务中心在H村的这个项目，也是该村第一个由社会组织来实施的生计扶贫项目。

2.3.2.2 项目的实施过程

在接手项目后，汶川大同社工服务中心映秀社工站主要着手做了以下几件事情。

第一，成立养鸡互助组。2011年8月至9月，通过自下而上的宣传和发动，由村民自发申请，社工站审核，最终确定了17户村民加入养殖互助组（互助组主要成员名单见表2）。根据这17户家庭的养殖技术是否成熟、养殖场地大小等条件，讨论商定了养殖批次和每户的养殖规模（养殖补助配额）。最终，互助组成员分成了两批养殖：第一批11户村民，第二批6户村民。互助组成员共同选出了互助组组长和会计，讨论了互助组章程，还轰轰烈烈地搞了一次成立大会。

表2　H村互助组主要成员名单

所属家庭	姓名	性别	年龄	互组组职位	村内职位	养殖批次	补贴只数
1	王 CH	男	45	财务	会计	1	300
2	曾 FM	男	38	组长	民兵连长	1	400
3	黄 JP	男	35	无	无	2	100
4	陈 DF	女	59	无	村支书	1	300
5	王 CP	男	47	无	无	2	200
6	吴 XT	男	42	无	无	1	100
7	王 XH	男	49	无	无	1	200
8	吴 XY	男	59	无	无	1	100

续表

所属家庭	姓名	性别	年龄	互组组职位	村内职位	养殖批次	补贴只数
9	吴 ZH	男	41	无	无	1	300
10	吴 LG	男	51	无	无	1	100
11	周 ZP	男	48	无	无	1	100
12	唐 CJ	男	40	无	无	1	100
13	唐 TG	男	47	无	无	1	100
14	陈 FN	男	38	无	无	2	200
15	董 DF	男	42	无	无	2	200
16	钟 FM	男	42	无	无	2	200
17	唐 TF	男	41	无	无	2	100

第二，2011 年 10 月，第一批鸡苗进舍后，社工站社工通过社会工作的专业手法（个案和小组工作），对互助组成员进行了技术培训和团队建设。作为一个资源链接者角色的社工，11 月带领大家去外地考察学习养鸡知识，开阔视野。

第三，2011 年 12 月，在第一批鸡出栏之际，通过资源链接和发动互助组成员共同合作，成功进行了一次成鸡的大订单交接，并使得互组组成员成功掌握了整鸡抽空包装等技术，探索了新一批鸡苗的品种等。

第四，对养鸡的成员进行鸡苗补贴，提高村民积极性。

2.4 项目实施的过程小结

从以上的基本介绍中，我们可以从以下两方面总结两个项目实施的基本情况。

首先，从项目的实施机构来看，两个机构都是社会组织。

其次，从工作手法上来看，二者都属于参与式工作手法的范畴，给予村民及众多参与者尽可能地参与和能动性。其发挥的作用，笔者也会在后文中进一步阐述。

最后，从项目的开创来看，社会组织 X 在 X 村的合作社是已经存在的，但是在项目过程中，实现了由政府行政主导向村民自我主导的过程；社会组织 H 在 H 村的互助组是由社会组织 H 自下而上发动办起来的，但其是否具有草根性，在后文中笔者还会进一步分析。

3　桎梏下的搅动

在上一节中，笔者简要介绍了两个项目开展的大致背景，并对比了基本情况，在这一节中，笔者将进一步分析，外部社会组织进入两个农村社区后，对社区治理造成的影响。

马克思曾说，人的本质是"一切社会关系的总和"。[①] 20 世纪末，格兰诺维特提出"嵌入性"理论，他认为对社会行动以及社会制度的分析，都必须被重新置于对社会关系的分析基础上（1985）。[②] 孙立平等人（1996）认为"嵌入性"理论的启示之一便是：经济、政治等行动都是嵌入在社会关系中的，社会关系的研究，就成了我们理解诸多社会现象的基础。[③]

因此，笔者选取社会关系为研究对象，对农村社区多元治理进行探索和透视。首先从农村社区整体社会关系即村民之间的关系入手分析社会组织进入后带来整体社会关系的变化，接下来进一步分析农村社会关系中的治理结构，即农村各治理主体之间的关系。

3.1　被搅动的社会关系

社会组织分别进入 X 村和 H 村后，给两个村都带来了不同程度的影响。在 X 村，即便同一时期还有其他 4 个社会组织在该村开展项目，但论及惠及面以及知晓度，合作社的养鸡项目的影响恐怕是最大的了。而在 H 村，村民们也是第一次自发地参与了生计项目。在热闹的启动仪式后，究竟给村庄带来了怎样的影响？笔者将具体分析这些被搅动的社会关系。

在这一节中，笔者将主要从三方面分析社会组织对两个村社会关系的影响：在第一部分中，分析社会组织进入两村后，在两村建立的业缘关系对村内原本的血缘关系和地缘关系的影响；第二部分进一步分析对社区内社会资本的影响，对社会资本的影响，其中受影响比较明显的是 H 村；第三部分，

---

① 《马克思恩格斯全集》（第 42 卷），人民出版社，1979，第 122 页。

② 符平：《"嵌入性"：两种取向及其分歧》，《社会学研究》2009 年第 5 期

③ 孙立平：《"关系"、社会关系与社会结构》，《社会学研究》1996 年第 5 期。

分析对社区原有权威的挑战，这一影响在 X 村体现得比较明显。

3.1.1　血缘/地缘关系上的业缘关系

以开展手段和媒介来看，两个外来社会组织都是以合作社形式运行项目，将合作社作为进入农村社区的一个平台或者说一个突破口，而正是合作社这个外来物，进入原本自我运行的封闭的农村社会关系网中，给农村社会关系带入了新的活力，搅动了两村的社会关系。

3.1.1.1　原有的血缘/地缘关系网

（1）X 村："差序格局"的血缘关系

费孝通先生对中国差序格局进行描述的时候说道，我们中国社会的关系，就像是"一颗石子丢在水面上所发生的一圈圈推出去的波纹"。而这颗石子荡漾出去最重要的链接基础，还是血缘关系。[①] 血缘关系是指以血统的或生理的联系为基础而形成的社会关系，比较重要的血缘关系有：种族、氏族、宗族、家族和家庭[②]。在 X 村，血缘关系被体现得尤为明显。

X 村是一个以两大姓兼若干小姓组成的村落，两大姓氏对村里的发展有着较大的影响力，前文已经说过，在 X 村，村党委书记和村委会主任由两大姓氏"轮流坐庄"，共同管理着整个村庄，有着比较明显的宗族意识和家族关系。

这在村民的家族关系上也可以体现出来，在社会组织进驻这个村之前，血缘关系是这个村交往的基础。用合作社村民的话来说便是："合作社里头每个人和其他人都是亲戚。"[③] 下面，笔者以合作社一位成员 X8 - 罗 HG 为例，以他作为基本辐射单位展开，来了解下 X 村合作社成员的血缘关系情况。

我们在前文中已经知道了，X 村的合作社一共有 9 户成员。在图 3 中，"家庭树"的每一个枝结都代表一个人，"X"后面的阿拉伯数字代表他们所在的家庭，如图中的核心人物"X8 - 罗 HG"，他是来自编号为 8 的家庭（所有家庭序号已经在上一章的合作社成员表中列出）。在这个"家庭树"上，我们可以分别找到来自家庭 2、4、5、6、7、9 的成员，他们和罗 HG 都属于三代以内的旁系血缘关系。

---

① 费孝通：《乡土中国》，北京大学出版社，1998。
② 郑杭生：《社会学概论》，中国人民大学出版社，2003。
③ 被访人：X4 - 宋 QZ，女，35 岁，2011 年 11 月 18 日。

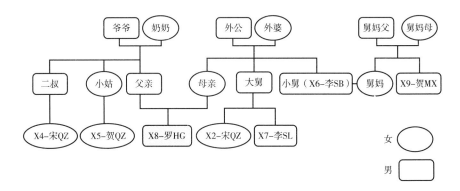

图 3 罗 HG "家庭树"示意**

> * 在调研中，X 村的女子被介绍给笔者认识的时候都说是某人的妻子，一般不说她们的姓氏和名字，因此在笔者的田野日记里面找不到她们的完整姓名。在本研究中，合作社成员除了 X 村王 JR 和 H 村陈 DF 是有自己名字之外，女主人的姓名代号均为夫姓 + QZ（QZ，即为妻子的拼音 "qizi" 开头字母），如 "X2 - 宋 QZ"，这个女性则代表她是来自家庭 2，是宋 HG 的妻子。

除了在图 3 中我们可以看到的关系以外，另外还有两户代号为 1 和 3 的家庭没有出现在这个家族图谱中，这里再补充下这两户家庭与家族图谱的关系，X 村合作社中家庭 1 和家庭 3 的户主是两兄弟，家庭 1 中的户主王 XQ 是哥哥，3 家庭的户主王 XP 是弟弟，这两兄弟有一个母亲，后来改嫁到家庭 5 中，成为家庭 5 户主贺 JW 的母亲。所以正应了那句话，"合作社里头每个人和其他人都是亲戚"。

以上这些关系是最基本的亲缘关系，除了这些关系以外，这 9 户家庭还有其他数不清的亲缘联系。在小刘在这个村当驻点志愿者之前，有一位男志愿者看到村里偶尔会有人因为与同家族的人结婚生下了智障儿童，希望为该村做一本血缘关系图，减少和避免智障儿童出现。"结果他用了一年时间，发现村里的关系太复杂了，完全没有头绪，最后只好放弃。"[1] 我们大致可以看到，X 村里面的亲缘关系千丝万缕，密集复杂。在这种血缘关系上，村民之间经常走动，一位村民说他们没事的时候就 "经常到（亲戚朋友）处走动到嘛，没得事就过去（别人家）耍哈子啊（串门）"。[2] 联系相对还算比较紧密。

---

① 被访人：小刘，女，25 岁，2012 年 3 月 12 日。

② 被访人：X6 - 李 QZ，女，50 岁，2011 年 11 月 17 日。

家庭变迁理论中有个观点，认为传统家庭的婚姻半径比较小，越趋向现代家庭的模式，婚姻半径就会越大。该村的婚姻半径基本都在本村周围，或临近的几个家族，很少超出所在镇，特别是项目所在地 X 村三组。所以，笔者初步认为，该村在社会组织进驻之前，是一个比较传统的村落，村里以传统的家族血缘进行关联，人与人之间如同"差序格局"，几乎没有"圈子"的划分，X 村的社会关系，主要表现为"差序格局"的血缘关系。

　　（2）H 村：以家庭为单位的"原子化"地缘关系

　　a. 无明显宗族势力

　　在 H 村，我们没有找到所谓的大姓，笔者开玩笑地问村民："你们这里是'H 村'，为什么姓'H'的人这么少呢？"一位村中妇女这样回答我："都搬起走了的嘛，以前这里修水库，就好多都搬走了，路不好走了，就留了些搬不走的人下来嘛。"① 从该村的历史和村民的回答中，我们大致可以看到，H 村当年修水库，导致该村通向外界的路中断，这里就更加偏僻了，大部分条件相对比较好的村民就不愿意留下来，这部分村民，其中就不乏以"H"姓为势力的大姓。加之通往该村的路一直不通，也少有回来。他们的离开，使得 H 村的宗族联系逐渐瓦解和消散，即便有稍微多一点人的姓氏，也起不到家族覆盖的作用。在合作社 17 户成员名单中，笔者找到了 9 个不同的姓氏，他们零星地分布，也正说明了该村的宗族关系比较薄弱。

　　另外，笔者随机抽问了互助组中的几户人家的婚姻状况，他们的配偶不乏外镇和外县的，甚至也有阿坝州以外川东地区的。例如，互助组 H‐18DDF 男 42 的妻子就来自四川省的泸州市，是外出打工时朋友介绍认识的，这也和 H 村的经济结构有着密切的联系。H 村的婚姻半径明显大于 X 村，更加趋向于现代家庭模式。

　　b. 较弱的社会支持

　　H 村缺少血缘关系为纽带的家族势力，互相之间也缺乏劳动合作关系，那么该村社会关系究竟如何呢？这可以在该村的社会支持网上窥见一二，笔者在村中随机抽查了 37 位村民，对他们的社会支持网进行了初步的了解。分别就经济支持、劳动支持、就业支持、生活陪伴支持和情感支持进行了了解。

----

①　被访人：H‐刘 Y，女，56 岁，2011 年 11 月 23 日。

这 37 位村民包括 20 名男性，17 名女性。通过表 3，整体来看，H 村村民的社会支持情况比较弱，特别是就业帮助，在这个以外出务工为主要经济来源的村庄，去年为他们提供就业帮助的人数，大家都无一例外选择了"0 人"。村民告诉笔者，村里没有经济来源，大部分村民基本都在外打工，有的在镇上做零工，有的在州里面打工，平时大家联系很少，基本很少走动。

表 3　H 村村民社会关系支持情况

支持种类	具体帮助方式	去年为您提供这些帮助的人数（频率/百分比）			
		0 人	1～5 人	6～10 人	10 人以上
经济支持	提供无偿货币支持	32（86.5%）	5（13.5%）		
	提供借款支持	18（48.6%）	19（51.4%）		
	提供无偿生活物品支持	34（91.9%）	3（8.1%）		
劳动支持	琐事帮助	13（35.1%）	18（48.7%）	3（8.1%）	3（8.1%）
就业支持	就业帮助	37（100%）			
生活陪伴支持	陪逛街、赶场、娱乐	28（75.7%）	9（24.3%）		
情感支持	提供情感支持	26（70.3%）	11（29.7%）		

社会关系分类中，常见的有两种重要的二分法，一种是特殊主义和普遍主义，另一种是表达性关系和工具性关系。从 H 村的基本支持情况来看，经济物质上的支持等远大于情感支持，村民的工具性关系远远大于表达性关系。

具体看其余各项社会支持情况也不容乐观。在生活陪伴支持这一选项中，仅有四分之一的村民选择去年有人提供了生活陪伴支持，拿 H 村村民的话来说："平时买个菜啥子的自己就去了嘛，自己骑个摩托车，哪里还需要人陪喃？"① 在情感支持这一选项中，有 11 位村民选择了"去年有 1～5 人为自己提供了情感支持"，在这 11 人中，有 9 位村民在详细人数中填"1 人"，1 位村民填"2 人"以及 1 位村民填"3 人"，数目并不客观。问及村民，心里不开心或者非常郁闷的时候怎么办，有人回答笔者："还怎么办，蒙起脑壳睡一觉就好了。"② 尽管有约一半的村民选择了有人提供了借款支

---

① 被访人：H - 王 X，女，43 岁，2012 年 6 月 6 日。
② 被访人：H - 李 X，男，34 岁，2012 年 6 月 6 日。

持，但大部分均表示借款大多不是村里面的人借的，除了银行外，找外村的亲戚借款的比较多。

笔者在 H 村短住的日子里，也少有见到村民有互相串门的习惯。从这些观察中，笔者初步判断，H 村的社会支持比较弱，社会关系比较稀疏，笔者甚至觉得在这种平日常见面的乡土社会中，这么微弱的联系，可以称得上是"原子化"了。

c. 以家庭为单位的"原子化"地缘关系

笔者具体研究经济支持、劳动支持、生活陪伴支持和情感支持的来源后发现，H 村并非以个人为单位的"原子化"，家庭的支持（指来自父母和子女的小家庭支持）在这些微弱的支持中占有相当大的分量。

在经济支持、情感支持中，来自小家庭的支持占约 75%，特别是情感支持。进一步对这 11 位村民提供情感支持的对象的社会关系类型进行分析，绝大部分均选择"配偶"和"子女"，朋友这类关系频率仅出现过 1 次。这两项社会支持，来自小家庭的支持占有绝对比例。在生活陪伴支持上，来自小家庭的比例约占 50%，其他亲戚和朋友支持约占 50%。

从几种类型支持来看，支持情况相对较好的是劳动支持。具体问及哪些人会为自己提供劳动帮助，大部分村民回答很简单，"挨到住的这些个嘛"。[1] 地缘关系在劳动琐事支持上发挥了作用。

根据上述这些数据，笔者初步猜想，H 村的社会关系是以家庭为单位的"原子化"地缘关系。小家庭的内部成员之间联系得比较紧密，互相的支持无论出于经济还是情感，都是比较到位的。而在家庭外部，在家庭和家庭之间，这种联系又是比较弱的，这种较弱的关系中，发挥作用的是地缘关系。这种猜想在村民的话中得到了初步的证实。一位村民说："平时大家都有事，都忙，都要去找吃的，各顾各屋头就是了。不过有事情要帮忙了，喊一下，周围团转的还是要过来。"[2] 因此这种"原子化"并非个人的"原子化"，是"顾到个人屋头"的"原子化"，是以家庭为单位的"原子化"，家庭之间以地缘关系为主。因此，笔者认为，H 村的社会关系主要是以家庭为单位的"原子化"地缘关系。

---

① 被访人：H – 付 M，男，39 岁，2011 年 11 月 20 日。
② 被访人：H – 吴 X，女，43 岁，2012 年 6 月 6 日。

3.1.1.2 新的业缘关系的建立

在社会组织进入到两个村之前，X村的社会关系主要是"差序格局"的血缘关系，H村的社会关系则呈现以家庭为单位的"原子化"地缘关系，社会组织分别进入到两个村之后，分别搅动了两个村的社会关系。

（1）X村：圈子意识的萌生

在2011年8月之前这段时间里，X村的合作社以保护站自上而下的方式进行运作，从单方面的决定开展合作社项目，到方案计划书的修改，到具体从上而下的执行，都是保护站的工作人员一手安排和操作。在村民眼中，这与平日里发补贴的项目没有什么区别，只是这次发给大家的是修鸡舍的防护栏什么的。笔者在项目之初问起村民参加以前的合作社给生活带来什么变化时，村民积极性并不高，对本次继续参加合作社的期待也比较小。

从2011年9月开始，社会组织的工作人员通过组织合作社参与每月的例会，共同讨论养鸡的技术，不断地灌输"合作社是大家自己的"。更重要的是，还为合作社注入了共同财产。罗中枢、王卓等人（2010）[1] 在对华西地区社会组织研究的时候提出，之所以农村居民社区参与的自治意识相对城市居民为高，就在于他们有共同的集体利益，如果消解了集体财产，那么就容易消解农村自治的基础。此观点单方面放在合作社的发展上也是同样有效的，社会组织为合作社提供建设脱温孵化室的机器和设备，并为合作社提供一定的流动资金，规定这笔资金必须用于合作社的发展，不准私人挪用，钱的用处必须由合作社成员共同讨论。这无疑为合作社召集成员提供了向内的"聚集力"。不管是脱温孵化室也好，还是合作社发展基金，这些实在的利益都是合作社成员每个人的切身利益，发展得好与不好，都与合作社每个家庭密切相关。

到2012年4月，笔者在X村短住的时候，就时常听到村民说起"他是××家的，也是我们合作社的"，或者"他也想加入（合作社）进来，不过我们几户人家还要讨论下"这样的话。问及合作社成员对别的村民加入合作社有什么要求的时候，一位成员说："首先要人品好嘛，不是只想到来穿钱（备注：有将合作社公有资金据为己有的意味）。第二个的话，要他有养鸡的

---

① 罗中枢、王卓：《公民社会与农村社区治理》，社会科学文献出版社，2010。

场地和技术。"① 可以明显看出，合作社成员有了明显的圈子意识，费孝通在对比中国社会关系和西方社会关系的时候提出，西方的社会关系是像扎的稻草一样，一捆一捆的，人与人之间有明显的界线，是不是这个圈子里面的人是分得很清楚的，是"团体格局"的。

而在 X 村，社会组织进入之前，合作社成员的关系还是明显的"差序格局"，还是血缘关系这颗石子震动出来的由内及外的波痕，而社会组织将这种"圈子意识"带入了 X 村三组，虽然未在整个社区内形成"团体格局"，但已经在一定程度上影响了该村的社会关系布局。

（2）H 村：互动的加强

在前文中，我们大致看到 H 村在社会组织进入之前，社会关系呈现的是以家庭为单位的"原子化"地缘关系，而且村民之间的工具性关系远远大于情感性关系。而在社会组织进入 H 村之后，社会组织的工作人员首先在 H 村形成了以互助组为中心的"养鸡小圈子"，逐渐为这个圈子形成了"例会制度"（也即"养鸡技术讨论会"）。在村委会为互助组提供的办公室内，互助组半月左右开一次例会，大家互相讨论养鸡的心得体会，交流养鸡的经验。

这个"例会制度"主要是为大家提供一个交流的平台，由于 H 村村民居住得比较分散，从村口到任意一个居民聚集点都要走上一个多小时到两个小时的路，村民之间缺少联系和来往。而社会组织进入该村，为互助组形成每半月讨论一次的习惯后，大家的交流变得频繁了。

H 村的村民以前从来没有这么大规模地养过鸡，在鸡苗刚刚入栏的那一个月，有很多问题，甚至主动要求多开几次例会，大家多讨论讨论。② 从这个角度来看，社会组织进入 H 村，让原本"原子化"的村庄开始变得活跃起来，村民之间的联系慢慢加强了。

在笔者的观察中，这种变化不仅体现在例会时的交流，也体现在村民在例会之外的往来。笔者往村民周 ZP 家中家访，路上遇到互助组成员唐 CJ，他闲来无事，也随笔者一同前往。来到周 ZP 家中，唐 CJ 很自然地说："我倒杯水来喝哈，走了一路，口干惨了。"接着很自然地找到厨

---

① 被访人：X4 - 宋 QZ，女，35 岁，2012 年 4 月 10 日。
② 被访人：小文，项目工作人员，男，24 岁，2011 年 11 月 20 日。

房的角落拿起开水瓶自己倒了开水。笔者看到他这么熟门熟路，便问他：
"你经常走这儿来哇，这么熟就找到开水瓶了。"他回答："哪里嘛，还不
是最近经常过来看他们养的鸡，他们家养得好的哇。"在这短短的片段
中，笔者捕捉到养鸡带给村民之间的变化，养鸡作为一种联络的媒介，
逐渐在这个村庄起着一种酵母的作用，使得以互助组为中心的村民联络
逐渐加强。

除了这种劳动上的互相帮助，也有情感上的支持的体现。村民王 CH 家
里的鸡都是妻子在负责管理，刚刚买回鸡苗的时候，由于鸡苗防疫没有做到
位，买回来 300 多只鸡一下子死了 100 多只。妻子王 QZ 一直不敢告诉丈夫，
怕丈夫跟着着急，偷偷埋了死去的病鸡，一个人抹眼泪。周围养鸡的"姐
妹们"知道这个消息后，都过来劝她，有的甚至也送了一些给鸡用的药来。
丈夫后来知道这个事情后，觉得愧疚的同时，也开导妻子，使得王 QZ 不仅
从悲伤的情绪中走出来，人也变得开朗了。

像上述这两个案例，在互助组中还有很多，社会组织进入 H 村之后，
通过建立"圈子"，使得 H 村以互助组为中心的这个小团体的联系更加紧密
了，也带动了未加入村民的围观情绪。H 村这种以家庭为单位的"原子化"
状况得到了改善，以工具性社会关系为主的村民社会关系也加入了表达性社
会关系。

3.1.2 两村社会关系变化的相同点

在 X 村，社会组织让一个以血缘为基础的差序格局的村落有了圈子意
识，在 H 村，社会组织让一个以家庭为单位的"原子化"村落开始聚集，
并让它从工具性社会关系逐渐有了表达性社会关系。两个村有不同的变化，
但其中一个共同点，就是让一部分人聚集起来，在村落中形成了一股新的力
量。在研究之初，笔者认为，这股力量是今后参与村庄治理，与村委会进行
博弈的力量之一，而这股力量有没有达成这种目标，笔者在后文中还会
讨论。

造成上述的种种变化，不得不说，社会组织对村庄的社会关系造成了影
响，这也为笔者的进一步分析带来了可观察的社会关系基础，在接下来的分
析中，将进一步分析嵌入于社会关系中的社会资本。

社会组织进入两个农村社区后，对其社会关系的搅动，进一步体现在对
其社会资本的培育上。在前文中笔者已经分析了社会组织在村里让一部分人

聚集起来，在村落中形成了一股新的力量。在这里分析社会资本的培育，承接前文来看，正是在研究这股新的力量是如何进一步成长的。

从 20 世纪 80 年代初提出社会资本这一概念以来，不同的学者就站在自己的研究角度对"社会资本"进行了不同的定义。正如 Portes 教授在他论文中所说的那样，"社会资本已经变成某种包治社会内部和外部疾病的万能药"，"而且由于被应用到众多的事件之中、诸多的背景之下，社会资本与以往的概念一样失去了确切的含义"。皮埃尔·布迪厄（Pierre Bourdieu）认为它是社会关系网络，詹姆斯·科尔曼（James Coleman）则认为它是社会结构资源，罗伯特·帕特南（Robert Putnam）从社区的角度，认为它是网络、规范以及信任，亚历詹德罗·波茨（Alejandro Portes）将它定义为获取资源的能力，而林南（Nan Lin）认为它是嵌入于社会结构中的资源。综合上述的各种定义，我们基本可以看出，对于社会资本的概念定义，主要有这几种倾向：第一种是社会关系网络；第二种是信任、规范、互惠等文化规范；第三种是在网络或社会结构中的资源；第四种是通过行为主体与社会的联系获得资源的能力。

在本研究中，笔者将从内外两个角度来分析社会组织带来的社会资本成长。在农村社区内部是社会关系网络和文化规范的成长，在农村社区外部，则表现为通过行为主体与社会的联系获得资源的能力的提高。

（1）内部社会资本的挖掘

a. 社会关系网络的运转

社会组织将合作社/互助组植入村庄，就像植入了一个有吸引力的圆心。让合作社/互助组的人围绕其运动，这些人制造了向心力，也吸引了外围的人试图进入这个圈子。

在这一年多田野调研的时间里，笔者常问两个村的村民，"你为什么（想）要加入合作社/互助组呢？"这个问题得到了出人意料几乎相同的回答："好耍。"起初笔者一直不太能理解到底什么是"好耍"，难道坐在家里看电视就"不好耍"？笔者后来又到这两个项目点之外的合作社项目点，问社员为什么要加入合作社，得到的答案不是要赚钱、不是学技术，也是"好耍"，当然这是后话。

后来随着与村民的认识和理解逐渐加深，笔者慢慢了解到，村民口中的"好耍"是寻求一个组织，是在寻求归属感。X 村的 X8 - 罗 HG 是合作社发展的第二批成员之一，他自己最初并不养鸡，因为"好耍"想要加入合作社，并通过与合作社成员"走动"最后成功加入合作社。H 村的 H6 - 吴 QZ 作为项目第一批补贴对象，一共养了 100 多只鸡，她告诉笔者，前前后后加上项目补贴的鸡苗钱，刚刚够本。丈夫劝她不要养了，继续养不能再领到补贴资金，最多保个本，赚不到钱还费人力。她不同意，打算继续养。"养到好耍嘛，大家在一起热闹"，① 她这样对笔者说。不管是 X 村的罗 HG 还是 H 村的吴 QZ，或者是其他围绕在合作社/互助组周围观望的村民，在笔者看来，很大程度上都是对归属感的渴求和集体的向往。

社会组织植入的这股力量，正慢慢聚集和壮大，并不断地发展，两个村的社会关系网络逐渐运转起来。

b. 文化规范的生长

建立合作社/互助组，除了社会关系网络的植入，毫无疑问，信任、规范、互惠等文化规范也会伴随生长。X 村原本有着极强的信任关系，有家族规范和互惠传统，文化规范的生长并不明显。而 H 村的传统规范和互惠习惯显著，村民相互之间也缺乏信任，信任、规范、互惠等文化规范的生长就显得比较明显。

c. 信任关系的建立

H 村的互助组成立后的一段时间里，由于组员的"不齐心"，互助组组长曾 FM 一度感觉压力非常大。加之村民之间历史遗留产生的矛盾，使得互助组的关系复杂，互助组进一步发展和开展工作都有一定的难度。这种困难首先在互助组例会上显现出来。

互助组的例会有一个环节是养鸡经验交流，每当这种时候，大家就开始沉默，互助的精神一度遭到了挑战。笔者私下问 H 村互助组成员，对彼此是否信任，为什么不愿意分享自己的经验。互助组一位成员给我透露了她的想法："大家乡里乡亲的，大哈儿（大体上说）还是可以信的。但是哪个没有点'私心'嘛？你说我养鸡喂得好，啥子都教给你了，我以后咋个办呢？"② 这种回答让我们看到了互助组内原本的非良性竞争，也折射出互助组成员的小农意识，更让笔者捕捉到他们之间的相互猜忌，这些都曾让互助

---

① 被访人：X6 - 吴 QZ，女，40 岁，2012 年 3 月 22 日。
② 被访人：H8 - 吴 QZ，女，56 岁，2012 年 3 月 22 日。

组的信任关系一度陷入困境。

在这种情况下，大同社会工作服务中心映秀社工站的工作人员以小组工作形式对互助组进行了团队建设。小组工作是社会工作的基本方法之一，也称为团体工作，指以团体或小组为对象，并通过小组或团体的活动为其成员提供社会服务的方法。它通过小组成员的支持，改善他们的态度、人际关系和应付实际生存环境的能力，强调通过小组过程和小组动力去影响成员的态度和行为。[①] 小组工作根据类型有很多划分，社工站工作人员在 H 村所做的组织小组主要是团队建设小组。在这个小组中，社会组织采取观念澄清、价值澄清和情感支持等方法，消减互助组成员之间的矛盾，并通过小组工作，形成团队向心力。对于该小组工作的作用，项目工作人员小文是这样说的："团队建设的作用一开始并不是很明显，村民之间的各种历史遗留问题也并不是我们一个小组工作能够完全解决的，但是我们还是可以明显地感觉到，互助组成员之间有了变化，村民各自的私心渐渐少了，特别是我们组长，他养鸡养得好，以前开例会的时候，聊养鸡经验的时候说得少，现在，让他讲自己家怎样养鸡，一讲就是大半个小时。这也带动了其他成员，看到组长都开腔了，他们也不好意思闷起，不谈经验了。"[②]

笔者认为，村民之间的信任关系要完全建立并非一朝一夕的事，也不可能完全通过小组工作彻底解决村民之间历史遗留的矛盾。但是，H 村互助组成员之间的信任关系的简历，确实是不容置疑的。

d. "那些条条款款"

社会组织在 H 村建立互助组后，就积极组织互助组成员讨论互助组的章程。互助组的 17 位主要成员中，完整接受完小学教育的仅有 5 位，这些"字都写不全几个"的村民要制定"那些条条款款"，并不是一件容易的事情。

但在项目工作人员的引导下，互助组成员还是讨论出了互助组章程的主要内容，具体包括互助组成员的权利和义务、互助组的框架以及备注等。项目工作人员将大家讨论的意见总结出来，加以完善和修改，写出了最后的书面章程，共四章二十一条。面对这样一份书面章程，互助组成员

---

① 王思斌：《社会工作概论》，高等教育出版社，2006。
② 被访人：小文，项目工作人员，男，24 岁，2011 年 11 月 20 日。

主动提出要每个人亲自签字画押，作出承诺，签承诺书。在映秀社工站办公室抽屉中，笔者见到了村民签字画押的承诺书，大红手印上，是互助组成员歪歪扭扭的签字字迹。对于这样的"条条款款"，互助组成员都表示，既然加入了互助组，就要"守规矩，只有有了规矩，二天（以后）才不会乱"。①

一个章程和一份规范签字的文书，在项目工作人员看来，不会真的要去追究互助组成员对这份文书应该承担的法律效应。在笔者理解，更多的是让互助组成员有规范意识，使得"那些条条款款"在互助组成员脑中形成一股力，一股可以加重其成员身份意识和规范其成员行为的力。

费孝通在分析传统农村的时候指出，传统社会是不需要法律的，只有陌生人组成的现代社会才发生法律，口说无凭需要画个押。乡土社会这些签字画押，就显得"见外了"。在 H 村，签承诺书这种行为，就颇具带入法律的意味，该村原本缺乏现代化的法律规范，少有契约精神，那就让"当家人"出来签字，这一签，是制度的形成，是社会资本的生长，也是对原有社会关系的冲击。

e. 互惠下的成长

在前面的阐述中，我们已经可以看到，社会组织进入 H 村后，增加了成员的信任意识，带入了现代法律规范概念，在接下来的分析中，笔者将进一步阐述，在这种信任关系和规范意识下，互助组是如何行动，让互助精神进一步体现出来。

2011 年的冬天是互助组第一次成鸡出栏的日子，社会组织为互助组拉到了第一笔大订单，一些爱心人士一次性要购买 900 多只鸡。但是互助组这个时候就面临着两大难题，首先是 900 多只成鸡，必须在一天之内全部宰杀完毕，装袋送走，全靠成员手工操作，每家每户单独行动基本不可能实现；第二是客户要求整鸡要真空包装，互助组还没有真空包装机。

对于第一个难题，互助组这次发挥了集体的力量，将所有待交货的鸡都拿到组长家进行统一宰杀：一些人负责烧水，一些人负责拔毛，一部分人专

①　被访人：H2－曾 FM，男，38 岁，2011 年 11 月 20 日。

门负责包装，一些人负责为鸡贴上标签，流水线作业提高宰杀效率。项目上的所有的工作人员也都来这里帮忙，周围的邻居听到他们要卖鸡了，也都跑来出一份力。

对于第二个难题，社工站提议买真空机的钱由机构垫付，真空机放在组长家，以后谁用真空机，按照每只鸡一块钱的标准收取费用，等到将买真空机的钱收齐后，这台真空机就归互助组成员集体所有了。

这样，互助组成功地完成了第一次大规模交货，互助的精神第一次发挥了作用。小组工作培育了成员的互助意识，这一次的大规模交货，让成员们看到了集体的力量，体会到了互助的优势。

信任、规范和互惠等文化规范，作为一种社会资本的表现形式，在 H 村的互助组慢慢生长起来。信任可以带来知识的分享[1]，相互信任可以促进团队精神，增进团队合作[2]。罗伯特·帕特南认为信任、规范和互惠等文化规范可以提高效率。[3]

在这里，我们看到社会组织在 H 村所植入的这股力量，正在慢慢地生长和壮大，在下文中笔者还会进一步阐述其是否成为影响农村社区治理的力量之一。

（2）外部社会资本的培育

通过行为主体与社会的联系获得资源的能力，作为一种外部社会资本，也由社会组织通过项目培育起来。两个村原本地理环境封闭，外界知名度小，社会组织进入后不仅慢慢提升了两村的知名度，打破了由地理环境带来的封闭性，也日益丰富了村民获取资源的手段。

a. 走出"世外桃源"

无论是 X 村还是 H 村，在地震之前都少为外人所知，社会组织进入两村后，通过各种宣传，使这两个村逐渐走出了封闭。

在北京山水自然保护中心进入 X 村之前，没有社会组织进去开展过项目。随着该项目逐步地深入，X 村开始在"公益圈"中口耳相传，其丰富的旅游资源和淳朴的民风都吸引了一些社会组织进入并开展项目。在 X 村

---

① Nonaka and Takeuchi, 1995.

② Krackhardt and Hanson, 1993.

③ 罗伯特·帕特南：《使民主运转起来——现代意大利的公民传统》，江西人民出版社，2001。

开展养鸡合作社项目之后，逐渐开始有了"绿色领导力"①、"青年发展"②"公益旅游"③ 和"生态故事"四个项目。项目工作人员还带领 X 村村民到成都市集进行宣传，现场卖鸡蛋，让更多城市人了解了 X 村土鸡这个品种。多样的项目和成都市集卖鸡不仅让这个村庄的人们了解了外界，更让外界了解了这个村庄的存在，去关注这个村庄的成长与发展。

H 村曾经被人称为"世外桃源"，社会组织更是通过各种各样的形式让外界了解该村，其中比较重要的一次应该是互助组的启动仪式。2011 年 9 月 25日，该项目举行了轰轰烈烈的启动仪式。邀请了包括汶川县县长、组织部部长等在内的十多位汶川县各级政府部门领导参加，另外还邀请了各类企业嘉宾，启动仪式得到了《四川日报》、阿坝汶川新闻中心等媒体的报道。

笔者一开始比较质疑这种"劳民伤财"的启动仪式，到项目后期才慢慢发现，启动仪式是有其存在价值的。外部对该村的知晓，让该项目迅速获得了第一手的外界资源。启动仪式之后，政府开始重视该村，县畜牧局的政策支持到位得很快，养鸡大户的专项补贴专门给该村两个名额，另外还计划给互助组防疫支持。通过报道，也使得很多外界的人知道该村在养跑山鸡，为其打开了销路。第一次大规模订单，就是在这样不断的宣传中，被外部知晓，通过社会关系网络带来的。除了对外宣传，不定期的电视台宣传，订单交接仪式等，都是社会组织为打破该村的封闭性作出的努力。

---

① "绿色领导力"于 2010 年启动，由山水自然保护中心实施。项目通过对 5 个示范村发放小额赠款实施社区保护小项目，对乡村领导人进行有针对性的能力建设培训，在当地（县内）寻找有相关经验的基层社区工作者作为"社区导师"为乡村领导人提供咨询和日常帮助，派驻青年实践者交流新鲜的视野和知识，使项目点乡村领导人领导力提升并获得 1~2 项社区保护及发展的技能及知识，不仅更好地实施现有社区项目，还能够把村民组织起来形成共同的发展思路和生态保护意愿，带领社区持续地找到外界资源，实现保护与发展相平衡的目标。

② "青年发展项目"由行动援助中国办公室（Action Aid China）和英国聚贤社基金会（Leaders' Quest Foundation）共同开展，该项目以成人学习模式为基础，以培养领导力为核心内容，以集中培训学习与小额项目为载体的行动学习相结合，以个人实践与当地机构工作相结合的方式（在席草村，该项目与山水自然保护中心在当地的工作项结合），开展为期一年扎根社区的实践。

③ "公益旅游"是由城乡社区 NPO 发展中心开展的一个扶贫项目，该项目在原有旅游资源基础上，以乡村公益旅游支持社区发展模式，以城乡群体公益旅游对接和公平贸易，将农村产业发展同公益旅游无缝链接，进一步发展推动民乐村及周边社区的旅行社发展，推进农村社区产业发展创新，拓展社区贫困村民脱贫空间；同时，维系社区关系，提升贫困村民在社区享有更多的参与权和话语权，增强社区凝聚力，寻求社区归属感和自豪感。

b. 获取外部资源的多样性手段

除了社会组织培育的社会资本,合作社/互助组成员还通过其他各种形式积累来自外部的社会资本。

X 村合作社成员跟项目工作人员学会了发微博,通过微博宣传自家的土鸡产品。他们还印制了自己的名片,在卖土鸡产品的时候发给顾客,以积累下一次的客源。

在 H 村,H1-王 QZ 因为卖鸡为自己配了一个电话,她平日里本不用移动电话,顾客见她的鸡好,问她要电话想要下次来买。她突然意识到联络的重要性,干脆自己配了一个电话。

微博、名片和电话等现代化的通信方式,在改变村民生活的同时,也改变了该村与外部的联络形式,从被动地接受逐步变为主动地出击,是主体与社会的联系获得资源的能力变强的体现之一。

在这部分里,我们看到社会组织对两村社会资本进行的内外两方面的培育,尤其是在 H 村,社会资本的增量更为明显。

对内,社会组织所搭建起的社会关系网,正发挥着它的吸引力。合作社/互助组内部成员围绕它运转,运转产生了吸引力,又带来围观的人。从整个社区治理来看,社会组织所置入的这股力量正在慢慢成长和壮大,影响到一部分人的生活。同时,社会组织也给 H 村带来了现代法律性质的文化规范,一种可以产生经济效益的社会资本。罗伯特·D. 帕特南在研究社区社会资本的时候认为:对社区来说,社会资本能让公民更轻松地解决集体问题,克服"集体行动的困境",是"社区前进车轮的润滑剂",在人们相互信任和重复互动的地方,商业和社会交往的成本可以降低。[①] 社会资本的增加,的确给互助组成员带来了这样的效果。

对外,社会组织一边为两村链接外部资源,进行对外互动和宣传,另一方面,也在无形中,影响了两村合作者/互助组成员对外联系的方式,增加了他们获取资源的能力。

从社区治理这个角度来看,我们看到的就不仅是社会资本,而是社会组织所植入的这股力量如何在两个村落中成长和发展,如何影响着两村的农村社会关系。在这部分中,笔者从社会资本的角度分析了社会组织对农村社会

---

① 罗伯特·帕特南:《独自打保龄——美国社区的衰落与复兴》,北京大学出版社,2011。

关系的影响，尤其是对 H 村的影响，在下一个部分中，笔者将进一步呈现这股力量在 X 村带来的影响。

3.1.3　对传统权威的动摇和挑战

社会组织在 X 村和 H 村所置入的力量，慢慢成长起来，对传统的社会关系造成了一定的挑战，这主要体现在对父权的挑战和对传统政治权威的挑战，在 X 村体现得更为明显。

3.1.3.1　对父权的动摇

中国农村几千年来一直维系着父系父权制，随着历史不断前进，也没有彻底将它从农村中拔去，这一权力的特点一般体现为父亲对儿子的支配以及丈夫对妻子的支配类型，在农村体现为父主子从、夫主妻从。在 X 村和 H 村，特别是在 X 村，这种父权制的影子随处可见，父亲具有绝对的权威，男性具有较高的社会地位。

社会组织进入两个村子后，对这种父权无形中产生了影响，笔者将这些影响归为两类，一类是对男性权威的挑战，一类是对长老权威的挑战。

（1）父权的影子

调研在两村初次进行时，笔者随处可以见到在农村社会关系中父权的存在，衣食住行无不受到父权的影响。

第一次在 X 村吃晚饭，女主人忙了整个傍晚做好一桌饭菜，端出来给客人吃，但自己是不上桌的，她就在厨房一根矮凳上坐下，就着一些简单的菜吃了。笔者和一行几位虽是客人，但作为女性，也是不上大桌的，只有村里的几位男性长辈可以上大桌吃饭，晚辈和女性客人坐小桌。这当然也有礼仪在其中，但也不妨碍笔者在其中嗅出父权的味道。

X 村合作社初次开讨论会，不管你在养鸡上有多么能说，几位养鸡的妇女还是"自觉"到旁屋坐下，不参与开会，仿佛项目问题只有男性有发言权。两三位男性晚辈，在墙根儿一溜坐下，也不发言，恭恭敬敬听长辈们发话。两位项目工作人员都是女性，在这样的气氛下，两位女性项目工作人员虽主持着这次讨论会，但感觉她们的话在房梁上绕一绕就过去了，没有落到地上。

在养家的问题上，问及两村的女性们，都觉得养家天经地义是男人的事情，自己只管在家照顾好家务就行，不管丈夫是不是"妻管严"，但出去抛头露面的事情，还是丈夫做。

种种的一切，都让初入两村的笔者感到，这是一个充满父权影子的乡村社会。

（2）对男性权威的动摇

对男性权威的动摇，可以说，最初并不在项目的设计中，但的确是达到了这样的效果。

H村的互助组养鸡项目一共带动了4名妇女参与到养殖活动中来。随着项目的开展，鸡舍及鸡成了家里重要的财产之一。由于养鸡这种工作在家庭中大多是妻子负责，丈夫插手并不多，她们因此也主动起来。在互助组的集体活动中，她们不仅学会了土鸡的科学养殖技术，开始主动思考养鸡的路径和致富方法，而且性格也开始变得开朗和大方。

在卖鸡过程中，H1－王QZ积累了很多对外的顾客，在家庭中也逐渐扮演起了更重要的角色。她的丈夫这样对笔者形容妻子的变化："屋头的鸡基本都是你嬢嬢（即他妻子）在管，我基本插不上啥子手，就是鸡要出栏那几天晚上守了下鸡棚。以前看到她腔不开气不出的，卖鸡的时候比我还要忙，跳上跳下（忙里忙外），能干了很多。"[1]

在X村，笔者更明显地感受到了这种变化。X3－王JR是项目工作人员为该村合作社选出的技术员苗子之一，这位女孩初中读完后在家务农。"在X村，晚辈一般是没有什么说话的权利的，长辈们说话的时候只能乖乖听着，村里的男孩儿尚且如此，更何况JR还是个女孩儿。"[2] 刚刚被选出来的那会儿，村里的长辈并不看好她，开技术培训会也不叫她，只有两个工作人员记得把她找来，话也不多，怕见陌生人。2011年，JR被推荐并被选作"行动援助"[3] 第六期"青年发展项目"的农村实践者，随后，她与项目工

---

① 被访人：H1－王CH，男，45岁，2012年6月7日。

② 被访人：小金，项目工作人员，女，24岁，2012年3月12日。

③ 行动援助：是一个以消除全球贫困为宗旨的公益性国际联盟组织，1972年成立于英国，2004年秘书处迁至南非。近40年来，行动援助在全球40多个国家开展工作，通过与2000多家当地扶贫和民间组织密切合作，帮助了上千万贫穷人群和弱势群体，改善了他们的生存和发展状况。在未来，行动援助将主要从事与反贫困相关的社区综合发展和政策研究倡导，以社会性别与妇女发展、教育、公共卫生与艾滋病、可持续生计、人类安全与治理为主要的工作领域。行动援助自1998年起在中国开展工作，并于2001年在北京正式成立了国家办公室。在中国的实践中，行动援助中国办公室不仅努力汲取本组织过去30多年来在全球积累的经验，更注重学习和研究中国政府领导下反贫困战略已有的成果、经验和教训，在综合考虑中国贫困现状特点的基础上，深入贫困社区，通过多种方式与社区人民一起拓展知识，培养技能，进而增强他们摆脱贫困的能力。

作人员小金一同前往贵州进行了为期一周的学习，与来自全国的实践者交流。初次见到她的时候，她很害羞。项目快结束的时候再次见到她，她已经能用普通话比较流利地与笔者交流，对笔者提出的各种养鸡问题，也能作出专业的回答。2012 年 3 月的一个晚上，合作社的成员又聚在了一起，聚在一起的还有合作社外聘的技术员。技术员挑选鸡蛋的时候，村里的老人主动对王 JR 的父亲说："你女儿呢？让她过来也学习交流交流。"那天晚上，笔者也从一些长辈耳中听到了很多诸如"这个你问 JR 吧，她懂"这样的话。

这个个案呈现的是 X 村男权的动摇，是男权的让步，而更多的让步，则体现在合作社互动的细节中。通过观察，笔者发现，在项目开展半年后，合作社的活动逐渐有了女性的身影，开会的时候，女性也不仅仅是在旁屋坐，而是和大家一起坐下来，并且会在必要的时候提出自己的看法。

项目工作人员称，这是女性的赋权和增能，是项目额外的收获。在笔者看来，这是对农村父权的动摇，是对农村传统社会关系的动摇。

（3）对长老权威的动摇

缺乏变动的乡土文化中，年长的对年幼的具有绝对强制力。如在 X 村，长辈们是具有绝对权威的，小到家中洗漱的顺序，大到家庭决策，那"老头子的胡子蹬一蹬，小青毛们就要抖三抖"。"山水"在 X 村做项目时，选定了王 B、王 JR 和罗 HG 作为该项目的青年精英，"山水"认为青年是一个社会的希望，是一个社区的未来，培养他们的能力和话语权，无疑为合作社的发展增添了希望。

X 村是一个传统的村落，这三位几乎是社区里最年轻的一辈，再小一点的就是襁褓中的婴儿了。凡事都只有听着，提出什么建议老一辈也不会听进去，有些可能听进去了，但碍于长老权威的面子，也不肯依照行事。何况在这三位中，还有一位"小女孩"。

通过"绿色领导力"项目和"青年发展项目"对这三位"未来的青年精英"进行培育。在参与项目的过程中，这些年轻人做过乡土风情册子，学过基本的英语，学过 DV 的用法等，连州都没有出过的王 JR 和罗 HG 还去贵州进行了培训和交流。通过培养，被村民称为"小混混"的王 B 成长为合作社的部门经理，王 JR 成长为合作社的技术人员，罗 HG 成为合作社的市场部经理。这些名号并非由项目人员引导给予的，而是在合作社换届选举的时候，由合作社的全体成员共同表决选出来的。

合作社再开会的时候，这"三个孩子"就不再是旁观者了，而是真正成为了参与者。合作社资历最老的王 XQ 对笔者说："现在的娃娃些，真的是不错哦。"①

青年精英的成长与参与，是该农村社区中对长老的绝对权威的动摇，长老开始认同年轻一辈的成长和进步，也开始在主要的事务上进行妥协和让步。

（4）小结

X 村的社会关系呈现的是"差序格局"的血缘关系，该村的血缘关系谱系图犹如一张巨网，将全村村民一个不落归入其中。合作社成员是这一谱系网中重要的结点，体现在他们身上的这些对父权的动摇，虽不至于立即影响到整个网络系统的变化，但这种交往方式却慢慢扩散开来，一点点对 X 村的父权进行着冲击，让父权慢慢削弱影响力，平等的现代化意识在 X 村开始生根发芽。

从整个农村社会关系来看，对父权的动摇是社会组织对农村内部社会关系产生了影响，在下一小部分中，笔者将进一步从农村合作社和政府权威的关系上，分析社会组织对农村外部社会关系的影响。

3.1.3.2　对传统政治权威的挑战

在前一章里，笔者介绍过，X 村的合作社项目最开始是由卧龙保护区下设的一个保护站实施的，以自上而下的方式进行项目运作。这一保护站是政府设置的行政部门，保护站工作人员全部纳入国家公务员编制。作为农村社区的治理主体，保护站无疑是政府的代表，也是传统政治权威的代表。

北京山水自然保护中心接手该合作社后，开始用家访的形式，向合作社成员灌输"合作社是村民自己的"的意识。两位工作人员在 3 个月的时间里，进行了 40 多次家访，告知合作社成员，她们做项目不会像其他项目一样发钱，所有的钱都只会用到合作社的发展上。这也使村民意识到，只有大家真正学到技术，赚了钱，这个合作社项目才是成功的，以此减少合作社成员的依赖意识。接下来的 2011 年 12 月到 2012 年 2 月这段时间里，项目工作人员通过技术培训、团队培训、带领成员进行市场探索和支持成员建立脱温孵化试验室等活动，让合作社成员自己掌握了合作社运作。

---

①　被访人：X1 - 王 XQ，男，65 岁，2012 年 4 月 11 日。

但此时，合作社在法律上还是属于保护站的，合作社的理事长是保护站站长，合作社的经理是保护站的主任，合作社依旧不是村民自己的。2012年2月22日，在"山水"接手合作社半年后，组织合作社成员进行了新一届的合作社选举，通过成员的推荐和表决，最后选出了新的理事长和经理等职位，新一届的理事长和理事会成员均为合作社在X村的成员。在法律上，合作社与保护站是彻底划清了界限。

这一次合作社选举，却远非一个无关痛痒的人事变动，作为旁观者，笔者看到，里面带有更多的挑战政治权威的意味。站在保护站立场上，虽然项目工作人员最开始与保护站负责人进行了沟通，表达了希望合作社最终能回到村民自己手中的意思，也得到了保护站负责人的赞同。但是新一届的选举会在原理事长和经理不在场的情况下进行了，用保护站站长的话来说，就是"觉得是被赶下来的，而不是自己让出来的"，① 保护站站长向项目工作人员直接表达了这样的不满。在村民的立场上，则"感觉是打了一仗"。② 这种挑战情绪的直接表达，不得不说是对政治权威的挑战。

进行换届选举后，新的理事会成员表示，"现在合作社回到了村民自己手中，大家都有信心将它办下去，这哈（这会儿）是别人（指社会组织）来帮我们，以后我们有资金了，也会去帮其他人"。③ 在对政治权威进行挑战后，我们看到合作社成员有了自己的责任意识，有了这样"公民意识"。

这一次与保护站关系的断裂，合作社完成了一次与外部社会关系的挑战，更是对传统政治权威的影响。对传统权威的挑战，背后代表着村民民主意识的增强，温铁军、周罗庚等人在研究村民选举的时候认为，村民选举作为自下而上的民主，将构成社会民主的基础。而在合作社的换届选举中，也有民主意识提升的表现。④ 因此，笔者初步认为，这种民主意识，会构成社区治理的民主基础。

3.1.3.3 小结

X村和H村原本是封闭的村落，几乎没有外部社会组织介入，也可以

---

① 被访人：小刘，项目工作人员，女，25岁，2012年4月14日。
② 被访人：小刘，项目工作人员，女，25岁，2012年4月14日。
③ 被访人：X1－王XQ，男，65岁，2012年4月11日。
④ 汪晖、黄平、温铁军、吴国盛等：《探讨另类发展的可能性——中国—印度乡村建设交流会摘要》，《博览群书》2004年第1期。周罗庚、王仲田：《中国农村的基层民主发展与农民的民主权利保障》，《上海社会科学院学术季刊》1999年第1期。

说，社会组织很难介入。地震将这个封闭的村落拉开了一道口子，重建和社会发展的需要，让社会组织有机会进入这两个村落。

无论是呈现差序格局的以血缘关系为基础的 X 村，还是以家庭为单位的"原子化"地缘关系的 H 村，两村都按照自己的发展轨迹运作着，社会关系有自己的发展路径，社会资源也有其固有的配置方式。"山水"和汶川大同两个社会组织进入之后，将"合作社/互助组"作为一种新的治理主体植入两村，推动这个新的治理主体不断发展。

新业缘关系冲击了社区内原有血缘关系和地缘关系的磐石地位，后期的项目运作使得这一新治理主体的力量得到了增强，进一步发挥其影响，动摇和挑战了社区内的原有权威。但此时，笔者并不能贸然下结论，认为社会组织就改变了两村内的治理结构，要探究是否形成多元治理的结构，我们还需要从原有治理主体和新治理主体之间的互动来探究。

3.2　难以摆脱的桎梏

在上一节中，笔者以项目进入两村运行流程为视角入手，分析了社会组织如何对农村社区的社会关系造成影响，我们似乎是感觉到了社会组织对农村社区治理造成了影响。但这是否打破了农村治理的"内卷化"，还需要从农村的整个治理结构来看，农村的治理结构主要是指社区内的各个权力主体之间的互动。

在现有的研究中，研究农村治理结构，主要从两个视角入手，一个是村庄内部各个权力主体之间的互动，另一个是研究村与国家的关系。在本研究中，笔者仍以社会组织的视角为主线，借助金太军提出的"国家—村庄精英—普通村民"的三重权力分析框架进行分析，将村庄权力结构置于社会关系的视角下进行分析。

3.2.1　被"收编"的合作社/互助组

3.2.1.1　村两委——国家权力的象征

（1）官民分化的治理关系

按照《中华人民共和国村民委员会组织法》，村委会是"村民自我管理、自我教育、自我服务的基层群众性自治组织"，在许多学者的研究中，村委会却带有国家权力延伸的意味，在笔者所研究的这两个村落中，村委会和村党委俨然是国家权力的象征。向村民问起村委会或者村党支部，村民的反应多是——"那些当官的",不管如何,一个普通村民和"当官的"是不一样的。X 村和 H 村的"两委"结构都相似,除了村主任和村支书以外,还有各村小组长和会计、民兵连长等职位,而权力的核心当然在村长和村支书手里。

在 X 村,村委会和村党支部是由两大姓氏把持,两大家族"轮流坐庄",别的小姓氏是插不上话的,贺雪峰(2001)把这种村干部在姓和片之间产生,并逐渐固化的现象称为"模化",梅志罡(2000)把这种现象称为"均衡型村治模式"。① 在这种形式的村治中,"村两委"是权力的代表,也是强势者博弈的产物。在普通村民眼中,无论是谁"当家"都是身份的象征,并非自己选出来的利益代表。加之现任村长平时并不住在村里,而是住在乡上,穿着打扮也与农民不同,村民们更会把他当作"当官的"。在"轮流坐庄"的背景下,村党支部和村委会中很多人员的职位是相互重叠的,既在支部任职,又在村委会任职,其角色也是模糊的。

在 H 村,村党支部和村委会虽然没有被大姓把持,但是也出现了政治精英垄断的现象。由于村内外出打工人员比较多,村里有知识和文化的村民就显得比较少了,大多数村民识别基本的常用字都困难,更不要说读写常用公文,"村两委"自然就被少数"能人"所垄断。现任的村支书从 1998 年担任支书至今,做出了很多成绩,而且还是州人大代表,优秀的表现让她受到了各方的关注,笔者曾经在一本《中国村支书》的内刊中看到过她的身影。H 村的村长是村中老一辈内少有读完高中的人,年长也说得起话。按照目前村里的情况来看,如果村支书自己不退下来,组织上是不会让其他人来当这个支书的,这个村长也不是谁想当就能当的。当选的难度,也让村支书、村长与普通村民的关系疏远了一层。

(2)村两委——国家权力的象征

两个村"村两委"与村民之间都存在着"官""民"分离的现象,除了这些职位长期被村内的强势者垄断以外,加深村民眼中这种"当官者"的刻板印象的,还有"村两委"对村级事务的处置权。

----

① 贺雪峰:《论村级权力结构的模化——兼论与村委会选举之间的互动关系》,《社会科学战线》2001 年第 2 期。

虽然现在农村地区并不再缴纳"农业税"，在很多学者的研究中，农业税的减免使得"两委"的权力减少了，让村委会"悬浮"于普通村民之上，没有实权。但在农村地区，大到评"低保"要靠"当官的"，小到两家纷争需要"找村里当官的告状"，就算平日里"办个事盖章要找村里"。大大小小的事务，都要找村里"当官的办理"。

　　更重要的是，作为贫困村和地震重灾区，国家各种惠民补贴和优惠政策比较多，这些补助和政策也是靠两委来落实。掌握着国家各项资源的配置权，村两委的权力在村民看来自然就非比寻常了。国家的各项优惠政策影响力到底如何，这里我们可以通过 H 村建设"幸福家园"的案例看出一点眉目。

　　　　作为该镇地震原址重建的四个行政村之一，镇里给 H 村若干指标，对村民装修房屋进行补贴，包括墙体粉刷、地砖安装和护栏修筑等。具体执行流程是，镇里给出一定的标准，村民按照这个标准来进行房屋建设，待验收合格之后，对村民装修费用进行补贴。部分村民都按照这种标准来进行装修了，但是最后名额有限，具体将名额给谁呢？这当然由"村两委"来决定。

　　除了"幸福家园"这类建设补贴外，还有各种种植养殖补贴、物资补助等，"村两委"掌握着村内绝大部分资源的配置。所以在某种程度上，"村两委"是国家权力在村内的象征。温铁军等新乡村建设的代表人认为，"农村治理需要学习印度喀拉拉的办法，切一块财政、切一块国家投资作为增量给基层，农村的自治就起来了"。[①] 但是笔者在调研中却发现，现实并非如此。作为传统的一元治理的村庄，国家财政转移支付越多，"村两委"的权力就越大，原有社会关系就越容易固化。国家财政只有转移给真正具有自治制度准入的村庄，自治的效果才会明显。而在这种不具制度准入的村庄中，"村委会"依然是一个"管理权力机构"，财政资金的转移支付会固化这种管理权力。

---

　　① 汪晖、黄平、温铁军、吴国盛等：《探讨另类发展的可能性——中国—印度乡村建设交流会摘要》，《博览群书》2004 年第 1 期。

3.2.1.2 "依附—使用"关系的形成

在项目设计和实施初期，笔者曾预设合作社/互助组作为两村内的社会力量，将逐渐成长，最终成为新的参与村庄治理的权力主体，然而观察项目的运作过程和结果后，笔者的判断却没有得到证实。

（1）合作社/互助组对"村两委"的依附

合作社和互助组都是社会组织从外植入两村的产物，项目资金并不足以让合作社/互助组完全在两村生根发芽，要寻求更进一步的成长，则需要得到本土力量的支持。

在社会组织的影响下，X村的合作社成员的自主意识开始觉醒，并正式从保护站手中将合作社的所有权夺了过来。然而，合作社进一步发展要怎么办？项目结束之后没有社会组织的支持，合作社能走多远？笔者在项目工作人员的努力下逐渐打听到，对农村新型合作社，县里面是有各种补贴政策的，比如县畜牧局对农村养鸡合作社的大户有防疫药品的补贴，同时也可以申请合作社补贴，金额大概几万元人民币。笔者查找了汶川县相关的政策，也看到了文件上有"政府对合作社可以进行帮助、扶持和服务"，但是具体怎么执行，需要哪些手续，就要村委和政府进一步沟通和争取了。X村的养鸡合作社在这种情况下不得不寻求村委的支持。笔者曾就这个问题问项目工作人员进一步会怎么做。项目工作人员回答道："这个就看合作社理事长和村长沟通了。"① 为了更进一步得到村委会对合作社的支持，合作社设立了监事会，邀请前村长担任监事会成员，并在人员配置上利用血缘关系网拉拢村委会成员。

H村则在进入之初就有依附于村两委的"嫌疑"，虽然最开始社会组织采取由下至上的方式发动群众参与项目，但是由于大同社工本身是带有官方背景的，互助组成立之初就得到了汶川县各级政府部门的"关注"。在前面的机构介绍中，笔者已经对该机构进行了简要介绍，该机构有一个直属于汶川县县委的党支部，和政府的关系比较密切，在H村开展项目时能够顺利进入不受阻碍也得益于此。在项目开展之初，社会组织通过"村两委"进入该村；在互助组人员配置上，村支书是互助组的主要成员，村委会会计担任了互助组的会计，村民兵连长则为互助组组长；进一步发展过程中，社会

---

① 被访人：小刘，项目工作人员，女，25岁，2012年4月12日。

组织通过政府力量，为互助组争取防疫药品补贴，并通过村委会为互助组争取到两个养鸡大户补贴的名额，每个名额补贴一万元；在后期也通过副镇长的关系网络联络到买家，为互助组销出近 1000 只鸡。可以说 H 村的互助组走出的每一大步都有政府力量的支持。

笔者接触到的这两个农村社区，国家权力虽然在表面看起来并不强大，没有太强的整合力，然则却是根深蒂固。社会组织进入农村地区进行项目运作，自身力量难以与国家权力相抗衡，要使得项目进一步顺利运作，不得不依附于国家权力，不得不依附于在基层的"国家权力代表"——"村两委"。

（2）纳入农村管理工具

"村两委"为合作社/互助组争取各种利益，也不是白做的，笔者调研发现，"两委"对合作社和互助组的支持，首先得益于合作社/互助组可以作为政绩的表现形式，其次也能给农村管理带来方便。

党的十七届六中全会召开后，中央明确提出要支持农村发展各种新型合作组织，为了更进一步落实中央的政策，汶川县也将扶持农民搞农村合作社当作一项政绩工程来抓。根据数据显示，在 2012 年之前，汶川县农村专业合作社注册登记不足 50 家，但截至 2012 年 10 月底，就有 267 家农村专业合作社在工商部门登记，发展社员 1335 个。在官方媒体的报道中，也可以看到对农村新型合作组织的重视。无论是哪个村，如果发展起来了合作社/互助组，都可以作为一种"政绩"。这在 X 村一年成立了三个合作社的风风火火劲儿中，我们就可以窥见一二。虽然该村除了养鸡合作社以外，另外两个合作社完全没有运作，但是在工作总结的时候，"村两委"仍然可以在公示栏橱窗的板报中说"在党和政府的帮助下，我们村今年成立了三个新型农村经济合作社"。合作社/互助组如果能进一步发展壮大，对于"村两委"更是一件展示工作成果的方式。

除了作为"政绩"来展示外，合作社/互助组也对基层管理和稳定起到了一定的作用，当然，这个作用发挥有一个先决条件，即合作社/互助组的运作在"村两委"的掌控范围内。合作社/互助组进入两村后，起到了团结群众的作用，村里"打晃杆（指无所事事）的人些有点事做，大家多交流下，也较少矛盾纠纷"。①

---

① 被访人：X - 黄 CZ，男，45 岁，2012 年 4 月 11 日。

而对于基层组织来说，维稳可能是最头疼的事情之一。如果某村出现一个"上访户"，要承包到"村两委"成员，由专人负责盯，24 小时了解其动向，有没有出远门。如果有"上访户"出现"失控"的现象，必须马上上报，把人"找回来"。在 H 村，互助组甚至起到了维稳的作用。H 村的一名女上访户，到过省也到过州里面上访，"一直不安醒（指不断地上访）"，[①] 项目进入之后，项目工作人员给她进行个案工作,[②] 并在部分成员反对的情况下，将她纳入新一批的互助组成员名单中。社会组织进入该村后，该"上访户"再也没有去上访过。

在能够对合作社/互助组进行掌控的前提下，"村两委"支持其进一步发展。这样的最终结局打破了笔者最初的预想，合作社/互助组不再是社会组织置于乡村进行村级治理的新力量，与"村两委"的关系不是平行和互动，而是不断地被"村两委"通过各种形式"收编"，成为"村两委"进行农村社区管理的工具。

3.2.2 "精英"的合作社

在 20 世纪 70 年代，联合国社会发展研究所（RNRIFD）通过对 40 多个国家合作社案例进行研究后得出结论："在发展中国家里，农村经济合作社几乎没有给当地比较贫穷的农民带来任何利益，在这些地区，都是比较富裕的农民利用了合作社的设施和服务。"[③] 在两个村的项目里面，笔者也发现了这样的现象。合作社/互助组不是"弱者的联合"，而是"强者更强"的工具。

3.2.2.1 精英——最后的获利者

在项目后期，笔者进一步分析获益群体后发现，这些群体主要是村内的精英阶层，普通村民获益很少。很多学者对村庄精英进行研究的时候往往进行分类研究，如贺雪峰（2000）将村庄成员分为治理精英、非治理精英和普通村民等，在这里，笔者所界定的精英并无如此详细的划分，在两村内的

---

① 被访人：H - 刘 Y，男，53 岁，2012 年 6 月 7 日。
② 个案工作：是社会工作三大工作方法之一，它采用直接的、面对面的沟通与交流，运用有关人际关系与个人发展的各种科学知识与专业技术，对案主（个人或家庭）进行工作；它通过提供物质帮助、精神支持等方面的服务，协助案主解决困扰他或他们的问题，并改善其人际协调能力，完善其人格与自我，增强其适应社会生活的能力，以维护和发展个人或家庭的健全功能，增进其福利。
③ 张晓山、苑鹏：《合作经济理论与中国农民合作社的实践》，首都经济贸易大学出版社，2009。

各种精英，即指财富和声望占有量相对较多，在村庄比较有影响的人物。

（1）获益形式

两个项目在村庄内的运作过程并不一样，在 X 村主要的获益形式表现为声望和公有设施的使用，而在 H 村的获益形式主要表现为财富。

"山水"在 X 村进行项目运作的这一年中，带领大家进行脱温孵化实验和市场探索，项目实际上还没有开始给合作社成员带来明显的经济收益，几次市场探索所卖出的鸡蛋和成鸡并不多，扣除人工和车费后都属于基本保本状态，合作社成员并没有赚什么钱。谈得上获益的，更多的是声望和对合作社公有设施的使用。

X 村合作社的成员均属于 X 村三组，合作社的参与人基本可以覆盖半个组，在合作社中地位的提高，如担任主要负责人，则意味着在这个村民小组里社会地位的提升。这些我们可以在村民的一段对话中听出一二，一位村民问笔者："这个合作社要怎样才能加入呢？"[1] 笔者并没有急着回答，这个时候另一位村民就帮忙回答了："你去给宋哥说吧，他是社长（即合作社理事长），你给他说了就有效。"[2] 虽然合作社理事长听到之后解释说，这需要大家共同开会讨论。但是在这段对话中，我们仍然能清楚地看到合作社核心成员在该村民小组中声望的提升。

合作社公有的设施，无疑就数合作社的脱温孵化室了，虽然合作社成员都对该孵化室有使用权，但并非所有的成员都会采取机器孵化，有些成员养殖规模并不大，总养殖数也不到 50 只，使用孵化室的时间很少，只有那些养殖规模在 100 只以上，甚至在 200 只以上的家庭才经常使用，成为最终的受益者。

在 H 村，虽然每家的养殖成本几乎相同，但在出售的时候，由于出售形式不同和价格不一。有的村民搭上了批量卖鸡的机会，可以一次性卖出上百只，而一部分村民则只能采取分批零售，一次担几只到镇上去卖，耗费的车油费就相对较多。加上每家每户出售的成鸡价格也不一样，最终每家每户的收益就有很大不同，再算入政府两个养殖大户补贴，H 村互助组成员的经济收益悬殊就比较大了，有的收益了上万元，而有的甚至出现

---

① 被访人：X－陈 MJ，男，55 岁，2012 年 4 月 11 日。
② 被访人：X－陈 MY，男，35 岁，2012 年 4 月 11 日。

亏本。

（2）精英——最后的获益者

通过进一步对获益人群的分析，笔者发现，这些人基本都属于村原有的
精英。

表4　项目主要收益情况

所属村	所属家庭	姓名	收益形式	合作社/互助组职位	村内职位
X	1	王 XQ	公有物使用声望	理事会成员（儿子为经理）	原三组组长
X	2	宋 HG	声望	理事长	三组组长原民兵连长
H	2	曾 FM	财富 3000 元	互助组组长	民兵连长
H	4	陈 DF	财富 12000 元	无	村支书
H	9	吴 ZH	财富 12000 元	无	无

a. 获益家庭的基本情况——原生精英

X 村家庭 1 属于该组内比较有名望的家庭了，男主人王 XQ 今年 65 岁，
按辈分属于"老一辈"的，在村内比较说得起话，也曾担任过村里的组长，
他的兄弟王 XP 一家也是合作社成员。家庭 1 中的男主人被选为合作社理
事会成员，几乎是合作社的"二把手"，儿子被选为合作社的经理，侄女被选
为合作社的技术员。脱温孵化室就建在他家，在整个项目中，他家收获了公
有物的使用权，也收获了声望。

X 村家庭 2 的宋 HG 原本就是该组的精英，他是该村以前的民兵连长，
同时也是该村民小组的组长，在村内的"政治地位"并不低。他的家庭共
有 3 个兄弟姐妹，但是这些兄弟姐妹都已经不在村里居住了，所有兄弟姐妹
拥有的责任田和山林都归到了他的名下，所以在村内他属于一个"小地
主"。通过项目，他不仅成为了合作社的理事长，成为该村另一个项目"乡
村公益旅游"的项目成员，还在项目后期凭借与村委会的关系，成功办起
了养猪场等项目。

X 村的合作社到本研究开始撰写时，一共发展了 9 户村民加入，该合作
社养殖的土鸡品种养殖周期较长，可以出卖的土鸡并不多，大家都没有获得
明显的经济收益。合作社的获益形式，则表现为上述所说的声望和公有设施
的使用权，这两项收益主要被编号为 1 和编号为 2 的家庭所获得。

互助组项目给 H 村带来的收益并不十分明显，加上项目补贴给大家的

鸡苗补贴和疫苗补贴外，第一批养殖的家庭大部分都只收入了几百块钱，另外有一户的鸡还有几十只没有卖出，还处于亏本状态。唯一收益比较明显的是家庭 2、家庭 4 和家庭 8。这三户家庭的一个共同的特点是养殖规模大，家庭 2 的养殖规模是 400 只，家庭 4 和家庭 9 的养殖规模是 300 只，而互助组中养殖规模在 300 只以上的家庭一共只有 4 家。养殖规模大，背后投射的是原有的经济条件好，才能投资较多资金进入跑山鸡养殖，能够承担养殖失败的风险。家庭 4 和家庭 9 之所以收益更多，则在于这两户家庭获得了镇里给村上的养殖大户的补贴 10000 元。

从两个村的情况来看，从项目中获益较大的，基本都是村内的原生精英。

b. 强者更强

从两个村精英的收益情况来看，最终的受益者要么是该村原有的政治精英，要么是该村的经济精英，要么是两者均有。通过项目，这些精英收获了更多的资源，合作社/互助组最终成为了"强者更强"的手段。

那么为什么这些精英可以获得更多的资源？从社会关系上来看，这些精英首先是拥有其他普通村民不具有的社会资源，精英们的社会关系并不局限于村内的基本交往，他们有的可以与政府的决策者直接接触，有的可以与潜在利益供给者直接接触，拥有了不同于其他村民的资源禀赋。原有的这些资源禀赋可以使得在同一件事物的资源获取上，精英们获得更多。比如，在 H 村卖鸡的过程中，精英家庭可以有广阔的人脉，比较容易就将成鸡卖了出去，出售成本较小。而普通家庭则需要不断去扩充买家，花费两倍甚至更多的精力去卖鸡。

另外一方面，精英们还采取强化血亲关系和拟血亲关系进一步达成精英同盟，达到对资源的共享和垄断。

前文说了，X 村是一个血缘关系广布的村落，该村内的人们多多少少能扯上些亲缘关系。费孝通在分析中国乡土社会的时候说了，中国的家庭是一个富于伸缩的家庭，家境好的时候能囊括下几房的亲戚，多远都是一家的，而树倒猢狲散，家里也就两个人。中国人常说的"一表三千里"也大抵出自这里。笔者与村内的几个精英们聊天的时候大抵能感受到，其中的亲昵不言而喻，问及亲戚关系，多远都能扯出一二，并放在话头上强调着，大家之间是有亲戚关系的，生怕别人不知道两家有亲戚关系一般。而普通百姓之间，则不会把谁与谁之间的亲戚关系挂在嘴边。

在亲缘关系没有这么密切的 H 村，则常采用的是拟血亲关系手段强化精英之间的同盟关系。比如在互助组内部，村委会会计是民兵连长儿子的干爹。这两家的关系在互助组内部则比其他普通村民之间的关系更好，均为村内的"能干人"，相互之间有什么能赚钱的"项目"则相互"帮衬着"。

农村社区内的精英们通过强化血亲关系和拟血亲关系建立关系同盟，使得村内的发展轨迹进一步固化。而合作社/互助组的项目，就是在这种社会关系的卷动之下，进一步成为精英们更强的工具。

即便是社会组织进入该村，也被本村内的精英们所"把持"，一方面把持合作社/互助组内的主要职位，另一方面则不断将合作社/互助组中的资源卷入自己的利益圈子中，村内的利益关系网就逐渐地固化，并随着外部资源的进入，进一步强化原有的社会关系。

3.2.3 普通农民的有限参与

在前面的分析中，我们可以看到，合作社/互助组的主要掌控力量从社会组织逐渐转移到村内精英手里，普通村民在社会组织的发动之下，能够参与到合作社/互助组中，但只能做到有限度地参与。

3.2.3.1 普通村民的跟随参与

作为参加合作社/互助组的普通村民，最开始并没有想过具体要怎样发展。大同社工在 H 村做项目规划的时候，由下至上发动村民开"议事会"，让村民自己决定发展什么项目，但这个养鸡项目最终还是由村里的精英们提出来的。后来的互助组组长曾 FM 告诉笔者："我自己最开始就准备养鸡，这几年土鸡市场好，正好说要搞项目，我就建议说搞土鸡养殖的项目，就算他们（大同社工）不来搞这个项目，我自己也会搞的。"[1]

而对于普通村民来说，为什么搞这个项目，则更多的要看这些精英们是怎么办的。参加这个项目，除了"好耍"以外，普通村民觉得"反正想要挣钱，看到他们几个（村里的能干人）都搞了，想到肯定不得亏"。[2]

村民的跟随，有其"搭便车"和"规避风险"的考虑。从项目上运作上来说，其主动性就要大打折扣。而从社会关系的搅动上来看，则进一步固

---

[1] 被访人：H2 - 曾 FM，男，45 岁，2011 年 11 月 20 日。

[2] 被访人：H12 - 唐 CJ，男，40 岁，2011 年 11 月 19 日。

化了原来的社会关系，资源的主要占有者仍然是这些精英，普通村民则永远只是跟随者和附庸者。

3.2.3.2　"理性人"的"见好就收"

大部分普通村民抵御风险的能力是比较低的，敢于冒险的精神则更弱。

作为一个"理性小农"，对于是否继续养鸡，H村项目第一批受益者有80%均表示要观望下，看其他村民养鸡与否再来决定自己家来年是否要养鸡。这些村民给笔者算了这样一笔账，加上第一批养鸡收到了鸡苗补贴，来来去去也只赚到"几百千把块钱"，如果像这样继续养鸡，没有鸡苗补贴，自己忙半年保个本，还要倒贴人工费。

问及项目为什么赚钱这么少，互助组成员认为是没有销路。这些普通村民平时养鸡主要靠去市集卖鸡，平时养十来只鸡并不愁销路，镇上的市集完全能够吸纳。当养殖规模扩大之后，靠市集吸纳就不太可能了，必须要有更大规模的市场。村里的精英们可以通过平时结识的熟人网络，销售给饭馆和餐厅，也有镇上的熟人推荐给其他镇的人。但这一切对社会关系稀有的普通村民来说，则是一件困难的事情。大多数普通村民都没有继续养鸡的想法，怕第二年卖不出去亏本，也没有胆量和信心去积累更多的社会关系，赚了一些钱就准备撤了。

去当合作社/互助组里主要责任人，这些普通村民更是表示，这是想也没有想过的事情，"别人服不服是一码事，自身的能力也有限，当不了"。[①]因此，合作社/互助组的主导力量仍掌握在村内的精英手中，并持续着。

3.2.4　小结——合作社/互助组权力核心与原有权力核心的耦合

从以上的分析中，我们看到合作社/互助组的权力核心与村庄内的原有权力核心发生了耦合的现象，并依附于原有的权力核心。在以往的研究中，如盘晓愚等人（2009）对贵州黔东南地区郎德乡村旅游的可持续发展的研究，认为该地旅游是基于村集体组织、全民参与、"工分制"分配的经济组织模式，与当地苗族社区建立在血缘基础之上的社会组织结构的耦合，经济组织模式与社会组织结构的耦合，保证了文化传承和产业的有效运行，是可持续发展的制度保障。

但是在本研究中，笔者却发现，这样的耦合的确可以让项目运作更加顺

---

① 被访人：H9 - 吴XY，男，59岁，2012年6月7日。

利，经济利益得到较快的提高，却容易固化原有社会关系，赋予原有农村权力中心更多的权力。虽然整体经济效益得到了提升，但长久下去，容易加剧农村两极分化，造成社会的不公平。以后想打破这种一方独大的形式就更难了，这和我们改革开放之初的"允许一部分人先富起来"的道理是一样的。

3.3 小结

上一节，我们几乎感觉社会组织是要打破了农村社区内的"一元治理"，但这一节中，通过对两个村的治理结构分析，我们才发现，社会组织仍然难以打破村内的原有治理结构。

两村内治理权力的核心是"村两委"的领导人——村长和村支书，在村民眼中他们作为国家权力的象征，对村内的主要资源具有绝对的支配权。围绕在这个权力核心之外的是村内的"两委成员"，包括村内的各村民小组组长，村会计、村民兵连长和妇联主任等，在村内形成了第二层权力层，第二层权力层成员是村内的主要精英分子，是"体制内的精英"。最外面一层则是村内的普通村民，他们由于自身的禀赋，无法进入或者很难进入权力内部。除此之外，村内还有第四类人群，他们是拥有经济资源的精英，他们在这个治理结构内运动，容易接触到权力核心。这种权力结构，似乎是在村内形成一个巨大的旋涡，并加速运转着，对外界形成一种吸纳力。从社会关系角度来看，这种吸纳力正是由各种社会关系所维持并支撑其运行。当外部资源进入这个旋涡的时候，大部分资源会被吸纳进权力核心中，只有少部分资源在外部，被普通村民所吸收。外部资源进入得越多，这个内部就吸收得越多，吸纳力也越来越强，这个旋涡的力量也越来越强。

当社会组织进入到这个旋涡的时候，如果其运行在权力核心的掌控之下，没有对该结构造成大的冲突或破坏，核心则会允许其在这个旋涡内运行。但其运行也会慢慢被卷入这个旋涡之中，成为旋涡中心的资源，并无力打破这种治理结构的"内卷化"。

4 结论和讨论

外部社会组织进入农村社区之后，给两个农村社区社会关系带来了新的变动，搅动了当地的社会关系。X 村从以血缘为基础的"差序格局"开始有了"团体意识"，H村以家庭为单位的"原子化"地缘关系进一步扩展和活跃起来，社会组织所植入的合作社/互助组作为一股新的力量，带动了村内的社会资本成长，动摇和挑战了农村社区原有的父权和政治权威。在农村现代转型背景下，社会组织项目制的工作手法搅动了农村内部社会关系，在形式上为农村治理加入了新的主体，但这种影响是有限的。农村长久以来形成的社会关系根深蒂固，受到农村社会关系及各种利益结构等因素的制约，社会组织无力打破农村社区"内卷化"。在以"村两委"为主导的一元治理模式之下，社会组织难以真正推动"多元治理"格局的形成，合作社/互助组这股新生力量，逐渐依附于村庄"两委"的力量之中，被"村两委"收编，成为社区管理的工具。农村原有精英成为项目的最大受益者，社会组织没有能让普通村民更多地参与到项目中，反而在某种程度上进一步固化了原有的治理结构。还有可能出现强者愈强、弱者更弱的"马太效应"，加剧农村两极分化。

社会关系在乡村治理中扮演着重要的角色，就像是一个巨大的旋涡，将所有进入社区内的物体吞噬。那乡村内的社会关系是如何形成的呢？可能有以下几种原因。

第一，乡村社会关系是基于资源配置权的。X村"差序格局"的血缘关系，宗族家长所掌握的话语权，来源于他对家庭财产的处置权；H村以家庭为单位的"原子化"地缘关系分布，在于左邻右舍能够提供资源的帮助。"理性小农"的本色藏匿在这种社会关系中，人们能够自我趋利避害，选择最有利于自己发展的生存方式。资源的配置权初步决定了社会关系的基本分布，尽管乡土社会不乏人伦与道德，但资源配置权就像一个"指挥棒"，轻轻一旋转，这个旋涡就运转起来。

第二，乡村社会关系决定于强国家弱社会的总体格局。我国基本上是强国家弱社会的格局，"乡村社会制度变迁只能在国家确立的制度框架内进行选择"①。尽管有学者认为，随着社会革命的成功和社会经济结构的变迁，国家权力必然逐步退出乡村社会领域，缩小政治控制的力量和范围，同时扩大政治参与，将被社会发展动员起来的各种利益群体容纳进制度化的政治体

---

① 于建嵘：《岳村政治——转型期中国乡村整治结构的变迁》，商务印书馆，2001。

制内。① 但是就目前来看，国家权威仍然在乡村社会中发挥着绝对的主导作用。这种主导作用即来自于稀缺资源的配置权，"村两委"具有国家赋予的资源配置权，就有了处理社会关系的那根"指挥棒"。在乡村表面感性实则"理性化"的气氛之下，血缘关系和地缘关系助长了农村社区的治理结构。反过来，"村两委"借助血缘关系和地缘关系进行村庄管理。

第三，"内卷化"的乡村社会缺乏生成民主意识和权利意识的社会基础。无论是在以血缘关系为基础的 X 村，还是以地缘关系为主的 H 村，两村的村民都缺少民主意识和权力意识，这也是我国西部农村社区较为普遍的事实。

要生成民主意识和权利意识，首先有赖于这种文化的生长。我国长期以来的专制权利文化，在西部这样的封闭农村中根深蒂固，农村社区居民少有意识到自己身上承担着对社区的权利和义务。而从上至下的管理体系，也无需村民思索这一切。其次，有赖于资源的充足和人的全面发展。改革开放以来，我国农村地区的确得到了较快的发展，但资源稀缺仍是现实。资源的稀缺性必然带来资源在社区、家庭和个人之间的不平等分配，这进一步加剧个人发展的不平等。个人社会经济地位的差距反过来促使权力和资源集中于少部分人手中。

当社会组织进入这样的场域中，为了更顺利地完成和推动项目，不得不借助于乡村精英的协助。这些精英大多来自乡村社区的权力中心。这样的选择最终固化了村庄原有的社会关系，精英成了项目最终的获益者，"理性判断"后选择跟随的普通村民虽然也得到了实惠，但与精英的差距却进一步拉大。反过来，精英的成长，则意味着乡村社区原有权力主体的成长，社会关系这个"内卷化"的旋涡力量就更进一步增强了。

为了打破乡村社区的"内卷化"，使得乡村居民得到全面的发展，我们不得不去探索一条"多元治理"的道路。要形成乡村多元的治理结构，就必须打破乡村现有的治理结构，以及支撑这种治理结构的封闭的社会关系。第一个亟须注意的是在项目开展过程中对精英的有限度使用。发现和培养草根领袖，是农村社区扶贫工作中常用的一种工作手法，采取这种方式能够较快地推动项目的进展，但是这又面临着对原有社会关系的固化风险。这是一

---

① 许纪霖、陈达凯：《中国现代化史》（第一卷），上海三联书店，1997。

个两难的选择，一面是项目的滞后，一面是对原有社会关系的固化。我们认为，对精英的发动是有必要的，但更重要的则是对体制内权力精英和经济精英之外的潜在社会精英的发掘和培育。只有不断培养出乡村社区内新的力量，"一枝独大"的局面才能有所收敛。第二则是去培育生成民主意识和权利意识的社会基础。强国家弱社会的总体格局不是在短时间内能够改变的，资源稀缺性也是一个长期的现实。可为的是在灾后减贫项目中引导参与者平等、民主和互助，建立契约精神和责任意识。

下篇　案例研究

第一章

宁强县玉泉坝村 "5.12" 灾后重建案例

　　2008 年 5 月 12 日下午 2 点 28 分，随着大地的一阵剧烈颤动，正在院子里干活的陕西省宁强县玉泉坝村村民姚化美心里一惊。他家的土坯房在颤抖，房顶的瓦片纷纷飞落，碎成一块儿又一块儿。看着眼前发生的一切，姚华美惊呆在院中，当他反应过来是地震了却又不知所措，但想到儿子在西安读书，妻子尚在田里，心里有了些许的安定。在涌起的漫天灰尘中他发现自家的九间土坯房已经倒塌了四间，剩下的五间也已经布满裂纹，随时有倒塌的危险，家中的电器都已经被砸碎，厨房则完全被埋在了墙体之下，一家人辛辛苦苦积攒的财富瞬间就化为乌有。而在宁强县，像姚化美一家在地震中遭受严重损失的人户比比皆是。

　　当大自然瞬间的能量释放造成的灾难来临时，人类个体力量显得很渺小，政府和各种组织机构纷纷伸出援助之手投入抗震救灾和灾后的重建工作中。其中，NGO 组织大规模的参与发挥了不可忽视的作用。为支持 NGO 继续参与地震社区的发展，中国扶贫基金会（CFPA）[①] 决定资助 500 万元，通过招投标的方式筛选出优秀的社区公共服务项目、社区发展项目和环境扶贫项目，给予资金支持。

[①] 中国扶贫基金会（China Foundation for Poverty Alleviation，缩写 CFPA）成立于 1989 年 3 月，由国务院扶贫开发领导小组办公室主管，是对海内外捐赠基金进行管理的非营利性社会组织，是独立的社会团体法人。

"陕西省宁强县玉泉坝村'5.12'地震灾后重建暨可持续发展项目"由陕西妇源汇性别发展培训中心申请在陕西省宁强县青木川镇玉泉坝村执行，希望通过建立社区发展基金、对村民进行生产技术培训、修建家庭卫生厕所和灰水处理系统等活动推动玉泉坝村的社区经济可持续发展，解决村民生计难题，改善村民的生存环境，并减少人类活动对自然环境的破坏和污染。

一 项目背景

（一）项目执行地点

"陕西省宁强县玉泉坝村'5.12'地震灾后重建暨可持续发展项目"具体执行地点位于陕西省宁强县青木川镇玉泉坝村。项目的服务对象是该村的一组和二组的村民。

1. 宁强县情及受灾情况

宁强县是陕西省汉中市下辖的一个县，位于陕西省西南角、汉中西部，地接三省、毗邻八县。总人口 33.96 万人，其中农业人口 30.55 万人，农民人均纯收入 1519 元，城镇居民人均可支配收入 6321 元。有回族、蒙古族、苗族、羌族、藏族、壮族、朝鲜族等少数民族近千人。辖 26 个乡镇 269 个行政村、8 个社区居委会，总人口超过 2 万人的乡镇有 6 个，其中 3 万人以上的 2 个，低于 5000 人的乡 5 个。宁强属中低山区县，北属秦岭山系，大部分海拔 1000~1600 米；南属巴山山系，大部分海拔 1000~1800 米，年平均气温 13℃。宁强县同时也是陕西省国家扶贫开发工作重点县，人均 GDP 同全国、全省、全市的平均水平差距较大。

在"5.12"大地震中，宁强全县遇难 10 多人，受伤 1065 人，受灾人数 24 万人，倒塌民房 4344 户 14634 间，重度受损民房 12698 户 41489 间，倒塌校舍 313 间、7825 平方米，公路、桥梁、水利水电、通信基站线路损坏严重。农业基础设施直接经济损失 7266.9 万元，全县倒塌圈舍 6307 间，250 户农户沼气池受损，大牲畜死亡 750 头。灾害共造成直接经济损失 20.01 亿元，其中居民财产损失 10.44 亿元。

在"5.12"大地震发生 15 天之后的 5 月 27 日下午，陕西省宁强县又发生了 5.7 级余震，使距离震中较近的青木川镇受到二次灾害。该镇的玉泉坝村成为受灾最严重的村落之一。

2. 玉泉坝村情及受灾情况

玉泉坝村位于宁强县青木川镇以东，目前有 6 个村民小组 275 户共计 1205 人，男女比例分别为 55% 和 45%。全村总面积 18.4 平方公里，耕地面积 848 亩，林地 5680 亩，2007 年人均纯收入 1620 元。村中以赵氏人口最多，占全村三分之一。人口主要集中于村一组和村二组，村二组为移民安置点，同时住有其他组和其他村在震后重建过程中搬迁过来的村民，两个小组共计 156 户。

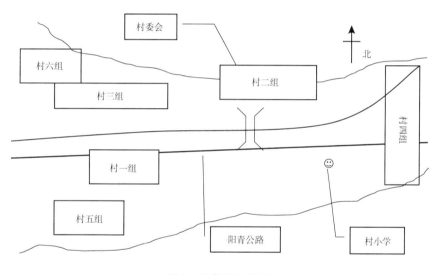

图 1　玉泉坝村布局

受"5.12"地震及其余震影响，2008 年玉泉坝村 253 户 958 人全部受灾。其中倒塌房屋 133 户 517 间，严重损坏房屋 120 户 755 间；19 口沼气池全部损坏，中心小学宿办楼 22 间房屋全部成为危房；2 座公路桥和 1 座便民桥全部碎裂成为危桥；7 条总长 3.5 公里的堰渠全部垮塌；2 条总长 6 公里的村级公路全部垮塌致使交通中断；243 亩农作物受灾，袋料香菇受损严重，全村直接经济损失 3310.45 万元。

（二）项目缘起

在抗震救灾初期，青木川镇政府和玉泉坝村委负责组织和领导整个救灾工作。与此同时，本土的民间机构陕西省妇女理论婚姻家庭研究会（陕西妇源汇前身，简称妇研会）也及时发挥了自己的力量，它向玉泉坝的村民送去了衣物、棉被、石棉瓦、帐篷等生活急需品，帮助村民们渡过了最初的难关。

2008 年 7 月，台湾儿童暨家庭扶助基金会①与中华社会福利联合劝募协会②为协助"5.12"受灾民众，决定与陕西妇研会合作，协助青木川镇李家院村贫困农民重建家园，该项目已于 2011 年 8 月顺利完成。玉泉坝村是李家院村的近邻，两村距离仅 4.5 公里，李家院村灾后重建工作在得到项目的支持后有了显著的进展，而玉泉坝村的灾后重建工作则相对缓慢。看到了李家院显著变化的玉泉坝村民希望得到外部支持以改善当前现状的愿望变得十分强烈。一些村民找到陕西妇源汇的工作人员，向他们表达了自己的意愿。

在此情况下，陕西妇源汇的工作人员在 2011 年对玉泉村村民进行大量的走访，对村民的需求和面临的问题进行了初步了解。在此基础之上，陕西妇源汇认为当前玉泉坝村最为迫切的问题是村民生计发展和环境保护两方面的问题，并设计了涵盖替代生计、社区基金、灰水处理系统、生态厕所和环境保护宣传等方面内容的项目计划书。该计划书得到了中国扶贫基金会的资金支持并于 2011 年 9 月开始运行。

（三）项目执行机构

1. 陕西妇源汇与宁强妇源汇简介

陕西妇源汇性别发展培训中心（Gender Development Solution），简称妇源汇或 GDS，是由陕西省妇女理论婚姻家庭研究会于 2008 年 8 月注册成立的民间公益组织（民办非企业），旨在进一步提升机构专业化与服务水平，

---

① 台湾儿童暨家庭扶助基金会（简称：台湾家扶基金会 TFCF）是一个关怀弱势儿童及其家庭的国际非营利组织。该组织缘起于 1938 年，秉持"及时的帮助、温暖的关怀、基督的爱心、社工的专业"之精神致力于为儿童谋福利的事业。2008 年 9 月，该组织与中华社会福利联合劝募协会共同出资，由陕西妇源汇合作实施的"李家院村灾后社区重建项目"在宁强县青木川镇李家院村开展，该项目共投入资金 200 余万元，已于 2011 年 8 月顺利完成。

② 中华社会福利联合劝募协会（United Way of Taiwan）是一个在台湾会集专业人士，将社会大众的爱心捐款做恰当分配以发挥最大效益嘉惠更多弱势的组织。联合劝募协会的核心价值：专业——用专业照顾弱势、创造效益、让人安心、提供愿景。

打造一流的专业化团队，立足西部，探求本土公益事业专业化发展的道路。

组织取名为"妇源汇"既是由于和"妇研会"发音接近，同时也包含了"汇聚妇女源泉"的含义。它的使命是："扎根社区，推动农村妇女发展。立足西部，促进公民社会成长。"妇源汇秉持"平等、参与、卓越、创新"的价值观，先后与香港乐施会、美国福特基金会、台湾儿童暨家庭扶助基金会、国际计划等机构合作，执行过农村社区可持续综合发展、妇女赋权与妇女组织建设、农村儿童健康与发展、生态环保与自然资源管理、民间组织能力建设与培育、减灾防灾和灾后重建等诸多类型的项目。项目区遍及陕西、宁夏、四川等地。

陕西妇源汇总部设在西安，下设农村社区发展部、社会企业运营部、公益组织促进部、培训部及行政财务部五个部门。现有正式员工22人。

宁强县妇源汇妇女儿童发展中心（简称宁强县妇源汇）成立于2010年9月，它的前身是陕西妇源汇于2008年8月在宁强县广坪镇设立的灾后重建项目办公室。陕西妇源汇为进一步巩固"5.12"灾后重建项目成效、推动宁强县妇女儿童事业的发展，将该办公室在宁强县民政局注册登记为民办非企业单位。中心由县妇联作为主管单位，具有在宁强全县范围内依法开展公益活动的独立法人资格。宁强县妇源汇与陕西妇源汇的农村社区发展部联系较为紧密，在其支持下协助陕西妇源汇在宁强县的项目开展。

宁强县妇源汇现有正式员工三人，两女一男，包括一名主任（李霞）和两名协调员（张艳、汪久成）。宁强县妇源汇所秉持的价值观念和使命与陕西妇源汇相同，在其培育下逐渐发展。目前办公地点位于宁强县广坪镇政府院内。

陕西妇源汇与宁强妇源汇的关系比较复杂，一方面二者都是独立注册的民办非企业单位，在法律上享有平等地位；另一方面宁强县妇源汇还并未成熟到独立运营，依赖于陕西妇源汇所提供的各方面帮助。宁强县妇源汇是陕西妇源汇孵化出的本土NGO，目前孵化期还未结束。

2. 项目负责人员

本项目由陕西妇源汇下设的农村社区发展部直接负责。项目官员宫亚飞负责项目具体活动的组织实施、项目资金的管理和进度的掌控，对项目活动达至预期目标负责，并负责撰写项目进度报告。项目协调员协助项目官员组织实施项目活动并负责跟进项目活动进度和质量。及时反馈项目信息并向社区提供项目活动实施指导意见。宁强县妇源汇与项目协调员一起具体实施该项目，并负责协调当地的关系。

（四）玉泉坝村扶贫现状

1．"5.12"地震前玉泉坝村扶贫掠影

1996 年陕西省撤区并乡建镇，原玉泉坝乡并入青木川镇成为其下辖的一个村。玉泉坝村被群山环绕，耕地稀少，交通不便，村民观念比较保守，一直是政府扶贫工作的开展对象。为了完成"八七"扶贫攻坚任务，1998年起青木川镇开始在全镇实施扶贫移民异地搬迁安居工程，同时加大了基础设施的建设和投入力度。

2003 年，世界自然基金会（WWF）① 支持青木川自然保护区管理局在玉泉坝开辟了 580 亩的茶叶示范园。

2005 年玉泉坝扶贫重点村建设项目启动，发展袋料香菇 30 多万袋、木耳 800 多架，并选送干部到华西村、汉中农校和县党校培训学习。修建玉泉坝至孟崖山村组道路，并新建了砼灌渠。同年，县扶贫办资助玉泉坝贫困村民一批山羊，以支持其发展养殖。

2006 年镇政府招标对玉泉坝村前的河堤进行了加固和修建。同年十月，镇政府在玉泉坝用以工代赈的方式启动灌溉工程，共投入约 16 万元，可灌溉面积 380 亩。

2007 年，围绕宁强县农业主导产业和骨干项目，开始学习和探索"一村一品"工程。

2008 年以前玉泉坝村的扶贫工作都是在上级政府的领导之下开展的，投入的重点在于硬件设施的完善。这些投入的效果是显而易见的，玉泉坝村的道路条件明显有了改善，灌溉引水问题得到基本解决。但在村民生计方面的投入收效却并不好，茶叶示范园由于土壤不适合的原因现已荒废，袋料香菇由于市场原因绝大部分村民已经弃种，县扶贫办资助的山羊项目在村里做了两年之后就停了下来。

---

① 世界自然基金会（World Wide Fund For Nature）是在全球享有盛誉的、最大的独立性非政府环境保护组织之一，该组织成立于 1961 年，总部设在瑞士。WWF 的使命是遏止地球自然环境的恶化，创造人类与自然和谐相处的美好未来。

2. "5.12" 地震后玉泉坝村的扶贫

2008 年汶川地震发生以后，不少的村民因灾返贫。地震既带来了一场灾难，同样也带来了一些契机。在灾后救援和重建过程中，社会组织开始参与进来，这里的社会组织主要是指陕西妇源汇。妇源汇带来了村民们没有听说过的公益理念，也带来了大量的资金、技术等各方面的支持，在灾后解决社区问题、村民生计等方面发挥了自己的力量。与此同时，以村支书、村主任和赵树明为代表的村中的精英也在尝试通过各种手段带领群众脱贫致富，加上政府一直在做的扶贫工作，玉泉坝村震后扶贫主体呈现三元格局。

（1）政府扶贫工作

2008 年地震以后，政府为了安置大批无家可归的村民，在玉泉坝设立了大树坪安置点（二组所在地）和宽石坝集中安置点（三组所在地），按照统一规划组织村民建房。每个家庭可以从政府领到 2 万元的建房补助和 3 万元的贴息贷款用于建房。2009 年 4 月 30 日所有的搬迁户和重建户搬入新居。

2008 年年底至 2009 年，宽石坝安置点修建了长 180 米的挡墙和跨度 80 米的钢板吊桥，加上引水工程和供水管网、排水沟、供电线路的铺设共投入了 156 万元，资金来源于天津对口援建（参见图 2）。大树坪安置点修建了长 233 米的河堤，村委会办公大楼和玉泉坝小学施工重建，资金来源于陕西省委组织部援助。

同时，村两委征得宁强县林业局的援助，发展了 400 箱蜜蜂养殖，扶持

图 2　宽石坝安置点（摄于 2011.12.1）

建设 30 户节能灶和 20 户沼气。为了鼓励有能力的村民外出打工，县劳动局和镇政府制订了劳务培训计划，对玉泉坝村民进行建筑知识及建筑安全常识培训，提高外出务工人员的技术水平。

2010 年，青木川镇为发展古镇旅游①，旅游局投入 160 万元对阳青公路沿路的所有房屋进行了统一的粉刷包装。

2011 年下半年，宁强县扶贫办决定在玉泉坝村投入 20 万元，以小额信贷的方式帮扶产业发展。这笔资金由村委负责，采取会员入股制，计划在全村范围内招募 50 名会员。每位会员缴纳 500~2000 元不等的资金作为入股股份，贷款业务只在会员中开展。但是由于县扶贫办的资金一直未能下拨，该项目已经搁置。

专栏一　玉泉坝村内精英

（一）村支书魏志华

玉泉坝村村支书魏志华是一个 35 岁的年轻人，2008 年地震的时候他是村里的文书，后经选举成为玉泉坝村的村支书。村内他的家庭条件属于上等，2011 年他在村四组投资了一座养鸡场，目前养了大约 8000 只鸡，包括乌鸡、肉鸡、蛋鸡等多个品种（参见图 3）。

图 3　魏志华的家和他的养鸡场（摄于 2012.3.10）

---

① 青木川古镇的旅游资源主要以回龙场街为主。该街始建于明成化年间，后街下半部遭水冲坏，自清咸丰以来陆续修建，民国年间魏辅唐也进行了维修。其他的旅游资源包括魏家新老两座大院、辅仁中学、青木川自然保护区。汶川地震后回龙场街和魏氏宅院都遭到不同程度的损坏，旅游资源仍在修复和完善中。

魏志华认为很多的村民自身"发展意识不够强，不敢承担风险"。他建的这座养鸡场既是为自己增收，也意在起到一个带头作用。他说："许多的村民思想比较保守，只有真实地看到收益之后才愿意跟着做。"未来养鸡场规模扩大之后，他打算通过赠送村民鸡苗的方式带动大家一起致富。具体的做法是将鸡苗送给有养鸡意愿的村民，鸡养成后可交由他来代卖，只需返还鸡苗钱即可。目前负责给他养鸡的仁贵成每个月可以从他那里拿到1000元的工资。

（二）村主任赵敬章

赵敬章今年40出头，是个乐于与人沟通的中年人。家里经济条件不错，在村一组中心地带，有一栋两层的小楼和一个比较大的院子。家里三口人，年收入5万元左右。2008年3月他成立了"宁强县青木川镇吉祥食用菌专业合作社"，注册资金15万元。据他介绍，合作社发展至顶峰的时候，会员们的总产量达到上千万袋。2011年下半年香菇价格暴跌，很多农户放弃了香菇种植，合作社目前仅起到交流技术和价格的作用。

由于香菇行业不景气，赵敬章转而与其他人合作饲养娃娃鱼。由于汉中市是全国娃娃鱼饲养和交易的中心地带，借助于这个优势他联系熟人亲戚和朋友一起投资娃娃鱼，10个人共计投入了100余万元。赵敬章个人在村四组、青木川镇上和外县有三个养殖点。他说："这是一个高投入、高风险、高回报的行业，所以也没有发动群众来做这个，毕竟一条鱼的损失是一个贫困户所不能承受的。"娃娃鱼属于高档的水产品，一般7斤左右的成鱼品质最好，单价1300~1900元不等，一条鱼的价格可以达到万元。赵敬章说自己将娃娃鱼养殖场放在较贫困的村四组，既是出于成本的考虑，也能在一定程度上帮扶贫困群众。替他照看娃娃鱼的四组村民高学民每个月可以从他那里领到500元的工资。

同年，青木川镇被列为宁强县整村推进扶贫开发试点镇，计划在包括玉泉坝在内的6个贫困村实施。其开发范围包括产业开发、基础设施、环境整治项目三部分，分两年实施，其中玉泉坝村还将被打造成1000亩花椒树的花椒村。原计划2012年3月份到位的花椒树苗由于市场原因暂时搁置，等政府争取到树苗之后仍将继续实施。

对于政府的扶贫工作，村民高秀芳这样评价："他们（政府）弄的这些我都没听说过，就是知道了也轮不到我们家。中央的政策是好的，到了地方上就什么也没有了。"

（2）精英的参与

精英（elite）是指最强有力、最生气勃勃和最精明能干的人。杨善华认为乡村精英主要是指政治精英，他引用王汉生对乡村政治精英的定义认为乡村精英应该是："在农村社区生活中发挥着领导、管理、整合、决策功能。"精英不是单个的人，而是一个阶层，一个人群。他们占有相对较多的稀缺资源，拥有相对较强的社会活动能力；他们的生活方式乃至一举一动都很容易成为普通群众模仿的对象。

费孝通在《乡土中国》中认为乡土生活的主流是自治，乡土自治是乡土社会治理的真实面貌，治理的主体是以乡绅为代表的乡村精英。在乡村扶贫工作中，乡村精英的作用是不可忽视的。

根据上述观点，玉泉坝村的精英阶层至少包含了村支书魏志华、村主任赵敬章等人。

玉泉坝村的精英作为扶贫主体的作用主要表现在增加村内的就业机会，开阔村民的视野和发挥经济带头人的作用。他们愿意承担风险，也有资本承担风险，假如魏志华的养鸡场取得了成功，村民能从中得到利益的话，他对玉泉坝村贫困状况的缓解将作出贡献。但是，村内精英在发展产业的时候更多考虑的还是自身成本的控制，如果村民不能从中获益，玉泉坝村将会面临贫富差距拉大和产生内部矛盾的风险。村民周怀义说自己也有养鸡的打算，虽然养鸡场就在自家不远的地方，但他没有想过主动寻求村支书养鸡场的支持。他说："假如他（村支书魏志华）愿意帮我，我还是乐意的。"

（3）NGO的扶贫活动

陕西妇源汇作为震后唯一一个进入玉泉坝村的公益性社会组织，其行动代表了公益机构在玉泉坝村灾后重建和消除贫困中所能发挥的作用。从2008年地震到现在，陕西妇源汇通过各类项目为改善村民灾后生活状况、摆脱贫困、不断提高村民生活水平做了不少的努力。

2008年汶川地震发生之后，陕西妇女研究会了解到玉泉坝村的受灾情况，送来了粮、被和石棉瓦帮助村民搭建临时住房。当时玉泉坝村委非常缺乏救灾物资，妇研会的无偿援助解了村委的燃眉之急。

2009年6月，为了解决震后玉泉坝村学前教育问题，陕西妇源汇向台湾家扶基金会申请资金在玉泉坝设立幼儿学前教育中心，在硬件设施搭配的同时还聘请专业人员对幼师进行培训。

2009年8月，在了解到安置点由于规划不合理导致很多村民无法修建厕所的情况下，经陕西妇研会联系，加拿大国际发展署（CIDA）[1] 和国际计划（Plan International）[2] 出资48000元帮助大树坪安置点的居民修建了公共厕所。

2010年，陕西妇研会为大树坪安置点村民的饮水问题申请到项目资金，委托县水利局做预算并通过水利局招标实施。

2011年9月24日，由中华社会福利联合劝募协会、台湾儿童暨家庭扶助基金会资助的"宁强县玉泉坝村'5.12'灾后社区重建项目"社区动员大会在玉泉坝村举行，四、五组的30位村民代表参会，并选举成立了社区基金管委会。该项目旨在帮助村民恢复经济生产能力，实现可持续发展的生计项目，同时提高玉泉坝村及其周边社区的学龄前儿童接受学前教育的可及性，该项目目前正在进行中。

同样是在2011年，陕西妇源汇向中国扶贫基金会支持NGO参与"5.12"灾后重建项目投标成功后获得资助，在陕西省宁强县玉泉坝村开展"宁强县玉泉坝村灾后重建暨可持续发展项目"。

二　项目的实施

"宁强县玉泉坝村灾后重建暨可持续发展项目"的目标有两点：一是推动基于生态环境保护的社区经济可持续发展；二是改善村民的生存环境，减少人类活动对自然环境（特别是水源地）的破坏和污染。为达成这两个目标，项目设计了四个具体的计划。

1. 形成两种基于生态和环境保护的、可持续发展的替代生计产业雏形，能够对村民今后的经济收入来源起到示范和引导作用；

---

[1]　加拿大国际发展署（CIDA）是加拿大联邦政府的部门之一，负责为发展中国家的发展提供官方协助。该组织1982年正式进入中国，与中国的政府机构、非政府组织以及各地社区进行了广泛的合作，并以环境可持续发展、推进人权、民主发展与良政建设为优先项目。

[2]　国际计划是一个以儿童为中心、非宗教、非政治、非政府、非营利性的国际人道主义发展组织。从1995年起在中国开展工作。国际计划被公认为是一个在世界占领先地位的以儿童为中心、以社区整体发展为目标的世界性组织。

2. 社区自己管理的发展基金建立并正常运行，村民小额贷款的可及性得到改善，村民对集体事物的关注度和参与度得到增强；

3. 沿河居住的 50 户村民修建了家庭卫生厕所和灰水处理系统，水源地河流的污染得到了显著的改善；

4. 社区村民生态环境保护意识增强，社区与自然保护区在生态环境保护领域成为合作伙伴。

（一）寻找替代生计

玉泉坝村地处偏僻山区，土地稀少，村民种的粮食仅能满足自家的口粮，经济收入方面多以种植袋料香菇或外出打工维持。袋料香菇生产需要消耗大量宝贵的木材资源，而木材的砍伐量受到国家林业部门的严格控制，年年需要申请指标。为了维持生活和增加收入，村民常常超量砍伐木材，对当地的生态环境造成很大的破坏，有些村民甚至已经将自家柴山的树木全部砍伐殆尽，生态保护与发展经济之间的矛盾日益突出。加上 2011 年下半年香菇价格暴跌，许多村民放弃了袋料香菇的种植，生计困难雪上加霜。妇源汇基于生态和环境保护的角度，从玉泉坝村民的实际需求出发，探索可持续发展的替代生计产业，提出了"参与式社区行动规划"，为玉泉坝村村民量身定做可实施的方案。妇源汇认为社区发展项目的主体是村民，通过村民充分理解项目蕴含的理念，发挥村民的积极性和熟悉社区的优势，让他们参与项目活动的规划、决策，从而制定更为可行和有效的行动规划，以社区内部力量为主导推动项目活动，达成可持续发展的目标。

基于此，陕西妇源汇与青木川镇政府、玉泉坝村两委、社区基金管委会、村民代表等于 2011 年 10 月 27 日开展了参与式社区行动规划的研讨会（简称 PAP）（见图 12），主要内容有以下四个方面：（1）深化社区动员，进一步将项目背景、理念等信息传递给社区；（2）分析讨论社区参与的优势（利益），让社区明白自己的优势和重要性，并且在项目中起到主导作用；（3）确定项目活动（社区）负责人和协助者，责任到人，分别承担相应活动的职责；（4）项目活动时间表确定，通过制定农事历①，结合项目期

---

① 农事历不仅有农民家庭传统使用功能，还增加了各个时节实用的农业生产经验和农业实用技术信息及项目进度计划。

限要求，确定项目活动时间表。

　　根据玉泉坝村的实际情况结合村民的意愿，研讨会确立了以种植天麻为主的替代生计方式。选择种植天麻的理由主要有以下几点：（1）气候和地理环境适宜；（2）相邻乡镇燕子砭的成功经验；（3）相对节省劳动力；（4）当前的市场行情好。

　　2012年2月中旬，恰逢天麻的种植季节，妇源汇组织10名村民代表到甘肃省康县阳坝镇学习天麻种植技术，现场观摩了天麻的整个种植过程。回来之后妇源汇组织村民代表与其他村民就观摩过程进行交流和分享，大多数村民都明确了种植天麻的意愿并着手购买菌棒和天麻种子。

　　2012年2月末，妇源汇邀请了陕西农林科技大学的老师到农户家中进行现场指导，并用PPT对村民进行了技术培训。村民对此热情很高，高秀芳的女儿说："专家来我家指导的时候来了很多人，屋里全是人。"她翻开培育池中的一个菌棒，然后笑着说："当时专家就是在这儿。"（见图4）

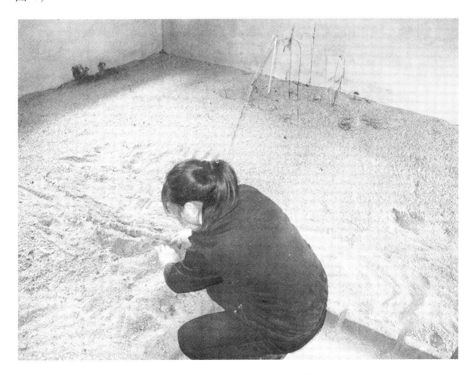

图4　高秀芳的女儿和她家的天麻池（摄于2012.3.11）

（二）建立社区发展基金

"5.12"地震灾害造成玉泉坝村大面积房屋倒塌或严重损毁，村民在房屋重建完成后普遍面临着债务问题，几乎家家都背负着至少三万元的银行债务。房子是重建或维修好了，但新的问题接踵而来，村民在房贷未还的情况下不可能得到银行新的贷款，村民每年辛苦的收入除去维持基本的生活费用和偿还房贷利息之外所剩无几，甚至入不敷出。由于缺少发展生产的资金，社区经济始终无法摆脱贫穷的怪圈，致使大多数村民虽住进了整齐美观的新建房屋中，经济上却捉襟见肘，生活困难。

妇源汇倡议通过建立社区发展基金，解决村民地震后缺乏生产资金的问题，并且希望在最大程度上发挥小额信贷的优势。这是2012年前妇源汇花费最多精力开展的重点工作。

2011年9月14日，陕西妇源汇项目统筹宫光军与青木川镇政府、玉泉坝村委会进行了沟通交流，介绍了项目的意义、目标、操作方法、受益群体和项目周期等有关事宜，并强调了社区在项目中的主导角色和项目的民主管理、村民参与及关注弱势群体等核心问题。镇政府和玉泉坝村委会非常认同和重视妇源汇的意见，并一起研究讨论了玉泉坝村的现状、项目实施村组的选定意见，以及各方在项目实施过程中的角色分工等。根据对社区各村民小组人口、经济状况和居住地等情况的综合考虑，决定将项目主要放在玉泉坝村一、二组，原因如下：（1）一、二组多数沿河居住，对水源影响很大，厕所改造、灰水处理的需求非常大；（2）这两组人口最多，搬迁户也多，土地资源相对紧张，发展生计的愿望最强烈。

2011年9月23日，妇源汇在玉泉坝村委会的协助下召开了社区动员大会。共有玉泉坝村一、二组66名村民代表（占全部户数的50%，由于正值农忙时间，参会人数受到一定影响）参加了大会。工作团队向村民介绍了项目背景和中国扶贫基金会的情况，介绍了项目目标、要求和具体项目活动等信息，重点介绍了社区基金的作用、管理原则和操作方式，在开展项目活动过程中，主要依靠社区内部力量，与外部支持一起"共同参与、民主管理、共同监督、集体受益"。力求通过这些项目活动，达成"帮助受到'5.12'特大地震灾害严重影响的玉泉坝村恢复生产能力，重建美好家园，并实现基于生态和环境保护的社区经济可持续发展"的目标。

　　2011年9月23日还进行了社区基金管委会成员选举活动。在村民代表对社区基金有了初步了解后，由玉泉坝村委会组织与会代表进行民主选举。候选人从普通村民中产生，每个村民小组至少有1位成员，至少有1位女性成员；采取推荐、自荐结合的方式确定候选人进行无记名投票，按照候选人得票高低确定选举结果，确定了管委会成员：赵树明（主任）、肖海梅（女，会计）、谭德斌（出纳）（参见图5）。并由落选的候选人与村委会干部共同组成监委会：魏志华（村支书）、赵敬章（村主任）、张忠明（村民）。

图5　基金管委会成员，左起为谭德斌、肖海梅、赵树明

专栏二　基金管委会主任赵树明

　　赵树明今年三十多岁，家住玉泉坝村一组，全家一共三口人，靠经营一家超市为生。1993年的时候赵树明开始做起了小买卖，历经近19年将一个杂货铺逐步发展为村里最大的商店。村里人看着他一步步将生意做大，称赞他很有生意头脑。赵树明说，在村里做生意人缘很重要，所以他非常注重人

际关系的培养，这也是他生意成功的秘诀之一。

生意的成功也提升了他在村里的个人威望，在 2011 年 9 月 23 日进行的社区基金管委会选举中他被选为基金管委会的主任，对整个社区基金负责。他说这是村民对他的一种信任，自己肯定不会让他们失望。从西乡县学习回来之后，他和另外两位管委会成员都觉得自己长了见识，自己没想过小额信贷原来也可以做得这么大，这么有前景。他觉得自己对小额信贷的了解还太少，希望妇源汇在项目允许的范围内能够多组织几次相关的培训。

2011 年 10 月上旬，在陕西妇源汇的组织下，通过多次召开村民会议，玉泉坝村村民和妇源汇工作人员一起制定出社区发展基金管理章程，并且组建了社区发展基金组织架构。

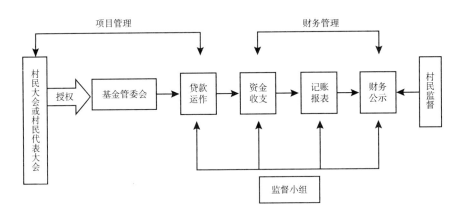

图 6　基金管理流程

陕西妇源汇根据以往经验，结合玉泉坝村实际情况，制定了适合该村的社区发展基金章程，经过与村委会、基金管委会、村民代表多次讨论后达成一致，章程主要有以下内容：（1）采取 5 户小组联保的方式，帮助因缺少担保无法贷款的贫困人群获取发展生计所需的资金；（2）采取分批还款的方式，提高资金的使用效率，让基金和村民共担风险，也能使更多村民受益；（3）定期发放（回收）贷款，增强村民使用资金的计划性，同时降低管委会运作成本。另外，对利息高低和分批还款的具体方式进行了优劣势分析，结合其他项目的经验和教训，最终将利息定为 7‰ 并采用半年期和一年期的两种还款方式。

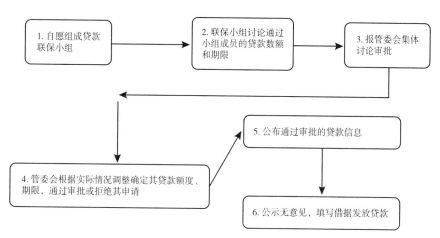

图 7 贷款申请、审批流程

2011 年 11 月中旬，妇源汇选派基金管委会成员前往陕西省汉中市西乡县学习先进的信贷组织机构运营模式。管委会成员通过与西乡县某信贷机构的交流与学习，获得了大量的操作技巧和实战经验，尤其是在如何规范放贷手续、回收本金以及规避贷款风险等业务上，成员们受益匪浅。同时也对放贷的流程和操作准则有了全面的认识和了解，极大地鼓舞了他们回村开展放贷工作的信心，同时与对方机构建立了长效学习沟通机制。

2011 年 12 月 1 日，妇源汇组织在村办公楼对管委会成员开展财务专项培训会。通过聘请本县农村信用社会计师对管委会成员进行业务能力培训和建设。包括如何填写各类存放款单、转手和发放资金以及其他财务管理方面的知识。通过手把手地教授成员操作技巧，使得资金发放程序更加规范。

根据制定的社区发展基金章程，贷款对象必须满足以下六个条件：

1. 在本社区长期居住的村民，年龄在 18 ~ 65 周岁；

2. 无不良嗜好（如赌博、酗酒、懒惰等）；

3. 遵纪守法，在社区有良好的信誉；

4. 家庭成员无重大疾病；

5. 身体健康，有生产经营能力；

6. 有生产经营项目。

对于贷款的用途也作了严格的限定：1. 贷款只能用于家庭的生产经营活动：种植、养殖、加工业、商品经营等；2. 贷款不能够用于消费使用（如建房、购置家庭生活用品、医疗等）；3. 贷款不能够用于破坏生态环境的项目。

根据课题组实地走访，社区基金的借款户基本上都是将资金用于养猪或种植天麻。借款对象基本都是贫困户，从社区基金管委会的角度来看，管委会有严格的筛选条件，富裕户不在贷款范围之内，同村互相了解的程度又非常高，大家都"知根知底"，骗取贷款的可能性很低；从贷款户的角度来看，富裕户觉得5000元的额度太小不能满足自己的资金需求，加上还款周期短和需要联保的原因主动放弃了贷款的要求。截至2012年3月9日，社区基金运行顺利，扶贫基金会支持的第一期的10万元已经全部按项目设计的社区基金管理方式贷出。

专栏三　借款村民杜清友

杜清友今年48岁，找到他的时候，他正在河对岸帮同村的人修房子。他穿着黑胶鞋、灰裤子和一件比较旧的黑色外套，和人说话的时候始终保持着笑容，一副很开心的样子。杜清友家里三口人，儿子成家之后他自己就单独生活。他靠在外打工一个月能收入2000块钱，维持自己的生活没有什么问题。

杜清友去年在社区基金贷了5000块钱用于种天麻。他觉得5000块钱还是有点少，这次只种了20斤天麻种子，如果能再多点钱他想把种植规模扩大一些。杜清友说："种天麻比种香菇省力得多，没有装袋、通风、洒水、采摘这些步骤，出去打工前把天麻种上就不用再管，抽空简单地料理一下，长成回来收就是了。"杜清友很感激妇源汇在村里建的社区基金，夸赞他们是在积德行善。他说现在自己打工干的是体力活，过几年干不动了就打算回家来专心种天麻。

（三）　修建卫生厕所① 与灰水处理系统②

地震灾害发生后，政府对房屋倒塌和严重损毁的农户进行了集中安置。随着人口居住状况由震前的相对分散变为灾后的相对集中，垃圾和不卫生厕

---

① 按照国家农村地区卫生厕所建设标准实施的准则，卫生厕所的排污是三级处理系统，通过三次沉淀、过滤，最终达到排放标准。

② 主要针对厨房灰水进行处理，对含有油脂、残渣、有机物、无机盐成分的厨房废水进行处理并使之达到排放标准。

所对居住环境的污染变得日益严重。以大树坪安置点（二组所在地）为例，垃圾随处可见，尤其是许多生活垃圾被随意倾倒在河道里。沿河许多农户的不卫生厕所直接将粪便排向河里，河道两旁的低矮树枝上到处可见被丢弃的破烂塑料袋，村民的生活环境正在急剧恶化。令人更为担忧的是，玉泉坝村地处嘉陵江上游水源地，水源地的污染对下游地区的水质和人类生活将造成很大的影响。

为了解决这一问题，妇源汇通过社区动员在全村范围内对有关卫生厕所和灰水处理系统进行信息扩散，使村民产生了强烈的兴趣，报名申请的户数达70多户。经过对报名户的实地走访，根据有无厕所、是否具备修建条件等实际情况，妇源汇进行了筛选核查，选出50户符合条件且需求最为迫切的农户，确立了补助发放的原则：（1）卫生厕所和灰水处理系统分别确定补助标准并发放；（2）要达到卫生厕所的标准才能发放，减少对水环境的污染；（3）卫生厕所补助发放的标准要有差异性，改建、新建户应该有不同的标准，保证公平性；（4）受益户最大化，在资金总量不变的前提下，让更多户受益。

随后妇源汇选派村民代表到外地考察卫生厕所改造，学习环保技术，修建图纸得到了政府批准后村民就自行按照图纸修建。2012年3月初，项目官员宫亚飞带领村民前去安徽学习灰水处理系统的修建，学习了相关的技术并拿到了修建图纸。截至2012年3月9日，已经有25户村民的生态厕所完成修建，通过验收问题不大。

由于项目资金限制，卫生厕所和灰水处理系统的受益对象相对有限。不少有意愿参加的村民不能加入到该项目之中，妇源汇的工作人员也在想办法让更多村民从中受益。

专栏四　自建卫生厕所的村民张汉宁

张汉宁是玉泉坝村二组的村民，今年37岁，靠贩卖香菇维持生计，收入不稳定。他家在地震后因为经济比较困难只修了住房，厕所和厨房一直没有修起来。他家的厨房在转角的走廊里，上厕所则要到后面的荒地去解决。家里还有一个多病的老母，行动不便，上厕所成为一件让人很头疼的事情。2011年10月他得知了妇源汇资助修建卫生厕所的事情之后便积极地报了名。随后妇源汇的工作人员到他家进行走访并进行了拍照，认为张汉宁一家

图 8　改造前的厕所（摄于 2011.9.22，妇源汇供图）

图 9　改造后的厕所（摄于 2011.12.1）

符合标准且需求较为紧迫，便给予他家一个修建名额。

张汉宁说拿到图纸后自己就开始琢磨怎样修建，有建筑经验的他按照图纸自己一个人就把三级化粪池修好，对于这一点他颇为得意。他介绍说，中间的池子本应更宽，但受制于场地只能做这样的改变。连接第一个池子和第二个池子的管道必须是斜上的，这样才能够让浊物下沉同时将清水推到下一级。密封化粪池的水泥板他已经准备好了，将来打算在上面安装一个坐式的抽水马桶。张汉宁对自己修建的厕所充满了信心，认为将来通过验收的问题不大。

三　扶贫主体对比分析

在玉泉坝村，相对于政府和妇源汇所做的扶贫工作，精英的参与还明显不足。对比和总结玉泉坝村的政府扶贫和社会组织扶贫工作，可以发现二者分别具有以下特点。

（一）政府扶贫特点

1. 注重硬件设施建设，投资规模大、覆盖范围广，以政绩为导向

无论是在地震之前还是地震之后，政府非常热衷于对硬件设施的投入。从1996年到2011年，各级政府在玉泉坝的硬件的投入包括修路、修桥、修水渠、建造公共活动场所等，这些硬件投入为村民脱贫致富提供了基础保障。这样的投入当前也只有政府有能力集中资源来做。同时，这些硬件设施作为公共财产不具有排他性，受益对象往往是全村的群众，覆盖范围广泛。在现有体制之下，政府领导干部的作为和升迁主要看政绩，扶贫这一块儿也不例外。政府官员的任期有限，而硬件设施的投入产出是最直接易见的"扶贫"成效。

2. 有政策的长期保障

政府是政策的制定者，也是扶贫攻坚的主要力量，而贫困不是一个短时间内所能够解决的问题。因此，政府在制订计划和作决策的时候会采取长期、分步骤实施的方式。

图10　村委会门前的公共活动场所和设施（摄于 2012.3.9）

3. 一般采用自上而下的工作方式，工作方法较粗

为了解决贫困问题，中央政府投入了大量的资源，而地方政府被赋予了资源分配权力。当这种资源的分配机制是自上而下的时候，扶贫就很容易成为一种自上而下的行动。例如青木川镇政府计划在玉泉坝村试点运行的"整村推进，一村一品"工程。由于人手的限制和习惯于行政化的手段等原因，政府在玉泉坝村的扶贫工作方法比较粗。例如，2010 年在国家贫困人口识别时，1000 多人的玉泉坝村有 525 人被识别为贫困人口。识别贫困人口的依据不是玉泉坝村的实际贫困状况，而是上级政府下发了 525 个名额，然后村两委依据名额去认定贫困人口。

专栏五　整村推进

按照青木川镇的计划，玉泉坝村将被打造成有 1000 亩种植面积的"花椒村"。这种开发行为利用了当地的自然资源，进行开发性生产建设，目的在于促进玉泉坝经济发展，提高贫困人群收入。这种扶贫方式相较早期的救济式扶贫，无疑是一个进步。

图 11 玉泉坝村关于整存推进的宣传板（摄于 2012.3.11）

这种通过行政力量推动大规模的产业化可以带来良好的品牌效应、专业效应，也可能会带来诸多问题。比如：产品单一所带来的经济风险。产品过于单一等于把鸡蛋都放在了一个篮子里，市场波动对村民所造成的伤害是无法预料的。同时也会破坏当地原有的生产和生活方式，甚至是社区关系。这些因素又可能引发新的贫困或使"贫者愈贫，富者愈富"。

4. 政策透明度低

每年政府都会出台各种各样的政策来帮助贫困人口脱贫致富，而根据实地走访中的询问和了解，村民对这些政策的知晓度很低，特别是一些优惠性较大的扶贫政策。比如政府曾经下拨一笔无息贷款给贫困户，村民高秀芳这样说："不晓得，我们这些都不晓得，连我们小组长也是后来才知道的。"

5. 行政性的手段伤害部分贫困户的利益

行政性的手段让政府能够在短时间内集中力量做大事，但缺乏人性化的

241

硬性规定同时也伤害到了一些群众的切身利益，比如村里王 CQ 一家的际遇。

专栏六　王 CQ 一家的际遇

村民王 CQ 一家是生活在玉泉坝四组阳青公路边的普通农户，家中只有母子二人相依为命，靠王 CQ 在外打工的收入维持生计，平时只有老母一人在家。一家人生活非常艰难，母亲在家想养头猪贴补家用却得不到政府的许可。王 CQ 说因为青木川在开发旅游，规定道路两边不可以养猪和修厕所。说到修厕所他就有点气愤："人吃五谷杂粮，总要给个拉撒的地方啊。"但当地修厕所需要土管局的批准，他把厕所的池子和砖料都备好了，可是得不到批准，家里人到现在还是只能自己找个地方解决问题。

另一个叫王 SJ 的农户就是因为没有获批修了厕所和猪圈而被惩罚在村内检讨：

检　讨

青木川镇人民政府：

本人王 SJ，现年 46 岁，家庭人口 4 人，家住青木川镇玉泉坝村二组。因本人修建沼化池未批先建，修建猪舍和厕所各一间，镇、村领导及时发现违章建筑，及时批评纠正，我本人深刻认识到违章建筑的错误和严重性，错在不懂国家政策，未批先建，不符合政府的规划政策，有损村容村貌形象。

现因我妻子长年多病，儿女未成人，无经济来源，家庭生活困难，恳请党委政府给我改过的机会，从轻处理。以后我和家人办事按照政策要求去做，做一个懂法、依法、守法的好公民。

检讨人：王 SJ
2012. 2. 27

（二）社会组织扶贫特点

1. 软硬件结合，以软件为主，投资规模不大，覆盖范围有限

妇源汇在玉泉坝的扶贫投入既有硬件也有软件。以环境保护为例，妇源汇一边帮助村民修建家庭灰水处理系统、修建具有三级化粪池的卫生厕所，一边又通过村民大会宣传环境保护思想，鼓励村民发展可持续的替代生计。但这种硬件投入往往比较小，覆盖范围也相对有限。受项目和资金限制，在操作中只能够选取少量的村民作为对象。比如卫生厕所和家庭灰水处理系统的覆盖范围分别都只有 50 户，远远不能满足村民的需求。

2. 以社区需求为导向

从事公益行业的人一般都具有很强的志愿者精神，他们愿意为公益而奉献，愿意为百姓做实事。对于他们来说，扶贫不仅仅是一项工作，也同时是自己的理想和事业，也正是这样做他们才在社区逐渐扎下根来。妇源汇向扶贫基金会申请资金在玉泉坝所要做的这四件事情（社区基金、替代生计、生态厕所和灰水处理系统、环境保护宣传）是做了大量的前期工作然后依据社区的需求而决定的。2011 年上半年，陕西妇源汇项目统筹宫光军和宁强妇源汇主任李霞一起对玉泉坝的村民挨家挨户地走访，并做了相关的问卷，在大量实地资料的基础之上总结出了玉泉坝村村民最为迫切的需求和扶贫基金会项目能够给予支持的部分。李霞说："如果你做的事情不符合他们的需求，你的工作很难开展下去。"

3. 采用社区参与式的工作方式

妇源汇在扶贫的同时也注重提高村民的综合素质。比如"参与式社区行动规划会"（简称 PAP）的开展，通过规划会村民和妇源汇对即将开展的社区发展项目达成了共识，一起制订了行动计划，体现了赋权、参与和可持续发展的理念；在社区基金管委会成立的时候村民一起讨论自己制定规章制度，民主选举管委会成员，建立公开透明的财务制度和监督机制。在这种社区参与式的工作手法之下，村民的民主意识、参与意识、合作意识等都得到了锻炼，使村民从扶贫受益者向自我脱贫决策者和项目监督者转变。肖海梅原是二组一个普通的家庭妇女，很少参与到集体活动当中，在被选为社区发展基金会计之后，她的生活便不再局限于家庭的小圈子里。外出参访学习和为社区基金服务不仅让她开阔了眼界，提高了对公共事务的参与意识，她觉得自己在村里的"知名度"还有了不小的提高。

4. 工作细致深入，扶贫对象瞄准度高

由于社会组织不需要像政府那样全面兼顾，加上公益人本身所具有的热

图 12　村民参与 PAP 和选举管委会成员（摄于 2011.9.23，妇源汇供图）

情，往往能够把工作做得非常细致深入。以妇源汇在李家院村的项目为例，乐施会捐助了一笔资金通过妇源汇发放给受灾群众。妇源汇并没有按照传统的平均分配的方式进行发放，而是希望依据村民的受灾情况，将这笔资金发给最需要的人。这种方式最初在习惯了平均分配的村民中遇到了很大的阻力，政府也认为这样的工作是做不下来的。但是妇源汇凭着耐心，挨家串户地劝说，最终成功地将这笔资金发放出去。事后青木川镇的李兴龙镇长这样评价："妇源汇工作作风扎实，跟农户做思想工作啥的，宣传动员比政府做得还要好。""工作的深入程度是我们不具备的。""你们做得比政府做得更细，一些小的地方我们没有考虑到的你们考虑到了。"在镇里开会的时候还要求干部们向妇源汇多学习。同时，妇源汇在选择扶贫对象的时候有着诸多明确的原则，比如深入基层、坚持贫困户优先、坚持妇女优先、注重倾听真正贫困者的声音等原则保证了扶贫对象的瞄准度。

5. 资金来得快，来源广，但缺乏长期的保障

社会组织的资金来源是多方面的。以陕西妇源汇为例，国际计划、台湾联合劝募及台湾家扶基金会、中国红十字基金会、香港乐施会等国际国内的组织都与其有良好的合作关系。项目资金来得快，没有出现过短缺或者拖欠的情况，但是一旦项目到期结束，资金也就停止了注入，项目后期的可持续性缺乏保障。

总的来说，政府扶贫和社会组织参与扶贫都有其优势与瓶颈。社会组织的参与使得扶贫主体更加多元化，扶贫对象能够更多地从中受益。虽然从规模、覆盖范围、可持续性等角度衡量社会组织的扶贫工作仍无法与政府机构相比，但社会组织的参与一定程度上弥补了政府扶贫工作中的一些缺失，为政府的扶贫工作带来了启示和反思。在长期以政府扶贫为主导的当下，社会组织的参与应当是一种机制的创新，未来如何处理二者关系也是一个值得思索的问题。

四　结论与讨论

（一）经验和教训

从妇源汇的角度来看，社会组织在扶贫工作中有以下经验和教训可以总结。

1. 以社区需求为向导，重视项目的前期工作

一个扶贫项目想要取得成功就必须贴近贫困人口的需求，而了解这种需求必须通过大量前期工作才能实现。妇源汇在项目申请之初大量地走访农户，以问卷调查结合入户访谈的形式掌握了村民们最真实、最迫切的需求，为后期工作的顺利开展奠定了基础。

2. 合作优先，恰当地处理与当地政府的关系

NGO进入项目地之后与当地政府关系的处理非常重要，它直接影响项目能否顺利开展。政府是地方的守门人，也是各种资源的掌控者，对于社会组织的进入难免会抱有警惕的心理。为了与政府打好交道，妇源汇采取两种措施，一是动用本土的人脉关系网建立初步关系；二是与政府建立良好的沟通和互动。妇源汇把自己所要做的项目向当地政府及时通报，保持一种透明开放的姿态。以扶贫基金会支持的灾后重建暨可持续发展项目为例，项目开展动员大会的时候邀请镇上的领导过来参加；带村民去安徽学习家庭厨房灰水处理系统的时候，邀请镇上分管环境的副镇长同去。这样做不仅减少了来自政府的干扰，还可以争取到政府的资源、政策支持。

3. 以诚相待，与社区建立并保持良好的关系

农村地区大多数人对于NGO的了解非常有限，经常会抱着怀疑、观望的心态。因此，NGO进入项目地之后的一个重要的工作就是和社区建立良好的关系，以自己的实际行动和真诚的沟通获得社区居民的信任，让自己被社区所接纳，逐渐地让村民感觉到社区需要它的存在。

4. 注重培养本土力量

在项目的推进过程中，陕西妇源汇注重对当地的 NGO 组织——宁强妇源汇项目工作能力的培养，同时也注重对社区关键人物的培养，如社区发展基金的三位负责人。

宁强妇源汇成立时间短，人手不足且不具备专业背景，尚不具备独立执行项目的能力。陕西妇源汇在项目执行中有意识地让其参与进来，一方面发挥其本土人脉和资源调配优势；另一方面使其在实际操作中积累经验获得提高。对本土 NGO 的培育有助于项目在未来能够得到良好的延续和保障。

陕西妇源汇对社区发展基金管委会成员的培训主要体现在基金管理技能和专业技巧方面。会计肖海梅说："以前不知道做账还有这么多门道，妇源汇安排人给我培训了几次，不过我还要继续跟着学，这个对我很有用。"一方面基金管委会成员个人的能力得到了提高；另一方面也对社区发展基金未来的良性运转打下了基础。

（二）面临的挑战

1. 项目资金不足

在项目行政费用层面，由于进出玉泉坝村的公共交通一度中断，加上修路等因素造成员工进出交通费用成本增加，其他不可预见费用也更多。在项目的执行层面，由于资金有限，只能满足部分村民的需求。在实际操作中项目工作人员也为此非常苦恼，比如组织村民外出学习天麻种植技术只能从众多有意愿的村民中选取几位做代表，村民在天麻种植期希望聘请一位专业人员在村里现场指导的愿望也由于资金的限制而无法实现。

2. 社区发展基金的持续性面临风险

经实地走访和观察发现，社区发展基金面临的风险主要是以下三个方面：第一，基金管委会成员的专业技能有待提高，经验相对缺乏，计划书中设计的两次专门的业务培训远远不够。第二，村民对社区发展基金反映较多的一个问题是还款的时间与农产品销售季节脱节，许多农产品的生产周期至少是一年，在第一个还款周期到来的时候会面临较大的风险。第三，社区基金管委会在放贷过程中并未严格执行设计的制度标准，少数不符合标准的村民由于"大家知根知底"、"我知道他这个人的"等原因也得到了贷款。在这样一个熟人社会里，规章制度很难得到彻底地贯彻执行，管委会碍于互相的情面和关系很难拒绝不合规定的贷款户。

3. 替代生计方式无法摆脱市场风险

妇源汇结合村民的意愿通过提供技术培训等方式帮助村民发展天麻产业。种植天麻与过去的袋料香菇相比具有很多的优势，因此也吸引了众多的村民参与其中。但是，天麻产业同样面临着较高的市场风险，这种生计替代方式没有走出传统的路径。

一方面，农产品市场价格总是在上涨和下跌中波动。尤其是在玉泉坝村，该村地理位置相对封闭、市场信息不对称、农民整体素质偏低、市场判断力弱，很难根据市场信息灵活变动，降低风险。另一方面，天麻的种植尚处于一家一户的小规模生产状态，众多天麻种植户面对的是少数产品经销者。天麻的价格决定权很大程度上集中在经销者手中，种植户只是价格的被动接受者，这也决定了他们将成为市场风险的主要承担者。

（三）展望未来

陕西妇源汇所申请执行的"陕西省宁强县玉泉坝村'5.12'地震灾后重建暨可持续发展项目"基本实现了预期目标。课题组通过在玉泉坝村的跟踪调查，发现该村居民面临的最主要问题在于生计来源方面，妇源汇的项目很好地贴近了灾区贫困家庭的需求，村民的参与率和满意度也非常高。项目的亮点在于将参与式社区发展理念与手法融入了灾后重建项目的实施过程中，赋权社区民众，关注贫困人口，同时注重妇女的参与。妇源汇将基础设施建设与生计发展结合起来，动员本土资源，培养了社区自我发展的能力，弥补了政府在扶贫工作中的一些不足之处，减轻了政府的扶贫工作压力。

但是，项目还面临着诸如缺乏法律保障、缺乏政策支持、政府扶持力度不够、民众的主动参与意识不高等诸多挑战，项目的可持续性还存在一定的风险。

此外，在走访中课题组也发现了一个值得深思的问题。汶川地震之后玉泉坝村村干部和群众之间的关系较为紧张，主要的原因是由于重建资源分配的不公平所致。村干部作为一个村的"守门人"比项目工作人员更为了解当地情况，项目想要顺利地开展必须依赖于他们。妇源汇成功地与其建立了良好的关系，但是过于密切的关系导致了项目资源在分配过程中受村干部影响而有所偏离。村民对村干部的不满一部分转嫁到了妇源汇身上，他们认为妇源汇不应该与村干部走得太近，尤其是在验收时应该自己独立客观地进行而非把权力有意无意地交予村干部。从另一方面来看，一旦妇源汇疏远了村干部则项目又将阻力重重，因此 NGO 如何处理与村一级的关系、平衡村民与"守门人"的冲突是一个非常值得深思的问题。

村既是最大的血缘社区，又是最小的地缘社区，小小的村落也是一个由利益关系网织成的社会，其复杂的情况给 NGO 做项目带来了诸多困难。村级组织、NGO 与村民在灾后重建中如何共同发展、一起成长，是未来要面临的问题。

第二章

北川县新川小区社区活动
中心案例

2008 年"5.12"汶川大地震的发生，使地震灾区经济、社会、文化遭到毁灭性的伤害。伴之而生的是一大批非政府组织的出现，并给予灾区帮助，创造了许多优秀的扶贫项目。

作为重灾区的北川羌族自治县，在地震中损失惨重。经过异地规划重建后，居民们搬进了崭新的城镇，打破了原有的社区居住格局，社区关系重建与社区顺利的转型显得尤为重要。"北川县新川小区社区活动中心"项目就是在此基础上采取的社区扶贫模式，它以"社区重建"为核心理念，运用专业的社会工作手法，通过整合社会资源提供服务、重建支持网络等手段，为灾区提供包括社区关系重建、心理关爱、医疗卫生、社区养老等方面的社区公共服务，以促进灾后社区的振兴和发展。

一　项目背景和机构简介

（一）项目执行点基本情况

项目开展地点为北川羌族自治县永昌镇新川小区，也就是现在的北川县新城县城。在 2008 年的"5.12"地震中，北川羌族自治县遭受了毁灭性的伤害，北川居民失去了原本美丽的家园。经过 3 年的灾后重建，居民们搬进新居，开始了新的生活。"北川县新川小区社区活动中心"项目是针对北川新县城新川社区开展的震后社区公共服务项目。

1. 地震前后北川县经济社会基本情况①

北川羌族自治县位于四川盆地西北部。地理坐标：北纬 31°41′~32°14′，东经 103°44′~104°42′。东接江油市，南邻安县，西靠茂县，北抵松潘、平武。全县面积 2869.18 平方公里。县城位于曲山镇，城区面积 1.5 平方公里，距绵阳市 70 公里。

北川历史悠久。北周武帝保定四年（564 年）置北川县，至 2008 年已有 1444 年的历史。2007 年，全县辖 3 镇 17 乡（其中桃龙乡为藏族乡）278 个村 381 个村民小组和 16 个社区居委会。2007 年末，全县总人口为 160528 人。县境居住着羌、藏、回、苗、壮、土家、彝、满等 17 个少数民族，其中羌族人口 90808 人，占全县总人口的 56.7%。

北川羌族自治县地处四川盆地向川西高原过渡的地带，境内山高谷深，地质构造复杂。水能资源理论蕴藏量 49 万千瓦；可开采矿产资源 10 余种，其中石灰石储量约 10 亿吨；森林覆盖率达 78.6%，拥有大熊猫、金丝猴等 10 种国家一级保护动物；人文和自然景观众多，是大禹故里、革命老区，拥有禹穴沟、西羌九黄山自然风景区、小寨子沟自然保护区和永平堡遗址等著名旅游景区。

改革开放 30 余年，特别是 2003 年 7 月国务院批准设立北川羌族自治县以来，北川的经济和社会得到长足发展。2007 年完成地区生产总值 13.2 亿元，人均 8598 元；财政总收入 1.14 亿元；农业总产值 7.2 亿元，规模以上工业总产值 9.9 亿元，旅游业总收入 3.8 亿元，三次产业比为 33∶42∶25；城镇居民人均可支配收入 7250 元，农民人均纯收入 2831 元；科技、教育、文化、卫生等各项社会事业得到加强，生态和环境建设成效显著，民族文化得到有效保护和发展。

在"5.12"汶川特大地震中，北川羌族自治县遭受了毁灭性破坏，县城中心的曲山镇夷为平地，北川中学遭受重创，关内隘口——漩坪乡永陷水底，神禹故里残破损毁。此次地震夺去了超过 10% 的全县总人口的生命，且余震频发，多达 1 万余次，其中 6 级以上 5 次。北川成为"5.12"汶川大地震中受灾最为严重的特重灾区，列全国极重灾县第二位。国务院总理温家宝 5 月

---

① 资料来源：绵阳灾后重建网，http://www.my.gov.cn/zaihouchongjian/584060576674611200/index.html.

22 日到北川视察灾情时指出："北川此次发生的地震灾害，是新中国成立以来最为严重、影响最大、损失最大的特大自然灾害。"

人员伤亡大：地震共造成全县 15645 人死亡，1023 人失踪，26916 人不同程度受伤。其中，全县各级干部死亡、失踪 466 人，占全县干部总数的 24.13%，受伤 200 余人，占干部总数的 10.3%。

受灾范围广：全县 20 个乡（镇），278 个行政村，16.1 万人口全面受灾，农村房屋倒塌 40124 户、621.922 万平方米，城镇居民房屋倒塌或损毁 122.72 万平方米、严重破坏 25.68 万平方米，14.2 万人无家可归。

经济损失大：地震造成县内道路交通，水、电、气供给以及通信全部陷入瘫痪，行政、卫生、教育等基础设施全部被毁，360 余家中小企业遭受严重损失，灾害造成直接经济损失 585.7 亿元，相当于 2007 年全县 GDP 总和的 44 倍。

图1　地震前后北川县曲山镇对比照片，左图为地震前美丽的北川，

右图为地震后满目疮痍的北川

图片来源：绵阳灾后重建网，http://www.my.gov.cn/zaihouchongjian。

2008 年 6 月 11 日，国务院办公厅印发《汶川地震灾后恢复重建对口支援方案》①，按照"一省帮一重灾县"的原则，确定由山东省对口支援北川

① "对口援建"是 2008 年四川汶川大地震之后采取的一种重建方式。2008 年 6 月 13 日，党中央、国务院在京召开省区市和中央部门主要负责同志会议，决定实施《汶川地震灾后恢复重建对口支援方案》，组织山东等国内 18 个省市，对口支援四川 18 个重灾县（市）。按照规定，各支援省市每年对口支援实物工作量按不低于本省市上年地方财政收入的 1% 安排，各援建省市先后共计派出 2800 多名干部、20 多万施工力量赴灾区参加重建工作。与此同时，相类似的四川省内的"配套工程"也迅速启动：除 6 个重灾市州和巴中市、甘孜州外，其余 13 个市州分别牵手 13 个重灾县（区）的一个重灾乡镇，开展对口支援。

县的灾后恢复重建工作。

2009 年 2 月 6 日，民政部以民函［2009］41 号文批复，同意将安县的安昌镇、永安镇、黄土镇的常乐、红岩、顺义、红旗、温泉、东鱼 6 个村划归北川羌族自治县管辖，并建立永昌镇，意欲永远繁荣昌盛。北川羌族自治县人民政府驻地由曲山镇迁至永昌镇。辖 6 个镇、16 个乡、1 个民族乡。此次调整后，北川羌族自治县面积增加 215 平方千米、人口增加 7.8 万余人。全县有 304 个村，1381 个村民小组，17 个居民委员会和 49 个居民小组。

北川新县城在地震之后总体规划面积约 14 平方公里，用地范围涉及安昌镇开茂村、东升村，黄土镇的红岩村、常乐村、温泉村、顺义村、红旗村及东鱼村。2010 年 9 月，永昌镇对原辖的顺义、温泉、红旗、东鱼、新街等 9 个村和回龙、茅坝 2 个社区进行了重组，根据居民分布情况，重新划分行政区域，社区居民通过摇号分配住房，新组建起尔玛、禹龙、新川、沐曦、诺西、纳润 6 个社区。

图 2 异地重建的新北川（图片来源：中国网）

新县城重建分三步走：第一步：2008～2010 年，完成人口安置，启动基础功能和工业园区建设。建设区域为行政办公区（北川羌族自治县人民政府、医院）、学校文教区（北川羌族民俗博物馆、北川中学），还包括两个居住生活区、公共服务区和休闲游区。第二步：2010～2015 年，集聚人口，进一步完善功能和彰显特色。建设区域包括两个商业服务区、体育公园区、居住生活区和山东工业园区，一条观景水系路线将从绵阳方向进入，穿过县城至休闲游区（山丘）。同时，河对岸的远景规划区与新县城形成一个整体。第三步：2015 年以后，提升城市地位和形象建设，拓展功能辐射周边。

2. 震后的新家园——新川小区

新川小区成立于 2011 年 9 月，位于北川羌族自治县永昌镇西南方，分为新逸苑、新瑞苑、新丰苑、新安苑、新泰苑和新盛苑六个苑区。辖区内有居民住宅 105 栋，276 个单元，现居住户 2825 人，社区总人口 8241 人（其中：男性 4287 人；女性 3927 人）。新川社区支部、居委会现有工作人员 8 人，由原来六个村的村长和村书记担任。其中党员 8 人，大专文化程度以上 1 人。社区党支部下设 6 个党小组，党员 216 人。社区居民委员会下设 31 个居民小组。

经过新川社区服务中心工作人员的统计，目前全社区有劳动力 5643 人；已就业人员 3910 人（其中从事公益性岗位 43 人；保安等管理服务人员 305 人；餐馆、酒店服务员 318 人；其他就业人员 1556 人；个体经营户 59 户，162 人；外出务工人员 1422 人），社区就业率总计 69%。全社区现有失业人员 1295 人；未就业人员 1733 人。全社区目前有租房户 164 户；外来人员 314 人。新川社区截至 2011 年 12 月，享受城镇低保待遇的有 74 户，101 人；领取养老保险金人员 1293 人；在校学生 716 人。[①]

新川小区由原黄土镇的六个村及安昌镇的开茂村、东升村村民摇号混居而成。在地震前，这是一个以青壮年人外出务工为主、传统的农林业为辅的典型中国西部农村社区。地震后，黄土镇被北川县纳入灾后重建规划范围，在征地搬迁后居民们统统摇号"上楼"，搬入统规统建的新楼房，在短期内实现了从农村社区转变为城市社区，城乡一体化进程得到了意外的推进，是一个由地震这个特殊社会事件催生出来的"村转居"[②] 社区。面

---

① 新川社区基本资料由新川社区服务中心提供。
② "村转居"指在城市化过程中对"城中村"进行管理体制的变革，即由原来的农村政村建制转变为城市居委会建制，这个过程被简称为撤村建居，这种新建的社区就被称为"村转居"社区。目前的撤村转居型社区存在着文化冲突、管理衔接不畅、居民参与意识薄弱、社区服务不完善等问题。在本案例中，这些问题都有所体现。

对如此剧烈的社会转型的冲击，社区居民对新社区产生了许多的"不适应"状况。

图3 新川小区崭新整洁的街道、漂亮的楼房（拍摄于 2011.11.22）

首先，社区空间布局与居民原有生活方式不相适应。地震前，居民们传统的院落式住宅邻里间经常串门来往，结伴种地，赶集，上工，邻里关系非常好。而搬入楼房以后，同一栋楼、同一居民苑的居民大部分互相不认识，各家各户关上门后互不来往。这意味着几十年建立起来的以血缘、姻缘和地缘为纽带的乡村互助网络解体，居民原有的社会资本大幅下降，从而导致居民社区归属感弱，邻里关系疏离，社区凝聚力水平低。

图4 新川小区居民在生产生活方式改变后，无事可干的中老年居民
主要的休闲方式就是打牌、闲聊（拍摄于 2011.11.29）

其次，社区生产消费方式与居民原有生产消费方式不相适应。在生产方式上，地震前居民们主要以青壮年外出务工、老妇幼在家务农为主。经过灾

后重建规划，征地拆迁使黄土镇大部分居民纷纷成为失地农民。虽然享受了政府相应的征地补偿，并将适龄（60岁以上）居民纳入城镇养老保险体系，发放养老金。但是没有了土地，居民们的生活失去了基本的保障。在消费方式上，地震前黄土镇居民消费主要花费在子女教育、生活用品、看病就医上，生活必需品特别是食物、水基本上都能够自给自足，并在用电上享受国家的优惠政策。地震后，北川新县城物价猛涨，消费水平抬高，衣食住行都需要花钱，这对于没有稳定收入来源的居民们来说难以承受。"虽然有养老保险，但是现在吃的、穿的、用水用电都要给钱，甚至连上厕所冲水都要给钱！物价又那么高，每天都在精打细算地用都还不够。"新川社区生计无靠、消费偏高的状况使居民们连连叫苦。

最后，村民传统的思想观念与新型社区的生活方式和管理模式不相适应。主要表现在：拖欠缴纳社区物业管理费，使社区物业管理①服务难以为继。新川社区的物业管理是由绵阳市物业管理公司提供，承担着社区的社会治安、公共卫生、绿化美化、环境保护、基础设施维护等方面的工作，需要居民交纳一定的物业管理费用。然而，居民们"各扫门前雪"的传统思维认为房屋是私有财产，不需要向第三方缴纳费用进行管理。

3. 新川社区服务中心

新川社区居民"等、靠、要"思想较为严重，居民之间、居民与行政部门之间、居民与企业之间都因经济上的、政策上的、法规上的诸多不确定因素而引发矛盾或纠纷。在实地调研过程中，笔者了解到新川社区居民对于基层政府非常不满，矛盾主要集中在地震后征地补偿款发放的不公平，村里的集体资产的补偿款迟迟不到位，养老金缴纳金额与到账金额不相符，社区中大部分"40、50"人员无法就业等问题上。自从地震后，新川社区居民就这些问题一直与基层社区和政府部门纠纷不断。

新川社区要实现发展，必须先从社区重建入手，将其建成一个具有良好互动、强大的社会支持网络、高度凝聚力的和谐社区，这对于改善居民不适

---

①　物业管理有狭义和广义之分。狭义物业管理是指业主委托物业依据合同建筑房屋及其设备，对市政公用设施、绿化、卫生、交通、治安和环境容貌等管理项目进行维护、修缮。广义物业管理应当包括业主共同管理的过程和委托物业进行的管理过程。资料来源：http://baike.baidu.com/view/42077.htm。

应状况，推动灾后社区重建有着重要意义。这样的社区才能具备社区可持续发展的动力和能力，为实现灾后社区质的跨越奠下基石。

"自从搬进新社区，我们就不知道有周末这个概念"，社区服务中心的龙主任在访谈时说。自从 2010 年 10 月搬入新县城以来，新川社区服务中心就在社区开展了许多工作，但由于社区事务繁多，加之社区服务中心资金不足、人力资源有限等情况的限制，在为社区提供公共服务上难免显得"心有余而力不足"。

新川社区支部、居委会现有工作人员 8 人，选取新川小区的六个村的村长和村书记担任。其中党员 8 人，大专文化程度以上 1 人。社区党支部下设 6 个党小组，党员 216 人。社区居民委员会下设 31 个居民小组。面对 8000 多人的新川小区，社区服务中心的工作人员们都表示自己"事情很多、压力很大"。

社区服务中心龙主任介绍，自从 2010 年 10 月搬进北川新县城，社区服务中心新川社区到目前为止做了大量的工作，具体为以下几个方面。

社区居民基本情况的摸底统计工作。这项工作从 2011 年春节就开始进行，通过工作人员挨家挨户地走访，以了解新川社区的人口结构、就业情况等信息。工作到 2011 年底已基本完成，但由于对社区的基本情况需要进行不断更新和跟进，因此对居民的回访工作也一直不间断地开展。

社区居民养老保险和低保的发放。基于对社区基本情况的统计，服务中心将符合条件的社区居民（60 岁以上）纳入城镇养老保险保障范围内，并对符合条件的困难家庭提供城市最低生活保障金，为搬入新城生计无靠的居民提供一定保障。截至 2012 年 6 月，新川社区享受低保的有 74 户，101 人；全社区领取养老保险金的人员有 1293 人。

灾后重建遗留的拆迁补贴和住房补贴等问题需要解决。当前我国本就处于矛盾多发期，地震这一特大灾难性事件中由于国家政策落实情况的有所偏差，以及灾区居民彼此比较所产生的强烈的"相对剥夺"感等，都在不同程度上使社区居民对本地政府产生了许多不满，造成灾区干群关系紧张。

召开居民大会，开展宣传教育活动，提高居民整体素质。新川社区已经由农村社区转变为城市社区，但是居民们还保留着一些在农村生活的不良习惯（如乱扔垃圾、违章停车、不缴纳物业管理费用等），居民的整体素质还有待提高。目前，社区服务中心主要通过召集居民开社区大会，组织社区文艺表演活动，在其中穿插政策宣传、科普知识普及等的创新形式开展相关工作，旨在提高居民的整体素质，使其尽快适应城市生活，成为真正的城里人。

安抚失业居民，积极寻找解决居民就业问题的突破口。由于搬入新社区后生产方式的改变，社区居民在就业方面存在一定压力。社区内"40、50"人员就业率低，没有土地、林地可以靠，外出务工工厂不要，就近务工无法保障。加之地震后新川社区的居民形成了强烈的"等、靠、要"思想，并且对工作的期望过高，导致居民对政府的怨气很大，基本天天都跑到社区办要求给他们找工作。在实际走访中，笔者了解到居民们都在抱怨说自己没有工作、家庭困难，但是在进一步的追问下，大部分居民表示都在打临工，做短工。但是，他们认为"打工"并不算是真正的工作，他们觉得只有像尔玛社区的人一样有着较为稳定的工作才算是真正的工作。在这里所谓的"稳定工作"主要指类似于公务系统、大型厂矿的正式员工、银行职员，或是由政府安排的清洁工人等工作才算是工作。然而，笔者在走访中了解到，提出这些要求的大部分居民文化水平都在初中、小学，想要找到他们满意的工作确实不易。作为一个新建社区，新川社区在地理位置和资源上并没有优势，还无法对外招商引资发展社区生计，解决居民就业。这是到目前为止社区服务中心工作的一个重点，也是难点。面对居民的就业需求，现在社区只能在安抚民心、提供一定公益性岗位、保障居民失业保险等方面做出努力。

目前，社区服务中心开展社区工作存在着诸多困难。首先，社区经费极其欠缺，无法开展大型活动。其次，社区缺乏居民活动中心，无法满足居民休闲娱乐的需求。最后，社区工作人员和社区居民还未建立较为亲密的关系，影响各项工作的顺利开展。除此之外，新川社区居民在打乱重组后，原六个村的各个大队长变成了现在的楼栋长，每人管理两栋楼。但是，由于居民们的居住格局被打乱，加上不像以前那样在生产上具有一定的利益分配关系，居民们不再买队长的账。大队长失去了原有的功能，成了有名无实的队长。"我又不认识他，我为啥子要听他招呼嘛！"新川小区居民说。这样一来，不仅造成社区召集群众难度大，开展活动困难。同时，也影响到了社区项目的进行。可以看出，由于资金不足、人力有限等情况的限制，作为政府部门的社区服务中心在为社区提供公共服务上"心有余而力不足"。

（二）北川羌魂文化传播中心

1. 机构简介①

北川羌族自治县羌魂文化传播中心（以下简称"中心"），原名"中国心志愿者团队"。2008年5月15日由重庆王欣、西安陈军、四川曹琨运用网络共同发起，高思发等14名队员积极响应而成立的"四川抗震救灾志愿者组织"，2008年5月26日进驻北川开展抗震救灾工作，2008年6月17日更名为"中国心志愿者团队"。

图5 左图为北川羌魂文化传播中心办公地（拍摄于2012年3月4日）

从2008年5月26日进入地震灾区后，该中心便参与协助灾后重建、贫困助学，爱心筹助，社会贫困帮扶，先后与北川20多所中、小学建立了深厚友谊与关系，与三台孤儿院、安县花街敬老院、安县爱心植苗所在的板房区建立爱心协作关系。该中心与《新潮生活》周刊、大成网、华西车盟等各界爱心组织、北川团委及地方政府机构合作推动各项工作的开展，2009年11月向北川羌族自治县民政局申请注册为非营利组织——北川羌魂文化传播中心，成为北川历史上第一个从草根转变来的民非组织。

---

① 此部分内容由北川羌魂传播中心所提供资料整理而成。

2. 机构组织架构

北川羌魂文化传播中心的业务主管单位为共青团北川县委和北川民政局。最高权力机构是理事会，理事会成员共有 7 人，由理事长、秘书长和理事组成。[①] 中心下设机构有项目办、综合办和志愿者办。中心主要通过与基金会合作筹集资金，开展的相关项目有品质助学、社区项目（分为农村社区和城市社区）、志愿者管理以及应急救灾。中心办公室位于北川县永昌镇体育馆一楼，是由北川县民政局提供的。这一间 40 平方米左右的房间，就是机构工作人员平时办公的地方。目前，中心专职工作人员有 6 人，兼职工作人员 2 人，团队顾问 6 人。[②]

专栏一 中国心志愿者团队队长高思发

高思发，男，42 岁，北川羌魂文化传播中心主任、团队总领队，绵阳市人。震前在西藏药材行业从事营销工作，2008 年"5.12"地震后通过网络与一群志同道合的网友组队到北川参加救援工作。在参加抗震救灾的过程中，渐渐感到了自己身上对于家乡建设的责任感，于是毅然决定放弃事业留下来坚持专职从事公益至今。

高队长总是精力旺盛。不论是在社区里和居民打招呼，还是在办公室和工作人员商量工作，他总是精神奕奕，说话声音洪亮。每天忙着工作和学习，忙着出差，忙着照顾家里，高队长就像一个铁人一样，永远不会倒下。"在绝望的大山上，砍下一块希望的石头"，这是高队最喜欢的一句话，也是中国心团队的座右铭。

高队长对灾区有特殊的感情，因为这里是他的家乡。他之所以待在

---

① 分别是理事长高思发、秘书长刘剑峰和理事李鸿、朱晓春（中共党员）、于雅芳（中共党员）、蒲永红、贾如燕。目前，除了高思发和刘剑峰还继续承担机构的工作以外，其他 5 人皆因工作、生活等方面原因已淡出机构具体工作。但是，大家仍关注机构的发展情况，有的理事会成员还在持续资助贫困的孩子。

② 专职工作人员 6 人：高思发（主任），王玉阁（社工/品质助学专员），张伟琼（社工/农村社区专员），何清香（社工/城市社区专员），秦莹莹（社工/志愿者项目专员），王婷婷（志愿者/品质助学专员）。

兼职工作人员 2 人：刘剑峰（副主任 理事 党员），刘东肖（会计）。

团队顾问 6 人：庞志成〔阿佬〕（香港土房子内地督导主任），郭虹（四川省社科院），杨静（北京近邻社会服务中心），邱格屏（华东政法大学教授），陈树琴（原绵阳市文联主席、作家），罗华明（原北川政协副主席）。

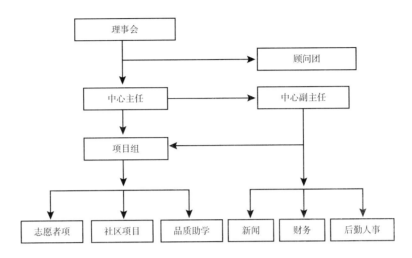

图 6　北川羌魂文化传播中心机构组织架构

资料来源：中国心志愿者团队博客，http：//blog. sina. com. cn/spiritofchina。

这里，是因为这里有家的感觉。他虽然没有专业的社会工作背景及公益事业从业经验，但凭借他对于公益事业的一腔热忱，在不断地学习和经验积累过程中，渐渐形成了良好的专业素质和敏锐的眼光，是整个团队的灵魂人物。机构工作人员评价高队长"务实、有眼光、有远见、反应快、有魄力但也很谨慎。但最大的感受就是务实"。"只要有高队长在，中国心就会发展得越来越好。"对于中国心的未来，高队长信心满满，他说"要做就做出一番事业，我相信中国心一定会从草根组织发展壮大的"。

3. 中国心志愿者团队开展项目介绍

从 2008 年"5.12"地震后进入四川以来，中国心志愿者团队在地震灾区开展了许多项目。到目前为止，开展的项目主要有志愿者项目、品质助学项目、社区项目、应急救灾四大类别。

志愿者项目。包括暑期夏令营活动、羊角花志愿者团队、校园大使和社区志愿者四个方面活动。

（1）暑期夏令营活动。项目在北川县县委的指导下，由中国心志愿者团队与北川县中小学校取得联系，向学校租用场地。与此同时，中国心通过网络平台发布信息招募志愿者于每年暑期到北川县进行服务，对参加的学生开展教学、家访和心理辅导等活动，缓解受助学生家庭的心理压力，调解受助学生家庭亲子关系，增强受助学生的学习兴趣与动力，改善学生自卑的心理状况。从 2008 年 7 月开始开展至今已完成夏令营（辅导班）四期，来自 6 个国家 200 多所高校的 1000 余名大学生及部分在职教师、企事业职员参与了志愿服务，受益学生达 1200 余名。

（2）羊角花志愿者团队。志愿者队员为中国心在品质助学及其他项目中所资助的孩子，中国心将从 700 多名受助孩子里面选出 50 名孩子，通过 5 年时间的志愿服务理念及工作方法的培养，计划在 5 年后打造出全国高校的 50 支北川志愿者社团，以为北川服务。目前该团队还处在筹备阶段。

（3）校园大使。通过网络招募的方式，与符合要求的高校在校生（大学二年级以上）合作，促进高校学生认知公益活动、参与公益活动。校园大使的主要工作为在校推广中国心品质助学项目、为励志夏令营项目招募志愿人员、参与北川社区服务活动等。

（4）社区志愿者。中国心志愿者团队通过与四川本地高校社团合作，召集大学生志愿者团队到北川参与社区项目，开展社区工作。该项活动的开展不仅服务社区居民，还为大学生提供了一个社会实践的平台，提高了大学生的大众服务意识和服务能力。

品质助学项目：通过中国心在多种平台（主要是网络）发布助学项目信息，募集全世界爱心人士的资助金，然后由中国心团队工作人员和志愿者亲自将助学金发放到需要资助的学生手里。在每学期结束后，中国心将受助学生成绩单反馈给资助人，并将受助学生亲笔书写的感谢信寄给资助人。该项目通过资助人、受助人和第三方的合作，旨在让受助人有尊严地受助，让资助人在付出的同时收获爱的感动，让第三方为两方架起沟通的桥梁。项目从 2008 年 9 月开展至今，已资助学生 721 人，发放助学款 150 余万元（2012 年网络募集代理助学资金 53 万）。资助范围遍及北川县、安县 42 个乡镇，238 个自然村。受助学生分布于北川及周边 63 所中小、高职学校。资助人分布广泛，来自 3 个不同国家，国内 26 个省、直辖市/地区，70 个市/区的 248 个个人，3 个团体，总计 1000 多名资助人（其中有 500 名大学生参加，约 10 多名大学生资助一名孩子）。

社区项目：包括城市社区项目和农村社区项目。

（1）城市社区项目。主要在北川新县城新川社区开展。2011 年 5 月，经过中国心团队在新北川县城进行调研，了解到目前灾后重建新社区亟须进行社区重建，策划了以"社区重建"为核心的"北川新川小区社区活动中心"项目。该项目于 2011 年 8 月获得中国扶贫基金会 14 万元的资金支持，并在 2012 年得到广州千禾社区基金会 5 万元的资金资助，共筹集资金 19 万元人民币。2011 年 9 月 24 日，活动正式在新川社区开展。截止到 2012 年 3 月，累计参与居民 1000 人次，服务志愿者来自 9 个高校，共计 400 余人次。该项目在服务社区的同时，将探讨 NGO 在震后"村转居"社区的重建中所发挥的作用。

（2）农村社区项目。该项目建立在品质助学项目基础之上，旨在探讨建立一种与品质助学项目相对接的社区扶贫模式。中国心志愿者团队于 2011 年先后到北川县桃龙乡、漩坪乡、安昌镇进行走访调查，了解品质助学项目受助学生的家庭、社区贫困状况。2011 年 11 月，通过公开招标的方式，确定以北川安昌镇石梯村为试点实施农村生计发展项目。2012 年 3 月，该项目得到乐施会成都办给予的 15 万元资金的资助。目前，项目初步定于 2012 年 4 月正式开始实施，主要通过建立养鸡合作社的形式提高受助贫困家庭的经济收入。

应急救灾项目：该项目充分利用中国心志愿者团队在汶川地震紧急救援中的丰富经验，将紧急救援与志愿者精神延伸到其他的灾后救援中，为受灾地区提供支援。在 2008 年的"5.12"汶川地震紧急救援中，中国心团队为北川募集的捐赠物资价值 300 多万元，救助对象包括学生 2 万余人、成人 3 万余人。在 2010 年"4.14"玉树地震紧急救援中，募集并捐赠物资达 30 多万元，并组织志愿者到救援现场挖出 60 多万元的物资。除此之外，中国心还参与了舟曲泥石流、盈江洪水灾害的物资捐赠活动。在这些救援活动过程中，中国心通过网络积极转播社会各方紧急救灾信息，协助受灾群众早日脱离险境。

二　项目的实施过程

"北川新川社区活动中心项目"是在北川县新川社区开展的，以新川社区居民作为对象开展，运用专业的社会工作手法，通过与当地政府相关部门及其他社会组织的合作，开展"新社区、新居民、新生活"的社区公共服务系列活动。该项目旨在为新川社区提供社区公共服务项目，包括社区关系重建、心理关爱、医疗卫生、社区养老等。以期重建社区社会关系，加强原有社会关系，建立新的社会关系，形成崭新的社会支持网络，实现灾后新川社区的整合和可持续发展。

项目的近期目标包括：消除居民陌生感和隔阂；恢复和重建社会关系，包括家庭关系、邻里关系、社区关系、政民关系等；发掘社区精英，增强现有组织的活动能力，培育相关的群众自治组织和社会服务组织，培养当地的社会工作人员。近期目标是以开展社区活动的形式在 12 个月内达成，为社区的发展打下基础。

远期目标包括：加强社区整合能力，建立社区各类自助、互助的社会组织，提高当地社工自我运作能力，进一步强化居民的社区参与、社区意识，促进社区顺利转型，构建和谐社区。长远期目标主要通过引导、指导和督导等间接服务的形式在 3~5 年的时间内达成。

项目由高思发作为项目负责人，负责项目总体策划与协调，并控制项目进展；中心工作人员何清香负责项目的具体实施、志愿者的协调等工作，活动的具体开展则由来自四川各高校的志愿者完成。该项目邀请到香港"土房子慈善基金会"负责人阿佬（真名：庞志成）作为项目督导员，阿佬每个月到中心了解项目开展情况并对项目提出建议，同时对机构工作人员开展专业培训，提高机构社区工作能力。中国心高思发队长说，"我们并不是为了完成任务而做项目，而是真心地希望灾区社区能够得到发展，为灾区的发展贡献一份力量"。

（一）项目准备阶段：社区的选择和进入

中国心志愿者团队从 2008 年"5.12"地震后便进入灾区进行支援，开始了"品质助学"和"暑期辅导班"项目，至今已有近四年时间。这期间，中国心在北川县当地实施多次调查、家访，对当地社会经济文化有了基本的了解，并在与居民们的长期互动中，建立了良好的社会关系。与此同时，中国心积极地与北川县民政局和团委联系，得到了当地政府的支持与协助。这些前期的积淀为中国心进入社区开展工作打下了良好的基础。

经过 3 年灾后重建，灾区基础设施建设基本完成，灾区工作重点也从支援安置过渡阶段转入社区全面发展、振兴阶段。2010 年 10 月，北川新县城交付使用，灾民们陆续搬迁到新建的城镇中，成为新北川的居民。新北川县城由六个社区组成，各社区普遍采取摇号混居的方式安置居民，造成居民间原有社会关系的解体，并由此导致社区居民间冷漠、社区归属感弱、社区凝聚力低。

中国心在 2011 年 4 月就开始通过走访北川新县城居民及当地政府有关部门，开展了灾后社区重建与发展的需求评估。机构通过深入社区居民之中了解情况，发现灾区基础硬件设施虽有了质的飞跃，但在社区公共服务上还有一些滞后。社区关系重建、心理关爱、医疗卫生、社区养老等公共服务方面在新北川都亟待提高。通过对新北川 6 个社区的调查，发现新川社区与北川县其他 5 个社区大不相同。与由老北川居民搬迁入住的新川社区是由新县城规划地原黄土镇村民混居而成，搬入新城后的由"农村人"转变为"城市人"，在生产生活方式、思想观念上产生了许多不适应。同时，作为"村转居"社区的新川社区，居民间的社会关系还未恢复，社区公共服务还未完善，社区重建的重要性和急迫性凸显。因此，中国心志愿者团队决定将新川社区选定为此次开展项目的地点。

确定新川社区为项目点后，北川羌魂文化传播中心设计了一份以"社区重建"为价值理念，采取专业小组工作和社区工作手法，从社区关系重建、心理关爱、医疗卫生、社区养老等角度规划一系列活动的规划方案，旨在通过为新川社区居民提供社区公共服务，修复和重建社区的社会关系，提高社区凝聚力。

2011 年 6 月，社区项目方案通过了中国扶贫基金会的审核，获得 14 万元人民币的经费支持。2012 年 3 月，社区项目又得到广州社区千禾基金会 5 万元人民币的资助，足以保证社区项目顺利、完整地实施。为了确保项目顺利实施，中心在获得团委北川县委和北川民政局的许可后，又积极争取新川社区服务中心的大力支持。

通过近 3 个月的准备工作，机构最终确定了"北川县新川社区活动中心"项目设计方案。在具备了开展活动的条件后，项目于 2011 年 9 月在新川社区正式拉开帷幕。

（二）项目实施阶段

1. 项目的内容

"北川县新川社区活动中心"项目从 2011 年 9 月开始执行，项目活动包括社区文化建设、社区服务（心理关爱、医疗卫生、社区养老）及社区大型活动三方面内容。围绕这三个方面的内容，中心具体开展了如下一系列活动。

（1）社区文化建设

温馨板报：每月 2 期，由中心组织并培训居民和志愿者，培训完成后让大家亲自动手设计并完成社区板报。板报内容丰富，不仅有国家政策法规、健康生活常识、社区新闻，还可以通过板报及时公布社区温馨消息，增进社区居民间的相互了解。

"板报每期都在办，但是在效果上却不是非常明显"，中心工作人员何清香说道。新川社区居民多为农民，知识文化水平不高，制作板报的多为志愿者；加之长期的农村生活没有养成看板报的习惯，因此板报的宣传范围也有限。甚至还有人在板报上张贴小广告，影响了板报的整体效果。话虽如此，参加板报制作的志愿者们依旧颇费心思地设计、制作板报。为了吸引更多居民关注温馨板报，机构决定下一步将积极动员社区居民，并组织开展板报比赛，在丰富居民的文化生活同时，扩大温馨板报的影响力。

图 7　志愿者在制作和张贴温馨板报（图片由北川羌魂文化传播中心提供）

文化讲解队：该项活动通过志愿者组织社区居民进行培训，引导居民（尤其是年长居民）讲解社区文化历史，并给大家分享一路走来的人生成长经历。在几次活动开展过程中，社区的老人渐渐都乐意将个人所学、心中所感诉之于众。

通过活动的开展，为社区居民提供了交流的平台，促进了居民的相互认识。原本还生疏的居民们在聆听文化讲解的过程中，不仅对本社区原有的文化历史有所了解，还在居民们的聊天、探讨问题中促进大家相互认识，削减了彼此的生疏感。在活动结束后，许多居民还有说有笑地结伴而行。

随着活动的深入，该活动最终将发展出一支社区文化讲解队，由社区居民自己组织领导，定期在社区开展文化讲解活动，增加居民们交流的频率，促进社区关系的修复和重建。

图 8　志愿者在社区活动室开展文化讲解活动，来自社区的老人分享社区的故事

注：图片由北川羌魂文化传播中心提供。

（2）社区服务

中医保健：每月 2 次，由中心组织绵阳中医药技术学院的志愿者对居民开展中医保健活动。活动内容包括推拿按摩、身体检查、普及保健知识等，深得居民特别是社区老年居民的欢迎。参加的居民都说："保健这个活动好舒服啊，晚上睡觉都觉得舒服多了！"在参加中医保健的过程中，除了由志愿者给居民提供服务，居民间也互相服务。笔者亲眼在活动现场看见社区老人互相按摩、熏艾灸，气氛非常融洽。机构工作人员介绍："中医保健活动受到居民的欢迎，大家都是一传十、十传百，通过参加的居民介绍使参加的居民越来越多。"

中医保健活动是最受居民欢迎的活动，但是由于活动场地的限制（社区项目一般在新北川体育馆门口的广场举行），活动的开展极易受到天气的影响。在 2011 年 9 月，得到新川社区服务中心的支持后，社区服务中心将社区会议室提供给中心开展活动。这样一来，参加中医保健的老年居民们有了遮风避雨的活动室，为活动的顺利开展提供了保障。

城市留守儿童陪伴：每月 2 次，由大学生志愿者组织留守儿童开展成长小组工作，通过游戏的方式增加留守儿童相互间的交流，以促进留守儿童敞开心灵，增加儿童自信，关爱留守儿童心理。每次小组活动策划书由机构工作人员或高校志愿者进行设计，在得到机构的审核后开展。原本就活泼好动的孩子在志愿者的引导下，和其他的孩子一起玩各类游戏，并在游戏后由志愿者指引其对游戏的感觉进行分享。

图 9　左图为居民们正在参加中医保健活动的体检项目，
右图为城市留守儿童在体育场参加活动

注：图片由北川羌魂文化传播中心提供。

但是，目前该项目效果不明显，只有社区部分留守儿童乐意参加，且多在家里老人的陪同下才参与活动，参加活动的孩子年龄普遍偏低（大多数为 6～8 岁）。机构工作人员计划在下一步的工作中，加大对社区留守儿童的动员，扩大活动的服务范围，使更多留守儿童加入到活动之中。

城市空巢老人陪伴活动：主要采用组织老年舞蹈队的方式。于每天晚上在新北川体育中心广场组织居民跳广场舞，每 2 周组织一次大型的广场舞教学活动，并将舞蹈教学录制成视频再播放给居民学习。

跳广场舞的居民大多是中老年妇女，有的带着朋友，有的带着孙子来到广场翩翩起舞。刚开始，参与的居民都是听见音乐声过来看热闹的，随着时间的推移，大家喜欢上了跳广场舞，参加的居民越来越多，大家都互相结伴而来。"以前在农村里没有跳过舞，现在能跳舞觉得身体都好多了！每天跳完回去睡觉都觉得香啊！"一位跳舞的阿姨说。可见，广场舞活动的开展不仅促进了居民间的交流和认识，还锻炼了中老年居民的身体，愉悦了居民的心情，可谓一举多得。

亲子游戏：每月开展1次，通过大学生志愿者引导社区内亲子参与到小组活动中来，积极培养孩子的动手能力。并在活动中开展感恩教育，拉近家长与孩子间的距离，为家庭成员之间提供了一个寓教于乐的交流平台。但是，目前参与活动的亲子多为祖孙，较少父母和孩子，这也是因为父母大部分都在工作或者外出打工的缘故。中心准备在以后的活动中，发动更多的父母陪伴孩子来参加活动，这对于拉近父母与孩子的距离，消除隔阂，使孩子健康成长有重要的意义。

图10 左图为亲子游戏活动现场，右图为城市空巢老人开展的舞蹈队活动

注：图片由北川羌魂文化传播中心提供。

（3）社区大型活动

中心积极地与北川团委、民政局以及新川社区服务中心协调后，联系其他社会组织（NGO），采取多方合作的方式，在社区开展大型的活动，扩大社区活动在居民中的影响力。

2011年1月14日，中心在新北川体育场开展了留守儿童暨社区趣味运动会，由上午的开幕式和下午的趣味竞赛两部分组成。在开幕式上，新川社区居民自己排练的节目赢得了阵阵掌声，而由大学生志愿者和来自社会组织的节目也给社区居民带来了欢乐。在下午的趣味竞赛中，社区居民积极报名参加各项体育竞技比赛，在一片欢声笑语中认识你我，融洽了社区氛围。

2012年3月11日，中心与香港"土房子"① 一起合作，举行以"趣味游戏和幽默看世界义演"为主题的大型社区活动。活动共分为两个部分，第一部分是在上午进行的趣味游戏，第二部分是下午文艺演出。这两次大型活动的开展建立在以往开展活动的基础上，充分调动了新川小区居民的参与积极性，极大丰富了社区居民的精神文化生活，不仅加深了居民对于机构的了解和信任，也为社区居民搭建了互相认识、互相熟悉的平台，营造了温馨的社区氛围，对于促进社区融合起了一定作用。另外，中心与当地其他社会组织（NGO）的合作，充分地调动了各方资源，促使灾区的第三方力量进行整合，共同为灾区居民服务，以提升服务的质量和效果。

图11 左图为趣味运动会开幕式现场；右图为趣味运动会拔河比赛现场

注：图片由北川羌魂文化传播中心提供。

自2011年9月24日项目开始实施至2012年6月，已累计开展温馨板报12期，空巢老人的陪伴16次，中医保健14次，城市留守儿童11次，亲子活动6次，文化讲解队4次，大型活动2次。

---

① 香港"土房子"慈善机构最初是由一些香港志愿者组成，服务始于2000年10月，第一个项目是助养中国云南少数民族的孤儿。2002年4月在香港特区登记为社团组织，同年11月获香港税务局核准为慈善团体。土房子干事均是义务工作人员，所有捐款全数用于服务项目，行政费由本会会员及个别人士资助，每年财务报表由独立义务核数师审核。土房子主要服务中国贫困山区的孤儿及失学儿童，同时培训当地大学生参与义务工作。在香港，土房子除了推行青少年成长教育，亦着手开展关怀智障儿童及其家人的工作。演艺小组"小童大义"则负责推广爱与关怀的信息。在2008年地震之后，土房子在四川地震灾区开展了援助活动。土房子的执行主任阿佬（庞志成）也奔波于灾区的多个草根NGO中，为它们提供专业的社会工作培训和督导。

由于新川小区和项目目标群体本身的复杂性，以及不可预知因素的影响。在项目的实施过程中，出现了一些与原设计存在不一致的现象。通过及时的与中国扶贫基金会沟通获得批准，中心将部分活动计划进行了调整。具体调整情况为以下三个方面。

（1）文化讲解队和国学讲座项目启动时间延后。由于项目开展时间较短，还未形成社区组织，开展文化讲解队和国学讲座的时机尚未成熟。项目组通过与基金会沟通，同意将原定于2011年9月开始的文化讲解队活动推迟到2011年12月，于2011年10月开始的国学讲座项目推迟到2012年1月启动。

（2）城市留守儿童陪伴项目服务对象由留守儿童转变为社区儿童。由于目标人群的分散，难以在短期内对新川小区留守儿童群体进行明确的界定；同时，留守儿童群体具有一定的不稳定性（主要是居住地、留守儿童身份的不稳定性），给项目开展造成了困难。于是，项目将原计划中的目标人群扩大为整个新川社区的所有儿童。在此基础上，再分阶段地逐步筛选出项目真正的目标群体。

（3）中医保健项目由每月一次增加为每月两次，城市留守儿童项目由每月四次减少为每月两次，以更好地满足目标人群的需求。这是在项目实施过程中，根据社区居民对活动的评价以及活动实施效果进行的调整。

可以看出，项目在实际操作中出现了一些与原计划不同的状况，这是因为机构工作人员从目标群体的实际需求出发，及时地调整和改进项目，保证了项目实施的质量和效果。

2. 项目取得成果

中心通过6个月的活动开展，取得了一系列的成果。

（1）收集大量的信息和资料，形成档案库，为深入社区奠定了基础。

在活动开展过程中，除了对于社区基本情况的掌握外，中心工作人员非常重视对于工作对象信息的采集和工作资料的保存，如每次开展活动时都会记录参加活动的人数、活动的照片、视频、访谈记录，建立社区居民的个案资料，活动的工作简报以及阶段性评估报告等。这些档案的记录和保存为机构提供了丰富的信息和资料，将为中心进一步开展工作奠定良好的基础。

（2）发展了社区本地志愿者，对形成社区自组织有积极的促进作用。

在活动开展过程中，项目工作人员及志愿者循序渐进地向居民们宣传助人自助的理念，重点加强对社区积极居民的服务意识培养，发展出了一批社区志愿者，并形成了一些志愿者团体（例如：羊角花志愿者），促使社区开始由原始的"机械团结"向"有机团结"转变，这是社区自治组织形成的基础。

（3）增加了社区居民间的交流，建立了社区归属感，修复并重建社区社会关系。

通过活动的开展，增进了社区居民间的相互交流和了解，打破了社区居民间原有的血缘、亲缘和地缘关系壁垒，建立以新川小区为中心的新地缘关系。这样一来，不仅消除了社区居民间的冷漠，还增加了居民的社区认同感，建立了居民对社区的归属感。活动的开展，使新川社区居民的家庭关系、邻里关系、社区关系都有所改善。举例来说，许多社区居民彼此陌生，平日虽然经常打照面却不互相来往。在参加活动的过程中，彼此慢慢熟悉，活动结束后结伴而行，渐渐打破原本冷漠的关系，建立了良好的社会关系。这对于社区关系的修复和重建起到了一定的推动作用。从下面的一位社区居民余婆婆的例子中，可以看出北川羌魂服务中心活动的开展对于居民产生的影响。

余庆芳，女，今年已经73岁，家住新川社区新安苑19栋。余婆婆有两个儿子，大儿子于2009年在灾后重建的建筑工地因事故遇难，二儿子在外地工作，时常回北川看望老两口。现在，余婆婆跟老伴一起住在新川社区，老两口主要依靠领养老保险和儿子给的生活费生活。

余婆婆最让人难忘的就是她那灿烂的笑容，十分温暖。社区工作者何清香说，在刚认识余婆婆那会儿，只要一提到她的大儿子，余婆婆就会眼泪涟涟，并没有现在这么开朗。余婆婆常年患有关节病，经常腿麻关节疼痛。自从2011年5月第一次参加中医保健以来，余婆婆的关节疼痛舒服了许多。渐渐的，余婆婆成了中医保健项目的忠实粉丝，每次都会参加，不仅带了很多好朋友一起参加活动，还在活动中结识了很多新朋友。除了中医保健项目，余婆婆和她的朋友们还参加了中国心的很多活动，结识了更多朋友。

余婆婆的精神越来越好，生活态度也变得积极乐观。"自从参加了活动，感觉每天都很高兴，非常感谢你们（志愿者）对我们的关心。"现在，她如果在路上遇到中国心的工作人员都会问："那个保健的志愿者什么时候来啊？下一次活动什么时候开展啊？"不难看出，中国心开展的活动确实成为了余婆婆生活中所喜爱的部分，和余婆婆一样，社区里还有很多这样的老人。他们在活动中相识，慢慢熟悉起来，成为好友，更加将这种关系延伸到他们的日常生活中去，形成了新的社会关系。

专栏二 羊角花志愿者小崔兄妹

小崔，男，今年17岁，在北川中学读高一。小崔的妹妹，女，今年15岁，在北川县某初中读初三。（出于保密原则，故将两兄妹真实名字用简称代替）小崔兄妹家住北川县香泉乡香泉村某组，家中共有六口人，分别是爷爷、奶奶、爸爸、妈妈、小崔和妹妹。小崔的父亲在2001年11月4日因修车时被千斤顶倒下砸伤，成为一级残疾人员。在2003年崔爸爸出现了严重的褥疮（化脓性感染），至今仍卧床不起。虽饱受病魔的折磨，崔爸爸却是个意志坚强、乐观的人。然而因考虑到崔爸爸的病情，崔妈妈不得不在家务农并照顾崔爸爸。

崔家有2.2亩土地，2.6亩退耕还林的林地。每年种出的粮食一部分拿到集市上卖，一部分供自家食用。每年卖菜的收入加上一些退耕还林补贴，家里每年总收入约1300元。目前，小崔家里养了4只大鸡和9只小鸡，都是留着家里自用。

在2008年的"5.12"地震中，崔家房屋严重受损。灾后重建过程中，政府给予崔家补贴2.6万元，崔家自己贷款2万元，修建新房总共花费近5万元钱。2009年6月，崔家新房建好并搬迁入住，新家里仅有一台旧洗衣机。到目前为止，崔家跟银行借的贷款才还了1300元。加上崔爸爸发病频繁，为了节约开支从未在医院进行过系统的治疗，导致崔爸爸病情加重，每月医疗费开支亦增加不少。目前，崔氏一家主要靠低保及社会爱心人士的资助款度日。

就是这样生活原本就非常困难的家庭，又因为两个孩子的学费更难上加难。虽然如此，小崔爸妈对待生活的态度却非常积极乐观，在多年良好的家庭教育培养下，兄妹俩十分懂事，学习成绩也一直很优秀，都保持在班级前

3 名。

2009 年，在得知小崔家的困难情况后，中国心志愿者团队就将小崔及其妹妹纳入品质助学项目，小崔兄妹能得到每学期 1500 元的学费补助。得到帮助的小崔兄妹抱着感恩之心，于 2011 年自愿加入中心"羊角花志愿者"，每逢周末兄妹两人都参加中国心开展的公益活动，如跟同学一起设计并制作温馨板报，布置活动现场，参加暑期夏令营并为同学提供后勤服务等。兄妹俩这样做，初衷是出于对中国心的感谢，还慢慢地在参加的过程中学到了更多知识，开阔了视野，培养了他们的社会责任心和志愿精神。兄妹俩正值求学的紧张阶段，平日里上课学习都已经很疲劳了，在周末还腾出时间来做志愿者确实牺牲不少。小崔说："我为社区做我力所能及的事情，我不觉得累，我很高兴！"

图 12　左图为小崔在整理温馨板报，右图为小崔和另外
3 名羊角花志愿者在张贴板报

注：照片由北川羌魂文化传播中心提供。

项目专员何清香在中心博客上写道，"在北川羌魂社区项目工作人员的引导和支持下，一位 60 岁的阿姨愿意组织社区活动小组，建立社区活动团队，这是我团队开展社区服务以来第一位主动提出参与服务的社区居民，助人自助的理念已逐步得到社区居民的认可，并付诸实践"。除此以外，由中心品质助学资助的孩子组成的"羊角花志愿者"团队，积极地参加到社区活动中，为社区服务作出了贡献。

（三） 项目的跟进与延伸：社区扶贫的新起点

从 2011 年 9 月至今已经开展了 6 个月的社区活动，项目近期目标都已基本完成。在项目实施的过程中，取得了许多的成果，也遇到了一定的困难。但是，北川羌魂文化传播中心在吸取经验教训、克服困难的过程中，努力提升自身工作能力，不断调整。新川小区活动的开展现已颇具规模，并有了一批固定的参与者，逐渐打破社区居民隔阂，融洽社区关系，为深入开展社区活动奠定了基础。

但是，要实现社区社会关系的重建，发掘社区潜力并非一朝一夕所能完成的。作为初生牛犊的北川羌魂，为期一年的项目仅仅只是为社区扶贫模式作了初步的尝试。正如高队长说的："社区重建是一个漫长的过程，没有 5 年是绝对不可能的。就像生娃娃一样，不可能一下子就生出来，也要经过怀胎十月才能生出来嘛！"

目前，北川羌魂文化传播中心已经做好了充分的准备，社区项目将得到跟进和延伸。首先，中心将在与中国扶贫基金会的此次项目结束后，继续申请资金开展社区活动。届时，社区活动项目设计、活动开展方式也将随着活动发展阶段而由"引导式"逐渐向"参与式"转变。据了解，中心有意在今后的项目中大力培育社区精英，更注重社区居民的参与，对居民进行"赋权"，以期达到居民们"助人自助"。

另外，中心通过与乐施会成都办①的合作，将城市社区项目进行延伸和拓展，开展了农村社区项目。主要通过农村社区生计的参与式发展，探讨与中心品质助学项目对接的一种社区扶贫模式，从根本上解决受助学生家庭贫困问题。目前，农村项目已经开始实施。2011 年先后到北川桃龙乡、漩坪乡、安昌镇调研农村社区现状及问题。2011 年 11 月通过招标方式，确定在北川安昌镇石梯村实施农村生计发展项目试点。该项目将于 2012

---

① 乐施会是一个独立的发展及人道救援机构，致力于消除贫困，以及与贫穷有关的不公平现象。机构认为贫穷多源于不公平，要消除贫穷，必须配以经济、社会和结构性的改革。机构与面对贫穷的人和伙伴机构合作，一起推动发展项目、人道主义项目、政策倡议及公众教育等工作。乐施会的总部位于香港特别行政区，并在全球 10 多个城市设有办事处，先后在全球超过 70 个国家推行扶贫及救灾工作。"助人自助，对抗贫穷"是乐施会的宗旨和目标。香港乐施会是国际乐施会的成员之一。2008 年"5.12"汶川地震后，乐施会的工作人员以最快的速度到达受灾现场，随后展开了乐施会有史以来最大规模的紧急救援工作。在紧急救援阶段，乐施会援助灾区累计近 3000 万元。同时，乐施会已为灾区筹 （转下页注）

年4月正式实施，具体在选定的几个农村社区建立家庭养鸡合作社，通过培训居民科学养鸡技术，提供养鸡所需鸡苗、饲料等的方式让受助家庭增收。

三　结论与讨论

作为一个转型社区，新川小区由于原有社区体系及功能的瓦解、新社区功能尚未完全发挥，大部分居民在思想道德素质、价值取向、行为方式和生活方式等方面都还与城市社区所需要的不相适应。这导致许多居民面临原有人际交往网络中断、社区凝聚力下降、社区意识淡漠等问题，社区社会关系的恢复和重建亟待解决。然而，新建社区事务繁杂，政府部门无法全面顾及到社区的需求，难以提供完善的社区公共服务。"北川县新川社区活动中心项目"正是通过"社区重建"这样的理念，运用社会工作手法，通过为灾区提供社区公共服务，包括社区关系重建、心理关爱、医疗卫生、社区养老等，促进灾后社区的振兴和发展。

（一）社会组织在社区重建中具有的相对优势

作为第三方的社会组织——北川羌魂文化传播中心，在该项目的实施过程中充分体现出了其优势。

1. 项目活动内容丰富、形式灵活

项目活动方案设计建立在对目标人群的需求评估基础之上，采取了灵活多样的活动方式，紧紧围绕着项目宗旨，在"社区重建"的核心理念下，运用专业社会工作知识设计项目活动，为新川社区居民提供公共服务，提高居民的生活水平。项目中有融洽社会关系的社区温馨板报、文化

（接上页注①）款1.43亿港币，并在未来还将继续增加投入。为了更好地实施地震救援与灾后重建工作，乐施会于2008年6月正式成立了中国西部第五个项目办公室——成都办公室，并与中国国际扶贫中心、国务院扶贫办外资管理中心签订《贫困村灾后重建框架协议》，确定了灾后重建的合作伙伴关系，乐施会成为与中国国务院扶贫办系统签订合作协议的第一家从事地震灾后重建的国际NGO组织。为了回应四川少数民族地区灾后重建与发展的需求，乐施会与四川省民族事务委员会签订《合作备忘录》。目前，乐施会在与政府部门的合作框架下，正大规模地在四川、甘肃和陕西三省开展灾后重建恢复工作，并实施乐施会三至五年灾后重建规划方案。

讲解队等社区文化建设活动，有提供医疗卫生服务的中医保健、美家美户活动，还有给予心理关爱的社区留守儿童陪伴活动，以及进行社区养老的空巢老人陪伴活动。

在整个项目的实施过程中，机构工作人员不断对居民进行回访，以便及时调整不合适的方案，更好地为目标人群服务。然而，由于一些主、客观因素的影响，在项目的实际实施过程中遇到了一些与原方案设计相冲突的情况，如国学讲座开展条件不成熟、居民对中医保健活动需求大等。在跟中国扶贫基金会提出活动调整申请获准后，中心及时调整了项目活动，充分体现出社会组织的灵活性。

2. 规范、专业、高效的工作模式

首先，明确的组织结构和较完善的项目制度设计，保证了项目实施的效果。中心采用矩阵式的组织管理模式，由中心理事会和项目专员组成，管理层面和执行层面各行其职，分工明确；对工作人员的管理上实行全聘＋项目制、培训制度，使激励机制得以发挥，保证了项目组织的活力。

目前，中心专职人员5名，兼职的工作人员和志愿者数十名。2009年在北川县民政局进行注册以后，在理事会和团委的共同监督下制定了《北川羌族自治县志愿者服务站规章制度》，详细规定了机构的性质、组织方式、志愿者、项目经费和档案的管理办法，有力地规范了机构的运作方式和运作行为，使中心规范化、合法化地运行。

其次，及时有效的沟通机制，促进了项目的完成和机构的发展。中心在项目设计之初，就十分重视对外沟通获取相关信息以明确项目实施的背景，做好了项目的计划和预算的各方面准备工作。

在项目执行阶段重视组织内部沟通，形成良好的内评机制，在每次活动结束后对活动开展的效果、出现的问题进行讨论和总结，并提出相应的调整建议。提高工作效率，保证了工作质量。同时，中心还特别注重与项目支持方持续的双向沟通，及时地向其汇报项目进度和项目调整情况。

在对外沟通和交流上，中心通过定期简报、网站、统计报表、总结等形式，建立了项目的监督和反馈机制。同时通过板报和网站，对项目的活动情况进行公开和公示，接受社会监督，也宣传了中心自身，为中心以后的发展争取了民众的信任和社会资源。

3. 良好的风险预防机制

地震灾区原本就是敏感地区，灾区居民是高敏感人群。在灾后重建过程中，有关灾区居民与当地政府的冲突事件屡屡出现。新川小区现在的居民，由因灾后重建搬入新城的"新北川人"和原黄土镇村民因拆迁而转变的城镇人组成，各方利益关系错综复杂。社区居民在拆迁土地赔偿、分房公平等方面与当地政府存在着许多矛盾。

针对这样的情况，中心建立了良好的风险预防机制，充分保证了项目开展的安全性。首先，在项目（尤其是大型活动）开展前，跟北川县政府、新川社区及警察局等有关部门就项目情况进行沟通并备案；其次，在项目开展过程中，积极寻求各方利益的结合点与平衡点，并根据变化情况及时调整活动方案；再次，加强工作人员灵活应变的能力，增强对活动可能产生风险的预测，并形成备用方案，以便及时采取有效措施，保证活动安全有序地开展；最后，及时将活动开展情况以板报或网页的形式向外展示，保证项目活动信息的透明与公开。

4. 多元的资源整合、开发和利用

中心在项目开展过程中比较注意各类资源的整合，充分利用了在基层工作中的社会发动能力，在群众中宣传项目，发动群众参与项目；同时，积极地与政府相关部门、高校、媒体以及各界爱心组织建立联系，发动各方共同参与和支持项目的开展。

中心根据不同项目活动的需求，与相关部门和组织建立合作（如中医保健项目与中医药学院合作）关系，充分利用其专业性和基层服务能力，为项目开展提供了技术支撑。由于项目从开始就注意与政府相关部门（如团委、社区居委会等）的联系和沟通，因此项目的开展得到了政府官员的关注和支持，为项目开展创造了良好的环境。中心在开展项目的过程中，真正发挥了政府与居民的"中介者"、社区"资源整合者"的积极作用，对社区的可持续发展打下了坚实的基础。

（二）面临的挑战

1. 资源短缺

作为土生土长的草根 NGO，北川羌魂文化传播中心在人力、物力和资金上十分有限，短期内无法将服务覆盖范围扩大，满足更多受益对象的需求。

中心活动开展的范围主要针对离中心办公室较近的新安苑的居民。中心工作人员少，志愿者人数不稳定，而参加活动的人数常常为工作人员的 2 倍以上。面对众多社区居民强烈的需求，项目开展仍然存在一定难度。例如，中医保健活动每次参加的志愿者为 2~4 名，而参加活动的老人都在 30 人以上，而且还在不断增加，每次活动都有很多老人没有享受到保健服务项目，有的老人因此不免产生不满情绪。

若想扩大项目的覆盖范围，必须在原有的基础上增加志愿者人数和活动开展次数，相应的人力、物力和经费的成本需增加。然而，以中心现有的人力、物力以及经费条件的限制，暂时无法扩大活动开展的范围。目前，只能通过限制活动宣传的范围，将参与活动的人数控制在可操作范围之内。

2. 能力不足

首先，专业知识欠缺，包括团队管理、项目运作、专业社会工作理论等。这主要是由于目前机构专职员工专业背景差异大造成。

其次，工作经验缺乏。从 2008 年进入灾区到现在，中国心主要在灾区开展品质助学项目。在个案工作、小组工作和社区工作上经验比较少。

3. 人才匮乏

在社区发展项目中，尤其需要社会工作专业人才。然而，目前中心常驻的 6 名工作人员中，具有社会工作专业背景的仅 1 人，机构工作人员平均年龄为 21 岁，主要由在校大学生和大学毕业生组成，流动性很强，无法保证工作队伍的稳定性。接受访问的 4 名工作人员中，其中 2 名没有考虑过未来的发展，顺其自然"做到不想做的时候就不做了"；另外 2 名只是借助这个平台积累基层工作经验，并不打算长期做社工。机构工作人员工作经验最长的为 2 年，最短的为 4 个月。在项目开展的过程中，由于专业背景的限制及自身工作经验的不足，机构工作人员对专业社会工作方法及技巧的理解和运用还有一定的偏差，社区工作能力有待加强。

（三）对策建议

1. 继续加大社会动员和资源整合的力度，分阶段逐步扩大项目服务范围

首先，要加强与政府部门的联系，积极争取政府资源支持活动的开展，为项目创造良好的环境。其次，要加强与高校建立持续合作的关系，在保证原有志愿者数量的基础上，建设更大的志愿者队伍。最后，积极地与其他机构及社会组织合作，募集更多资源支持服务的开展。

在这个过程中，"中心"应采取分阶段、分片区的方式逐步扩大服务辐射范围，促进社区项目的可持续发展。

2. 加强机构能力建设，提升机构能力的专业性

首先，增加机构工作人员参加社区工作的专业知识、项目管理等培训和经验交流的机会。在开展项目时要注重对工作人员及志愿者进行不断培训，以增强志愿者的工作能力。其次，加强对机构工作人员在工作方式、工作内容及自身成长等方面的督导，促使工作人员自我成长。最后，应该加强全国范围内的项目信息和管理的交流，以扩展各地项目运作的思路和方法，有利于项目的可持续发展。

3. 加强团队建设，建立一支稳定的高素质的专业人才队伍

首先，积极吸收专业社会工作人才，为队伍注入新的血液，保证项目实施的效果。其次，要注重现有工作者专业能力的提高，定期对其进行专业社会工作理念及方法的培训，以提升团队整体工作水平。最后，为工作人员建立一个良好的上升渠道，并逐步提高机构工作人员的待遇，留住人才、稳定人才。加强人才队伍的建设，不仅可以提高项目实施的效果，还对公益机构自身的可持续发展提供了有力的保障。

北川县新川小区进行的以提供社区公共服务推进社区重建的"新川小区社区活动中心"项目，是在社会组织引导下的社区扶贫模式初探。从案例中我们可以看到，以专业社会工作手法为主的 NGO 组织的介入可以提高社区居民的参与度、唤醒社区内部力量，为社区的振兴和发展奠定基础。然而，力量薄弱的 NGO 在资源、自身工作能力和专业人才队伍上都有所欠缺，给社区扶贫工作的开展带来了一定的挑战。相信通过继续加大社会动员和资源整合的力度，增强机构工作能力以及建设专业人才队伍，将会突破挑战，顺利完成项目目标。同时，建立以社会组织为基础的多方参与的社区扶贫模式，促进社区工作日常化，加强社会组织等"第三方"力量，培育和发展社区自组织，逐渐修复和重建社区社会关系，最终彻底实现灾后社区的振兴和可持续发展。

第三章

汶川县席草村灾后可持续
生计发展案例

2008 年 5 月 12 日，四川省汶川县发生了里氏 8.0 级大地震。这场突如其来的灾难使全国 237 个县市区受到不同程度的灾害，给灾区的经济社会发展带来了极大的打击，它造成了近 7 万人遇难，3 万多人受伤，1 万多人失踪，直接经济损失达到 8452 亿元人民币，严重影响了灾区人民的正常生产和生活。

地震之后，许多 NGO 参与到了地震灾区的重建事业中，它们在地震灾区创造了很多优秀的公益项目，促进了地震灾区的重建和恢复。3 年过去了，硬件设施重建工作基本完成，地震灾区的 NGO 组织也得到了进一步发展，灾区也进入了发展振兴阶段。

2011 年，为支持 NGO 继续关注、参与汶川地震灾区社区发展，中国扶贫基金会决定资助 500 万元，通过公益招投标的方式，公开筛选出有潜力的 NGO 公益项目予以资助，推动汶川地震灾区的社会发展，并实践中国扶贫基金会从"操作型"基金会转型为"筹资型"基金会的战略转型。2011 年 6 月，通过初步筛选和专家评审，最终有 21 家机构申报的 21 个项目获得初步批准。

一　项目背景

（一）项目执行地点

"汶川县席草村灾后重建可持续生计发展项目"项目执行地点是席草

村，它位于四川省阿坝州汶川县的三江乡。

1. 席草村所在地——汶川县三江乡

（1）汶川县三江乡简介

汶川县位于四川盆地西北部边缘，居阿坝藏族羌族自治州（阿坝州）东南部，龙门山脉和邛崃山脉分别位于县域东北与西南部，该县因汶水（现称岷江）得名。汶川县动植物资源丰富，是活化石大熊猫的故乡。地质结构复杂，矿产资源丰富。全县辖6镇8乡，总人口111788人，其中，非农业人口40057人；羌族人口29839人，占总人口的26.69%，是中国四个羌族聚居县之一。同时汶川县另有汉族53978人，占总人口的56.2%；藏族13837人，占总人口的14.4%；回族916人，占总人口的0.95%，是一个多民族聚居区。作为2008年地震震中所在县，汶川县是十个极重灾区中受灾最严重的一个，地震造成了该县15941人死亡，34583人受伤以及7930人失踪。

三江乡地处汶川县西南边缘，是岷江上游汶川县境南部支流寿江的发源地。集镇地处三水（西河、中河、黑石江）汇合处得名"三江"，三江乡境内地域辽阔，总面积485.22平方公里，占汶川全县总面积的12.26%。现乡境内辖9个行政自然村，有人口3662人，是藏、羌民族的聚居地。三江四周高山环抱，犬牙交错，由于地势垂直高差2970米，气候差异大，雨量丰沛，气候温和，年均气温约12.6℃，平均年降雨量约1143.5毫米，海拔在1030~1500米。

三江乡生态良好，动植物资源丰富。全乡植被覆盖占总面积的90%以上，其中，森林占总面积的60%左右，并拥有活化石"桄桐树"等植物资源。三江乡还有各类珍稀保护动物，仅"列名"保护的动物有34种，其中一类保护动物9种，二类保护动物25种，乡域内设立了"卧龙自然保护区三江保护站"。三江乡除了有丰富的林业资源和品种繁多的动物外，还富含矿产资源，已探明的地下矿产资源中有铁矿、铅锌矿、金矿、银矿、铜矿、无烟煤等。另外，三江还拥有丰富的农业资源。"三江黄牛"、"三江腊肉"、"三江土鸡蛋"等上特产品在州内外享有盛誉。

2008年，距离震中仅隔一座大山的三江乡遭到了严重的破坏，据了解，全乡因灾遇难131人，受伤218人，路全被震裂，景区全被破坏，直接经济损失45亿元。

（2）三江乡的重建背景①

地震之后，三江乡由广东惠州进行对口援建②，惠州对口援建汶川县三江乡创造了多项第一：三江乡是灾区第一个启动援建项目的乡镇；第一个在 2009 年春节前群众喝上干净健康自来水的乡镇；第一个完成学校、卫生院、自来水厂、农贸市场、客运站、村民活动中心等第一批援建项目的乡镇；第一个在地震一周年前基本完成重建任务和援建任务的乡镇；第一个在 2009 年 9 月，仅仅用了 13 个月就完成了重建任务，援建的 46 个项目也整体竣工的乡镇；第一个把广东党建经验引进灾区的乡镇；第一个设立覆盖所有困难群体基金扶助体系的乡镇；第一个和援建方签订长期扶持协议的乡镇……

广东惠州市还特别注意三江乡的旅游规划，惠州采取统一规划、统一设计、统一建设的形式，为三江集中建设了近 1 万平方米藏家风情园，挑选 33 户经济实力较强的群众，建设 33 家具有浓厚民俗特色的农家乐；还通过技术指导、资金支持等方式，完善当地旅游基础设施建设，新建旅游服务中心、通村通寨的旅游专用道路等。计划通过旅游带动当地的生计，已达到生计重建的目的，提高当地百姓的生活水平。随后，三江于 2009 年 10 月建成了汶川县首个国家 AAAA 风景名胜区，走出了旅游兴镇的第一步。

2. 地震前后的席草村——政府层面的脱贫致富

席草村是三江乡 9 个行政村中最偏远的村落之一，它位于卧龙国家级自然保护区的东南边界，是通往卧龙保护区西河核心区的门户，也是卧龙三江保护站隶属社区之一。现有居民 121 户，422 人，地震前人均年收入不到 2000 元。村民全部居住于距三江乡中心约八公里的高山地带，其中大部分

---

① 此部分资料收集整理于汶川三江生态旅游区网，http://sanjiang.com.cn/和图书《象说三江》（四川出版集团、四川美术出版社 2009 版）。

② "对口援建"是 2008 年四川汶川大地震之后采取的一种重建方式。2008 年 6 月 13 日，党中央、国务院在京召开省市和中央部门主要负责同志会议，决定实施《汶川地震灾后恢复重建对口支援方案》，组织山东等国内 18 个省市，对口支援四川 18 个重灾县（市）。按照规定，各支援省市每年对口支援实物工作量按不低于本省市上年地方财政收入的 1% 安排，各援建省市先后共计派出 2800 多名干部、20 多万施工力量赴灾区参加重建工作。与此同时，相类似的四川省内的"配套工程"也迅速启动：除 6 个重灾市州和巴中市、甘孜州外，其余 13 个市州分别牵手 13 个重灾县（区）的一个重灾乡镇，开展对口支援。

居住在距离保护区界限不足 1 公里的区域内。保护区的设立限制了村民对自然资源的索取，村民仅能通过人均 1～2 亩的耕地种植、打零工及少量政府扶持资金维持基本生活。

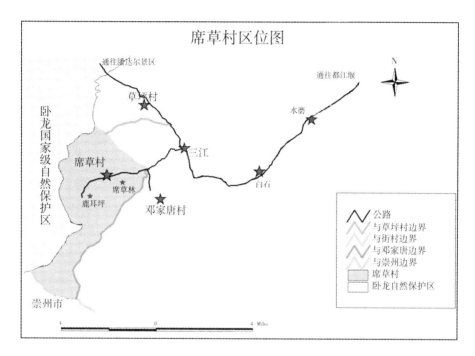

图 1 席草村区位（其中鹿耳坪即为项目点所在地）

2008 年 "5.12" 大地震，该村死亡 1 人。通往该村的道路 95% 被毁，全村有 8 户房屋全部倒塌，28 户房屋部分倒塌，63 户房屋变成危房，据不完全统计，该村在地震中遭到的经济损失大概在 400 万元人民币左右。

2008 年地震后，政府首先对当地的农房进行了硬件修复，通过重建补贴①，大部分村民的房屋得到了修缮。

2009 年，作为汶川县扶贫开发和综合防治大骨节病试点工作移民安置财政扶贫资金项目实施村，汶川县扶贫两资以工代赈办公室和三江乡人民政

---

① 该村的房屋重建政策为：1～3 人的家庭补贴 1.6 万元，4～6 人的家庭补贴 2.3 万元，另外如果该家房屋被鉴定为危房，可获得 5000 元/户的补贴。

府共投入 131.3 万元，进行了户办工程 121 户（包括改圈、改厕等工程）、村内道路硬化 4.74 公里、支持产业种植猕猴桃 300 亩、测土配方施肥 2917 亩次和入户电网改造等工作。

图 2　震后席草村产业发展（左图为生猪养殖小区，
右图为中药材厚朴林，摄于 2012.4）

2011 年，政府对该村的产业结构进行了调整，并扩大了产业规模，主要集中在种植业和养殖业。种植业主要种植重楼、毛慈姑和厚朴等中药材，通过技术支持和销售帮助等手段鼓励村民种植中药材。养殖业主要是养生猪和生态鸡，政府对养生猪和养生态鸡进行了直接补贴：生猪按照每 50 平方米养殖达到 30 头为一个单元进行补贴，一个单元补贴金额为 1 万元；生态鸡按照每 80 平方米养殖规模达到 500 只为一个单元进行补贴，一个单元补贴金额为 5000 元。

2012 年年初，席草村的种植业和养殖业都有了一定的发展。在种植业方面，中药材重楼从无到有，发展到 100 亩，中药材毛慈姑发展到 60 亩，厚朴发展到 4300 亩；在养殖方面，生猪发展到约 1200 头左右。同时，该村成立了养鸡合作社、养猪合作社和重楼种植合作社三个产业合作社，政府计划对每个合作社进行 5 万 ~6 万元的补贴，通过合作社，进一步发展该村的产业规模。

总的来看，政府的脱贫致富项目主要是地震后进入该村。同时，相比社会组织开展的项目，政府层面的扶贫工作开展有比较充足的资金支持，可以较为广泛和全面地开展。从道路、房屋等硬件方面的改造，到土地质量的检

测和提高，最后到产业方向的调整和支持，政府都有比较充足的资金和政策
支持，可以保证扶贫项目的顺利开展。

（二）项目执行机构①

"汶川县席草村灾后重建可持续生计发展项目"的项目执行机构是北京山水
自然保护中心（以下简称"山水"），它是民政部注册的生物多样性保护组织，
于 2007 年在北京成立，是一个中国民间环保组织。目前的项目主要在中国西部，
示范人与自然和谐相处的实例，并推动自然保护在国家和地方政策及公众意识
中的主流化。"山水"成立得到了保护国际（CI）②的支持，现在为保护国际
的合作伙伴。此组织的结构如图 3 所示。

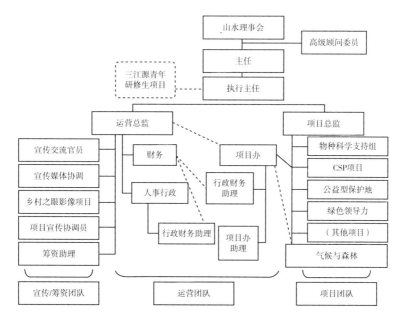

图 3　"山水"组织框架（2011 年版本）

---

① 此部分材料收集整理于"山水"工作简报、"山水"网站——你好自然网（http：//
www. shanshui. org）、百度百科"山水"页面（http：//baike. baidu. com/view/2786313. htm）
和部分内部材料等。

② 保护国际（Conservation International，简称 CI）成立于 1987 年，是一个总部在美国华盛顿特
区的国际性的非营利环保组织，宗旨是保护地球上尚存的自然遗产和全球的生物多样性，并
以此证明人类社会和自然是可以和谐相处的。保护国际通过科学技术、经济、政策影响和社区参
与等多种方法保护热点地区的生物多样性。保护国际在全球四个大洲超过 30 个国家开展工作。

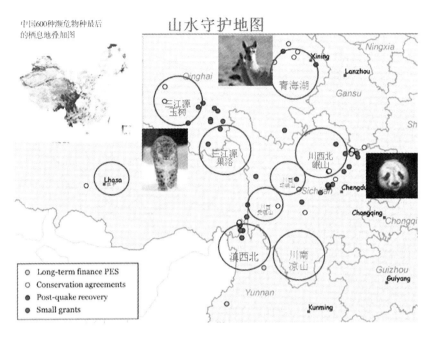

图4 "山水"活动区域（图片由"山水"提供）

（三）项目实施背景

项目实施地三江乡席草村位于卧龙保护区周围，特别是席草村三组（鹿耳坪）位于距离保护区界限不足1公里的区域内，这里的居民居住在海拔1800米的高山地带，资源匮乏，部分村民为了生计违规进入保护区内采集自然资源。三江保护站为了保护当地的野生动植物，防止当地的居民进山偷猎和采药，采取围追堵截和拉建防护网的形式，但这种形式并不能很好地达到保护生态的目的，没有生计来源的当地居民还是会进山偷猎和采药，这使得保护站和村民的关系日益恶劣。

为了可持续地解决席草村村民的生计问题，减少村民对自然资源的掠夺，"山水"联合卧龙保护区三江站，自2010年5月起对席草村三组（鹿耳坪）进行了一年期的项目，即以合作社的形式帮助村民发展以土鸡养殖为特色的生计产业。

2011年5月，通过数次合作社会议，合作社总章程、组织架构、财务公开制度基本形成，合作社成员的养殖粗具规模，合作社成员也从一盘散沙

图5　席草村绿地图（席草村儿童手绘）

转变到基本认同自己的合作社成员身份。

　　同时，该项目还存在一定的问题：第一，受资金限制，现仅扶持了6户村民作为示范户发展养殖，并且难以在短时间内使更多有养殖意愿的村民受益；第二，村民采用的传统土鸡养殖方式，成本高，繁殖率低，难以形成规模；第三，现阶段土鸡及土鸡蛋产品仅在三江乡市场销售，市场承载量有限且价格不稳定；第四，村民参与生物多样性保护的意愿和行动不够。

　　为了解决上述四个方面的问题，2011年6月，"山水"向中国扶贫基金会提交项目申请。8月，申请正式得到批准，并获得中国扶贫基金会22.1万元的资助，"山水"计划通过一年的时间，解决上述四个问题，并帮助席草村合作社完善土鸡养殖的"生产－销售－生计"渠道，提高与生物多样性保护相平衡的整个体系，使更多的村民受益。

1. 项目实施主体——从基层政府到社会组织

2010年5月到2011年5月期间，合作社项目由溢达杨元龙教育基金①

---

　　① 溢达杨元龙教育基金在2003年成立，截至目前，已在中国资助了将近4000名贫困学生，捐建了16所小学和1000多个图书馆，捐助金额达1600多万元。

支持，该项目由"山水"和卧龙保护区①三江保护站执行，其中"山水"负责项目的监管，项目具体由卧龙保护区三江保护站负责执行。作为国家事业单位的基层组织，三江保护站的工作方式主要为自上而下。具体而言，三江保护站在这一年当中主要开展了以下工作。

2010年年初，考虑到以下两个原因：一是因为该地种植业发展并不好，席草村位于高寒地带和自然保护区的边缘，作物生长不好，村民的自留耕地也很少；二是因为该村有养殖鸡的传统，在三江乡非常有名，有一定的养殖基础。三江保护站决定以养鸡合作社带动养鸡，以此作为替代生计带动村民致富，减少对开采山林的依赖。从项目选择上来看，主要是由项目具体实施方——卧龙保护区三江保护站对项目进行的自上而下的选择和规划。

2010年5月，以养鸡合作社作为替代生计带动村民致富的项目得到了溢达杨元龙教育基金的支持，三江保护站自上而下对合作社成员进行了筛选，筛选条件主要是以下三个：一是靠近卧龙保护区；二是要有土鸡养殖条件；三是对于养殖土鸡有意愿。通过这三个条件筛选，席草村三组的村民被筛选了出来。接下来三江保护站的工作人员上门对三组的村民进行了宣传和动员，共有六户村民同意加入合作社。这个阶段的合作社成员分别是席草村三组村民宋洪根、王旭强、王旭平、宋洪太、李绍兵和贺建伟这六户人家。从村民参与上来看，主要是由项目实施方自上而下发动村民进行合作社的参与以及养殖活动的开展。

2010年5月，合作社选举出了合作社理事长——施小刚（三江保护站站长）、合作社经理——陈东（三江保护站主任）和王波（合作社成员王旭强的大儿子）、合作社会计——宋洪太。从合作社的组织结构上，我们基本可以看出，这个时期的合作社的主要负责人都与三江保护站有关，合作社主要是由三江保护站进行主导。

---

① 卧龙自然保护区：始建于1963年，面积2万公顷，是中国最早建立的综合性国家级保护区之一。1974年3月面积扩大到20万公顷。1980年加入联合国教科文组织"人与生物圈"保护区网，并与世界野生生物基金会合作建立中国保护大熊猫研究中心。1983年3月经国务院批准，将卧龙保护区内汶川县的卧龙、联达两个公社划定为汶川县卧龙特别行政区，实行部、省双重领导体制，由林业厅代管。同年7月，省政府，原林业部联合作出了将四川省汶川县卧龙特别行政区改为四川省汶川卧龙特别行政区的决定，与卧龙自然保护区管理局合署办公的综合管理体制。

2010 年 12 月，三江保护站在"山水"的资源链接下，组织合作社成员前往剑阁鸿羽山鸡养殖专业合作社进行参观和学习，通过参观和学习，合作社成员的养殖信心得到了一定的提高。

2010 年 10 月和 2011 年 2 月，三江保护站以补助形式，分两批为合作社成员购买了鸡舍的铁丝网围栏，第一批为宋洪太、王旭平和王旭强三户成员，第二批为宋洪根、李绍兵和贺建伟三户成员。这个时期，合作社成员的养殖规模有了提高，平均每户养殖土鸡从 20 ~ 30 只提高到约 80 至100 只。

2011 年年初，经过三江保护站的不断协调，合作社的营业执照和税务登记证等证件办理下来，合作社取名为"汶川县小刚养殖专业合作社"，合作社法人代表为三江保护站站长施小刚，相关证件的办理意味着在法律上合作社是被认可和受到保护的。

图6　席草村养鸡合作社相关证件（图片由"山水"提供）

2011 年 2 月底到 3 月初，合作社进行了第一次脱温孵化试验，合作社统一在各家各户收集了约 1000 只鸡蛋，运送到都江堰一家孵化场进行集中孵化。这次集中脱温孵化试验失败了，经过一个月左右的孵化，1000 多颗鸡蛋只孵化出小鸡 100 多只。虽然合作社经理王波主动承担了这笔孵化损失，但是这次失败的孵化对合作社成员的信心打击不小，合作社的运作停顿不前。这种停滞一直持续到 2011 年 8 月，开始由"山水"直接接手和执行合作社项目，项目的具体执行主体由基层政府开始向社会组织转变，在后文中，笔者将继续探讨社会组织——"山水"的工作方法。

2. 由社会组织开展的其他项目

中国扶贫基金会扶持的"汶川县席草村灾后重建可持续生计发展项目"

选择在席草村三组（鹿耳坪）开展，该社区（席草村三组）除了这个项目，还涉及另外 4 个由社会组织所开展的项目（具体见图 7 所示）。具体有：由"山水"开展的"绿色领导力"项目；由行动援助中国和聚贤社基金会开展的，并由山水自然保护中心配合实施的"青年发展项目"；由城乡社区 NPO 发展中心开展的"公益旅游"项目；由四川野草文化开展的"社区生态故事"项目。

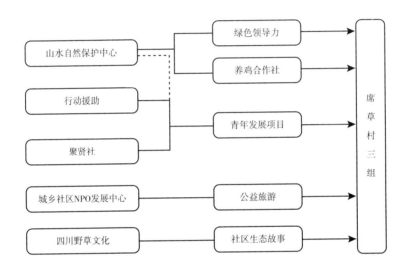

图 7　席草村三组（鹿耳坪）中社会组织开展的项目示意（2010～2012 年）

4 个项目和"汶川县席草村灾后重建可持续生计发展项目"（即图 7 中的"养鸡合作社"项目）相互协调，共同促进该社区及其居民的发展和进步。为了方便读者更好地理解这些项目，下面笔者将用一定篇幅简单介绍下这几个项目。

"绿色领导力"是"山水"为了持续推动中国西部的社区保护行动而实施的项目，该项目在社区保护基金的基础上，于 2010 年启动。项目通过对 5 个示范村发放小额赠款实施社区保护小项目，同时对乡村领导人进行有针对性的能力建设培训，在当地（县内）寻找有相关经验的基层社区工作者作为"社区导师"提供咨询和日常帮助，派驻青年实践者交流新鲜的视野和知识，使项目点乡村领导人领导力提升并获得 1～2 项社区保护及发展的技能及知识，不仅更好地实施现有社区项目，还能够把村民组织起来形成共同的发展思路和生态保护意愿，带领社区持续地找到外界资源，实现保护与发展相平衡的目标。养鸡合作社的主要成员王波即为"绿色领导力"的乡村领导人之一（下文中还会有所涉及），其"社区导师"为三江保护站的站长施小刚。

"青年发展项目"由行动援助①中国办公室（Action Aid China）和英国聚贤社基金会（Leaders' Quest Foundation）②共同开展，该项目以成人学习模式为基础，以培养领导力为核心内容，以集中培训学习与小额项目为载体的行动学习相结合，以个人实践与当地机构工作相结合的方式（在席草村，该项目与"山水"在当地的工作相结合），开展为期一年扎根社区的实践。该项目希望通过一年的实践，培养一批对于人类发展和社区发展有更为深刻认识，有较强社会责任感，具备一定自我学习能力、反思精神、行动技能、领导力基础的年轻人。具体而言，"汶川县席草村灾后重建可持续生计发展项目"的项目执行者刘锡婷和项目协助者金恩实为"青年发展项目"2011年7月至2012年7月的城市实践者，养鸡合作社成员王家荣和罗华刚为"青年发展项目"2011年7月至2012年7月的农村实践者（下文中还会有所涉及）。

"公益旅游"是由成都益众社区发展中心开展的一个扶贫项目，该项目在原有旅游资源基础上，以乡村公益旅游支持型社区发展模式，以城乡群体公益旅游对接和公平贸易，将农村产业发展同公益旅游无缝链接，进一步推动民乐村及周边社区的旅游事业发展，推进农村社区产业发展创新，拓展社

---

① 行动援助：是一个以消除全球贫困为宗旨的公益性国际联盟组织，1972年成立于英国，2004年秘书处迁至南非。近40年来，行动援助在全球40多个国家开展工作，通过与2000多家当地扶贫和民间组织密切合作，帮助了上千万贫穷人群和弱势群体，改善了他们的生存和发展状况。在未来，行动援助将主要从事与反贫困相关的社区综合发展和政策研究倡导，以社会性别与妇女发展、教育、公共卫生与艾滋病、可持续生计、人类安全与治理为主要的工作领域。行动援助自1998年起在中国开展工作，并于2001年在北京正式成立了国家办公室。在中国的实践中，行动援助中国办公室不仅努力汲取本组织过去30多年来在全球积累的经验，更注重学习和研究中国政府领导下反贫困战略已有的成果、经验和教训，在综合考虑中国贫困现状特点的基础上，深入贫困社区，通过多种方式与社区人民一起拓展知识、培养技能，进而增强他们摆脱贫困的能力。

② 聚贤社基金会：一家国际性慈善资助的基金会，致力于通过提高本土青年领袖的素质，改进其发挥影响力的方式和途径，来探索导致发展中国家贫困问题的原因以及干预其带来的结果。

区贫困村民脱贫空间；同时，维系社区关系，提升贫困村民在社区享有更多的参与权和话语权，增强社区凝聚力，寻求社区归属感和自豪感，最终形成一条城市群体进入社区开展公益旅游的通道，并以此开展公平贸易，进行城乡社区群体互惠交流、相互支持的良性循环产业。该项目的涉及点包括四川、云南、甘肃等地震灾区在内的多个贫困地区。具体到席草村养殖合作社，该合作社的主要成员宋洪根（后来被选为合作社理事长）为"公益旅游"的支持对象之一。

"社区生态故事"项目由 NGO 组织四川野草文化①（即四川省技术经济和管理现代化研究会生态经济专业委员会）承担，目标是通过对四川受灾自然保护区周边社区生态故事的挖掘整理，对游客进行生态保护理念的传播，从而助力灾区的环境扶贫、建立社区可持续和环境友好型的可持续模式。"野草"2012 年年初进入席草村三组，对该社区中的自然人文资源进行了整理和拍摄。

二 项目的实施

"汶川县席草村灾后重建可持续生计发展项目"计划在汶川县小刚养殖专业合作社基础上，以合作社为载体，通过提高村民养殖技术和自我发展、自我管理的能力，进而推动合作社"自我造血"机制的形成，带动其他社区居民，达到可持续脱贫致富的目的，最终减少村民对自然开采的依赖，使得人与自然和谐共处。

该项目主要由"山水"研修生刘锡婷具体负责执行。在"山水"内部，由项目总监负责协调，财务和项目办提供支持，"山水"志愿者金恩实负责协助；在"山水"外部，由陈临阳②作顾问。

---

① 野草文化：成立于 2004 年，于 2009 年获得省科协技管会作为业务主管单位，是在四川省民政厅登记注册的省级社团二级法人机构。它的宗旨与使命是在转型中的中国，通过倡导可持续的生活模式，最终使"节约资源、环境友好"成为人人可接受的价值理念，环保成为时时处处可参与的日常行为。

② 陈临阳：原成都国营农工商联合开发公司开发部主任，从事农村经济工作 20 多年，有相当丰富的社区工作经验，曾参与 GEI（全球环境研究所）等多个国际组织的农村发展项目。

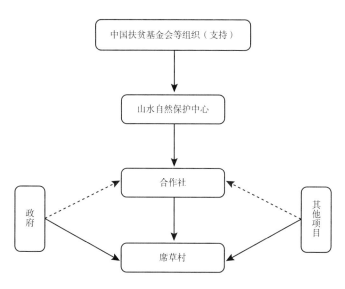

图8　汶川县席草村灾后重建可持续生计发展项目实施示意

专栏一　"锡锡，你是这里的主人哈!"

"锡锡，你是这里的主人，你要帮我照顾好他们哦。"第一次随项目工作人员刘锡婷到扶贫对象王大爷的家中，王大爷这样对刘锡婷说。这样的话，不是王大爷的客套话，而是真正的与项目执行人员的熟络和亲近。在另一户扶贫对象的家中，笔者甚至看到一张"专门为项目工作人员"留的床，因为项目执行人员常常在山上工作，上下山的交通很不方便，需要留宿在村民家，一户村民索性将一间客房"专门留给锡锡住"。"锡锡"，是席草村村民对项目工作人员刘锡婷的昵称，这位2010年毕业于中国农业大学动物医学系的大学生，从毕业之后就扎根于席草村，和村民建立起了亲密的关系。

刘锡婷，1987年出生的女孩。2009年，前往中科院动物研究所秦岭长青自然保护区实习一年后，便与自然保护结下了不解之缘。2010年6月从中国农业大学毕业后，作为行动援助及聚贤社"青年发展项目"的城市实践者和"山水"的志愿者，她来到卧龙保护区的席草村，协助山水工作人员开展各种与保护自然有关的各种活动，一直持续到2011年5月。在这一年中，除了节假日和各种培训外，她几乎都待在三江乡。2011年6月，刘锡婷签约成为"山水"的研修生，同时接手"山水"在席草村的合作社项目。

2010 年 6 月开始至今，她与村民一同吃住、劳动，建立了亲密的关系，也为项目的实施打下了比较坚实的群众基础。

（一） 实施前期——从外来人的合作社到"我们的合作社"

让村民树立"我们的合作社"这样的概念，使他们真正参与到合作社的运作之中，自己开始思考合作社的未来，这一进步，实在是不易，在相关导师的指导和同伴的协助下，刘锡婷差不多用了半年时间才让合作社成员真正走出了这一步。

1. 40 多次家访——我们不是来发补贴的

"从 5 月份溢达杨元龙教育基金项目结束，到 8 月份中国扶贫基金会项目正式开始，以合作社为中心的项目过了一段时间'青黄不接'的日子，加上上半年第一次脱温孵化试验失败，种种事情让合作社项目停滞不前，甚至出现了倒退的趋势。"

2011 年 9 月，"山水"研修生刘锡婷和志愿者金恩实开始正式接手合作社项目时，发现合作社成员有着较为强烈的依赖思想。当谈及合作社乃至养鸡的项目时，一些合作社成员说："去年喊我们来参加合作社，后来就给我们拉了点网网（养鸡的护栏）回来，就啥子都没有了，今年孵蛋也还没有孵出来。"还有很多村民的想法都是："养鸡能不能给我发补贴呢？"这个时候的合作社成员，以及村里面的很多村民，有着比较强的依赖思想，认为合作社是一个外来的产物，是需要给自己"带来好处"的一个事物。

这种"外人的合作社"的思想限制了合作社的进一步发展，为了减轻合作社成员的依赖思想，从 2011 年 9 月到 11 月，刘锡婷和她的同伴以上门拉家常的方式对合作社成员以及相关人员进行家访约 40 人次，家访主要内容包括：告诉合作社成员，"山水"来协助大家办合作社是不会向大家直接发钱的，所有的钱都只会用到帮大家学技术、建孵化场等以及与合作社的发展相关的事情上，只有合作社成员真正把技术学到手，把合作社发展起来，才能降低养殖成本，走上致富的道路；同时进一步了解合作社运行的状况、及时发现并解决存在的问题；帮合作社成员算账，让合作社成员清楚自己的盈亏等。

图 9　家访中的金恩实（左二为金恩实，照片由"山水"提供）

通过 3 个月的不断沟通，合作社成员们慢慢理解了这个"不会直接发钱"的"大学生"，也慢慢了解了学技术、发展合作社的重要性，接受了新的扶贫理念。

2. 记录圈舍情况，初步培养科学的养殖习惯

在进行家访的同时，从 2011 年 9 月中下旬开始，刘锡婷和她的同伴金恩实在席草村向合作社成员发放规范养殖表格，该表格主要是为了记录各合作社成员的具体养殖情况，包括日期、鸡舍情况和处理方式三栏，并向合作社成员讲解了填写该表格的重要性，详细地记录鸡舍每天的情况，一个是随时监测鸡舍出现的情况，为养殖技术的提高打下基础；另一个是留作日后研究养殖方式，改进养殖方法提供依据。

一开始，合作社成员并不买这个账，"祖祖辈辈养了这么多年的鸡，还没有说要每天记鸡圈情况的事情，多麻烦"，后来，经过不断地耐心劝导，有了合作社成员记录鸡舍情况了。虽然这些记录暂时没有派上多大的用处，但是一些合作社成员还是表示理解，认为以后肯定会有用的。

3. 10 月例会暨技术培训会

从 5 月溢达项目结束后，合作社就再也没有开过会了，合作社成员的合作社集体意识日益减淡，在这种情况下，刘锡婷在席草村合作社成员王旭平家中召开了合作社 10 月例会暨技术培训会。

在这次例会上，刘锡婷首先为合作社成员解答了一些常见的养鸡技术难题，并再次向合作社成员澄清观念："合作社是村民自己的，我们只是外来人，是协助大家来办合作社的，我们终究会离开，只有大家自己将合作社运作起来，才能使得合作社长久地存在，为合作社成员带来财富。"

接下来，刘锡婷与合作社成员一起分析了现在合作社面临的两大客观困难。

第一，合作社养殖技术匮乏。现在项目开展的技术难题主要是土鸡电孵化技术和土鸡的成活率。攻克土鸡电孵化技术是合作社成立至今一直困扰着合作社的一个难题，也是合作社进一步发展的核心技术难题。从 2011 年年初电孵化土鸡失败后，这个难题就一直没有能够解决。这个问题的解决，关系到鸡苗的防疫、鸡苗的成活率等各种技术的提高。另一个项目开展的技术问题和困难是土鸡的成活率较低。现在合作社的鸡从孵出小鸡到成鸡的成活率是 50%，远远低于正常肉鸡的标准。造成鸡苗死亡的原因主要来自野兽袭击以及鸡病，而现在合作社在这两方面的技术都比较匮乏。

第二，土鸡市场不稳定。现在合作社养的土鸡主要是靠熟人网寻找客源，并没有建立比较稳定的消费群体和比较稳定的市场，同时，土鸡的价格也因为市场的不稳定受到影响，在一定程度上导致土鸡在某段时间以低于成本价出售。

针对现在所面临的困难以及合作社下一步的发展，刘锡婷和合作社成员进行了讨论，经过讨论，大家基本坚定了要将合作社办起来的信心和目标，并确定了围绕合作社发展的三个具体目标：第一，2012 年年初，等春季天暖了，由村民们提供种蛋，"山水"用扶贫基金会资助的钱，进行第二次脱温孵化试验，争取建立合作社自己的脱温孵化场，并在这个过程中培养起合作社自己的技术人员；第二，在 2012 年外出参观前，发展一批新的合作社成员；第三，如果脱温孵化试验成功，则发展新的一批合作社成员。

4. 合作社来了新成员

2011 年 11 月底到 12 月初，在项目工作人员不断地沟通下，越来越多的村民开始认同合作社的理念，有三户村民表示愿意加入合作社。

这一次加入和第一次合作社成员加入略有不同，是一个双向选择的过程。除了自己愿意加入合作社，希望发展合作社以外，还需要原来的合作社成员同意。对于新成员的加入，合作社老成员研究出了两个标准：一是有养鸡的条件；二是人品过关、踏实。在这样的双向选择之下，12月初，席草村三组村民李叔良、罗华刚和贺明孝三户村民加入了合作社。至此，合作社完成了发展第一批新成员的目标。

12月17日，在合作社发展第一批新成员之后，在"山水"工作人员的协助下，他们前往成都华德福有机小市场进行了第一次练摊，开始考虑市场、包装、物流和宣传等尝试，进入了合作社发展的探索阶段。

5. 青年草根精英的成长

培养草根领袖，是农村社区扶贫工作中常用到的一种工作手法，在"汶川县席草村灾后重建可持续生计发展项目"（合作社项目）开展的同时，"山水"利用该项目，以及相关的"绿色领导力"和"青年发展"等项目，为席草村培养了三位青年草根精英，他们分别是合作社成员王波、王家荣和罗华刚。

青年往往是一个社会的希望，是一个社区的未来，培养他们的能力和话语权，无疑为合作社的发展增添了希望。

（1）青年草根精英——王波

王波今年25岁，他家是合作社的成员之一（王旭强的大儿子）。他曾经是偷猎者，打过鸟，也到内蒙古、陕西等地打过工。

2008年，一次偶然的机会，美国的一位自然保护学家卓佳音来卧龙，体力好、能走山路的王波成为了他的向导。在与博士一起巡山的两天一夜中，王波对GPS的使用和自然保护工作产生了浓厚的兴趣，从此渐渐完成了从一位猎人到动物保护者、自然保护者的角色转变。王波协助卧龙自然保护区三江保护站完成了许多工作，如巡山、收集数据；2008年汶川地震后，王波参加了"山水"组织的"乡村之眼——我们是主角"灾后社区影像记录活动，自己拿起DV拍摄了家乡席草村各类鸟的视频，取名叫作《我家的鸟》。

2010年，经过三江保护站的推荐，他成为了"山水"实施的"绿色乡村领导力"项目培养的乡村保护带头人，同时他也是行动援助（Action aid）

实施的第五期"青年发展"项目中选定的农村实践者，2010 年 12 月 30 日，王波参加了席草村养鸡合作社，并当选为合作社中的两名经理之一和三名技术员之一。

在这些项目中，他得到了"绿色领导力"导师三江保护站站长施晓刚的指导，得到了"青年发展"项目中与他配对的城市实践者——刘锡婷的帮助。在这些项目中，他做过村里的乡土风情手册；也在这些活动中，他看到了外面的世界，拓宽了眼界；还是在这些活动中，他虚心向学，学习了各种环境保护知识，学习 GPS 的使用，学习摄影，学习各种养殖技术，也向城市实践者学习英语。

现在，王波已经成长为有一定领导力的社区"领袖"，这个曾经在村民眼中不务正业的小混混，开始得到村邻的理解。他坚持做保护和生态养殖，他认为要自己先发展起来，给社区树立榜样，大家看到了事实，观念才会转变。王波说："以前觉得领导就是村长、书记、队长，可以骂人的。现在觉得每个人都是领导，你做的事是别人没做过的，你带领大家去做。只要你在做事，你就是领导。领导力就是发现问题，解决问题，用最好的方法解决问题。"

（2）青年草根精英——王家荣

王家荣是合作社成员王旭平家中的三女儿，1994 年出生，王家荣有两个姐姐和一个弟弟，两个姐姐都外出打工去了，一个弟弟还在读初中。

王家荣初中毕业之后就一直在家务农，帮助母亲养鸡，她一直对养殖非常感兴趣，"看到电视里面说养鸡要避免近亲繁殖，就会到其他家买土鸡蛋并用自己家的母鸡孵蛋，然后留下两只最强壮的公鸡用于和自己家的母鸡繁殖"。好学上进的王家荣很快被"山水"的项目工作人员发掘了出来，在工作人员的推荐下，王家荣被选作合作社三个技术人员之一。在席草村，晚辈一般是没有什么说话的权利的，长辈们说话的时候只能乖乖听着，"村里的男孩儿尚且如此，更何况王家荣还是个女孩儿"。最初被选出来当技术人员时，她并不被村里的"大人们"看好，开技术培训会的时候也不会主动叫她，好在每次项目工作人员刘锡婷和金恩实都记得去她家叫她出来。

2011 年，王家荣被推荐并被选作行动援助第六期"青年发展项目"的农村实践者，与她配对的城市实践者即为"山水"的志愿者金恩实。实践者的申请表中，王家荣写上：希望通过学习，使家里养鸡致富，摆脱过去种地的生活。在这一年中，她外出参加培训，努力学习各种知识，她的鸡也越养越好。随着养鸡在家庭年收入中的比重逐渐增加，她也开始变得越来越外向和开朗。笔者在 2011 年 11 月见到她时，她还是个羞涩不善言谈的女孩儿，2012 年再次见到她时，她已经能用不是很标准的普通话，为我们讲解养鸡过程中可能遇到的各种问题和对应的解决措施。

2012 年 3 月的一个晚上，合作社的成员又聚在了一起，同时来的还有合作社外聘的技术员，在技术员挑选鸡蛋的时候，村里的老人主动对王旭平说："你们家家荣呢？让她过来也学习交流交流⋯⋯"听到这样的话，项目工作人员脸上闪过欣慰和满意，这样的主动，他们实在是等了太久。

（3）青年草根精英——罗华刚

罗华刚是席草村三组下坪的一户村民，他是合作社 2011 年 12 月发展的三户新成员之一。他今年已经三十岁了，因为各种原因，现在还没有结婚，与父亲一同居住。

在加入合作社之前，他家靠着家里微薄的种地收入和他跑面包车为生。因为项目工作人员常常坐他的车进村，项目工作人员和他慢慢熟络起来。开始，他觉得"搞合作社很好耍"，便向项目工作人员提出想要加入合作社。随后，笔者在与他的不断接触下，发现他所说的"好耍"其实是在寻找一种归属感和一种集体感，在笔者的理解中，进入合作社使他能获得一种向上的力量，也使他更加开朗。

2011 年，他和王家荣一起推荐并被选作行动援助第六期"青年发展项目"的农村实践者，与他配对的城市实践者即为"山水"的志愿者金恩实。2011 年 11 月，他前往贵州进行学习和培训，在培训会上慢慢学着发言，锻炼了自己的交流能力。

2011 年 12 月，他正式加入合作社，会开车的他在 12 月的例会上被选为合作社市场带头人，在 2011 年 12 月和 2012 年 4 月两次分别带着村民前往成都卖鸡，责任感使然，他开始思考合作社的发展和自己的发展，也慢慢成长起来。

6. "我们的合作社"——村民开始自我管理和自我发展

（1）2011 年 12 月里的年终总结

眼看 12 月了，合作社差不多运行了 3 个月，在这个辞旧迎新的日子里，合作社开始总结这一年的得失。

2011 年 12 月 8 日，在村民宋洪太家中，陈临阳亲自来到席草村，为村

图 10　12 月里的年终总结会议

注：左图为 12 月 8 日陈临阳为村民作年终总结和团队培训，左一为陈临阳；右图为 12 月 10 日合作社成员一同开年终总结会议。照片由"山水"提供。

民作了一次团队培训，合作社成员王波、王旭强等十位成员参加了这次培训。在这次培训上，陈老师首先对合作社这一年的得失作了一个小结，直面这一年没有取得直接成绩的现实，也让大家看到，出现很多问题，也是好事情，幸好问题现在出来了，这样"山水"可以同合作社成员一起直面问题，在项目工作人员退出之前解决问题。

其次，陈老师再次为大家强调了团队的重要性，并指出致富需要村民自己的努力，外力作用只是一时。最后，陈老师和大家一同讨论关于现在合作社出现的市场、技术和资金三个难题，提出了初步的解决措施。

在这次会议之后，村民们也开始思考自己在合作社中的位置，以及合作社今后的发展，体会到"合作社终究要回到村民手中"的含义。

12 月 10 日，项目工作人员刘锡婷和金恩实趁热打铁，在合作社成员王旭强家中召开了 12 月以来第二次村民合作社会议，合作社成员宋洪根、王家荣等十位成员参与了会议。在会议上，作为项目负责人的刘锡婷首先表示，在过去的三个月中，没有拿出明显的成绩，自己有很大的责任。另外，针对合作社的发展，需要解决市场和技术两大难题。在村民的讨论下，选出了市场带头人罗华刚，技术带头人王波和王家荣，并讨论了具体的解决措施。

最后，针对"合作社终究要回到村民手中"这个理念，村民提出要从合作社成员中选出自己的社长，并选出了"社长候选人"宋洪根和贺建伟。

12 月的年终总结后，村民们开始主动思考起合作社今后的发展，并对此有了进一步的规划。

（2）2012 年是合作社的新纪元——合作社开始回归

经过了前三个月的不断家访和年底的总结，2012 年 1 月 12 日，合作社召开了 2012 年来的第一次例会，在这次例会上讨论了财务、合作社成员、养殖计划和例会制度等问题。在项目工作人员看来，例会讨论的内容并不是最重要的，重要的是在这次会议中，合作社的成员开始主动发言，并有了主导会议的趋势，合作社回归到村民手中的日子悄悄地走近了。

2012 年 2 月 22 日，这对于合作社来说，是一个大日子，在这一天的合作社例会上，进行了合作社新一期的选举，通过合作社成员的推荐和选举。最后选出合作社理事会的理事长（也就是村民口中的"社长"）——宋洪根；合作社理事会成员：王旭强，贺建伟，刘锡婷；合作社会计：李绍兵；合作社出纳：宋洪太；合作社市场部经理：罗华刚、宁国兵；合作社生产部经理：土波。同时，为了合作社运作更加透明，合作社请了现任村支书王仕强担任合作社监事会监事长，并选出监事会成员：李叔良、王旭平、宁国兵三人。

对于村里的其他人来说，合作社的换届选举只是一件小事，但是对合作社来说，这却是一件非常重要的大事，合作社开始真正回到了合作社成员自己的手中。这是权利，但更是责任和义务。

在此次选举之后，新上任的合作社理事会理事长宋洪根、义集理事会成员王旭强开始更多地奔波于合作社的各种事务中去，在后期准备建孵化场苦于无场地的问题上，理事会成员王旭强还主动提供他家的地建孵化场。

7. 实施前期的小结

在 2011 年 8 月到 2012 年 2 月这接近半年的时间里，项目工作人员自下而上发动村民，在参与式发展的理念下进行项目的运作。由于合作社在 2011 年 8 月以前采用的是自上而下的工作方式，该工作方式对村民的影响很大，人的观念改变是一个漫长的过程，从"外来人的合作社"到"村民自己的合作社"，这一转变走得实在不易。在这个过程中，该项目基本上取得了以下两点突破。

第一，实现了对扶贫对象的赋权。在项目实施前期，项目工作人员将合作社决策和运作权力逐渐下放，将合作社成员从决策的服从者逐渐变成了决策的决定者和执行者。在实现扶贫对象的赋权过程中，合作社成员开始主动参加到合作社日常的运作之中，也减轻了对外界支持力的依赖，为项目的顺利结束和合作社的可持续运作打下了第一个基础。

第二，实现了社会角色在发展过程中的平等参与。在项目实施前期，项目工作人员在工作中强调平等的工作理念，强调每个合作社成员、每一个社会角色的参与，不论男女老少，都参与到合作社的发展之中，实现了社会角色在发展中的平等参与，也充分实现了每个社会角色平等地成长和进步。

专栏二　合作社的那些亲戚们——建立在血缘关系上的业缘关系

我国农村的合作社，常常是生长在乡土的土壤中，一个很明显的特征即为合作社成员有着较为明显的血缘关系。血缘关系是指以血统的或生理的联系为基础而形成的社会关系，比较重要的血缘关系有：种族、氏族、宗族、家族和家庭①。

席草村小刚养殖专业合作社也有这样的特点，用合作社成员的话说，"我们合作社里面的人都是亲戚"。合作社以户为单位加入，成员一般以户主的名字进行登记，在参与的9户人家中，除了王旭强和王旭平是亲兄弟以外，其余的几户都有血缘关系。下面，笔者将以合作社成员罗华刚为例，讲解合作社中的血缘关系（详见图11）。

除了图11中所示的血缘关系外，王旭强和王旭平兄弟俩的母亲后来改嫁到贺建伟家中，成为贺建伟的母亲，所以说"合作社里面的人都是亲戚"，加上居住的地缘关系，合作社中的每个人都与其他的人有理不清的血缘关系（亲缘关系）。

这种血缘关系促进了合作社的形成和发展，并增强了合作社成员之间的凝聚力。血缘关系先天规定了合作社成员之间的联系，为合作社成员带来认同、信任和理解等基本的团队要素。在合作社成立之初，相互的认同、信任和理解为合作带来了可能性，并大大降低了因为不信任而带来的交易成本。因为相互之间的认同，合作社成员很容易认为自己和合作社其他成员之间是一个团队，不分彼此，从而减少了团队初期的磨合时间；因为彼此之间的信任，合作社成员少有猜忌彼此的"私心"，会将合作社的资金占

---

① 郑杭生：《社会学概论》，人民大学出版社，2003。

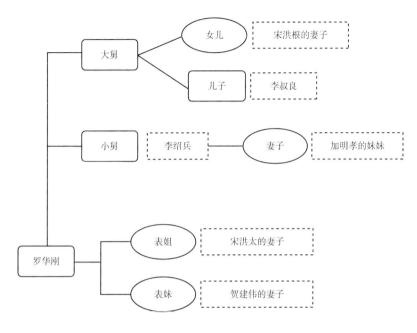

图 11　合作社血缘关系示意（以罗华刚为例）

为私有，为合作社这个团队的长期存在奠定基础；因为彼此之间的理解，在合作社运作过程中不会因为项目试验的失败而互相诋毁，不会动辄要"散伙"。

　　同时，合作社关系中形成的业缘关系又反过来增强了血缘关系的互动，带动了该社区中的社会资本。业缘关系是指人们以广泛的社会分工为基础而形成的复杂的社会关系①，因为合作社而形成的相互分工也是一种业缘关系。由于合作社的存在，合作社成员开始比以往更加频繁地相互走动，并有了更多关于技术和销售的交流。一个生长在农村的农民主要依靠亲缘关系（血缘关系）来建立自己的人际关系和社会资本②，在合作社建立之前，这种因为血缘关系带来的社会资本处于沉睡状态，在合作社成立之后，由于血缘关系带来的销售渠道、技术渠道开始显现，业缘关系开始悄悄带动社区中的社会资本。

　　总的来说，在合作社前期，在血缘关系上形成了业缘关系。一方面血缘

①　郑杭生：《社会学概论》，人民大学出版社，2003。
②　黄祖辉、徐旭初：《农业合作社的分析主题、理论框架与研究视域》，《农业部管理干部学院学报》2012 年第 3 期。

关系促进了业缘关系的形成和发展；另一方面，业缘关系也增强了血缘关系的互动，带动了贫困社区的社会资本。

（二） 实施中期——合作社的初步发展

1. 第二次脱温孵化前的准备

2011 年 3 月，在"山水"和合作社成员的共同商议和选择下，合作社买回了盼望已久的孵化机，开始准备第二次较大规模的脱温孵化。可是脱温孵化机买回来了，去哪里找会脱温孵化的技术员呢？现在合作社自己的技术人员还达不到这样的水准。

合作社成员依然惯性地找项目工作人员刘锡婷，希望由刘锡婷出面来找这样一位孵蛋的技术人员，刘锡婷最初也答应了下来。可是过了几天，在外参加培训的刘锡婷接到合作社理事会成员王旭强的电话，告诉她技术人员已经通过他的亲戚找到了，是一位有着十几年孵蛋经验的技术人员。接到这个电话，刘锡婷百感交集，这是合作社离开她之后第一次独立运转，说明"合作社成员已经动起来了，不再什么都需要依赖外力，合作社自己推动着自己向前发展"，她真的可以开始成为一个"外人"了。

2012 年 4 月 10 日晚，合作社成员聚集在成员王旭平的家中，在技术人员的指导下，共同选种蛋，清洗种蛋，消毒，干燥，最后小心翼翼地将这批蛋放入孵化机中，从这一刻开始，合作社便开始了即将来临的漫长等待，希望这一次的孵蛋能够顺利。

也是 4 月 10 日这天晚上，合作社召开了 4 月的例会，这也是第一次由合作社成员自己主持并主导的会议。在这次例会上，合作社成员对今后的发展进行了讨论，坚定了将合作社做好的决心和信心。

也是 4 月这几天，笔者惊喜地发现，以前合作社成员都爱说"锡锡是我们的领导"，现在变成了"想加入合作社先给九哥（宋洪根）说，他是社长，给大家开会讨论同意了就可以了，锡锡只是来帮助我们的"。从这个阶段开始，合作社真正开始走向了自治和自我发展。

2. 义集卖鸡蛋——从农村社区扶贫到城市社区扶贫

2012 年 4 月 14 日这一天，是合作社改组以来第一次外出卖鸡蛋，此次代表合作社出来卖鸡的有合作社市场带头人罗华刚、合作社会计李绍兵和合

图 12　孵蛋准备示意

注：左上为技术人员选蛋，右上为为种蛋清洗消毒，右下为种蛋装盘前的最后一次干燥，左下为种蛋装盘，中图为进入孵化箱的种蛋，摄于 2011.4.10。

作社发展对象付忠文。4 月 13 日，他们在合作社成员家中收集了鸡蛋约 500 只，前往成都市牛王庙巷 82 号的一个义集卖鸡蛋。

这个义集活动由成都市水井坊街道办事处和爱有戏社区文化发展中心① 共同发起，义集是爱有戏在水井坊社区推出的"社区参与式互助体系"② 中的一个部分，义集立足于社区，用定期集市的方式，帮助城市中的贫困家庭和残疾人家庭，推动建立诚信、互助、友爱的社区。义集分为文化区、爱心帮扶

① 爱有戏社区文化发展中心：该中心目前是在民政部正式注册的公益性社会组织，是致力于社区文化建设的非营利性机构。它通过搭建社区文化艺术平台引导人们深入参与社区文化活动，运用参与式社区艺术、参与式社区主题剧等工具，引起人们对思想情感、人生态度、价值观念的深刻反思。
② 爱有戏"社区参与式互助体系"：共包括义仓、义集、义坊和义学四个部分，旨在促进社区融合，帮助社区贫困居民。

区、义卖区、公益组织交流区、义演区、自由涂鸦区、义诊区等，根据每期主题不同会有更多特别区域。每个人都可以把凝聚了情感的旧物拿出来义卖，义卖得到的钱用于帮助城市贫民；也可以在义集上购买爱心帮扶区摊位物品直接帮助贫困和残疾家庭；也可以了解更多的公益组织和公益活动……

义集为合作社成员提供了场地，并提供桌椅和板凳等，合作社成员在义集出售自己的鸡蛋，也购买了一些其他的爱心商品。义集结束后，合作社成员留下10颗鸡蛋作为爱心捐赠到义仓中，以帮助城市社区中的贫困家庭。

这次义集卖蛋，合作社成员积极参与其中，是一次努力的尝试和进步，同时，也完成了从农村社区扶贫到城市社区扶贫的对接。

3. 第一批雏鸡破壳——攻克第一个技术难关

经过半个多月漫长的等待，5月3日，孵化机中的雏鸡终于破壳而出了。这次脱温孵化试验共放入470只鸡蛋，孵化出雏鸡320只，孵化率约为68%，接近70%！一般来说，一般受精率、孵化率各80%，即从孵化机中拿出雏鸡率为64%即为较好的孵化率。本次孵化率为68%，略高于64%，孵化率算是比较好的了。

这个孵化结果，让合作社成员和项目工作人员都高兴不已，统一孵化雏鸡不仅有助于合作社有效扩大养殖规模，保证了鸡种纯正，而且实现了统一注射疫苗，预防疾病，能够有效提高雏鸡成活率，降低养殖风险，保障土鸡产品质量。这次脱温孵化试验的初步成功，让合作社成员更有信心面对以后合作社养殖规模的扩大与发展。

随后，合作社脱温孵化室建成，这一系列的成果取得，基本标志着席草土鸡养殖专业合作社孵化场建成，合作社终于有了自己的孵化场。

4. 土鸡品尝会暨合作社孵化场的启动仪式——一次有效的外部资源链接

5月19日，在孵化结果出来后，项目工作人员和合作社成员一起搞了一次土鸡品尝会，这次土鸡品尝会也是合作社孵化场的启动仪式。为了使合作社得到可持续发展，项目工作人员和合作社成员邀请对生态产品感兴趣、愿意为搭建城市与农村社区之间的桥梁尽一份力的城市伙伴来到席草村，对合作社养殖环境作亲身感受，希望他们在与合作社成员充分交流后，能够帮助合作社出谋划策，使合作社对产品质量的追求与付出得到关注和认可。

这天，共有8个组织、公司和有机农场的24个城市伙伴参加了这次活动，同时，参与本次活动的还有席草村王书记、郑村长、合作社全体成员以及项目工作人员。

本次活动基本取得了以下一些成效：首先是鸡的品质受到了广泛的认可；其次，合作社成员和席草村村委感受到了外界的重视，对合作社的发展更加有信心；最后，参与活动的城市伙伴还为合作社土鸡销售出谋划策，部分到访人员表示了初步的合作意向。

（三）后期实施计划

截至本案例报告提交时，"汶川县席草村灾后重建可持续生计发展项目"经历了从前期的项目滞后到逐渐赶上项目进度的过程，在项目实施后期，项目将围绕着以下具体目标继续开展活动。

1. 完善孵化场，扩大养殖规模

在项目实施后期，项目将继续进行孵化场孵化的探索，合作社已经开始了第二批种蛋的孵化。

通过脱温孵化，养殖户一方面可以扩大养殖规模；另一方面也可以通过出售雏鸡进行致富。项目计划半年后产量将达到每月 300 只雏鸡、4000 颗以上鸡蛋。

2. 拓宽销售渠道，保证市场

在项目实施的后期，受地域限制，合作社将逐渐改变直接面对消费者的销售模式，而采取与已有客户资源的组织或公司合作的模式，扩宽销售渠道，保证市场。现在，通过一系列的沟通和交流，部分组织和公司已经有了初步的合作意向，合作社成员开始有信心面对今后进一步的发展。

3. 提高合作社成员能力，促进合作社发展

提高合作社能力，具体而言包括养殖技术、市场营销和合作社管理能力等。在项目实施的后期，将通过培训和技术交流等方式，提高合作社成员的养殖能力，同时，项目工作人员还计划带领合作社成员外出参观，通过了解成功案例，学习合作社管理、市场营销和科学养殖技术。

三　结论和讨论

（一）项目取得的成果

1. 增加了社区居民的收入

据初步统计，2011 年席草村的人均年收入从地震之前的 2000 元左右增长到 4000 多元，实现了收入翻番。这些收入的增长，在这里我们不能完全归功于社区中的一个或几个项目。拿养鸡项目来说，如果仅论养鸡收入，又会涉及众多宣传项目、技术培训和能力成长等项目，所以，我们仅能从这一个角度看，通过各种项目，社区居民实现了收入的增长。

2. 实现了社区居民的增能和赋权

在项目实施过程中，通过养殖培训、技术交流和市场宣传等活动，席草村社区参加项目的居民提高了自己的养殖技术、交流能力和组织策划能力，社区居民也从原来的被动地学习和接受外来知识变为主动求知和探索，开始了社区扶贫对象自我增能的过程。

在项目实施的过程中，工作人员将合作社决策和运作权力逐步下放，将合作社成员从决策的服从者逐渐变成了决策的决定者和执行者，扶贫对象越来越多地参与到项目的实施过程中，并逐渐呈现合作社主人翁的角色，实现了扶贫对象的赋权。

3. 带动了社区内部的社会资本

席草村村民居住分散，从村口到鹿耳坪社区一般要走三个多小时的路程，即使是在鹿耳坪社区内部，从上坪到下坪也需要走近五十分钟的时间，如果平时没有事情，居民们会尽量减少走动，社会资本处于微运动状态。"汶川县席草村灾后重建可持续生计发展项目"开始之后，社区居民开始增加了互动，共同讨论和分享养殖过程中遇到的问题和经验，并通过各种人际关系寻找技术人员、销售渠道和相应设备等，并建立了相应的人际网络，社区内部的社会资本被调动起来。

在社会资本的反贫困功能研究中，Collier（1998 年）、Grootaert（1995 年）、C. Grootaert 和 T. Van Bastelaer（2004 年）将社会资本划分为民间社会资本（civil social capital）和政府社会资本（government social capital），前者则包含共同价值、规范、非正式沟通网络以及社团成员资格，他们认为以信任和社会纽带为特征的民间社会资本在减轻贫困程度中发挥了重要作用。"汶川县席草村灾后重建可持续生计发展项目"对社区内部调动和带动，为社区扶贫打下了坚实的基础。

4. 提高了社区居民的养殖热情

在项目实施过程中，通过工作人员的宣传和影响，社区居民认识到依赖外人送来"项目钱"和自己养殖致富的区别，并对养殖慢慢产生了热情和兴趣，开始认真着手养殖。在项目开展的过程中，社区居民积极学习各种养殖知识，并对原有的养殖技术进行探索和提高。随着合作社的影响开始扩大，村里的其他村民也开始对养殖产生热情，希望能够进一步提高自身的养殖技术。

（二）项目的展望与挑战

按照目前发展趋势来看，该项目基本可以如期完成计划目标。项目实施过程中存在的障碍主要有以下几点。

1. 项目资金的不连续性

合作社在本项目实施前一年由溢达杨元龙教育基金支持，并于 2011 年 5 月结束。从 2011 年 5 月到 2011 年 8 月这三个多月时间里，合作社经历了一个"青黄不接"的时期，在这个时期里，前期取得的一些成果一度中断，这些成果包括合作社的凝聚力等，之后合作社又开始进入一种闲散状态，这种中断造成了在 8 月项目再次启动时进展较为缓慢、合作社成员信心受挫等后果。

生计项目是一个需要长时间运作的项目，要将一个地区的村民组织起来并且使得村民能够完全自我管理和自我成长需要很长的时间。现今，合作社项目粗具规模，合作社成员基本能够自我组织，但是距离村民能够完全自我管理和自我成长还有一定的距离，如果项目资金的连续性不能得到保障，项目现在取得的一些成果可能会随着项目的结束而中断。

2. 科学养殖技术比较匮乏

到目前为止，合作社成员在科学养殖上基本攻克了第一个难题——土鸡的脱温孵化，但是后期还有各种难题等待着合作社的养殖户们。这些难题包括：脱温孵化出来的雏鸡对环境的适应、养殖周期长、冬季生长周期缓慢、冬季下蛋率低和土鸡天敌多等，这些难题都严重地影响着合作社的进一步发展和壮大。

土鸡的养殖与养鸡场养殖有很大的区别，国内没有太多现成的经验和技术可以直接套用，在今后合作社的发展过程中，技术难题的攻克仍然是一个较大的挑战。

3. 销售渠道狭小，市场不能保证

到目前为止，合作社采用的销售模式为养殖户直接面向消费者模式。这种养殖户直接面向消费者的销售有很多局限性：首先，养殖地到销售地距离长，会造成销售成本高；其次，受到村民自身销售能力和沟通能力的限制，销售量会受到一定的影响；再次，这种模式受到关系网的影响，主要靠熟人进行销售，不能形成现代性的销售链；最后，要同时顾及销售和养殖，养殖户不能专心攻克技术难题，会造成精力分散。市场不能保证，会对养殖户的信心和养殖规模扩大造成影响。

现在，合作社计划采取与已有客户资源的组织或公司合作的模式，扩宽销售渠道，保证市场。但是，要采取与已有客户资源的组织或公司合作的模式，还有很长的路要走，对于合作社来说，是一个不小的调整。

4. 与当地政府的合作关系没有建立

"汶川县席草村灾后重建可持续生计发展项目"从2011年8月开展至今，主要依靠社会组织——"山水"的力量进行开展和推动，以及相关社会组织的配合和支持，与当地政府的合作关系没有建立。

虽然"山水"的工作方式和能力能够保证项目基本顺利地开展，但是如缺少当地政府的支持，很多相应的社会资源会相应缺乏，这些社会资源包括政策的支持、销售信息的链接以及相应的畜牧站指导等。所以，在今后的项目开展过程中，与政府建立有效的沟通渠道和支持关系，开展相应的合作，仍然是一个重要的挑战。

（三）项目取得的经验

1. 重视扶贫对象的参与和能力的提高，是社区扶贫得以成功实施的基础

"汶川县席草村灾后重建可持续生计发展项目"从实施开始，就重视扶贫对象充分参与项目。从项目实施前三个月，以自下而上的工作方式，用了40多次家访逐渐感染居民，初步调整了扶贫对象的依赖思想，发动了扶贫对象参与到项目中来。并在项目实施过程中，将合作社决策权逐渐下放给合作社成员，调动了合作社成员的积极性。

"汶川县席草村灾后重建可持续生计发展项目"在实施过程中，重视扶贫对象的能力提高，通过技术培训、团队培训和外出交流等活动，提供了扶贫对象的养殖技术、团队自我建设能力和交流组织能力等。通过发动扶贫对象参与活动之中和提高扶贫对象的各种能力，一方面保证了项目实施的群众基础；另一方面，保证了项目效果的长期性和可持续性，是社区扶贫得以成功实施的基础。

2. 发掘和培养草根领袖，是社区扶贫得以成功实施的动力

"汶川县席草村灾后重建可持续生计发展项目"在实施过程中，通过相关项目，首先为合作社培养了王波、王家荣和罗华刚三位青年草根领袖。青年是社区中最具活力和生命力的群体，也是一个社区未来的希望。这三位青年草根领袖，在培养他们的同时，也为合作社的运转注入了活力和动力，保证了合作社的长久运转。

"汶川县席草村灾后重建可持续生计发展项目"在实施过程中，也注意对社区中原有的领袖人物进行提高，在相关项目的支持下，合作社理事长宋洪根的领导力和组织力得到了提升，合作社理事会成员王旭强的知识面和视野得到了拓展。通过培养年轻草根领袖和对年长草根领袖的能力提升，保证了合作社人员的全面性

3. 多项目的互相配合和促进，是社区扶贫得以成功实施的坚实保障

在"汶川县席草村灾后重建可持续生计发展项目"的实施过程中，在项目实时地席草村三组（鹿耳坪社区），同时有四个由社会组织主导的项目开展。四个项目分别从组织建设、扶贫对象能力提高、扶贫地对外宣传等角度进行协作，为贫困社区带来了生机和活力。四个项目的相互促进和相互配合，使得扶贫项目突破了原有的单一项目的势单力薄，是社区扶贫得以成功实施的坚实保障。

第四章

都江堰龙池镇震后社区
学校建设案例

2008 年 5 月 12 日下午 14 点 28 分，8 级地震袭击四川，大地颤抖，山河移位，满目疮痍，约 50 万平方公里的中国大地遭此重创，全国人民共此国殇。据统计，此次地震共造成约 69227 人遇难，374643 人受伤，17923 人失踪①，房屋、道路等基础设施损坏无数，直接经济损失超过 8000 亿元。

地震过后，灾区人民在巨大的悲恸下重新振奋精神，万众一心，众志成城，面对灾难，迎难而上，积极投入到灾后重建的行列之中。在灾区人民三年多的奋力抗争和各方力量的共同努力下，灾后重建初见成效，灾区人民的生活重获光明。然而，灾后重建并不能够一蹴而就，面对灾区百废待兴的基本现状，重建还将是灾区未来很长一段时间的工作重心。

在这样的大背景下，中国扶贫基金会于 2011 年 5 月初决定投入 500 万元，支持 NGO 参与汶川地震社区发展，一来是为支持草根 NGO 继续关注、参与汶川地震社区发展，弥补政府行政救助所存在的不足，使重建效果最大化；二来是为了培育本土 NGO 力量，加强 NGO 间的相互联系，促进由操作型基金会向筹资型基金会的有益转变。通过公益招投标的方式，在专家们几番评审后，中国扶贫基金会公开筛选出 21 个有潜力的草根 NGO 公益项目予以资助，由上海市闸北区热爱家园社区青年志愿者协会承担的都江堰龙池镇震后社区学校建设项目因其自身优势，成为中国扶贫基金会资助的项目之一。

---

① 《四川汶川地震抗震救灾进展情况》，http://www.512gov.cn/GB/123057/8107719.html。

一 项目区基本情况

龙池镇震后社区学校建设项目（以下简称新家园项目）是针对毗邻地震震中汶川县映秀镇的重灾区四川省都江堰市龙池镇的震后重建综合社区援助项目。

（一）震前龙池

龙池镇位于都江堰市西北 17 公里处的青藏高原边缘山区，东与紫坪铺镇毗邻，西与阿坝州汶川县交界，南邻紫坪铺水库，北与虹口乡接壤，全镇总面积 94.25 平方公里，户籍人口 3387 人，下辖南岳、东岳、云华、查关 4 个行政村和 1 个栗坪社区。该镇为成都到九寨沟①高速公路的必经之地，美丽的龙池国家森林公园隐藏山间，悠远的茶马古道踏过村前，猕猴桃、素茶等土产绿色纯净，安宁静谧，民风淳朴。

跟中国大多数农村地区一样，地震前的龙池人以行政村为单位散居在这片祥和的土地上。依靠旅游资源和林业资源的带动，龙池的总体经济发展良好：紧邻龙池国家森林公园的南岳村，享受着大地母亲无私的馈赠，凭借独特的旅游资源，以农家休闲游为主导产业，经济收入颇丰；其他村子虽缺乏优势地理位置，但依靠年轻人外出打工挣钱和种植猕猴桃、素茶等土特产增收，生活水平都在温饱之上；相比较而言，仅云华村的光景较差一些，村里的 200 多户人家星星点点散落在方圆十几公里的山坞里，过着"刀耕火种"的原始生活。因远离政治文化中心，地处偏远，交通不便，云华村是首批确定的成都市经济发展缓慢村，历来较为贫困。

（二）灾祸连绵

2008 年 5 月，突如其来的大地震给猝不及防的龙池重重一击，这个距震中映秀仅 3 公里的小镇，在此次地震中遭到重创：全镇因地震死亡 36 人，失踪 17 人，受伤 1621 人，房屋倒塌 6555 间，严重受损或倒塌率达 98%，

---

① 九寨沟为全国重点风景名胜区，并被列入世界遗产名录。2007 年 5 月 8 日，阿坝藏族羌族自治州九寨沟旅游景区经国家旅游局正式批准为国家 5A 级旅游景区。

道路受损 40 公里，大小桥梁损毁 17 座，水、电、通信等基础设施大部分损毁，林业受损 61.5 万株，农林业经济损失 3330 余万元，村民生活受到毁灭性打击。①

地震发生后，大部分龙池人被临时安置在板房区内集中居住，在都江堰政府的亲力奉献和对口援建单位上海市松江区的大力援助之下，龙池很快又恢复了昔日的风采，一栋栋统建房拔地而起，学校、医院、道路等基础设施修缮完毕。又因其得天独厚的旅游资源和多元生态的巨大潜力，龙池多次获得市领导的青睐，并被定位为"九环线"上重要的旅游景区和独具特色的国际性生态山水浪漫小镇。这同时也吸引了成都文旅集团②的倾情加盟，这家成都最具规模的文化产业集团于 2008 年 10 月起便担负起了龙池灾后重建的重任，同都江堰龙池政府一起，打造全新龙池：不仅修建了一批高质量的建筑群，还精心组织各类商家进驻龙池，提供最优的旅游配套，使龙池的旅游业粗具规模。

图 1　震后龙池新颜（照片由新家园项目提供）

然而，福无双至，祸不单行。在 2010 年的夏天，龙池人民刚搬进崭新的统建房不久，灾难再次降临，"8.13"、"8.18"两次特大山洪泥石流袭击龙池，二次受灾，损失惨重。当地的旅游业和基础设施建设再次遭到毁灭性

---

① 都江堰龙池人民政府网，http：//lcz. djy. gov. cn/article. php？content = 12769。
② 成都文旅集团全称是成都文化旅游发展集团有限责任公司，成立于 2007 年 3 月，是经成都市委、市政府批准，市国资委授权，按照现代企业制度要求建立的自主经营、独立核算的国有独资公司。

图2 泥石流袭击龙池（照片由新家园项目提供）

打击，原云华板房区全部被冲垮，南岳村农家乐70%被毁，龙池景区毁灭殆尽，道路重遭冲毁，死亡与失踪十余人，"大病初愈"的龙池镇再添新伤。

（三）凤凰涅槃

经过全镇人民与外界支持力量的携手合作，截至目前，龙池镇基础设施基本恢复，村民们都已陆续搬入了有着"山地别墅"美称的统建房内，过着水、电、气三通的全新生活。按照当地政府的话说，龙池的基础设施建设比震前至少提前了20年。

的确，从外观上看来，新龙池时尚前卫，布局紧凑而不失格调。一栋栋统建房错落有致地掩映于山水间，成都文旅集团重点打造的龙溪河畔的核心商业区域更是汇聚了各类商业名店。然而，由于地震后山体仍然极不稳定，地质灾害频频发生，时下旅游资源的继续开发陷入困境。因此，成都文旅集团暂时撤离龙池，河滨商业街上的大小门市也都处于歇业关闭状态，行走于繁华落尽的龙溪河畔，难免心生凄凉。

而地震带给龙池的变化绝不止步于硬件设施。撤村建镇，村民们由以前散居状态变为集中聚居，由此便引起生活方式和生产方式的突变。村民被打乱分配到不同的楼房里，邻里关系需要重建；新的卫生习惯、环保意识有待形成。再加上村民远离土地，使自耕自种的传统农业生产方式宣告结束，而两次灾害又严重损毁了当地的旅游和林业资源，在缺乏内生性经济支柱的情况下，部分村民只得选择出卖自身劳动力，掀起了又一个外出打工高潮。

这一系列的改变同时也带来了不少遗留问题：当地丧失经济支柱、村民缺乏生计来源、空巢老人和留守儿童问题凸显、撤村建镇带来的生活剧变等现实困境使龙池陷入前所未有的发展关卡。再加上部分龙池人在两次灾难的连续打击下情绪低落，信心尽失，对灾害的恐惧与对未来的迷茫成为当下龙池人生活的主旋律。

此时的龙池仍然迫切需要外界的持续关注与倾囊相助，而上海市闸北区热爱家园社区青年志愿者协会义无反顾地承担起了这一份责任。

二 执行机构的前世今生

（一）热爱家园简介

上海市闸北区热爱家园社区青年志愿者协会（以下简称热爱家园）成立于2000年，并于2004年在上海正式注册，是一个志愿者自发组织、依法登记注册的社会团体。目前的主要业务有：社区法律服务项目、社区环保项目、太阳花项目、城市社区学习中心项目、"美丽新家园"四川灾后重建项目，意在通过志愿者活动为社区普通居民尤其是弱势群体提供法律、环保、教育等志愿服务，推动公众参与，弘扬公共精神，推动社区和谐与可持续发展。机构的自我定位是：志愿者的精神家园、弱势者的希望家园、公共精神的绿色家园。

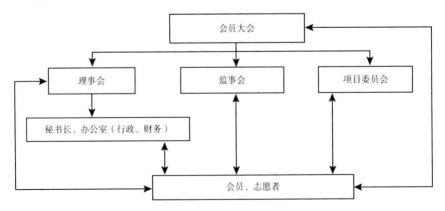

图3 热爱家园组织架构

热爱家园实行会员制，其组织架构如图3所示：会员大会由志愿者组成，每年选举一次，定期召开的会员大会，以讨论机构发展方向、工作手法、面临困境及解决对策为主要内容。会员大会下面分为理事会、监事会和项目委员会：理事会由机构秘书长和办公室职员组成，秘书长负责处理机构的日常事务，并为项目提供行政和财务方面的支持；监事会负责监督项目的执行情况及机构的整体运行状态；项目委员会以独立的形式，负责各项目的策划、筹资、准备及实施等具体工作。整个架构中，除了办公室是聘请的专职人员，其他人员都由各有职业的热心志愿者组成。

作为草根机构的热爱家园，维持机构正常运行的资金主要来源于各类基金会提供的行政管理费、社会各界的小额捐赠以及在淘宝上销售明信片等小型物件的收入，另外，独立出去的各个项目也会上缴一定的机构管理费。这个拥有着十多年社区服务经验的机构有着较为充盈的社会资本，在NGO圈子里拥有一定的知名度，筹资基本不成问题。独立出去的各个子项目自收自支，主要还是通过参加基金会招标，以做项目的形式筹集资金。

（二）项目缘起

汶川大地震发生后不久，热爱家园中的一部分川籍志愿者本着报效故土的信念，欲回到四川协助灾后重建。他们于2008年6月开始筹备支援四川灾区的活动，并于7月成立调查队伍，从上海赶往四川，分别走访了包括龙池在内的三个重灾区，展开基线调研和震后救助活动。

经过仔细掂量与多方比较，他们发现：龙池受灾严重而救灾力量较弱，且外界关注度不高；另外，当地村干部十分支持工作，村民也热切期盼获得外界的帮助；再加上热爱家园有着十分丰富的社区发展经验，有能力为龙池贡献一份力。因此，他们最终选择了都江堰市的龙池镇进行救助。

热爱家园进驻都江堰龙池镇后，在日本"味之素集团"的资助和当地政府的积极配合下，启动了为期3年的"美丽新家园"震后社区共建项目。以最贫困的云华村为支点，服务辐射整个龙池镇。目前已建成了以经济发展、教育、文化与健康教育为一体的震后社区服务示范站，开展了社区图书室建设、青少年教育服务、暑期夏令营、女子龙灯队与老年腰鼓队建设、村民电脑培训、经济作物种植培训、"天官节"特色民俗文化活动等各类公益活动，每年有超过 100 多人次外来志愿者与 3000 多人次本地村民参与其中并受益，得到政府、村民与 NGO 同仁的热烈响应。

在项目一期取得巨大成果的同时，热爱家园也在进行深刻反思，他们认为项目一期依然没能够达到他们"授人以鱼不如授人以渔"的本初目的及核心理念，村民还是不能够通过自组织的方式发展自己的社区。为了不使三年的努力付诸东流，他们觉得有必要进入项目二期，以课堂的理念，提升当地村民自身能力，发展出当地的自组织，使得项目已经取得的成效继续并持久地发生作用。

2011 年 8 月，新家园项目正式获得中国扶贫基金会资助，以建立"社区学校"为手段，以"人的重建"为核心，旨在培养龙池镇当地民间组织，推动龙池镇新文化、新风尚、新社区的发展。项目执行期为 2011 年 9 月至 2012 年 6 月。

（三）投入新家园项目

从正式获得中国扶贫基金会的资助开始，热爱家园便积极投入到项目的筹备与设计中，产生出了新家园项目的基本运行模式与主要人员构成。具体情况如图 4 所示。

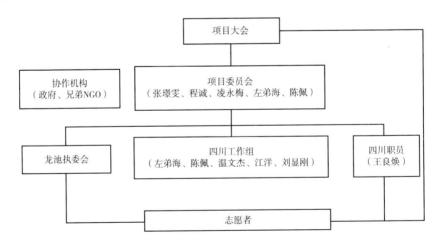

图 4　新家园项目运行模式

项目大会通过选举产生项目委员会的五位成员①，分别是张璟雯、程诚、凌永梅、左弟海、陈佩，并在政府、其他非政府组织等协作机构的帮助下共同致力于项目的顺利运行与良好收效。为促使外地资源本地化，项目委员会又以选举的方式产生出了由左弟海、陈佩、温文杰、江洋、刘显刚组成的四川工作组②。四川工作组是上海力量在四川的投射，负责把握新家园项目的总体方向与具体事务的协调，如利用各自的社会关系网招募志愿者协助大型活动的开展、就项目运行过程中产生的新问题商议解决对策等。项目委员会和四川工作组都属虚拟组织，没有固定的办公地点及严格的工作时间，主要通过定期召开网络会议或私下沟通，促进项目正常运行与加强团队能力建设。具体负责项目实施的是经由项目委员会和四川工作组协商产生的四川职员王良焕，她长期驻扎龙池，充当着龙池与热爱家园的联结点。龙池执行委员会是由龙池村民自己选举出来的社区自组织，执委会的五名成员均是当地人，是新家园项目的重点发展对象，也是四川职员王良焕平日工作中的主要伙伴。另外，志愿者是项目运行中不可或缺的一环，来自五湖四海的志愿者成为项目开展的生力军。

专栏一　小小姑娘王良焕

王良焕今年 22 岁，毕业于焦作大学，学旅游出身。通过朋友的介绍，她获知热爱家园招聘驻都江堰龙池的全职志愿者信息，并在多方面了解志愿者的工作性质及主要职责后，抱着尝试的心态前来应聘。经过重重面试，王良焕脱颖而出，于 2011 年 11 月份正式成为新家园项目的全职志愿者，长期驻扎龙池，负责项目的具体事务。谈到当初面试的情形时，王良焕笑着说："我还以为肯定没戏呢，跟我一起参加面试的有学社会工作的、比我有经验的，我也不知道他们为什么会选择我。"她也许不知道，被看重的，正是她充足的热情、强大的干劲和良好的沟通交流能力。

由于缺乏工作经验和社工专业知识，刚开始的志愿者工作对王良焕来说并不轻松，周遭新鲜的人与事让小焕觉得异常迷茫。好在经过项目委员会和

---

① 五位成员中除左弟海和陈佩人在四川，另外三位成员都身处上海。

② 四川工作组成员基本介绍：左弟海是成都应急救援队退休人员；陈佩是四川社科院研三社会学专业在读学生，负责四川项目总协调；温文杰是西南民族大学大二学生；江洋是西南财经大学经管学院学生会会长；刘显刚是龙池本地 90 后大学生，现在成都工作。

四川工作组的帮助后，小焕从走访村民、评估需求做起，慢慢找到了做志愿者的感觉。在每天的具体工作之后，小焕以服务日志、社区报告的形式与上海总部保持着密切的联系，方便上海总部对项目所在区的总体把握和远程督导。

在接近半年的龙池生活中，自称"龙池姑娘"的小焕与当地村民建立了深厚的感情，并在日常工作中提升了个人的服务能力。回顾自己一路走来的足迹，小焕深有感慨，曾经迷茫过、失落过，也开心过、收获过。值得肯定的是，从加入项目开始，这个小小的姑娘便贡献着自己的大大能量，为项目的成功保驾护航。

三　项目实施

（一）项目概述

龙池的经济发展、社区建设都以利用自然资本为前提，经济增长模式单一，社区发展能力较弱。所以当灾害造成大量自然资本损失时，龙池就必然陷入举步维艰的发展境地。而村民们习惯于依赖政府自上而下的行政式解决问题套路，对于利用集体智慧的结晶贡献自身力量参与社区发展毫无意识。针对龙池目前的主要困境，热爱家园开出的药方是建立一个村民自治的社区民间组织，希望通过"人的重建"，从根本上改变人，培养自下而上的公民意识，进而逐步提升社区自我发展的能力。这即是新家园项目所希冀达到的最终目的，同时也是一次全方位的能力扶贫。不同于一般意义上的政府扶贫通常以经济贫困的人口或是家庭作为扶贫对象，热爱家园的扶贫对象是整体发展能力较弱的龙池社区，他们进行的扶贫并不是经济上的救助，也不同于生计上的开发，而是着力于通过人的改变，达到社区整体发展能力的提升。

（二）项目内容

1. 自组织的能力培养

"龙池社区学校执行委员会"经过新家园项目委员会以及四川工作组大量前期筹备工作后，于2011年10月1日在龙池镇正式成立。数十位村民参加成立大会，经村民选举产生了由夏云英、马琴、吴彩云、陈朝华、李广组成的第一届执行委员会，并进行了明确的职责分工：李广在政府团委工作，因其身份的特殊性，主要负责与政府的沟通及相关政策的传达；陈朝华加入项目的时间最长，经验最丰富，由她负责后勤及财务管理最合适不过；另外三位成员马琴、吴彩云、夏云英都是由村民选举出来的较有号召力的人物，也是热爱家园需要重点培养的社区能人。

执委会成立以来，全职志愿者王良焕每个星期都会召集五位成员开展核心团队工作坊。围绕着建设美好龙池的主要议题，上至确定适合龙池现状的服务计划，下至讨论执委会内部组织框架、制度、运行规则等，都由五位成员各抒己见、共同讨论。全职志愿者王良焕从中协助，鼓励五位成员积极发挥主观能动性，增强执委会内部凝聚力和成员的归属感，使社区自组织形态初见成效。与此同时，新家园项目委员会及四川工作组与当地执委会保持着密切的联系，在日常接触和交往中，给他们灌输活动管理、组织管理、组织协调、领袖力建设、财务能力等方面的意识，并鼓励他们自我总结与相互分享，充分发掘执委会成员的内在潜力，切实提高执委会的行动力。

在此基础上，新家园项目委员会立足于自身资源，为执委会提供了相当多的外部培训机会。执委会成员与全职志愿者王良焕一道，走出龙池，积极参与 NGO 行业沙龙及各类培训，开阔视野的同时也扩宽了自己的 NGO 圈子，在接受公益新理念的基础上提升了项目管理的整体能力。据王良焕介绍："执委会的大姐们都非常愿意外出参加培训，他们在培训中也确实提高了不少。就拿今年 2 月份出去参加的'川道学院的第 13 届学习交流活动'来说吧，陈大姐他们在听过大邑兔王张书平关于社会企业的培训后，还萌生了要在龙池喂兔子的想法，这在以前都是没有过的。"与"走出去"相结合，新家园项目委员会也邀请兄弟 NGO 进入龙池，一方面方便联络感情；另一方面为机构进行经验分享和道路探讨搭建平台。他们于 2012 年 1 月与都江堰的另外七家 NGO 机构①成立了都江堰 NGO 联谊会，本着相互了解、交流合作的基本原则，定期举行项目分享会，一改以往单兵作战的工作风

----

① 这七家 NGO 分别是：心启程残疾人服务中心、恩派公益组织发展中心、成都市一天公益社会工作服务中心、上海市闸北区热爱家园青年社区志愿者协会、香港医疗关怀组织、台湾爱心家园、华爱家庭服务中心。

格，他们希望加强合作，进行资源共享，使服务朝纵深方向扩展。

2. "社区学校"之"三大课堂"

新家园项目以课堂为理念开展活动，希望通过"社区学校"的运作，提升村民的综合素质，培养本土社区骨干，孵化出社区内自生组织，达到能力扶贫的本初目的。

首先是青少年成长课堂。青少年是一个地区持续发展的恒动力，要使龙池的社会经济可持续发展就必须从娃娃抓起，因此，青少年是新家园项目进行能力扶贫的首选群体。热爱家园进驻龙池后，便组建了一支龙池青少年志愿者服务队，并起了一个相当响亮的名号"追风少年志愿者团队"。这支志愿者团队遵循自愿的准入原则，由14位当地青少年组成，主要开展图书室管理常规活动和以社区服务为主题的活动。自"追风少年"成立以来，新家园项目委员会及四川工作组成员对其进行了志愿服务精神、服务设计及服务实施等方面的培训，希望追风少年积极参与到社区服务当中。在后来举办的几次大型活动中，也能够看到追风少年们忙碌的身影，他们已经成为了新家园项目成功的助推手。

专栏二　"追风队长"刘长青

刘长青是龙池一名初三学生，是"追风少年"的一员。在2011年12月24日开展的"追风少年志愿者联谊会"上，这个15岁的男孩被推选为"追风少年"新一任队长。

初识长青，他给人的印象是非常腼腆，说话的时候低着头，小心翼翼地避免着与别人的眼神交流。据全职志愿者王良焕介绍，长青非常积极，在当上队长之前就经常参加新家园项目的活动。成为青少年志愿者以来，长青认为自己进步了许多，学会了如何与人交流，提高了自己的逻辑思维能力和组织策划活动的能力。"志愿者千里迢迢来帮助我们，他们给了我们很多帮助。我觉得我们（当地村民）配合得还不是很好，积极性也不怎么高，需要改进的是我们"，长青如是说。

其次是村民田间课堂。龙池目前的最大困境即是当地缺乏经济支柱，致使村民没有经济来源，造成青壮年劳动力的大量流失。新家园项目委员会也在能力范围内积极寻找解决之道，他们以当地特产猕猴桃为发展契机，希望通过邀请专家赴龙池授课，开展猕猴桃种植培训，在一定程度上缓解龙池生计方面的困难。但由于天气的原因，田间课堂暂时处于搁置状态。据王良焕介绍，在几次大型活动上，他们都做过猕猴桃的相关宣传，希望外来志愿者带走这一信息，为以后扩宽销路做好准备。另外，热爱家园也在网络上积极寻找资源，以期使龙池获得更多生计方面的援助。

最后是老人乐活课堂。针对龙池老龄化现象的日益严重，以及老年人生活的极度空虚，新家园项目充分发掘老年人文化活动兴趣，组建了老年腰鼓队和女子龙灯队等文化团体。在当地执委会成员马琴的带领下，舞蹈队每月定于14号和27号集训，平时则通过视频教学和先学带后学等方式促进舞蹈学习。舞蹈队固定成员有二三十人，在热爱家园赴龙池的几次大型活动上都有面向全镇的大型演出。据马姐介绍，他们舞蹈队下一步将会走出龙池，参加都江堰市的民俗文化表演。

3. 公益接力

每逢大型节假日，新家园项目委员会都会公开招募志愿者共赴龙池开展公益接力大型活动。国庆节、圣诞节、元旦节、天官节和劳动节是龙池最热闹的日子。来自全国各地的外来志愿者和当地村民一起，根据不同节日安排不同主题，为龙池献上一台接一台的精彩好戏：以"欢乐重阳，爱心敬老"为活动主题的国庆节，新家园项目委员会组织当地"追风少年"志愿者服务队与老人共同做风筝、包饺子、演节目，有意培养当地青少年志愿者的志愿服务意识；圣诞节主要针对青少年开展了一系列的文艺活动；元旦节以追风少年换届、电脑班结业及感谢志愿者为主线拉开帷幕，并以村民自发演出《天籁之音》圆满结束；具有悠久历史的当地传统节日天官节在由村民组建的筹委会的积极筹办下有条不紊地顺利进行，猜灯谜、吃斋饭、天官节晚会以及机构联欢会给当地村民和外来志愿者留下深刻的印象。

类似的大型活动使村民对新家园项目的认同度大大提高，从而同步提升了村民对项目的参与度。并且，在为龙池开启一扇窗，使更多人关注龙池、奉献龙池的同时，也为龙池的进一步发展铺平道路。当然，这样的大型活动在聚拢人气、活跃气氛上也有着深远意义。在举办活动的过程中，新家园项目委员会十分注意利用当地自生力量，培养社区学校执行委员会、追风少年、腰鼓队、龙灯队以及天官节筹委会等自生力量，挖掘龙池当地的内在潜力，为项目的可持续发展及龙池的未来奠定了坚实的基础。

图 5 天官节活动现场（照片由新家园项目提供）

4. 日常活动

自项目正式启动不久，22 岁的王良焕就被吸纳为项目全职志愿者，长期驻扎龙池负责整个项目的具体运作，为项目核心团队增添力量。王良焕与"社区学校"执行委员会一起在当地策划并实施了一系列活动，具体包括每周末的图书馆活动、挨家挨户走访村民了解需求、陪伴空巢老人以及电脑培训[①]等。

值得一提的是，在新家园项目委员会成员程诚的多番斡旋之下，政府答应提供镇上文化站二楼的活动室作为新家园项目的活动场所，并提供了音响设备、乒乓球台等配套设施。活动室于 2011 年 12 月 2 日起对公众开放，新家园项目委员会制定相关管理制度后便交由执委会马琴、吴彩云和夏云英三位大姐管理，三位大姐分工协作，共同致力于活动室的有序运行。每到午饭过后，这里便立即陷入一片歌舞升平的热闹场景，歌声笑声乒乓声，声声入耳，大人小人老年人，人人爱来。三位执委会大姐普遍反映，对于活动室的开放，村民们呼声很高，许多赋闲在家的村民一改往日喜好赌博的不良嗜好，集聚在活动室共度美好时光。活动室的开放，极大地丰富了当地村民的业余生活，使和谐龙池的发展更上轨道。

5. 项目变机构

为了使新家园项目已经取得的成果持续地发挥作用，不因项目的结束而骤然停止，新家园项目委员会忙于注册本地机构的相关事宜。程诚已经与都江堰市团委、成都市团委、成都市民政局等几个单位取得联系，并得到肯定

---

① 因政府中途撤走部分电脑，电脑培训于 2012 年 2 月起被迫停办。

图6　活动室热闹场景（摄于 2012.3.4）

答复。

　　若是新家园项目顺利孵化出本土机构，就意味着今后筹资更加容易，并且可以承担政府购买的相关服务，使项目深深扎根于龙池，为龙池灌注越来越多的新鲜血液和新生力量。但目前由于一些细节尚未谈妥，项目变机构的道路仍然艰辛而漫长。

专栏三　龙池的好朋友程诚

　　新家园项目委员会的程诚是上海海带文化传媒公司的法人。2008 年至今，他多次亲赴龙池，积极参与龙池新社区文化共建活动，是龙池人最喜欢的朋友。

　　程诚这个名字对于当地村民来说可谓耳熟能详，这离不开程诚为龙池的付出，上至与政府的沟通，下到同村民的互动，程诚都用自己的真诚诠释着公益的含义；从为村民争取活动室，到联络注册本土 NGO 的相关部门，他样样事情都亲力亲为，力图做到最好；他密切保持同社区学校执委会成员的日常沟通，陪伴着他们的逐步"成长"。执委会马琴姐常常笑着"抱怨"："每次跟程诚打电话他都说个没完。"程诚对龙池有着深刻的认识和浓烈的感情，他的付出大家都有目共睹。

（三）项目取得的成果

　　从中国扶贫基金会正式资助至今，新家园项目取得了骄人的成绩。这不仅有赖于热爱家园驻龙池三年的积淀，更离不开志愿者们的辛勤付出。

1. 执委会能力提升

社区学校执行委员会的成立成功搭建了社区自组织的基本结构，使自下而上地型塑社区组织关系和权力秩序成为可能，为当地村民实现自我管理、自我教育、自我服务、自我约束构建平台。

通过对社区学校核心团队的多方面培训，初步将自组织形态、志愿者精神和自我运行机制灌输给执委会核心团队成员，为他们成为自组织生力军做好充分准备。

在项目的推进过程中，有意培养执委会成员的自我组织和管理能力，逐步实现从依靠外部力量组织村民到村民进行自我组织的转变。

在这一过程中，执委会中五名成员的个人能力均发生了"质"的飞跃，尤其值得一提的是陈朝华，她的迅速成长为项目提供了不可或缺的人力资源。

专栏四　陈朝华的传奇

陈朝华是龙池镇云华村一位四十多岁的普通农村妇女。灾害前的经济来源是其丈夫在外务工挣钱，而她就在家养猪种菜，生活基本过得去。

对她而言，地震更多的是一个机遇。还在板房区时，陈大姐就结识了当时的项目专员陈佩，并与之建立了友好的关系。在陈佩的鼓励下，陈大姐经常去图书室看书，并从那里获知许多培训信息。自此以后，凡是有什么培训，陈大姐都踊跃报名参加，一度成为项目参与的活跃人物。在各式各样的培训中，陈大姐尤其钟爱电脑，学会并熟练掌握五笔打字、制作表格、收发邮件等基本操作。到2009年9月，陈佩考上四川省社科院社会学的研究生，离别之际，委托陈大姐帮忙照看图书室，并处理一些日常事务，陈大姐自接手后便一直做到现在。

从最开始对图书室的常规管理，到后来作为项目兼职志愿者而进行的一系列社区工作，如与政府方面的协调、安排外地志愿者开展工作、与村干部配合组织村民活动等，陈大姐逐渐成长起来。"以前拿猪铲，现在握鼠标"，陈大姐自我调侃道，她能明显感觉到自己在变化，"最重要的是可以在专家和教授面前大胆地讲话，以前我不敢说话，不敢出门，现在我可以一个人到上海去，还不会走丢"。

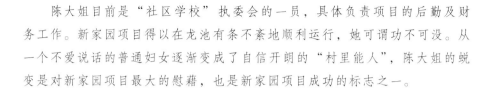

　　陈大姐目前是"社区学校"执委会的一员，具体负责项目的后勤及财务工作。新家园项目得以在龙池有条不紊地顺利运行，她可谓功不可没。从一个不爱说话的普通妇女逐渐变成了自信开朗的"村里能人"，陈大姐的蜕变是对新家园项目最大的慰藉，也是新家园项目成功的标志之一。

2. 项目的多方位辐射

　　新家园项目通过社区学校的孵化，注意发动当地自生力量，逐步培养起了追风少年志愿者团队、腰鼓队、龙灯队、天官节筹委会等各种不同性质的社区新团体，并通过各种社区文化活动，培养当地村民的积极性和主观能动性，强调志愿者和村民的共同参与、共同管理、共同建设，充分激发当地村民自身的责任感。

　　当地村民从一些具体活动中受益良多。青年志愿者在活动的开展中得到前所未有的锻炼，初步培养起志愿服务意识与行动能力；老年人的日常生活得到丰富和充实，并于腰鼓队等活动中找到了人生价值和精神寄托；诸如使用电脑等实用技术的培训扩大了项目的受益群体，使整个项目获得较高知名度的同时也提高了村民参与的积极性。文化站活动室的开放，为广大村民提供了休闲娱乐的场所，极大地丰富了原本已经枯竭的业余生活。

　　在我们实地走访中发现，当地村民普遍对热爱家园及其项目持肯定态度，部分村民已经发展成为较为固定的受益人群，使项目产生了较为稳定的群众基础，志愿者与项目受益人群之间也建立起了熟悉亲切的良好关系，社区内人际关系网络初步建成，这是社区工作的起点，也是影响项目成功的重要因素之一。这种建立在信任与互利基础上的社会协调网络持续地为项目提供充盈的社会资本，促进项目目标的最终达成。

四　结论与讨论

（一）经验和教训

1. 多元扶贫主体的多方位保障

　　传统的扶贫通常仅仅依靠单一的政府，而新家园项目实施的此次能力扶贫呈现多元化扶贫主体的格局，由当地政府、中国扶贫基金会以及热爱家园共同承担：当地政府提供镇上文化站作为新家园项目的办公场所，文化站二楼的活动室作为开展活动的主要阵地，并完善相关硬件配套，部分政府人员也带头参与其举办的各类活动，为项目顺利扎根龙池减少阻力的同时，也为热爱家园及新家园项目提供合法依据和制度保障；中国扶贫基金会资助 11 万元支持项目开展，解决了资金方面的后顾之忧，同时也为各 NGO 进行经验分享和技术交流搭建了一个综合平台；具体负责项目实施的是热爱家园，这个有着十多年社区建设经验的机构能够充分利用自身资源和优势提供技术支持，并在最短时间内组建起了项目委员会和核心团队，提供基本的人力资源保障。

作为把握全局的统筹者，政府进行扶贫需要从宏观上入手，主要致力于修建基础设施、发展当地经济等宏大事务，工作规模大，范围广。也正是因为这一点，政府的扶贫工作往往较为粗糙，对贫困对象的瞄准稍显困难。再加上政府的天然垄断地位使得其直接去充当扶贫的担纲者缺乏竞争对手和竞争压力，容易导致资金使用的低效，机构人员膨胀，有限的公共资源得不到充分利用。而专业 NGO 恰好能弥补这些错漏，从细小慎微处入手，立足于贫困者自身的发展欲求，更能体贴民意。再加上草根机构有着一套较为完整的工作方法与理论基础，优良的项目理念及专业化的工作手法拓展了社区服务的深度及广度。并且机构以项目为中心，项目的成功与否是机构的基本评判标准，促使机构利用自身的技术优势和服务力量最大限度地投射于服务对象，使扶贫效果事半功倍。

龙池政府和热爱家园虽为不同的责任主体，但促进龙池社区发展是他们共同的目标：新家园项目的名称为"新文化、新风尚、新社区"，而政府喊出的口号是"新文化、新风尚、新家园"，两者大同小异，殊途同归。更何况作为草根 NGO 组织的热爱家园，还不具备大规模调动资源、促进当地生计发展的能力。因此，与占据着更加丰富资源的政府合作是热爱家园的必然抉择。在这种多元扶贫主体的格局下，政府与机构分工合作，在各自所擅长的领域充分发挥作用，互相支持与补充，共同促进龙池更快更好地向前发展。

2. 参与式扶贫方法的相对优势

区别于政府利用行政手段扶贫所导致贫困者的被动参与，热爱家园的社区能力扶贫以社区为基本导向，以"赋权"为核心，充分考虑到项目受益人的积极参与，鼓励并锻炼当地村民参加项目的规划、实施、受益、监督、评估等全过程，重视发挥村民的乡土知识，以实现社会经济的可持续发展。他们以成立"社区学校"执行委员会为契机，充分运用参与式方法，从执委会的成立、确定具体框架、核心团队培训、策划具体活动到项目反馈，都尊重和听取当地群众和村民的意见，充分赋权当地村民以提高他们的社区参与度和实现个人增能，进而提升整个社区的自我发展能力。在这个过程中，热爱家园本着"助人自助"的核心理念，以"伙伴"的角色从中协调并给予技术方面的帮助，以项目带动当地人自主思考，自主行动。

村民的实质性参与，不仅仅是执行命令和实施计划，而是包括了更广泛的内涵，如在决策及选择过程中的介入、贡献与努力、承诺与能力、动力与责任、传统知识与创新、对资源的利用与控制、能力建设、利益分享、自我组织及自立等方面。通过实质性参与，村民在社区发展中的重要角色和地位得以凸显，其自身需求也顺利表露，真正建构起了他们的决策主体性和管理主体性。

3. 注重社区自组织的培育，重视"人"的重建

新家园项目的首要目标便是建立一个村民自治的社区民间组织，即社区学校执行委员会，强调通过提升社区自组织能力，提高社区自组织程度，实现社区的良性运行与和谐发展。社区自组织不仅能够为当地村民参与社区建设和发展提供更为便捷的平台，大大提高村民参与社区事务的积极性；还有助于充分调动和运用社区资源，降低了各种组织、动员和管理成本，提高公共物品的供给效率。推动当地村民自组织的发展，使他们自主参与，自主选择，自主管理，协商互助，有效地兼顾了社区公共需求和个性化需求，确保社区有限的资源获得尽可能大的收益。因此社区自组织是推动社区发展的新动力，也是灾后重建中整合社区资源的有效渠道之一。

汶川地震发生后不久，热爱家园以新家园项目的形式进驻龙池，深深扎根于当地，与社区共成长，积累了深厚的社会资本和人力资源。在这一过程中，为了让龙池得到更好的发展，热爱家园探索出"社区自组织"这一发展模式，并以此指导行动，不仅关注硬件设施上的灾后重建，更加注重"人"的重建，着力于从思想上、观念上改造人。当然这是一条艰辛的路子，短期内难以出成效，且挑战极大。但热爱家园坚持朝着这个目标前行，已然取得不错的成绩，这一点在社区学校执行委员会几位成员的转变中体现得最为明显。

4. 志愿者组建的机构优势

上海市闸北区热爱家园社区青年志愿者协会是一个由一群有热情、有干劲的志愿者组成的团队。机构运行秉承民主公开的原则，即机构重大事务均由会员和志愿者经过严格的民主程序集体讨论后形成决议；机构事务对会员、志愿者、资助方和社会公开，并设立了监事会，建立了完整的财务制度和监控体系。

热爱家园会员大会作为机构总部，运用孵化器理念孕育出各个项目，为各个项目提供充足的后备力量支持，包括提供基础设施服务、设立辅导课程、分享成功经验、提供能力建设服务、提供小额补贴服务等。各个项目生成项目委员会后便独立于会员大会，各个项目委员会成员独立负责各项目的策划、筹资、准备及实施等具体工作，项目委员会成员均由各有职业的兼职志愿者组成，分工明确，各司其职。这样的机构设置有以下几个方面的优势。

首先，机构以项目为中心搭建组织架构，具有模式创新、行动力强、反应迅速等优点。志愿者们根据工作需要承担不同的工作职责，并能够直接进行交流与沟通，简化了科层制式的纵向管理层级，避免各类信息在上传下达过程中的失真与滞后，使机构保持持续的高效率以适应复杂多变的现实情况，提高服务质量。

其次，充分赋权于志愿者，留给志愿者极大的发展空间。这一方面由于权力必定与职责对等，使得志愿者肩负厚重的责任感，更加全身心地投入到项目之中；另一方面极大地调动了志愿者的自主性和能动性，使他们充分发挥自己所长，更加高效率地完成项目，并在这一过程中得到锻炼，提高个人能力。

最后，热爱家园由各有职业的志愿者组成，这些志愿者在各自人际关系圈里扮演不同的社会角色，拥有较为不同的社会资源。把不同志愿者的社会资本进行整合，便编织成了一张极为广泛的社会关系网，为项目及项目所在区提供着充盈的社会资源。

5. 理念与实效的两相结合

热爱家园十分善于利用机构优势发展项目。作为具有十年社区发展经历和"高原绿洲"项目远程建立社区自助式经验的机构，热爱家园项目管理团队在社区发展方面具有丰富的项目管理和运作经验。当初选择都江堰龙池为项目点，也是基于机构自身能力的判断，做自己能做的，为建设美好龙池贡献一份力。

然而，热爱家园并非只注重机构的理念，其所进行的社区扶贫主要以当地需求为基本导向，试图做到重理念与重实效的结合。如全职志愿者王良焕在走访村民时发现，当地的医疗条件极为有限，而村民对医疗的需求又较为迫切。因此，在与项目委员会和四川工作组协商后，决定引进相关资源，改善当地医疗条件。这是根据当地需求所作出的项目调整，充分体现了新家园项目以龙池社区需求为导向的扶贫路径。

社区导向的扶贫以社区的需要为基准，项目实施更加贴合村民意愿，使扶贫工作能够很快地被社区接受，并获得扶贫对象的鼎力支持。这种扶贫手段使机构的特长与社区需求契合起来，理念与实效并重，有效避免了政府财政扶贫中"扶贫对象瞄不准"和"扶贫资金漏出"两大传统难题。

（二）面临的挑战

1. 人力资源的有限性

人是组织中最核心的组成要素之一，优秀的专业社会工作者和充足的人才储备决定了机构的层次和服务的质量。在新家园项目中，人力资源的局限较为突出，主要体现在以下几个方面。

一是虽然新家园项目在上海有项目委员会，在成都有四川工作组，但具体负责项目日常运作的只有全职志愿者王良焕一人。尽管平日里有执委会成员的鼎力相助，但仍然势单力薄。王良焕要负责整个项目的具体运行，包括电脑培训、组织图书馆活动和关怀空巢老人等活动，这些基本工作大致能够保质保量地进行，但一个人的力量总是有限的，体现在项目宣传不到位，项目辐射面不广，当地人对项目不甚了解；缺乏对青少年志愿者的专业化培训，志愿者活动效果不理想；诸多活动的开办需等到节假日依靠上海志愿者过来筹备。

二是志愿者的专业化程度不够。新家园项目的全职志愿者王良焕是导游出身，有着较好的人际交流能力，再加上热情足、干劲大，被看成是承担项目具体事宜的不二人选。但光凭热情和激情行事，缺乏必要的理论储备和专业素养，往往制约着项目质量的整体提升及长远发展。王良焕坦言，由于缺乏理论支持，在日常工作中往往会产生一种无力感，她也深切地明白光靠爱心和激情，公益这条路走不长。

三是志愿者流动性大。王良焕作为唯一一个留守龙池的工作人员，因个人原因于2012年5月31日离职，她的离开使龙池的项目推进或多或少地陷入瘫痪的局面。且不说热爱家园在短期内很难找到合适的人选进驻龙池，即便是找到新人，让他逐渐适应龙池环境和工作内容，以及让龙池人慢慢熟悉新面孔也要耗费大量时日，这无疑会对项目推进产生负面影响。

人力资源的大大不足，导致了项目整体执行力度不够，使得原本设计优良的项目理念易流于形式，达不到新家园项目的原初目的。当然，诸如热爱家园一类的草根NGO所拥有的资金和社会资源有限，这也是机构难以吸引优秀专业社会工作者和相关专业技术人员加盟的重要原因之一。

2. 较难处理与政府的关系

如前所述，在新家园项目委员会的多番争取之下，当地政府为项目提供了一定程度的支持。但研究人员在实地调研中发现，机构与政府的沟通并不顺畅，存在较多问题，关系十分微妙。

研究人员二次赴龙池实地调研时，正值全国两会召开与龙池当地政府换届选举的敏感时期，此时的政府视维稳为第一要务。当得知机构来了两名"不明身份"的志愿者时，镇政府领导亲自对研究人员此行的目的、所收集资料等方面进行了全方面的了解，并严词批评全职志愿者王良焕没有及时将这一信息向政府汇报。从这件事可以看出，政府对机构并没有完全接纳，时时处于提防状态，对项目也不尽了解，完全没有意识到项目对龙池社区发展所能起到的不可替代的作用。而尽管项目委员会做了大量努力，与政府的沟通仍然存在或多或少的脱节。

热爱家园是一个来自民间的草根NGO，其话语权和社会影响力都不能与占主流地位的政府相提并论。话语权弱势，使机构自身及其代表群体的利益不能获得有效维护和充分表达；社会影响力不足，使得相关工作不能有效地扩展和深化，项目的成效必定大打折扣。与政府在沟通上的不和谐，也势必影响本土机构在龙池的扎根与项目的可持续发展。

3. 项目在当地生计重建中的力不从心

龙池是一个靠旅游拉动经济的小镇，总体经济条件较为富庶。然而经过地质灾害的反复袭击，旅游这一支柱产业几乎遭到了毁灭性的打击，开放式的经济增长模式备受挑战，当地生计重建步履维艰。而龙池内生市场也极不景气，纵观整个龙池镇，全镇仅有7个文化设施场地，6个小副食超市，茶馆3个，饭店3个，医疗单位2个和1所龙池小学。再加上自搬入统建房以来，村民已经不种土地，大部分生活资料都需要购买，而实际情况是购买不便利，且物价较贵，如此更是加重了当地村民的生活负担。在我们的实际调查中也发现，村民目前迫切需要的是一份稳定的经济收入，而当地却少有就业渠道，村民生计重建前景暗淡。

新家园项目立足于热爱家园自身优势，着力于当地的社区发展，对重建生计的关注度不高，使得项目的受益人群较为狭窄，参与积极性难以提高。尽管新家园项目也在积极探索生计重建的道路，但毕竟受限于机构的资源与能力，效果不明显。当然，这一状况也取决于当地实际情况，龙池地质灾害多发，当地生计重建阻碍重重，这不仅是新家园项目所面临的巨大难题，也同样是当地政府和村民共同遭遇的发展关卡。

4. 机构设置的负面影响

由一群有热情、干劲足的志愿者组成的热爱家园，其机构优势已经充分论述过了，然而这种机构设置也存在以下两个方面的负面影响。

首先是志愿者团队的松散性。这样一个由志愿者组成的团队本身就具有松散性的特质，志愿者的流动性非常大，给志愿者的管理带来困难，影响项目的实地运作。其对志愿者要求也非常高，志愿者要负责整个项目的实施，这就对志愿者的个人素质提出了更高的挑战。

其次是资源的远程调配问题。热爱家园是一家上海的机构，总部也设在上海，虽然成立了四川工作组，但却"有名无实"。因为工作组的5位成员都是兼职志愿者，且分布在成都各地，并无据点，给工作的开展造成一定困难。项目目前面临的最大挑战就是上海的志愿者长期成为核心力量的不可持续性，尽管当地已经组建了执委会，并发展起了像陈朝华一样的骨干人员，但本地力量依然没有发育成熟，当地还没有一个核心团队能够独立承担项目的整体运作。虽然热爱家园有过远程调控项目的丰富经验，但如何远程整合资源，使资源最大化地投射于项目，一直是机构被诟病的地方。

（三）展望未来

热爱家园主要扮演资源中心、培训教育者的角色，着力培养龙池社区自组织，通过利用本土项目执行力量缓解社区能力贫困的基本现状，以实现项目及龙池社区的可持续发展战略。不同于其他生计发展类扶贫项目较为迅速和明显的项目成效，新家园项目这类注重社区文化建设的扶贫项目依靠重建"人"来达到社区能力扶贫的目的，而改变一个人着实不是一件容易的事，需要在日常生活中潜移默化地发生作用。因此，新家园项目的成效在短期内很难显现。当然，人的可塑性也非常强，能力提升的空间比较大，以改变人为契机的能力扶贫才真正体现了"助人自助"的优良项目理念，且对龙池未来的发展有着不可限量的作用。新家园项目明知其难为而为之，实属难能可贵。

通过呈现案例，我们不难发现新家园项目给龙池带来的改变。以发展社区自组织为目标的项目设计，其影响从"社区学校"执行委员会这一示范点逐步向外辐射，唤醒了当地村民的公民意识，使他们真正开始以社区公民的身份积极参与公共事务和社区发展，形成良好的社区互动和社区发展动力。村民通过亲身参加社区发展，主动建设新家园，在体验和理解中加深了自身与社区的连接纽带，同时也在无形中增强了社区归属感。这样的一种建构社区自组织的社区发展手法可以说是扶贫领域中的一个较好的初探。

当然，如前所述，新家园项目还存在着人力资源有限、与政府关系微妙、生计重建力不从心及机构设置的负面影响等方面的制约。而摆在我们面前的问题是，如何在诸多限制和阻碍中，探索出一条NGO参与灾后社区发展与社区扶贫的新路子。笔者在此尝试着提出几条对策建议，以作抛砖引玉之用。

一是政府应积极支持草根NGO成长，并在制度上给予其合法性的保障。科层制下的政府作为公共服务的主要提供者，其行政命令的传达不可避免地具有滞后性和形式化的缺陷，再加上政府并非专业机构，在缺乏社会监督的情况下，公共服务的质量必定大打折扣。而政府的软肋恰好是NGO的特长，NGO善于利用并整合资源，立足于具体的工作领域，以专业性强、灵敏度高、针对性好的优势，提供更为优质的公共服务，有效填充政府工作的缺失和不足。因此，对于大权在握的政府来讲，应正确认识社会组织的正功能，尝试着把NGO纳入框架内，分解部分职能与权力，吸收更多的社会力量参与和谐社会的建设。

二是创造适宜NGO生存与发展的社会环境。汶川8级地震不仅吸引了众多外来NGO前来援助，还震出了许多新的社会组织。这些社会组织无论是在紧急救援时期，抑或是灾后重建阶段的杰出贡献都是世人有目共睹的，由此推知让 NGO 参与社会建设与发展的功能可见一斑。而我国的社会组织与社会工作发展起步晚，步伐缓，致使位于社会底层的草根 NGO 常常处于一种遭受抑制的状态。因此，为 NGO 创造良好的社会环境就显得尤为必要，NGO 需要的不仅仅是接纳，还有社会各界深层次的理解和配合，如此才能促进社会成功转型，加快社会前进步伐。

三是加强 NGO 自身的有益探索。在中国，NGO 参与社区发展还处于摸索前进阶段，未知的众多可能性以不确定的形式展现出来，这就需要 NGO 在特定领域的大胆尝试和有益探索。如何解决现有困境，如何寻找道路突破口，如何在诸多限制中闯出一条可推广的模式等问题都需要 NGO 在项目运行和机构能力建设中积极寻找答案，向政府及社会交上一份满意的成绩单。

第五章

绵竹大天池村银杏树苗
示范种植案例

恩格斯说："没有哪一次巨大的历史灾难，不是以历史的巨大进步为补偿的。"据不完全统计，2008 年汶川大地震发生后，奔赴四川在一线积极参与灾害紧急救援的民间社会组织有 300 多家。NGO 的迅速反应和积极行动不仅赢得了社会的高度评价，多位党和国家领导也肯定了我国民间力量在抗震救灾中的作用。汶川灾后重建阶段，仍然有大量 NGO 坚守灾区。

绵竹青红社工服务中心作为活跃在灾区的 NGO 之一，以"团结社区、发展生计"为核心概念，主要开展面向当地受灾群众开展相关专业服务。目前，该机构正在四川省绵竹市天池乡大天池村执行"可持续社区绿色生计探索：绵竹大天池村银杏树苗示范种植"项目，力争创设一种可复制的促进地质灾害多发地区脆弱生态环境保护与生计发展良性互动的可持续性模式。

一 项目背景

2008 年 5 月 12 日，刘刚均乘坐从汉旺镇到天池乡的天池煤矿公交车，汽车被山上滚落的巨石砸中，刘刚均的右腿被压在巨石下，亲人赶到现场时他的右腿已经被巨石压了 30 个小时。在没有任何麻醉措施的情况下，他果断地让亲戚用钢钎、水果刀割断了自己的小腿，并指挥亲戚为自己止血包扎，最终获救，被誉为"当代关云长"。

2008年5月12日，正在开安全调度会的天池集团一号井工会干部刘春燕在房屋倒塌的一瞬间，本能地扯出座椅下的海绵垫裹在头上，随后她被埋在了3米多深的废墟下面。在被困近92个小时后，救援队用生命探测仪发现了刘春燕的具体位置，花了整整24小时才把她救出来。刘春燕腰椎骨折伴右腿不全截瘫。

马兴书父子二人地震当天受伤，行动不便，被困于大天池村，在遭受了11天剧痛煎熬后被直升机救出了大山。马兴书双脚脚趾切除，双手手腕骨折，经鉴定为4级残疾。儿子在地震后右腿截肢，为3级残疾。

在重灾区四川省绵竹市，许多人的人生轨迹被2008年那场地动山摇的灾难彻底改变了。

（一）项目区基本情况简介

1. 四川省绵竹市情及受灾情况①

绵竹位于四川盆地西北部，地处德、绵经济发展带，陆上交通十分发达，居"三山一水六分田"膏腴之境，有"古蜀翘楚，益州重镇"之美誉，又兼有"忠臣孝子纲常地，大将真儒父母邦"之谓。面积达1245.3平方公里。户籍总人口51.5万，其中农业人口39.2万人，占全市人口的76.1%；非农业人口12.3万人，占全市总人口的23.9%。绵竹市下辖19个镇，2个乡，16个居民社区委员会，22个居民委员会，167个村民委员会，1915个村民小组。市政府驻地为剑南镇。绵竹物华天宝，人杰地灵，经济繁荣，环境优美，古有"七十二洞天福地"佳号，今有"年画、名酒、生态旅游之乡"美誉。境内已探明的矿藏达40余种，尤以磷、煤、硫铁矿、石油、天然气、大理石的蕴藏丰富，国家名泉"玉妃泉"泉水含锶，是优质酿酒和天然饮料资源。崇山密林中栖息、生长着大熊猫、金丝猴、苏门羚、毛冠鹿和珙桐、红豆杉等150多种珍稀动植物，出产冬虫夏草、贝母、天麻等名贵药材。境内九顶山国家地质公园地处"卧龙——四姑娘山大熊猫生态走廊"的主体部分。

地震前，绵竹连续十四年跻身全省县级经济综合"十强县"行列，全

---

① 资料来源：绵竹市人民政府网，http：//www.mz.gov.cn/；四川文明网，http：//jswm.newssc.org/system/2010/08/31/012874616.shtml。

市经济快速发展，人民安居乐业，社会和谐稳定，2007年绵竹荣获"四川省文明城市"称号。"5.12"汶川特大地震，绵竹市方圆1245平方公里无一寸土地幸免于难，特重灾区超过1000平方公里，涉及汉旺、清平、天池、金花、九龙、遵道、土门、广济、拱星9个乡镇，房屋被摧毁，遇难达11117人。东汽、剑南春、龙蟒三大企业财产损失惨重，丰富的磷矿、煤矿、钙矿资源全部被覆盖，经济损失高达1423亿元。

在灾后重建中，江苏人民以"江苏速度"奋力推进绵竹灾后重建各项工作。绵竹的灾后重建取得了伟大胜利，城乡面貌发生了翻天覆地的变化，全面实现了党中央、国务院提出的"三年重建，两年完成"的灾后重建艰巨任务，得到了中央、省市各级领导的充分肯定，整个灾后重建工作走在了全省前列。绵竹在重建中重生，人民看到了生活的新希望，一个经济不断回升的崭新绵竹正在崛起。

2. 天池乡情及受灾情况[①]

在这场大灾难中，绵竹市天池乡——一个曾经以富饶兴旺而声名远播的美丽山乡顷刻间成为一片断壁残垣，幸福的生活蒙上了厚厚的阴霾，盎然的绿意黯淡了鲜活的色彩。

天池乡地处绵竹西北部高寒山区，距绵竹城区25公里，是我国典型的山区乡镇之一。天池乡原为羌族人自然居住地，该乡在1953年前属阿坝州茂县管辖。1953年后划归绵竹市管辖成立高峰人民公社，后经绵竹市划分为清平、天池两乡至今。全乡境内山峦起伏，四季绿树成荫，平均海拔高度在1400米左右，有著名的白云山、花石沟、大天池、楠木沟等自然景观十余处。温湿气候，年均气温14℃左右，森林覆盖达90%。农业推广作物以林下资源为主，适宜种植黄连、大黄、木香、川芎、黄柏、杜仲等各种药材和干湿果类。全乡面积58平方公里，耕地270亩，辖5个行政村（大天池村、歇马庙村、花石沟村、楠木沟村、梅子林村），20个村民小组，总人口2918人，其中农业人口2780人。天池乡主要以林业、矿山企业为主要生产资料和收入来源。

2008年"5.12"地震发生后，天池乡各项社会事业受到重创，人员伤亡惨重，财产损失巨大。全乡因灾受损农户982户，死亡人员79人，失踪3人，

---

① 资料来源：《绵竹年鉴》，四川师范大学出版社，2010。

重伤人员 49 人，轻伤 240 人。乡内房屋全部垮塌，道路、通信、电力、饮水设施全部中断，工矿企业全部瘫痪，因灾损失 8 亿多元，一度成为与外界完全隔离的"孤岛"。地震当年全乡工农业总产值 6000 万元，其中，工业产值 4900 万元，农业产值 1100 万元。实现利税 900 万元，其中，利润 480 万元，税收 420 万元，财政收入 1300 万元。全乡人均年纯收入 4896 元。工农业总产值比地震前下降 62%，利税下降 45%，农民人均纯年收入下降 1434 元。

图 1 左：天池乡受灾房屋，摄于 2012.3.20；右：江苏援建天池乡居民集中安置小区，摄于 2012.3.21

按照党中央、国务院提出的"一省支援一地震受灾县"的要求，江苏省对口援建绵竹，宜兴市对口援建天池乡。2008 年 12 月 15 日，宜兴援建天池工作组成立，工作人员不远千里来到天池乡，带来了 106 万宜兴人民的深情厚谊，也带来了天池浴火重生的希望。2010 年 5 月 12 日，总建筑面积达 8 万平方米的天池—宜兴安置小区工程在汉旺新城建成并交付使用，天池乡 982 户受灾农户有了一个环境优美、设施配套的温馨家园。然而，另一方面，现在村民住进了现代化的新房，生活方式改变了，生产方式也有所改变，搬到安置小区以后，他们却不能再像从前住在山里一样过自给自足的生活，日常开销增多，村民生活依旧十分艰难。在他们中间流传着这样的说法："以前住山上不用花多少钱，现在好了，啥子都要钱，倒垃圾要交卫生费，上个厕所还要水费。"

受地震影响，大型央企东方汽轮机厂外迁至德阳，当地民营矿山停产，工农业总产值受到严重影响，多数居民原来的生计方式被中断或改变，居民人均纯收入也随之剧降。现在，安置小区内居民的生计主要以经营小商店、跑运输、打零工等为主。据统计，社区内杂货店、食品店等约有十三家，理发店两家。居民中的一些青壮年男子会外出到绵竹、德阳、成都等周边经济发达城市打工挣钱，但工作前景和收入水平均不稳定。社区内仍有很多居民，特别是中年妇女，因为没有一技之长，生计难寻，整天无事可做，小区内随处可见围在一起打麻将以消磨时光的人群。

3. 大天池村情及受灾情况

天池乡大天池村地处绵竹西北部高寒山区，域内面积 18 平方公里，辖 5 个村民小组，现有村民 392 户，总人口 1020 人，男性 512 人，女性 508 人，青壮年 669 人，老年 208 人，少年儿童 143 人。该村年均气温 14℃ 左右，常年温湿气候，农业推广作物以林下资源为主，适宜各种药材、干湿果类种植。

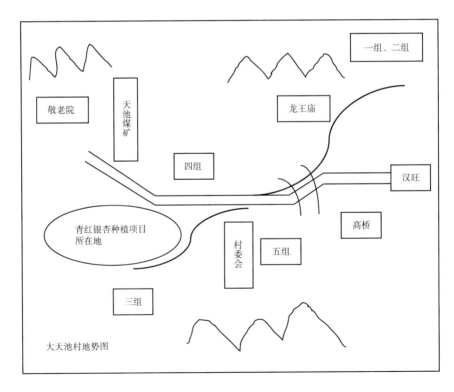

图 2　大天池村地势

　　天池乡内资源丰富，主产煤矿、磷矿、钙粉矿等多种矿产品以及竹、杉、松等各种树竹。同时，拥有千亩成片药材、野菜生产基地。2007 年，乡党委政府投资近千万元成立了"六大基地"，建立了千亩猕猴桃、千亩魔芋、千亩核桃、千亩药材以及万头养猪场等基地。在大天池村，主要推广和发展"千亩猕猴桃基地"项目。2007 年，天池乡在绵竹市农办、林业、农业部门的大力支持和帮助下，通过项目立项、制作规划、具体实施等几个方面的工作，经与什邡红阳猕猴桃研究所合作，从土地培植、新苗采购、基地试验、适时栽种等几个方面入手先期在大天池村种植红阳猕猴桃，得到了有关专业技术人员的精心指导。2007 年 11 月，在大天池村举行了千亩猕猴桃种植现场会，标志着六大基础之一的猕猴桃基地正式启动。猕猴桃基地震前累计投入资金 170 万元，达到 1000 亩种植规模，取得示范成功①。

　　然而，2008 年"5.12"地震使大天池村遭受了巨大损失。在地震中，大天池村 30 人死亡，12 人受伤。猕猴桃基地基础设施、苗木和构架均受到了不同程度的损毁，加之地震后人员整体搬迁，树苗无人看管、培育，部分种苗折枝荒废而死。目前该村面临着贫困、失业、公共资源匮乏和环境保护等问题：第一，大天池村地处地震断裂带龙门山脉的高海拔山区，土地资源匮乏，全村共有土地（只有旱地，没有水田）240 亩，户均 0.6 亩，人均不到 0.24 亩，适宜种植的农作物稀少，主要以土豆、玉米为主，产量低且商品价值小。第二，由于土地匮乏，村里闲置的劳动力大都转移到农耕之外，比如，去大型央企东方汽轮机厂或附近的民营矿山打工，或到山上采集药材、山货以及偷伐、盗猎等。"5.12"地震后，山体松裂滑坡、泥石流等次生地质灾害频发，东汽外迁至德阳，民营矿山关闭，村民就业困难，主要生计来源受到激烈冲击。第三，由于大天池村集体经济薄弱，从山区散居方式整体搬迁到汉旺新城集中居住后，因缺乏集体经济活动的积累来推动公益设施建设和公益服务，难以面对地震后持续出现的社会转型和环境保护挑战②。

4. 天池乡灾后救援及恢复重建情况

　　灾情无情人有情，天池乡党委、政府立即成立了抗震救灾指挥部，组织动员全乡人民与地震灾难展开一场艰苦卓绝的斗争。

---

①　资料来源：德阳市公共信息网，http：//www.deyang.gov.cn/dyweb。
②　资料来源：绵竹青红社工服务中心提供的内部资料。

首先，将全乡受灾老百姓进行了认真安置，从山区迁移下来后，按照市委、市政府、市抗震救灾指挥部的安排，将受灾群众临时安置在绵竹体育场、盛世华章一条街、北广场及二号立交桥四个地方，随即与天津建材集团共同在汉旺武都镇修建活动板房1280余套，将全乡近3000人安置在活动板房内居住。

其次，为全乡老百姓接收、发放各种救灾资金和物资，妥善安置，让受灾群众有了一个较好的生存空间。另外，在开展抗震救灾的同时，各级干部认真按照上级各主管部门的要求开展各项工作：第一，工业方面，利用各方面的力量，境内的工业进行恢复重建，对天池磷矿、天池磷化工公司两个企业进行多次研究，并从道路基础配套设施方面先期进行恢复重建，目前，两个企业正逐步恢复到震前的生产水平。第二，农业方面，着重针对天池自然资源优势，对"六大基地"进行恢复。对大天池村猕猴桃基地进行补栽、嫁接、抚育。对天池乡林业进行灾后勘察、抚育、管护。对天池乡其他经果类产业进行培育，壮大农业基础地位。第三，设施方面，对因地质灾害损毁的交通道路进行了恢复，目前全乡各受灾点均已能通公路。对因灾受损的河道进行清理，天池乡大天池村、花石沟村、楠木沟村几条河道的疏淘工作已经完成。第四，重建饮水工程，地震过后，由于裂缝太多，原有的水资源被侵蚀，天池乡的干部群众爬山过沟，寻找到了一条新的水源。第五，重建家园，地震发生后，全乡人民迁居到汉旺，天池山区已成无人区，加之由于山体大面积垮塌、滑坡，泥石流十分严重，全乡因灾引发的泥石流、滑坡有100处之多，严重影响了灾后重建工作。经党委、政府与市级主管部门研究，多次征求老百姓意愿，目前采用三种形式进行安置。

1. 投亲靠友，到城里购买商品房。

2. 异地安置，乡党委政府与江苏援建方达成共识，在汉旺购买300亩土地用于老百姓灾后安置，重建住房，山上的生产资料不变、户籍不变。

3. 原址重建，针对老百姓的意愿，回乡进行重建①。目前，大部分村民选择居住到汉旺的集中安置小区内，同时也有村民表示会整修山上的房子，以便今后上山种地时能有个歇脚小住的地方。

---

① 资料来源：《绵竹年鉴》，四川师范大学出版社，2010。

专栏一 天池乡大天池村猕猴桃基地灾后恢复情况①

2008 年，"5.12"特大地震对该乡猕猴桃基地带来了巨大的损失，基础设施和苗木、构架均受到了损害，加之地震后人员整体搬迁，树苗无人看管、培育，部分种苗折枝荒废而死。恢复猕猴桃基地需要大量的资金投入，根据"绵竹市天池乡恢复红阳猕猴桃的实施方案"，规划需投入的恢复资金共 129 万元，具体项目如下：

（1）除草松土 1000 亩×300 元/亩＝30 万元。

（2）购买猕猴桃水泥支撑桩 3000 根×30 元/根＝9 万元。

（3）补栽种苗 60000 株×5 元/株＝30 万元（包括技术指导及其他费用）

（4）购买水泥桩铁丝拉线 1000 亩×400 元＝40 万元

（5）施肥 1000 亩×200 元＝20 万元

2008 年，乡党委政府在乡上财力十分紧张的情况下，挤出专门资金用于猕猴桃基地的恢复建设，采取有效补救措施。四川省配套资金 50 万元，由政府统一管理，用于购买种苗、水泥杆等材料。乡政府筹措资金 120 万元购买水泥桩、种苗给农户补助。与援建方商议，争取江苏宜兴援建资金 30 万元，用于补栽种苗，嫁接苗秧。与什邡红阳猕猴桃基地取得联系，决定对该基地损毁的苗木进行补栽，对适宜嫁接的苗秧进行嫁接，以从重点推进大天池村基地产业恢复这一突破口进行先期的灾后重建工作，为农民增加收入打下基础。

截至 2009 年底，整个大天池村猕猴桃基地恢复工作全面完成，总计投入资金 200 余万元，形成规模 1000 亩。其中：190 万元用于购买水泥桩 60000 余根、种苗 132600 余株，10 万元作为发放给农户的补助金。2011 年 9 月，又继续投资 386.8 万元用于规范猕猴桃种植基地建设。通过努力，在对基地实施管理后，预计到 2012 年可为全村人民带来可观的经济效益，仅此一项，年可增加总收入 800 万元，人均 230 元。并且，通过在大天池村栽种猕猴桃这一技术，逐步扩大种植规模后可带动全乡其他村其他几项农业发

① "千亩猕猴桃基地"相关的详细数据资料来源：德阳市公共信息网，http://www.deyang.gov.cn/dyweb/show_ xxgk_ Template02.asp? newsid = 20106318176 – ED174 – 10932。

展项目，如魔芋种植、核桃种植、药材种植等。到时，天池乡人民仅凭农业发展项目这一项，就可进一步提高生活水平。

千亩猕猴桃基地管理及经营方式：

第一，在生产资料方面，天池乡政府统一筹措并安排资金用途，统一订购种苗、水泥桩等材料。2008年，乡党委政府多方筹集资金专门用于猕猴桃基地建设，并多次前往什邡猕猴桃种植基地考察，组织了优质种苗，并购买回了种植所需的所有物资，所有生产资料均免费发放到农户手中。初步了解，目前"千亩猕猴桃基地"项目主要依靠政府财政支持，为保证项目的顺利进行，天池乡大天池村成立了"绵竹市震旺水果种植专业合作社"①，主要负责补助资金、种植原料的发放以及组织种植农户参加技术培训等工作。合作社法定代表人是大天池村主任高永松。

图3　绵竹市震旺水果种植专业合作社，摄于2012.3.20

第二，统一培训种植技术，以召开现场会的形式统一培训技术。乡党委政府专门聘请了专业技术人员长期驻地乡内对农户的种植技术进行培训，并在种植初期在大天池村二组召开了开工现场会，手把手教导种植技术及有关

---

① 笔者于2012年3月20日，在天池乡大天池村走访时，看到一栋新修的房子，门口插着鲜艳的五星红旗和党旗，挂着"绵竹市震旺水果种植专业合作社"的牌子，但大门紧锁，屋内空空如也，没有任何办公设备，附近也找不到可以访谈的工作人员。2012年6月7日，笔者再次来到大天池村，该办公室依旧空无一人，屋外还堆放了许多建筑材料，截至本案例研究完成时（2012年6月），绵竹市震旺水果种植专业合作社办公室还没有工作人员正式入驻。关于该合作社的详细情况也无从知晓。

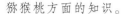

猕猴桃方面的知识。

第三，农户的挑选，只要其土地适宜猕猴桃种植均可参加。大天池村四组有小部分（十几户左右）村民因为田地地势较低，雨水季节容易被淹，不能满足种植猕猴桃的必需条件而没有参加该项目。对达到要求的农户，政府给予每亩100元/年的补助。

第四，实行自建、自管、自受益的管理模式。在管理上，农户按照指导老师教授的培植方法，定期管护，对猕猴桃的生长、修枝、搭架等进行管理。农户自建中各户自主投工、投劳，产品也由农户自谋销路，个体销售。当地百姓表示，目前还没有形成一定的种植规模，产量一般，但对于未来的收益仍是信心满满。有村民兴高采烈地憧憬了猕猴桃产业的今后发展："现在这个东西（猕猴桃）好贵哦，在成都那些大城市动不动就十几元一斤，到我们这里收购的都可以出到六、七块的价钱，以后结果多，产量大了，收益还是好！"

千亩猕猴桃基地能让老百姓赚多少钱？

1. 预计挂果前按每亩300元承包计算，农民每年可增收30万元，人均增收267元。

2. 2012年后，通过对基地实施管理，基地进入初产挂果期，每年土地承包费增至400元/亩。农民每年可增收40万元，人均增收356元，可为全村人民带来可观的经济效益。

3. 2014年后进入盛产期后产量将提高一倍，从而不断提高农民的收入水平。土地承包费增至600元，每年增加收入60万元，人均增长534元。

这一产业将使农民增收致富，还将进一步带动旅游等其他产业的发展，人们可逐步迈入小康生活。

在产业恢复的同时，灾区居民住房重建也顺利展开。2008年7月18日，1200余套活动板房在汉旺镇武都顺利建成，全乡近3000人全部搬进了活动板房居住，基本生活条件得到了保障。不久之后，按照党中央、国务院提出的"一省支援一地震受灾县"的要求，江苏省对口援建绵竹，无锡市对口援建汉旺镇，无锡下辖的宜兴市对口援建天池乡。2008年12月15日，宜兴援建天池工作组成立，工作人员不远千里来到天池乡，带来了106万宜兴人民的深情厚谊，也带来了天池浴火重生的希望。2009年夏天，经过天

图 4　大天池村山上随处可见种植猕猴桃的水泥杆，摄于 2012. 3. 20

池乡党委、政府和宜兴援建工作组的共同争取、协调与努力，全乡群众安置点最终被确定在汉旺新城。2010 年 5 月 12 日，总建筑面积达 8 万平方米的天池—宜兴安置小区工程，在汉旺新城建成并即将交付使用，天池乡 982 户受灾农户有了一个环境优美、设施配套的温馨家园。

另外，值得一提的是，当各级政府官员与解放军战士全力投入抗震救灾工作的同时，大量的社会组织和志愿者的集体亮相是新中国历史上的第一次。来自全国各地的 300 多个社会组织与近 15 万名志愿者也出现在地震灾区，全力投入伤员救治、社会服务和灾后重建的工作。社会力量在救灾和灾后重建中体现，"最后一公里"的特点和多样化的服务成为政府工作的重要补充力量。绵竹青红社工服务中心即为其中的代表之一，2009 年初，机构正式进驻绵竹市武都板房区开展社会工作专业服务，目前仍坚守在灾区第一线，为灾后恢复与重建贡献自己的一份力量。

（二）项目执行机构——绵竹青红社工服务中心简介

1. 绵竹青红社工服务中心简介

2009 年 4 月 10 日，中国红十字基金会"5. 12"灾后重建公开招标项目"中国青年政治学院绵竹社会工作服务站"在绵竹市汉旺镇武都板房区正式揭牌启动，简称四川省绵竹青红社工服务中心，这是四川省绵竹市第一家正式注册的民办非企业单位。"青红"寓意该机构以中国青年政治学院为主的社工专业师生组成，在红基会等支持下怀着火红的心投身四川地震灾区、服务灾后重建的使命形象。中心以"发展性社会工作"为指引，以"团结社区、发展生计"为核心理念，主要开展面向当地受灾群众、尤其是困难弱势群体，以生计恢复发展和社区重建为主要内容的相关专业服务。绵竹青红社工中心以社区为本，着重培育发展当地居民的社区组织，关联开展一系列从个人、家庭到家庭互助组再到社区协会三个层面的综合式服务，致力协助和促进有关人群团结起来、自力更生、谋求生计改善与社会发展。

目前，机构的项目运作主要得到中国红十字基金会、中国扶贫基金会、香港康复会、香港理工大学等的支持。

在正式进入社区工作之前，青红社工站的工作计划原本是做地震中失去孩子的母亲的心理安抚工作，之前政府也很支持，只是后来因为太敏感，政府担心会影响这些地震遇难家属的情绪，于是搁置了这个计划。2009年初，青红社工服务中心正式进驻绵竹市武都板房开展社会工作专业服务，将工作重点转为残疾人生计发展。在扎实的家庭探访和个案工作基础上，中心协助当地社区20人组建形成了两期"家庭生计互助小组"。同时，中心开展"家庭生计互助小组"培训与交流活动30余次，并推动小组内部通过民主选举产生了管理委员会，充分发挥自我管理功能。目前，多数组员已经开展了家庭生计项目，特别是在商贸、种植、养殖等项目方面，成果喜人①。

1. 组员刘刚均的"梦想起飞"超市，目前是汉旺新镇最知名的超市，这个最初由三个组员一起在武都的板房帐篷里开始的小店，由于组员们陆续迁入新居，居住距离较远，而由刘刚均继续经营了下来，刘刚均夫妇吃住都在小超市里，生活平稳。2010年10月25日，中央电视台"东方时空"栏目以《重建重生》为题对刘刚均的事迹作了专题报道。

2. 组员刘春燕是第二批"家庭生计互助小组"的成员，她在青红的支持下办起了"居帘布艺"，但由于市场重新规划后，其店面比较偏僻，且2011年底，新城入住基本完成，对窗帘等家居产品的需求不断下降，刘春燕把店面关了。2012年4月，她自主筹划建立了一个由5位妇女组成的串

---

① 资料来源：绵竹青红社工服务中心宣传资料。

珠加工坊，开始串珠工艺品的制作，目前已接到几笔订单，项目进展顺利。

3. 组员马兴书一直在天池乡的坡地上种植银杏树苗，现得到青红支持，将进一步扩大规模。

4. 组员杨万明的小酒厂在地震中损失惨重，现在他重新振作起来，购置齐全所有设备，修整完毕场地，小酒厂重新开张。

5. 组员黄金琼之前开展的养鸡项目已经赚了一些钱，目前正购入第三批鸡，继续探索发展自己的养鸡事业。

2010年机构入驻汉旺新镇，继续贴近民众开展服务。机构在绵竹汉旺镇、北川、民乐村土门镇以及高新区都设有工作站。其中，位于绵竹市汉旺镇的站点主要从事诸如银杏种植合作社等生计方面的项目；其他地方的工作站则以开展社区服务为主。目前，青红社工服务中心在四川灾区的工作主要交给已经成长起来的本土社工执行，从而实现社工站的本土化。青红下一步的工作重心将放在成都高新区，机构更名为"培力"，继续为社区提供专业的社会工作服务。

绵竹青红社工站的工作条件相对来说是比较好的，工作人员居住在小区内，是三室一厅一厨一卫的房子。

社工站不像政府单位那样，要求严格的上下班制度，员工在工作之余还可以处理一些自己的事情。客观上说是由于机构工作人员，包括像刘刚均等的本土社工，他们都有自己的职业，并不是以社工站为唯一的工作内容，更多的是在兼顾青红社工站的工作，因此，总让人觉得机构里的工作人员不同于传统意义上的工作，而更像是在机构生活。

另外，在汉旺新镇集贤社区内也设有青红的办公室，但不是该机构专属的，挂在办公室门口的牌匾除了"绵竹青红社工服务中心"外，还有"老年诗书画学会"，同时还贴了一张写有"汉旺镇集贤社区'土地回购'签订意向性协议办理处"的纸。集贤社区的领导表示，目前办公室比较紧张，随时都会征用。青红如果要在这个办公室举行活动，需提前给社区领导打电话"预约"。陈锋博士想把这个办公室争取成青红自己的，这样就可以按青红的风格布置办公室，弄得温馨一点，不用像现在这样刻板。

绵竹青红社工服务中心与民政局、残联、妇联都有合作关系，但现在残联、妇联的领导已经换了，陈锋博士表示不知道未来还有没有合作的机会。青红与当地政府关系较好，但还没有具体的合作项目，政府一般是为青红提供一些政策上的支持，但没有资金支持。

总体而言，青红是比较规范的 NGO，具有合法的身份和细致完善的规章制度。在工作中与当地的居民关系很好，社区接纳度比较高。机构开展的项目丰富多样，从生计改善到文娱活动都有涉及，项目反响较好。同时，机构还培养出了刘刚均、马兴书、刘春燕等可以独立组织和开展工作的本土社工，这对社工站的可持续性是一个很大的保证。

2. 机构组织架构

机构工作团队主要由中国青年政治学院、北京大学、中国政法大学、北京师范大学、中央民族大学、绵阳师范学院等学校的社会工作专业教师和博士、硕士研究生、本科生以及当地人员组成。

青红社工团队在专家顾问组的指导下，领队陈涛博士[①]负责项目总体设计规划和实施方案制订；郭伟和[②]、史铁尔[③]、熊跃根[④]、张网成[⑤]作为项目督导，为项目工作提供专业性的指导意见；项目执行主任陈锋博士与青红社工服务中心驻站社工一起践行项目规划，负责争取当地有关政府部门的政策支持和联系协调社会各界的资源援助等工作。

青红社工服务中心目前有专职社工 7 名（汉旺 2 名，北川 3 名，成都高新区 2 名）；来自各高校社工专业的实习生 2 名左右（暑假期间实习生会比较多，大概 18 名左右，实习期为 2 个月）；青红培养的当地本土社工 5 名（刘

---

① 陈涛，男，教授。曾任中国青年政治学院社会工作与管理系主任、社会工作学院常务副院长，现任青少年研究院中国社会工作研究中心主任兼青少年发展研究中心主任，中国社会工作协会社会工作师委员会总干事、绵竹青红社工服务中心理事长。主要研究领域为社会理论、社会工作理论与实践、社会政策与行政，著有《中国青少年政策报告》、《老年社会学》等及相关学术论文 60 余篇。

② 郭伟和，男，副教授，毕业于香港理工大学，是中国首届社会工作硕士、社会工作博士。中国政法大学社会学院社会学系社会工作与社会政策教研室主任，副教授。主要研究方向：农村社区发展、城市社区建设、社会工作理论、社会政策分析等。

③ 史铁尔，男，香港理工大学社会工作硕士研究生，现任湖南省社会工作协会常务理事会秘书长，湖南省民革长沙民政学院支部主委，中国社会工作者协会会员，从事社会工作教育工作 15 年。教育部"面向二十一世纪家政与社区服务教学改革课题组"组长。

④ 熊跃根，男，北京大学社会学系副教授。香港大学社会工作与社会行政学系荣誉副教授，经济学学士、法学硕士、社会福利哲学博士。研究方向：社会政策、福利体制比较研究、社会工作理论与社会工作教育、非营利组织与社会服务。

⑤ 张网成，男，哲学博士，副教授，北京师范大学哲学与社会学学院社会工作与志愿服务研究中心主任，兼任中华志愿者协会常务理事、中国社会学会社会政策委员会委员、中国社工协会志愿者工作委员会研究中心副主任。研究领域：现代化理论、发展理论、转型社会。

刚均、马兴书、刘春燕这三人主要负责大天池村生计项目的执行，同时如果有领导下来视察，作为"地震名人"的他们需要配合工作分享一下自己的经历和感受；王娟，主管财务；张顺，主管与政府沟通的行政工作）。

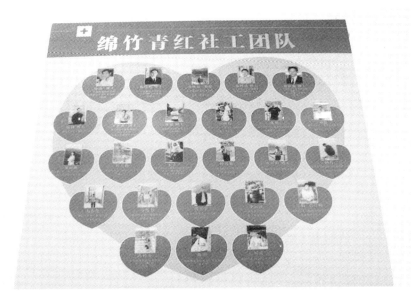

图 5   绵竹青红社工团队，摄于 2012.3.21

具体组织架构如图 6 所示。

3. 机构主要工作人员简介

目前，青红社工服务中心主任陈锋及驻站社工小周主要负责绵竹项目点的工作，他们秉持服务使命，将居民社区服务与生计扶持相结合，在参加各类职业技能培训和创业培训的学员中开展小组活动，发育和建立支持网络，共同探讨生计项目，并链接各种资源，支持项目开展。

（1）中心主任陈锋简介

陈锋，青红社工服务中心主任、项目执行主任，四川省绵竹市民乐村金色阳光社区服务中心主任。作为中央民族大学民族学与社会学学院在读博士（2012 年 7 月毕业），陈锋地震后不久便赶赴灾区，在青红社工服务中心和同伴们一起帮助当地居民重拾信心，开始震后新生活。如今，他在这片土地上已经服务近四年了。

1993～2003 年，他就职于广东深圳市香港科达（中国）公司，任财务

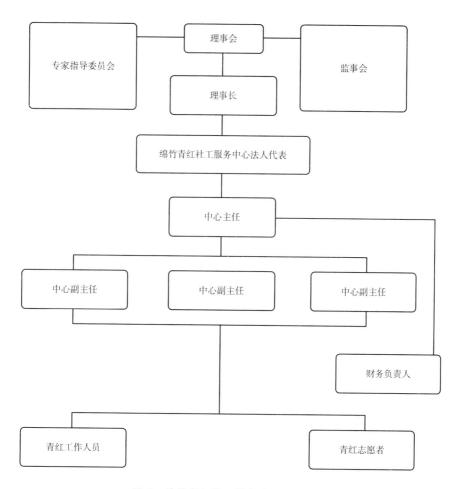

图6　绵竹青红社工服务中心组织架构

经理兼董事长助理。2004 年，陈锋辗转回到成都，在成都九思科技有限公司任总裁助理。2005 年 9 月，他考取了云南大学社会学与社会工作系的硕士研究生，一直担任班长职务。在读期间陈锋经常与朋友奔走于云南的各个偏远乡村，与当地村民一起生活，尽自己最大的努力帮助他们改善生活。2008 年，地震过后一个月，他来到灾区做志愿者，在此期间结识了很多来自高校的社工专业老师和学生志愿者。2009 年 4 月 10 日，中国红十字基金会"5.12"灾后重建公开招标项目"中国青年政治学院绵竹社会工作服务站"在绵竹汉旺镇武都板房区正式揭牌启动，简称四川省绵竹青红社工服务中心，这是四川省绵竹市第一家正式注册的民办非企业单位，陈锋作为项目主任就此开始了他在青红的工作。陈锋说："我喜欢四川这个地方，老乡们都是很淳朴热情的。等博士毕业了，我就去成都高校谋一份教职，永远留在四川不走了。"

（2）驻站社工小周简介

小周，社工专业大四本科生，主要负责绵竹青红社工服务中心向扶贫基金会申请的"大天池村银杏种植项目"的资源协调及文案工作。小周2013年1月份参加中国青年政治学院研究生考试落榜了，她打算继续考研，不想一直待在四川，一定要考出去，看看外面的世界。

二　绵竹大天池银杏树苗示范种植项目

绵竹市天池乡大天池村位于高海拔山区，土地资源匮乏，粮油作物及经济作物产量低且商品价值小，加之"5.12"地震使村民生计来源受到严重冲击，当地村民面临贫困、失业及公共资源匮乏和环境保护问题，难以面对地震后持续出现的社会转型和环境保护挑战。为此，绵竹青红社工服务中心依托前期工作中形成的社区影响力和接纳度以及灾后重建社区工作的经验，开展了"可持续社区绿色生计探索：绵竹大天池村银杏树苗示范种植"项目。

（一）项目缘起

绵竹青红社工服务中心长期扎根当地，机构通过多次入户家访后发现大天池村一些青壮年的生计方式多以基于灾后重建需要的临时性劳动力工作为主，这种生计方式短时间内尚可维持，但都不是长久之计。而中年老人群，目前则处于有劳动能力却因缺乏一技之长而永久性失业的尴尬境地。同时，由于青红社工服务中心所服务的群众受教育程度普遍不高，社区公共设施缺乏，当地民政干部工作繁重，志愿者流动性过大且服务内容不稳定等原因，当地生计恢复和重建的可持续发展遇到了诸多困难。因此，培育本土社区领袖，推动生计小组构建自我管理架构，借以引领小组朝着真正的生计互助小组迈进成为了青红社工服务中心的主要行动策略。

正是在上述情况的推动下，绵竹青红社工服务中心依托前期工作中积累的社区影响力和接纳度以及灾后重建社区工作经验，开展"可持续社区绿色生计探索：绵竹大天池村银杏树苗示范种植"项目，以个人、家庭工作为基础，通过组织一系列相关小组活动及社区活动，提升村民的生态环境保护意识和绿色生计知识，建立村民互助合作，集体种植银杏树苗，提升村民销售的能力。机构培育支持由 21 户村民代表组成的"绵竹青红种植合作社"，制定完善相关管理运作制度，并协助其成功地进行银杏树苗示范种植、销售管理等环节的自我运转，助其进行银杏树苗种销活动，最终实现"团结社区，发展生计，赋权增能，种树生财"的可持续绿色生计目标，并力争创设一种可复制的促进地质灾害多发地区脆弱生态环境保护与生计发展良性互动的可持续性模式。

该项目由中国扶贫基金会资助，主要分为社区探访与需求评估、建立银杏树苗种销合作社、银杏树苗种植的实施与扶持和建立银杏树苗种销的后续管理机制四个阶段。机构将通过科学的市场调研、邀请专家现场和网络远程指导、合理调度管理项目经费，同时培育倡导环保政策来规避项目实施过程中可能出现的市场、技术、资金和政策风险。在一年之内种植 30 万株银杏树苗，计划三年实现银杏树苗的顺利销售，为合作社成员带来一定的经济收益。同时，扩大银杏树苗种销合作社功能，形成长效的管理机制，巩固项目成果，为村民提供后续跟进与服务，以实现项目的有效性和持续性。

（二）项目组织与管理

由 21 户村民组成的"绵竹青红种植合作社"采取统种统管的方式运作，以合作社集体名义向大天池村四户村民租种土地共 8 亩，成员以劳动力入股，每人每次参加劳动可获得 40 元/天的现金补助，并提供一顿午饭和适量的水果糕点。三年后银杏树苗销售收益按合作社相关规定公平分配给每一位社员。

1. 合作社成员招募、构成及分工

（1）合作社成员招募

项目启动前，青红社工服务中心的工作人员采用"滚雪球"的方式来寻找有意加入合作社的村民：先通过刘刚均等项目主要负责人对外宣传拟成立银杏种植合作社的消息，再由村民口口相传，从而保证让大天池村的村民都能知晓这一项目。而项目负责人在挑选合作社成员时，主要以其参加的积极性和家庭收入情况为依据。合作社成员的招募基本上是依靠刘刚均、马兴

书等人在村民中的影响力和号召力。

至于村民加入合作社的目的，刘刚均分析认为："我想他们肯定是算了账的，首先这个是不要钱的（不需资金投入），就算是不赚钱他们也不吃亏噻。跟地震前一样在山上工作，也亲近些，山上的房子也可以照看一下。每天出工有 40 元的补助，管一顿午饭，还包车费，也有一定的收入，出去打工还不一定能找到工作。目前银杏市场好，卖了钱还有分红，他们算了比较合适就加入进来了。"综合来说，合作社成员的入社动机主要有三类：1. 刘刚均、马兴书等负责人，他们作为当地的社区精英，在入社时更多是出于社区公共利益的考虑，想为大家做点事。合作社法人代表马兴书说："我们这个合作社虽然挂的我的名字（法人代表），但合作社是大家的，大家都是老板，赚了钱大家一起分，给不给我都行。我想我和陈锋老师他们的态度一样，都是希望大家好，想通过这个事情把大家召集在一起。"2. 经济条件一般的村民，一方面他们认为加入合作社"人多好耍"；另一方面，这个项目不需要自己掏钱买生产资料，就是上山干活，就算赚不到钱也不会吃亏。3. 其他一些成员，以中年妇女为代表，她们因为年龄和文化程度的限制，难以找到工作，加入合作社劳动可以有一定收入补贴，等后期卖了树苗还能分红，但至于具体的收益她们表示没有认真计算过。

与此同时，一些村民未加入合作社的原因主要有：1. 由于初期宣传力度有限，他们不知道有这个项目，因此没能加入；2. 觉得不划算，项目周期长，风险大，收益不稳定，还是外出打工赚钱多；3. 由于合作社注重自组织能力建设，要求成员必须积极参加集体活动（包括上山劳动、技能培训和社员联谊等），部分村民觉得太麻烦就没有加入。

专栏二　绵竹"锯腿硬汉"刘刚均

2008 年，"5.12"特大地震发生后，正前往天池乡的刘刚均右腿被巨石压住 30 个小时，因石头太大无法施救，在没有任何麻醉措施的情况下，他果断地让亲戚用钢钎、水果刀割断了自己的小腿，并指挥亲戚为自己止血包扎，最终获救，被誉为"当代关云长"。右手断了，右腿高位截肢，仅剩的左腿也断为 3 截。作为顽强生存的典范，2008 年 8 月 8 日，断腿上还缠着绷带的刘刚均接过奥运火炬，在轮椅上完成了火炬传递过程。3 天后，他拍卖火炬，将所得 20 万元悉数捐给灾区。

2009 年 6 月的一天，刘刚均接到青红社工服务中心主任陈锋的电话，问他愿不愿意参加一个残疾人的集体活动。从此，他和"青红"结缘了。同年 8 月，刘刚均参加了青红社工"家庭生计互助小组"，获得 4200 元的资金支持，他和另外两位残疾人朋友合伙，在绵竹市武都板房区开起了"梦想起飞"副食店。由于失误，店招牌"梦想起飞"的"梦"字下面的"夕"少了一点。对此，开朗的刘刚均笑着说："我们 3 个都是肢残人，都少了一条腿，所以啊，这个梦字少一点就少一点吧，正合适咱们用。"说罢三人一起哈哈大笑。

2010 年 8 月，在国家相关政策帮助下，他搬进位于汉旺新城天池宜苑小区内的新房，还在小区门口租用亲戚的一套房屋继续开起了"梦想起飞"超市。2010 年 10 月 25 日，中央电视台"东方时空"栏目以《重建重生》为题对刘刚均的事迹作了专题报道。

由于青红正在着力培养本土化队伍，刘刚均成为重点培养对象，现在他的身份是青红社工服务中心的常务副主任，经常要回中心去参加各种活动，还要去家访其他的残障朋友。"手机有时都要打爆了，经常有其他的残障朋友想要加入我们，青红真的懂得我们的需要，给我们带来了生活的希望。"现在的刘刚均说起残障人士的社会关怀工作满口专业术语，"从一个农民出身的人到现在能当上以前都不懂的社会工作者，这是我当初参加青红活动时万万想不到的"。另外，刘刚均现在还是互助小组管委会的 3 名成员之一。为了把这个公益组织发展起来，刘刚均和朋友们有一个计划，准备各自把生意上的利润拿一部分出来，用 3 年时间完成资金积累，成立一个残疾人帮扶基金会，让帮扶计划可以像滚雪球一样，长期运作下去①。

笔者印象中的刘刚均有两爱：爱笑，爱抽烟。笑声爽朗，烟不离手。之前以为他烟瘾大，后来才了解到他也是地震后才抽得这么凶的，我想也许他是在用烟味冲淡地震所带来的创伤，当年断腿自救、独子遇难对他的打击不是常人可以想象的。尽管平时的他总是一副坚强的笑脸，但背后隐藏的伤痛又有谁能真切体会。

刘刚均的妻子高永兰，跟他丈夫一样，十分开朗豁达。问及"梦想起飞"超市的生意，她表示生意难做，现在汉旺镇上的人大部分都出去打工

---

① 本专栏部分资料来源：《从锯腿硬汉到社工》，《京华时报》2011 年 5 月 9 日 C04 版。

了，人气不旺，加之镇上超市很多，竞争大，不容易赚钱，但她对此很看得开，总说："现在无所谓了，娃儿也死了。"一天谈到为何要做银杏种植合作社这个项目，刘刚均说主要是有四点原因：第一，陈锋老师认识人，有这个机会（指扶贫基金会对该项目的支持）；第二是这几年银杏市场好，马兴书有种银杏的经验，大天池的土壤、气候也适宜银杏种植；第三，天池乡整体搬迁后，许多村民都外出打工去了。但还有一部分人，特别是文化程度不高的中年妇女和老年人①，他们是"有体力没机会的人"，找不到合适的工作，只能在家里闲起耍，所以他想把这部分人组织起来共同做点事，以帮补生计；第四，天池乡这么好的环境，那么多的山地若是因为地震而就此荒废了会很可惜，一定要利用起来。至于他自己参加（或者说是牵头组织）合作社的目的，主要是想找点事情做，充实自己，同时也能帮助大家。说到这里他有些激动，兴高采烈地提高嗓门说："我们虽然残疾了，但同样可以做成事情。我们只是残疾了，但不是残废，我们残而不废！"他还说："也不指望超市能赚多少钱，有个事做，够吃饱饭就行了，过一天算一天。"

在合作社成员筛选方面，刘刚均等负责人主要考虑临近集体租种地的大天池村四组村民。首要条件是有加入意愿且家庭经济困难。其次是要能够保证全程参与，如果不能上山劳动，可以找家里的亲属来帮忙，但不能去雇用一个人来劳动，那样就失去了合作社的意义。因为合作社组建的初衷是团结村民，增进彼此感情，"如果是雇人干活的话，那青红就可以自己雇工人来弄，既省钱省力，还不用担心风险，那么多人上山，我腿不方便，在家就是一天打几个电话，就怕在路上、山上出点啥子意外就麻烦了"。刘刚均表示，"前期我们宣传力度不够，有些人还不晓得这个事。自从我们开始组织社员集体上山开地后，住在这儿的人（天池宜苑居民）看到项目开展得这么红火，都想要加入，陆续来找我的都有20多户了。我们跟陈锋老师商量，决定暂时不扩大规模，因为目前还不能充分保证三年后能有稳定的收益，你不能让别人放着主要的活路不做，来整这个还不把稳的事情嘛"。

① 这里所说的老年人是指50岁以上的，刘刚均认为这些人如果在农村还算主要劳动力，还能下地干活；但在城里就很难找到事做了。

（2）合作社成员构成及分工

大天池村四组共有 100 多户村民，有意向加入合作社的近 70 户，经过项目负责人多方考核，最终确定由大天池村四组 21 户村民组成"绵竹青红种植合作社"。其中，有 3 户是原青红"家庭生计互助小组"成员，7 户村民家中有地震致残伤员，2 户为低保户，还有 4 户同时参加了政府组织的猕猴桃种植项目。另外，有 6 户人家是以家庭妇女做代表签字入社的。

2012 年 1 月 13 日，合作社首次筹备大会在杜甫酒庄召开，在此次筹备会上，合作社成员发挥自己的民主权利选举出了理事会、监事会成员，并在会上就如何种植、培育优质银杏树苗，如何提高银杏树的附加值和如何使合作社健康发展展开了热烈讨论。

专栏三　合作社理事会、监事会成员及管理人员名单①

一．理事会成员

1. 马兴书：曾任天池歇马庙村主任、天池乡企办主任（合作社成员）

2. 刘刚均：曾任大天池村的党支部书记，天池乡煤矿的矿长，天马煤矿会计（合作社成员）

3. 高永东：曾担任大天池乡村长、党支部书记，楠木沟煤矿、梅硫矿、小沟煤矿的矿长，党支部书记（合作社成员）

4. 杨林：绵竹市教师培训中心生物教研室主任（专家代表）

5. 陈锋：绵竹青红社工服务中心主任（青红社工代表）

二．监事会成员

1. 张燕（女）：绵竹市妇联主席（社会机构代表）

2. 张尚琼（女）：曾任大天池村妇女主任，村长（合作社成员）

3. 马代均：有在煤矿二十几年的管理工作经验（合作社成员）

三．管理人员

1. 合作社理事长：马兴书

2. 合作社会计：王娟

3. 合作社出纳：刘刚均

4. 合作社秘书：周灵

---

① 该名单由绵竹青红社工服务中心提供（2012 年 1 月）。

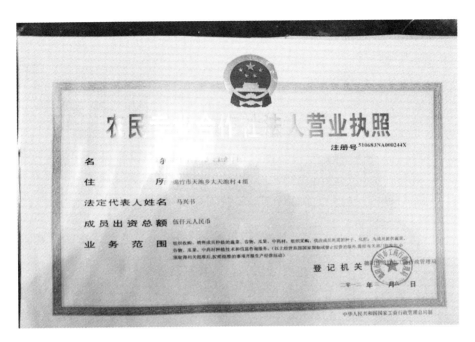

图 7　绵竹青红种植合作社法人营业执照，摄于 2012. 3. 21

　　合作社对各执行主体的职责作了明确的分工：首先，由几位本土社工牵头的 21 户入社村民是合作社的主要管理者，以民主方式独立自主地处理合作社各项具体事务；青红社工服务中心主要负责动员社会资源，链接外部技术支援，为项目实施提供指导和帮助；中国扶贫基金会为该项目提供资金支持，并负责协助、监督项目运作情况。三方各司其职，协同合作，互惠共赢。另外，合作社的成立和发展还得到了许多高校教师及林业专家的指导，包括陈涛、史铁尔、陶传进①、杨林等。

　　目前合作社成员每天都到山上集体劳动，驻站社工小周按名单点名查勤，详细记录以作为未来收益分红的依据之一。她的工作基本上就是负责点名、帮助烧水做午饭以及为村民拍摄工作照。由于每天早起，加之山上气候变化大，小周身体有些吃不消了。陈锋劝她："小周啊，你不需要天

---

　　① 陶传进，北京师范大学社会发展与公共政策研究所教授，社会公益研究中心主任，博士生导师，非营利管理专业的具体负责人。主要研究方向：非营利组织的功能与管理，社会公益事业的促进与公民社会基础的建设。

天跟着上山的，我们只是协助，其他的事让合作社成员自己去弄。"可见，青红社工服务中心在该项目中是资源协调者的身份，不宜过多介入项目进展。

2. 合作社运作模式

虽然合作社的各项议程是经过社员集体讨论产生的，但在实际操作层面，主要还是由马兴书和刘刚均等人在负责具体的决策，其他社员都明确表示"一切行动听指挥"。

马兴书等人在项目前期进行了广泛的市场调研，走访川内银杏树种植基地，考察银杏种子价格，货比三家，最终购买到品质较好的银杏树种子1875斤，储存在一户合作社成员家中。合作社集体租种的八亩土地位于大天池村四组，地震过后就一直荒废至今。土地归四户不同的村民（均是合作社成员）所有，每年租金400元/亩，租期三年。该项目于2012年3月进行集中种植土地的翻整工作，4月份播种，目前银杏树苗已经出芽且长势良好。

专栏四　从"马上访"到"马社工"：马兴书的震后经历

马兴书当年是天池乡屈指可数的高中生，算是村里的精英。在绵竹中学上学的他，因为家庭贫困，用自家种的玉米作为学费。为了节省路费，每月只回家一次，每次往返都是步行，早上天不亮就启程，傍晚才能到达。马兴书曾任天池歇马庙村主任、天池乡企办主任，由于个性耿直，与官场的氛围格格不入，他最终辞去职务，在天池乡的山坡上种起了银杏树。

2008年，地震过后的天池是个"孤岛"，身体健全的人都翻山逃命去了，只剩下伤员和家属留在村里等待救援，因为没有医疗条件，有3位村民被活活痛死了。马兴书一边忍受着剧痛，一边鼓励同样受伤的儿子要坚强，一定要挺住。地震11天后，直升机终于把他们救走了。马兴书因地震双脚脚趾切除，双手手腕骨折，经鉴定为4级残疾；儿子在地震后右腿截肢，为3级残疾。提及地震带来的伤痛，马兴书总说："痛是很痛，但你总得面对。再大的困难也要坚强，因为发生了的事情，你无法避免，只有面对！要坚强！要勇敢！"

2009年，住在汉旺板房安置区的马兴书耐不住每天看电视－吃饭－睡觉三点一线生活的枯燥，觉得政府对自己这样的重灾区重灾户照顾不过来，曾在 20 世纪 80 年代末任绵竹市人大代表的马兴书联合都江堰、汶川、北川等重灾区所有能联系上的残疾人上访。地震后一年间，他拦过市长、市委书记，找乡长闹，找市长闹，始终无果，他一度被大家戏称为"马上访"。

2009 年 5 月，这位"上访专业户"的上访生活因为青红社工站的到来而发生了一些改变。当时，作为中心主任的陈锋提着一些水果，带着一个学生样的女孩，上门拜访马兴书，邀请"马上访"和其他重灾户参加一个培训，加入生计扶持项目。马兴书看着他斯文的样子，认为这是在装模作样："我觉得不可能！国家关心重灾户的大趋势在那里，但是小地方很难做到。他肯定是骗你，不可能相信他！"第二天，陈锋租了一辆"非法黑出租"接马兴书前往社工站，马兴书疑虑未消，还让家人看清楚车牌号，以免上当受骗。让他开始惊讶的是，上车、下车都有人搀扶。当他走进社工站，有人端茶递水，看他喝完了，继续添上。"一期、两期、三期都这样！相当温和、真实！"马兴书介绍说："第一期的活动是互相认识，要真心真意。第二期，每个人发言，讲述震前震后的事情，家庭情况。第三期，社工还带我们做些娱乐活动，画画，找资源，发现做生计的优势。"每次活动之后，青红社工都会打电话询问活动反馈①。随后，通过不断地接触和认识，马兴书的身份从青红的朋友变成了青红的本土社工。

因为有多年种植银杏树的经验以及为大家做事的热心，现在，由青红社工服务中心申请的"银杏树苗种植示范项目"主要是马兴书在负责具体的种植事宜。尽管腿脚不方便，但从前期买种、选地再到翻地、垒埝、播种，他对合作社的每件事情都亲力亲为，从中可以看出马兴书对这个项目的用心和热爱。

笔者于 2012 年 3 月 20 日跟随合作社成员到天池山上，亲身参与了合作社成员的劳动情况。

---

① 本专栏部分资料来源：《刘素楠：谁来搀扶汶川的伤残者？震后伤残群体现状调查》，2011.9.6，http://gcontent.oeeee.com/1/b6/1b68701d9f3edfdc/Blog/b1c/b2b92e.html。

图8　左：马兴书在组织社员活动，右：马兴书在计算银杏
播种间距，摄于 2012. 3. 20

专栏五　合作社集体劳动见闻

早上 7 点左右，笔者到达天池宜苑时已有很多社员等在小区内了。合作社租用了三辆面包车，马兴书在维持乘车秩序，刘刚均因为腿脚不便，让妻子高永兰来替他出工并给大家做午饭。

到达合作社在大天池村租种的八亩土地，旁边有一户人家，耕种工具都放在屋外，合作社借用了他家的厨房，昨天才在屋外搭了一个简易的避雨棚子，周围环境很开阔，山上不断有伐木的声音。合作社成员一下车就径直去取劳动工具，很积极地准备开工。还有几个住在山上的社员也陆陆续续赶来了。青红的社工周灵按名单点名查勤，并做了详细记录。今天有 16 位社员参与劳动，基本上都是中年妇女。因为丈夫要去打工，这些"娘子军"成了合作社劳动的主力。男性只有 3 位：马兴书，一直在丈量土地，指导垒墒；60 岁左右的老人，是这家的屋主，他的两个儿子都是合作社成员，常年在矿山上打工，他是帮儿子出工的；40 岁左右的大哥，体型微胖，自己有一辆面包车，平时跑运输，自家种有猕猴桃，去年卖了几十斤，对收入情况还算比较满意。

这块地地震过后就没有再耕种了，前几天刚刚完成除草工作，现在需要松土，为播种做准备。黑土土质很好，但下面有很多小石头，需逐一翻出来，大家都很有激情地在劳动。有一位中年妇女说她是帮自己妹妹出工的（合作社有规定，必须要参加集体劳动，不能参加的可以请亲属帮忙，但不能雇用工人劳动），她原先不知道有合作社，现在很想加入。

图 9　合作社成员劳动场面，摄于 2012.3.20

　　总结今天遇到的这些中年妇女加入合作社的目的大致有：1. 好耍，"大家一起闹热些"。2. 可以有一定的收入，但具体多少不清楚，她们表示算不来，但肯定有收入。笔者觉得大家加入合作社的热情还是很高的，而且从劳动的认真态度来看，大家都很用心地把它看成是自己的事情来做，对于收益不是特别清楚，没有那么多具体的期望，"反正是出劳力，又不出钱，大家一起做嘛！"另外还有一位80多岁的老婆婆，她是帮亲戚替工的，目的就是来赚40元的补助钱。还有一位中年妇女是原残疾人生计互助小组的成员，她觉得这个项目很好就参加了，收益不会算，但相信有好处。说到一半，旁边的婆婆插话说："她腿遭地震打断了，是残废。"此时，这位妇女脸上的表情很不自然，不愿再跟笔者说话了。

午饭时间，大家都聚在一起吃饭，说说笑笑，气氛很轻松。饭后马兴书还组织大家唱歌，看得出来他很会调动现场气氛，组织能力很强。他把种银杏过程编成了一个舞蹈，还兴致勃勃地要小莫帮忙一起给大家表演，虽然动作很简单，而且舞步有点笨拙，但可以借此看到他对这个项目的用心和热爱。

交通不便、路程远、路况差、山路危险，这是合作社面临的主要问题。一天劳作结束，司机告知回汉旺新镇的路正在堵车，预计最快也要2个小时才能通车，我们只能走着下山。马兴书一直说自己走得慢，要大家先走，笔者放慢脚步，坚持陪着他一起下山。一个小时后，马兴书实在走不动了，要求休息一下，这才和我们说，他的脚在地震中受伤了，所有脚趾都切除了，每走一步路都会痛，久了还会流血化脓。正在笔者为他身体担忧的时候，马兴书笑着说："人在任何时候都要坚强地面对一切！要勇敢！"

截至本案例研究完成时（2012年6月），合作社的银杏种子已经出芽且长势良好。社员们继续协作互助，积极投入到锄草及树苗的后续管理工作中。银杏种植合作社还在大天池村集体租种了另一块土地，经组员统一协商决定开展魔芋种植，经费来源于青红社工服务中心的自有资金，是合作社的延伸项目。组员们希望借着这个机遇来证明自己的能力，把银杏种植合作社做大做好。2012年5月7日，四川电视台在灾后重建专题报道中对青红种植专业合作社进行了重点播报。

另外，合作社在银杏地旁边立起了宣传石碑，马兴书顶着烈日亲手在石碑正面写下"中国扶贫基金会：绵竹大天池银杏树苗示范种植园"几个大字，同时还很用心地在石碑上写下《天池赋》①，这片凝聚着合作社成员辛劳汗水和美好愿景的土地终于有了自己的"招牌"。

图 10 长势良好的银杏树苗，摄于 2012.6.7

图 11 银杏种植示范种植园宣传石碑，摄于 2012.6.7

3. 合作社收益分配

三年后，成功售出银杏树苗，总收入的 30% 作为合作社公益基金，用于支持一些后续生计项目；20% 用于合作社的日常开支；剩下的 50% 全部分给农户。

首先，合作社成员经过集体讨论后一致决定，等三年后卖了树苗，要拿出总收入的 30% 来作为合作社后期的发展基金，支持合作社开展其他生计项目，有社员建议等合作社经营稳定后可以发展其他一些短平快的项目，如种魔芋、种绿色健康蔬菜、养跑山鸡，甚至还可以在山上建几栋小木屋做农

---

① 作家协会的张毅老师无偿为合作社执笔作《天池赋》，绘声绘色地将天池的历史传说和怡人景色呈现在读者眼前。

家乐，发展旅游业。刘刚均说："如果我们这个项目做大了，就可以注册成品牌，把我们的产品拿到成都去买，整一个无公害绿色产品小超市，我想有这么多的老师同学和社会各界爱心人士在关心我们，这个事肯定会成的。"他表示，自己和马兴书作为项目牵头人都不会退出合作社，一定会把它好好地做下去。可见，刘刚均还是很有前瞻性眼光的，对合作社的未来有一套自己的理想规划，笔者想这也许跟他的经历有关。地震前他只是一名普通的农民工，地震改变了他的人生轨迹。作为"地震名人"，他接触到更多的人，见了更多的世面，社会资本和个人视野都比从前来得深厚广阔。笔者觉得无论是从心态上还是从能力上看，他都在逐步成长为一名社区领袖，成为所谓的有公共意识的社区精英。

其次，收益的20%用于抵扣合作社的日常开支。

最后，50%的树苗销售收入将按一定比例给每位社员分红。主要的考核指标是"出勤率"，包括上山劳动的出勤率（占比为75%）和技术培训及集体联谊活动的参与度（占比为25%）。结合两项指标综合考察，按实际情况分红。用马兴书的话说就是"做事积极、参与度高的肯定要分得多一些。你要是加进来啥子事也不做，劳动不参加，山下组织的活动也不出席，那肯定不得行"。

专栏六 银杏种植合作社能让社员赚多少钱？

（一）刘刚均的账本

刘刚均向笔者粗略地算了一下账：本着"多劳多得"的原则，排除一些重大自然灾害，如地震、泥石流等的影响，预计成活30万株树苗。

收入：按目前最低市场价3元一株，30万株×3元/株＝90万元

扣除：

1. 地租：400元/亩/年×8亩×3年＝9600元

2. 种子：于青平、安县购买1875斤，总计30000多元

3. 其他支出：包括劳务补助、生产资料购买、交通费及项目行政支出等约20万元

盈利：66万元左右，其中50%用于分红，21户，每户约可获益15000元

（二）社员的账本

合作社成员之一，男，在矿山上打工。他表示，目前收益还不好说，具体要等到种起来后才清楚。自己参加合作社是因为反正有空地可以种，而且他相信在这个事情上"老百姓不得吃亏"。他自己也在种猕猴桃，对未来的收益很有信心。他打算先跟合作社学种植技术，等过一阵自己也想种点银杏树苗，感觉他有点像是来"偷师学艺"的。

另外一位成员，男，私营面包车主。自家也种有猕猴桃，去年卖了几十斤，收入还可以。他加入合作社的目的是"好耍"。

在笔者的提示下，他们开始算起账来。

"如果按这几年的市场来看，七、八元一株哦，价钱还是好。"

"但三年还是小树苗的嘛，也可以卖钱？"

"可以啊，就算3元一株嘛，我看这地可以种30万株。"

"这么多啊！"

"嗯，他们（指刘刚均、马兴书等负责人）说的，这样的话3元/株×

图12　两位合作社成员正在算账，摄于 2012.3.20

30 万株 = 90 万元，大家还是能分到好多钱哦！"

"对头，要是那样就好了，反正我觉得这个事情应该不会让老百姓吃亏的。"

刘刚均表示，组织合作社最主要的目的不是赚钱，而是要通过这个项目把大家聚在一起，团结起来做点事情。刘刚均说："这个（指银杏种植合作社）不是主业，只是一种辅助的生计补充项目，帮助参与家庭增加一些收入。等到合作社做成规模，做大做强以后，才可以真正称得上是生计项目。"当问及扩大规模后成员的选择方式时，刘刚均说："肯定要提高标准了，门槛不能像第一期成员这样低。首先，要有这个意愿，而且目的要纯正，不能只是为了赚钱，我们不能只考虑经济效益，还要注重社会效益；另外，要意识到我们合作社是一个集体，大家团结起来做事情，能保证参与度，而不是加入进来就等着分钱了，一起劳动不参加，组织集体活动也不积极，这就要不得了。"

提及政府对合作社的态度，刘刚均表示这个事情政府是支持的。他举了个例子：现在政府申请到一个大天池村土地整改的项目，整改范围有可能会涉及合作社租种的土地，但鉴于此项目迟迟未动工，而银杏播种又不能错过时节，因此，他们和政府商量，政府让他们先动工，并口头承诺整改项目尽量影响银杏种植。现在合作社已经正式注册成立，是合法规范的。刘刚均认为银杏种植合作社项目是一件三赢的事情："政府当然很乐意了，我们这是在帮它解决老百姓生计问题，是在帮忙的嘛，又不是添乱；等合作社做大做强了，对我们青红来说也是一个很大的激励，也是值得骄傲的资本，证明我们还是有这个实力的；当然，受益最大的肯定是老百姓，有钱赚哪能不好呢。"

（三）项目简评

第一，就该项目而言，目前的执行主体主要是扶贫基金会、青红社工服务中心和大天池村村民。目前，中国扶贫基金会正在进行从"操作型"基金会向"筹资型"基金会的战略转型，青红社工站长期扎根当地，在熟悉当地需求的优势基础上开展了一系列切实有效的生计帮扶项目，逐渐成为社会扶贫的主力军之一，在改善人民贫困现状方面发挥着越来越重要的作用。

同时，在社区扶贫中，当地居民作为项目的受益者和执行者，其自力更生的意识也在不断加强，一改过去被动接受帮扶的心态，更加主动积极地参与到项目实施中。

第二，参与式发展的工作手法效果较好。认真考虑当地需求，尊重受益人，为其开辟一个合适的自我发展空间，在发展生计的同时，团结社区，培育社区自组织，促进项目可持续发展。

第三，合作社采取进出自愿原则，没有硬性的规定来约束其成员流动。也就是说，村民根据实际情况可随时退出合作社，如此便意味着合作社可能会面临因人员流失较大而难以维系的潜在风险。

第四，目前地方政府在大天池村着力推广猕猴桃种植项目，绵竹青红银杏种植项目与之相似，二者均是立足于灾区居民的实际需求，关注生计，帮扶救助的项目。以种植经济作物为切入点，寻找并探索适宜本土发展的可持续的生计发展模式。在执行过程中，都免费为村民提供生产资料及相关技术指导，村民投入劳动力，全程参与作物的种植和管理；另外，两者之间又存在一些不同之处。首先，项目的受益范围不同。千亩猕猴桃基地由政府主导，财政支持力度较大，因此项目的覆盖面也相应比较广。大规模种植（1000亩）的好处就是受益群体范围广，在天池乡大天池村符合种植条件的农户都参与了该项目，可以说差不多是"全村总动员"。相比而言，青红社工服务中心开展的银杏种植合作社项目，因为经费有限，尚未形成规模，项目的辐射范围还比较小，因此，在服务对象的选择上多是熟人，选择的标准是贫困状况和人际关系的综合考虑。其次，项目的侧重点不同。政府主导的千亩猕猴桃基地项目，以为老百姓增收为主要目的，注重经济效益的体现。而青红银杏种植合作社项目因为项目规模小，受益群体少，目前对于成员的生计发展，只能起到一种微弱的补充作用。正是基于青红机构的社会公益性，合作社负责人更多的是考虑通过项目的实施来促进社区组织发育，丰富成员的社会资本，增强成员间的信任、合作与互惠关系。也正是因为规模小，才能比较容易地组织合作社成员参与集体活动，从而有利于合作社内部自组织能力的建设和发展。就这个角度看，作为"全民参与"的千亩猕猴桃基地显然不能将那么多户村民统一集中起来进行合作社组织能力建设。

三 结论与对策建议

（一）经验和教训

1. 多元扶贫主体，实现互利共赢

在大天池村，我们可以发现，政府、青红社工服务中心、扶贫基金会以及各科研单位等主体都参与了该村的生计扶持项目。各扶贫主体发挥自身优势，分工协作，将会有利于扶贫资源的分配，最终实现互利共赢。

第一，由政府来主导和负责扶贫行动，是中国解决农村贫困人口贫困问题的一大特点，政府组织系统在扶贫资源筹集、分配、管理和运作方面具有较大优势。政府作为社会公共利益最主要的代表者，能够凭借自身对社会公共事务管理资源的合法性垄断地位，对社会资源进行权威性的分配，以国家权力主体的身份组织公共物品和公共服务的生产和提供，履行对公共事务进行管理的职能，进而支配和影响社会公共利益的实现[1]。以大天池村为例，我们看到，地方政府凭借其资源优势，在全市大力推进"六个基地"建设的政策背景下，积极争取到了上级财政支持和相关部门的协助，投资近300万元，形成规模1000亩的猕猴桃种植基地，村内80%的村民都参与了该项目。基于较强的动员和组织社会资源的优势，政府有能力开展规模较大、受益范围较广的扶贫项目，可以为较多的贫困农户提供更多的有效资源，帮助他们摆脱贫困处境。

第二，青红社工服务中心作为扎根当地社区的NGO，其作用就是"让政府得到帮助，让灾民得到救助，让志愿者得到支援，让爱得到彰显"。由于这类NGO长期参与当地社区服务，了解社区居民的具体诉求，因此，在目标人群的定位上具备优势，均是以帮助某一类特定弱势群体为主，针对他们的实际需求开展各类项目，帮助其改善生活状态，提高社会关注度，增加社会资本。另外，NGO的工作还具有一定的弹性和灵活性，可以设计不同的项目，将资源放在政府无法兼顾的地方，以填补政府政策上的不足。例如，大天池村四组的部分村民因为土地地势较低，雨季容易被淹，不适宜猕

---

[1] 姚迈新：《对以政府为主导的扶贫行为的思考》，《行政论坛》2011年第1期。

猴桃种植，因此没能从政府主导的"千亩猕猴桃基地"项目中分一杯羹。青红社工服务中心就将这一部分村民①组织起来，开展银杏种植项目，并注册成立了"绵竹青红种植合作社"，务求做到合法规范。

第三，资金作为最基本的社会资源之一，是组织维系的源泉，只有拥有了充足的资金，NGO组织的各项活动才能顺利展开。中国扶贫基金会自1989年成立以来，一直以关注疾苦、传递关爱、促进和谐为己任，是当前内地扶贫领域规模最大的公益组织。2011年9月，基金会为青红银杏种植项目提供了资金支持，最大限度地保障了项目的顺利进行。

第四，NGO一般是某一专业领域中的机构或团体，具备一定的专业知识和相关工作经验，能够为受益群体提供有效的专业服务。来自各高校的教授以及相关科研机构的专家作为NGO的"智库"，为其开展的各项工作提供了专业的指导。在大天池村，无论是"千亩猕猴桃基地"，还是"银杏种植合作社"，在这两个项目的执行过程中，都有诸如林业部门、四川大学、四川农业大学以及中国青年政治学院等科研机构的相关专家在关注项目动态，发挥专业所长，帮助项目顺利开展。

2. 集体参与合作，降低农户风险

就青红银杏种植项目而言，该项目通过合作社的方式来种植银杏树苗，在一定程度上降低了个体种植的风险，对居民生计补充有一定帮助。同时也可通过该项目，使村民团结协作，互帮互助，从而增强社区凝聚力。

据了解，目前居住在汉旺新镇上的村民生计较为单一，主要依靠外出打工、个体经营等方式维生，经济压力非常大，难以适应城市生活。有部分年纪稍长的村民已经自发回到震前的大天池村居住。刘刚均首先提出了种植银杏的想法，这源于银杏种植收益可观，且部分村民有种植银杏树的经验。个体种植需投入较大的资金及时间成本，部分居民因为无法承担个体种植的压力而放弃加入合作社。现在将个体种植改为集体租种土地，统种统管的方式可以缓解农户在银杏种植方面的部分压力，如果项目收益可观的话，能对村民的生计补充起到一定的积极作用；另外，由于震后大天池村集中搬到汉旺新镇居住，新的居住格局和生活方式打破了原先和谐的邻里关系。小超市老

---

① 据了解，由21户村民组成的银杏种植合作社中仅有4户村民同时参与了政府的猕猴桃种植项目，其余均未参与。

板高女士直言："现在大家日子都不好过，关系都没得好好。"因此，该项目希望通过合作社的方式为大家搭建一个相互沟通、协同合作的平台，以期重建被地震解构了的乡里关系，增强社区凝聚力。

3. 培养社区领袖，促进 NGO 本土化

青红社工服务中心努力发展支持当地社区领袖，促进机构的本土化，这有利于项目的顺利开展，同时也在一定程度上减轻了机构的工作负担。

青红社工站 2009 年正式进驻地震灾区服务，与当地居民关系融洽，还培养出像刘刚均、马兴书等本土社工人才。他们作为社区领袖，在整个项目过程中起到了至关重要的作用。本土社工通过自己在社区内的人脉关系及影响力来宣传银杏合作社项目，再根据平时的了解和社区家访的具体情况，最终确定加入合作社的成员人选，从而保证了该项目的顺利开展。青红社工服务中心培养并充分赋权给社区领袖，让他们自己召集居民讨论制定出一套适合自身发展的生计模式。青红在其中主要扮演中间人的角色，对合作社的成立给予必要的专业指导和资源支持。一方面，本土社工人才更了解当地的实际情况，与当地居民的接触和认识也更为深入；另一方面，青红可以充分发挥自己的专业优势，对案主进行专业的社工服务，而不必在该项目中投入过多额外的时间和精力。从长远来说，这将促进合作社发挥互助合作机制、增强其独立处理问题及自我管理的能力，并最终推动银杏种植合作社的自我运行。

专栏七　青红社工服务中心的持续性

在与刘刚均的交谈中，笔者问了他这样一个问题："陈锋老师今年 7 月博士毕业后打算到四川的高校谋一份教职，而小周也表示自己 7 月份大学毕业后应该不会留在这里。那当驻汉旺机构仅有的两个工作人员离开机构的时候，这个青红社工站还如何维持呢？"刘刚均没等笔者说完，就急着打断了笔者的话，他表情有点不悦，笔者觉得他有点不安于笔者说这种类似散伙的话。"别人怎么想我不晓得，但我相信，我、老马（马兴书）和刘春燕肯定不会让青红垮了的！"

其实，早在 2010 年，陈锋就与几位比较积极的本土社工谈了这个问题，当时就已经在逐步建立一个退出机制。青红一直在培养像刘刚均、马兴书这样的本土社工，放手让他们自己组织开展小组活动，自己筹备策划项目，青红作为协助者为它们提供一些专业的建议和帮助。比如这次的银杏种植项目，青红的专业工作人员基本上只做一些基础的辅助工作，从项目计划讨论到实施都是刘、马牵头负责。

另一位本土社工刘春燕，曾是天池煤矿一号井女工主任，地震当天，她正准备开安全生产会议，突然就地动山摇了，当时那栋六层的办公楼瞬间就完全倒塌，刘春燕本能地扯出座椅下的海绵垫裹在头上，随后她被埋在了3米多深的废墟下面。在被困近92个小时后，救援队用生命探测仪发现了刘春燕的具体位置，花了整整24小时才把她救出来。自此，刘春燕右腿高位截肢，左腿功能受损，腰部脊椎断裂。2009年5月11日，胡锦涛总书记来到"德阳市残联香港红十字会康复及假肢中心"慰问大家。刘春燕作为康复残疾人的典范，胡总书记搀扶着她进行了步态练习，临别时，总书记握着她的手说："我送你8个字——自强不息，乐观向上。"刘春燕是由刘刚均介绍来青红的。一开始，刘春燕只是作为参与者积极投入到青红组织的小组联谊活动中，经过一段时间的接触，她对社工站的工作人员有了更深的了解，也逐步认同了青红的工作理念，体会到助人自助的乐趣。后来在陈锋老师的指导下，她加入了"第二期家庭生计互助小组"，开起了窗帘店，但由于市场重新规划后，其店面比较偏僻，且2011年底，新城入住基本完成，对窗帘等家居产品的需求不断下降，刘春燕现在把店面关了。现在，刘春燕筹备并建立了一个由5位妇女组成的串珠加工坊（成员中有2位是地震致残人员、2位是先天小儿麻痹患者、1位是地震遇难学生家属），刘春燕独立撰写一份简单的项目策划书，青红为其提供了场地（青红在集贤社区的办公室）和资金支持。"我想把我们青红的办公室利用起来，现在基本上都是空着，不用就浪费了。"可见，现在的刘春燕已经从一个活动参与者蜕变成活动组织者了，虽然只有5个人，但这种身份的转变对于刘春燕本人以及青红社工站的发展都是一件值得庆祝的事情。

笔者相信，有刘刚均、马兴书和刘春燕等本土社工的积极参与，加上青红社工站作为社工专业学生的实习基地这个平台会继续保留，会不断有学生社工和志愿者进入到青红，陈锋自己也表示："现在通讯那么发达，刘哥他们有什么事可以给我打电话，而且成都离汉旺又不远，我随时可以过来嘛。"

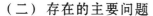

（二）存在的主要问题

1. 与政府的潜在矛盾

在中国，政府既是 NGO 的管理者，又是 NGO 所需资源的供给者，还是 NGO 的影响对象。[①] NGO 针对社会问题的组织目标往往会牵动政府的神经，追求公共目标的 NGO 进行活动时也无法避免与公共权威打交道或者受政府政策的影响。如果没有政策支持，NGO 是很难在当地社区立足，更别说开展服务了。

青红社工服务中心作为四川省绵竹市第一家正式注册的民办非企业单位，其合法性有保障。绵竹青红社工服务中心与民政局、残联、妇联都有合作关系，并且与当地政府关系较好，但二者没有具体的合作项目，政府一般是为青红提供一些政策上的支持，但没有资金支持。总体而言，青红在社区内所开展的多是属于"帮忙不添乱"的工作。

但是，另一方面，由于 NGO 追求的是社会公共目标，这就会与政府处于共同的活动领域，在这样的情况下，如果双方的协作出现问题，就很容易形成竞争关系。因此，有学者认为"政府对于非营利部门的发展持一种矛盾心态：一方面，政府意识到，应该发展非营利部门来共同承担对国民的福利责任；另一方面，政府又担心在发展过程中失去对非营利部门的控制。在政府发展非营利部门的资源需求和社会控制需求之间存在着持久的冲突"。[②]在青红组织开展的银杏种植项目中，我们就看到其与政府政策之间潜在的冲突关系。首先，地震后当地政府出于安全考虑，不让村民再回到大天池村居住，但因为山上还有生计项目，因此目前政府只有在洪水和大雪季节封山，禁止进入大天池村。因此，为期三年的银杏种植项目会不会与政府未来的政策出现冲突，还是一个未知数。其次，目前当地政府申请到一个大天池村土地整改的项目，整改范围有可能会涉及合作社租种的土地，但鉴于此项目迟迟未动工，而银杏播种又不能错过了时节，在与政府商量了以后，政府让青红先动工翻地，并口头承诺整改项目尽量不会影响银杏种植，这等于是在青红银杏种植合作社与当地政府间埋下了一定的隐患。最后，基于 NGO 与政

① 郭虹、庄明等编《NGO 参与汶川地震过渡安置研究》，北京大学出版社，2009，第 120 页。
② 田凯：《机会与约束：中国福利制度转型中非营利部门发展的条件分析》《社会学研究》2003 年第 2 期。

府工作思路的差异，NGO 对政府的工作难免存在一些意见，在与政府的合作过程中 NGO 也在努力保证自己机构的独立性。

2. 社区小群体风险

调研中，我们注意到刘刚均家超市门口被人刻了"黑店"两个字，可见目前社区内部的矛盾还是存在的。对刘这样的"地震名人"的过度关注必将引起周围人的不满，照目前的形势来看，这些矛盾还有不断扩大的趋势。

刘刚均坦言，由于这是银杏合作社的第一年，且启动资金有限。因此，在社员的选择上还是趋向于找自己相对熟悉和了解的人，并且，项目启动中，刘刚均等主要负责人把社员锁定在以大天池村四组村民为主。在实际调查中我们了解到，青红社工站在项目前期主要采取滚雪球的方式来寻找有意加入银杏种植合作社的村民：先通过刘刚均等项目主要负责人对外宣传拟成立银杏种植合作社的消息，再由村民口口相传。项目负责人在挑选合作社成员时，主要以其加入的积极性和家庭收入情况为依据。这意味着，其他那些不熟的人、不是大天池村四组或者不能及时知晓项目消息的贫困农户暂时还没有机会加入到合作社中来。如此，可能会在社区内埋下潜在的矛盾隐患。

3. 项目资金保障不足

虽然扶贫基金会对青红银杏种植项目给予了较大的资金支持，但由于合作社入股方式的改变带来了计划外的资金支出，采取集体租种的地租费用、集体劳动的人工补助以及雇用专人看护管理树苗等各项开支在原先向扶贫基金会提交的计划书中都没有预算到，这一部分资金是机构自己出，还是寻求新的经费支持，目前还没有一个确定的方案。并且，要维系为期三年的项目，需要稳定持续的资金保障，这对尚处于起步阶段的合作社而言，是一个不小的挑战。

4. 项目期长，未来收益待定

这是大部分生计项目都会遇到的难题，基于农作物的生长周期性规律，项目并不是能够在短期内见效的，而我国又是自然灾害多发的国家，农民随时面临着庄稼被毁的风险。辛辛苦苦种出来的猕猴桃或银杏树苗，很有可能因为一场自然灾害而受损，之前的艰辛劳作也付之东流。

另外，难以把握的市场风险也对诸如银杏种植等生计扶持项目带来一些隐患。就目前的市场价格来计算，银杏树苗种植确实可以帮补农户生计，但等三年过后，育出的树苗能以多少价格卖出多少株，能否达到收支平衡，这些都是未知数。

（三）结论和建议

第一，在倡导多元治理的大背景下，政府、市场和以 NGO 为代表的第三部门共同构成我国的社会管理体系。国家，承担着社会公共服务的主要责任，为服务的主要提供者、购买者和服务体系的维护者；市场，通过"看不见的手"调节公共服务的配置，能够提高公共服务的效率，降低公共服务的成本；以 NGO 为代表的第三部门，重在维护不同群体的利益，对公共服务进行有效的补充和监督，重在促进社会公正和民主。[①]

NGO 的活动领域主要集中于贫困救助、教育、环境保护、弱势群体保护、社会福利等方面，由于公共服务领域的不断扩大，多元治理的不断深入，NGO 在社会事务中所发挥的作用也越来越显著。因此，政府应当与 NGO 建立广泛的合作关系，在"党委领导、政府负责、社会协同、公众参与"的原则下开展扶贫工作，做到优势互补、合作共赢。同时结合市场前景分析，开展符合市场规律的生计扶持项目，为贫困农户提供更好的资源支持，帮助他们改善生活状态，早日脱贫致富。

第二，可以将 NGO 的工作经验推广到政府扶贫工作中去。传统的生计扶贫模式，注重资源的给予，以经济指标为衡量准绳。而青红社工站开展银杏种植项目在关注农户经济收益的同时，更注重村民的能力建设。通过该项目将村民组织起来，形成集体意识，培养自主管理能力。这一方面有利于农户身份从"受益者"到"执行者"转变；另一方面也强化了合作社成员的自主意识，深化"我为人人，人人为我"的合作理念，引导村民由原子化的自利经营观念向互助合作、共同受益的观念转变，最大限度地避免了"搭便车"行为。

最后，我们有理由相信，在政府与 NGO 的携手努力下，以参与式方法引导全体受益农户积极主动地投入项目进程，可以最大限度地保障各类根据实际情况而制定的扶贫惠农项目顺利开展，农户因此获益，生活得到改善，能力得到提升。

---

① 张强、陆奇斌、张欢等编《巨灾与 NGO——全球视野下的挑战与应对》，北京大学出版社，2009，第 2 页。

第六章

彭州市灾后社区
可持续发展
策略探索案例

一 项目背景

（一） 联合办时期

地震发生后的第一时间里，一群 NGO 的热心人士迅速作出反应，联合多家机构成立了一个 NGO 四川地区救灾联合办公室（以下简称"联合办"），倡议发起民间救援行动，致力于有针对性地为灾区提供救灾物资，联合办的迅速反应及其强大的民间动员能力使之得以在国家权力机关的大规模行动之前，针对灾区人民最为迫切的生存需求提供大量日常生活必需品，得到社会各界的密切关注与高度赞赏。

随着紧急救援向灾后重建逐步过渡，在各地政府和军队大规模救援行动的全面开展之下，灾区险情基本得到控制，交通和通信逐步恢复，大多数灾民的日常生活有了基本保障。

在这种情况下，联合办意识到自身使命的暂时终结，决定有计划地退出救灾。从成立到解散，联合办存在了不到三个星期，但在如此短的时间里却取得了显著的成效。

专栏一　联合办的成绩单①

1. 转运紧急救援物资价值 1000 万元左右，执行广东狮子会、中国民促会、自然之友等委托的救灾项目额度为 102.333 万元；

2. 为全国各地 NGO，如厦门绿十字、福建同人等机构提供救灾物资仓储中心，并协助转运物资，派出车辆约 150 次；

3. 为其他 NGO 及志愿者组织、个人开展救援服务提供协助 73 次；

4. 展开灾区基础信息及数据调查 12 次，遍及彭州、绵阳、都江堰、绵竹地区；

5. 印制了 29 万份《灾后防疫生活指南》在所有灾区和成都市各大医院、车站等人流集中区域散发，是灾后第一份防疫方面的资料。

（二）四家机构强强联合

联合办的解散并没有使那群热心的公益人士停下探索的脚步，他们基于各自不同的公益理念，在不同领域分开尝试他们所认为最有力的灾后重建方法。其中，秉持"只有扎根当地支持并参与社区灾后重建才能出成果"的四家机构便紧密联合起来，共同酝酿一个名为"新家园计划"的灾后综合社区重建项目。这四家机构分别是：中山大学人类学系公民与社会发展研究中心（ICS）、云南发展培训学院（YID）、成都根与芽环境文化交流中心（R&S）、麦田计划。

专栏二　四家机构名片

1. 中山大学人类学系公民与社会发展研究中心（ICS）：2003 年 8 月由香港中文大学与中山大学共同发起成立，原名华南民间组织研究中心，是隶属于中山大学人类学系的非营利性研究、实验与倡导机构。中心的宗旨是通过研究、实验与倡导，发展本土公民社会战略，支持民间组织发展，推动公民社会与政府和企业的沟通与合作，实现社会的和谐公正。

① 资料来源于朱健刚、王超、胡明编《责任·行动·合作——汶川地震中 NGO 参与个案研究》第六章《集合的力量——NGO 四川地区救灾联合办公室个案》，北京大学出版社，2009。

2. 云南发展培训学院（YID）：成立于 2001 年 7 月，是"互满爱，人与人"国际发展援助组织①在全球开办的 19 所机构的培训发展指导员到贫困地区从事发展援助实践的学院之一。目标是培养优秀的发展指导者和国际援助志愿者，参与广泛社会发展工作。

3. 成都根与芽环境文化交流中心（R&S）：2006 年 3 月，珍·古道尔研究会根与芽环境教育项目西南办公室在成都成立。自成立以来，已先后在四川及其周边地区的 50 余所学校建立了根与芽小组。目的是鼓励和培养青年人积极行动起来关心环境、关爱动物和关怀社区。

4. 麦田计划：成立于 2005 年 6 月，是一个致力于改善中国贫困山区孩子教育环境的民间助学组织，包括为贫困山区中小学生提供读书资助、兴建校舍、成立图书室等项目。至今，麦田计划在北京、上海、南京、广东、四川、山东、湖南、湖北、浙江、江苏、云南、福建、天津、河南、新疆、江西、广西等地区建立起麦田团队。

共同的项目理念像一股绳把这四家机构紧紧凝聚在一起，大家达成共识，即项目目标在于搭建一个民间组织参与灾后重建工作的平台，鼓励受灾地区人民重塑信心，共同建设美丽"新家园"。而接下来项目点的选定、项目的落实、资源筹措等具体问题便接踵而至。

四家机构中只有成都根与芽是本土机构，早在 2003 年成都办公室成立之前，根与芽就已经与龙门山镇中心学校合作，在彭州白水河自然保护区进行了为期 3 年的名为"我为家乡而自豪"的乡村环境教育项目，获得了镇政府和当地居民的普遍认同。再加上系极重灾区的彭州在地震后所获得的外界关注远远小于北川、都江堰、绵竹等地，这使得四家机构的负责人刑陌、朱健刚、罗丹、杜浩等人的目光紧紧锁定此地。最后在对几个项目点作实地考察和各方面综合考量后，他们决定把工作站建在彭州市龙门山镇的白水河社区。

---

① "互满爱，人与人"国际发展援助组织 1977 年成立于丹麦，现已发展成为由四大洲 34 个国家数千名志愿者组成的国际联合发展援助运动，在全世界有 28 个分支机构，开展着 220 多个具体发展援助项目，包括儿童教育、扶贫、农村发展、关爱城镇弱势群体、环保及防治艾滋病等，仅亚、非两大洲就有 500 多万人受益。

专栏三　龙门山镇白水河社区概貌

　　龙门山镇位于四川省彭州市北部山区，距彭州市区 40 公里。北接阿坝州汶川县，西连都江堰市，东邻德阳什邡市，南靠本市小鱼洞镇。面积 368 平方公里，辖宝山、国坪、团山、九峰、三沟 5 个行政村和 1 个白水河居民社区，总人口 13000 余人。龙门山镇境内矿藏丰富，有铜、镍、铁、磷等多种矿产资源，又由于地处龙门山脉的过渡地带，雨量充足，物产丰富，盛产名贵中药材和山珍植物。另外，龙门山镇景色宜人，风光奇异，山水秀丽。全境皆山，层峦叠嶂，磅礴巍峨，旅游资源异常充盈，被游人誉为"天然大空调"的避暑胜地银厂沟国家级风景旅游区就坐落于此。

　　然而，突如其来的汶川大地震，使全镇蒙受毁灭性打击。455 人遇难，915 人受伤，96% 的房屋损毁，7 座桥梁完全坍塌，26 家水电企业和 16 家加工型企业全部陷入瘫痪，直接经济损失达 49 亿元。[①] 更加不幸的是，著名旅游胜地银厂沟也毁于此次地震，使因旅游而富裕起来的龙门山镇人民的生活倍受打击。

　　龙门山镇白水河社区成立于 2002 年 12 月，是由原四川省蛇纹石矿、彭县铜矿、四川碳素制品厂、街村、矿贸公司等组合而成。辖 10 个居民小组，共 1547 户，常住居民 2584 人。龙门山镇政府就驻扎于此。

　　白水河曾经有彭州铜矿、蛇纹矿等大型国有企业，但均于 2002 年前后破产。除开一部分老街居民以外，该社区的大多数居民都是支援国家三线建设时期由全国各地迁入此地的矿上职工。企业破产后，多数青壮年居民依靠外出打工或者在本地做点小生意维持生计，部分老人依靠退休金保障基本生活。因年轻人的大量外流，社区常住人口中有 80% 以上都是老人、家庭妇女和儿童，其中老人占到 60% 以上，老龄化异常严重。

　　因为处于龙门山断裂带中部，白水河社区在本次地震中几乎被夷为平地。90% 以上的房屋完全损毁，本地几乎所有的企业被迫停顿，50% 以上居民举家搬离社区，之后再未返还。剩下的 400 多户居民从栖身帐篷到搬进板房安置点，几经周折，缺乏干净水源、电力中断等一直是白水河居民共同面临的现实难题，再加上老人丧失精神支柱、居民日常生活极度空虚，这都是

---

　　①　四川省人民政府网站，http://www.sc.gov.cn/10462/10464/10756/2011/5/9/10160588.shtml。

白水河在灾后重建过程中不得不面对的几个重要议题，白水河的严重灾情迫切需要外界援助。

选定白水河为项目点后，新家园计划被定位为涉及社区发展、社区治理、社区文化建设、行动研究等多方面的综合社区服务项目。四家机构本着互相尊重与密切合作的基本原则，主动承担机构自身所擅长的工作：根与芽一直与当地有项目合作，同镇上领导和当地居民维持着较为良好的互动关系，在当地具有较高的知名度和坚实的群众基础，因此义不容辞地承担起了跟政府和学校沟通的责任；再加上作为四家机构中唯一的本土机构，办公点距白水河最近，因此财务和行政事务也自然落到他们头上。YID 本身是一个国际志愿者的培训学校，其发展工作的手法和理念在整个 NGO 行业中都比较超前，其院长刑陌更是有着多年志愿者管理和培训的经验，由他担任新家园计划总执行人，负责全面协调，此后新家园计划的整体方向和工作手法，都建立在 YID 的一整套理论之上。ICS 主要擅长行动研究和项目管理，具有较为宽泛的 NGO 合作网络和人脉资源，他们主要负责对外筹资和开展行动研究，事实上，ICS 为新家园计划提供了资金、信息等多方面的贡献，其中心主任朱健刚[①]更是项目持续至今的关键人物。麦田计划是一个志愿者组织，在动员志愿者和募集物资等方面发挥着重要作用。

在四家机构的鼎力合作之下，2008 年到 2010 年间，"新家园计划"项目团队先后在白水河社区建设了 1 座具备文教、养老和社区照顾等多功能的社区活动中心和 1 处规模较小的社区活动中心，并实现了居民对活动中心的自我管理；创建了 1 支社区艺术团；多次举办社区生计、健康、科技等培训，参加者累计达到 200 多人；培训外部志愿者 20 多名，培育社区志愿者 30 多名；并推动了居民议事制度的建立等。在社区实验过程中，逐渐发展了一套可以操作的"多元合作的社区重建"策略，并初见成效。

然而，在新家园计划取得巨大成就的同时，四家机构负责人也发现了诸多威胁合作的潜在因素：一是机构的不同特长与特定项目方向之间的不和

---

① 朱健刚，中山大学社会学与人类学学院教授，公民与社会发展研究中心主任。香港中文大学哲学博士，兼任香港中文大学公民社会研究中心研究员。研究领域为社区发展与 NGO 集体行动。

图1　白水河板房区时的活动中心（照片由机构提供）

谐。四家机构中有志愿者组织、环保组织、研究机构和培训学校，它们有着非常不同的机构特色和发展重点，而这些各异的特色和重点并不都和社区重建与发展并驾齐驱，导致机构自身发展与项目深化有些格格不入。二是四家机构负责人都是能够独当一面的高级人才，在执行层里习惯于作决策，致使在合作中难免会出现责权分担的不均衡，进而使管理权限、项目方向、服务理念及手法出现越来越大的分歧。三是由外来机构长期作为项目执行者的不可持续性，为了使项目深深扎根于当地，并持续不断地发挥作用，四家机构的高层最终达成统一共识，即重新成立一个本土机构来具体负责新家园计划的日常运行，这个新成立的本土机构便是后来的彭州市中大绿根社会工作发展中心（以下简称"绿根"）。

（三）绿根的成长

2010年2月，绿根成立，并于6月正式拿到牌照，以民办非企业单位注册于四川省彭州市民政局，主管单位为彭州市农村发展局，业务范围是社工培训与督导、行动研究、社区社会工作与农村扶贫。

绿根的发展历程并不是一帆风顺。机构成立之初，以ICS的朱健刚为理事长、其他三家机构负责人为理事组建起的理事会包揽绿根一切事务，绿根的财务也紧紧挂靠根与芽，可以说，刚出生的绿根还不能算是一个独立的NGO机构。几次理事会下来，理事们发现之前的问题仍然没有得到解决，彼此的合作依然不是很顺畅。因此，在最后一次理事会上作出以下决定：撤

图 2　绿根机构证书及工作站牌（摄于 2012. 3. 29）

出原有理事会所有理事，原有理事以机构顾问的身份保留下来；为响应本地化的号召，联系并选定西南财经大学社会工作专业黄玉浓①为理事长，理事在当地居民中间选取；绿根在财务上独立。至此，绿根才迈出了走向成熟的第一步。

如今，机构的组织框架如下：机构的最高权力机关是理事长，已确定为西南财经大学黄玉浓副教授；理事长下面是由当地居民组成的理事会，理事会成员由机构办公室在当地发起，以自愿为准入原则，目前暂未确定下来，但拟发展政府主任、学校老师、居委会、村委会及村民代表各 1 人；理事会下面便是执行机构，目前有王潇、王杨、赵建梅和孙萌萌 4 位全职员工②。绿根之前的执行主任胡明现已前往美国深造，因此执行主任一职空缺，由理事长暂代。几位全职员工共同负责项目的日常推进，并定期向理事长汇报。他们分工明确且各有侧重：王潇负责项目统筹，赵建梅兼任出纳，王杨监管行政事务，而财务由外聘的兼职会计师负责。

专栏四　机构法人王杨

王杨，男，26 岁，三沟村当地村民。家中有一农家乐，地震前收入可观，但震后房屋损毁，游客减少，生意受到很大的打击。王杨自高中毕业后便前往成都打工，在打工时认识一彭州同乡，并于 2010 年结为夫妻。婚后的王杨觉得肩上责任重大，是时候安定下来了，便与新婚妻子双双回到老家，靠拉点家乡特产外出兜售，基本能维持生计。

---

① 黄玉浓，西南财经大学社会工作发展研究中心副教授，本科就读于厦门大学社会工作专业，于新加坡国立大学获得社会工作专业硕士学位，于香港中文大学获得社会工作专业博士学位。研究方向为社会老年学、社会工作理论、志愿服务、应急管理、研究方法等。
② 其中，孙萌萌为 2012 年 6 月 10 日新上任的全职社工。

　　2011 年，ICS 的朱健刚带队前往三沟村考察，恰巧落脚于王杨家的农家乐。在闲谈中，朱老师觉得王杨的一些想法和规划与项目推行本土化的理念不谋而合，因此极力邀请王杨加入机构。"他告诉我说在项目中能实现我的一些梦想，于是我就加入了，从志愿者开始做起。"从此王杨的命运就发生了翻天覆地的变化，他开始慢慢接触项目，学着如何做管理、做设计，还经常跟随绿根工作人员外出参加各种培训，提高个人能力的同时，也开阔了眼界，增长了见闻。在 2011 年 10 月，王杨正式成为绿根的法人代表。"朱老师一直有这个想法，他不想项目做完就断掉了，他一直极力推行本土化，发展本地力量。因为外来人做完项目也许就走了，这是不可避免的。但本地人再怎么走也走不掉，根在这里"，王杨说。

　　2012 年 1 月，王杨断掉其他一切工作，全职做中大绿根的工作人员，现在他还兼管行政事务，开始学着做文件等日常行政工作，他认为项目对自己最大的改变在于懂得如何争取自身权利、明白应该怎么建设自己的家乡。他还表示自己以后会一直做这一行："就算以后由于生活压力，需要改变目前的生活方式，我也会一直做这个的。哪怕是不能做全职的，兼职我也会做。因为这个对人的改变太大了。我以前不知道助人自助，现在明白了不仅是要把一个摔倒的人扶起来，而是要指导他让他明白自己该往那个方向走。"

　　从四家机构脱胎出来，绿根面临的首要问题便是如何活下来。在新家园计划前期扎实的工作基础上，当时机构的工作人员连同实习生针对白水河灾后重建情况和社区需求等方面进行了一次大规模调研，生成较为翔实的调研报告和项目申请书，并投向几个历来较为熟悉的基金会，希望争取到项目资金以维持机构的基本运作。但不幸的是，这几个基金会要么已经结束了灾后重建方面的项目，要么整体工作方向发生了较大转移，申请书投出去便再无音讯了。山穷水尽之时，正逢中国扶贫基金会招标，绿根抱着尝试的心态，向中国扶贫基金会提出申请。而这次没有让绿根失望，中国扶贫基金会决定资助 171392 万元支持彭州灾后社区发展。

　　新项目主要有两个具体目标：一是针对白水河社区于 2011 年 7 月开始的由板房入新居的整体搬迁这一现实情况，延续新家园计划的功能和成果，完成由过渡安置小区向永久安置小区的工作转型，继续回应"小区化"之后的居民需求。二是选定龙门山镇三沟村为项目复制点，以回应村民的新型需求为行动导向，初步将多元合作的社区治理模式扩展应用于农村社区，探索其可复制性及局限。绿根希望，通过扶贫项目的锤炼，能够促进机构成长，提升团队能力建设。

二　项目内容

绿根申请下来的扶贫项目在整体上延续了新家园计划的工作理念及实施手法，在政府、其他兄弟 NGO 机构、当地群众等多元主体的相互配合之下，依靠绿根工作人员的前线运作，以助人自助的核心理念为指导，针对社区内自生需求深化项目，促进社区可持续发展。

（一）项目持续——白水河社区

扶贫项目在白水河开展的活动主要以延续新家园计划为主，促使绿根得以在白水河居民搬入永久安置小区之后较顺利地融入新社区。

1. 延续社区活动中心

为了获取合法性的保障，绿根与龙门山镇政府于 2011 年 7 月 25 日在已有合作协议的基础上签订了一份继续合作协议，以书面形式确认了合作的内容和方式，即准许绿根在龙门山镇开展社区综合援助与服务项目，镇政府将给予积极配合。在此基础上，镇政府同意提供白水河小区内的一套工作房作为绿根的办公室及活动中心。但由于政府资金的不到位，工作房的装修一再搁置，绿根的进驻至今依旧遥遥无期。

位于板房区时的旧办公室难逃拆除的命运，而搬入新办公室的时间又一再被拖延。迫于无奈之下，绿根只得在白水河老街上租赁一套民用房用作过渡，并于 2011 年 11 月末由板房区搬迁至此。这套民用房不仅是绿根的办公室，也是机构两名工作人员赵建梅和孙萌萌的寝室，还暂时代替活动中心的部分功能：其中的两间房用作活动室，平常经常会有一些老人前往打牌、下棋；另一间电脑室有电脑数台，闲置数月后于 2012 年 5 月在绿根举办的电脑培训中才派上用场。因此，相较于拥有净水房、图书馆、会议室、绿色网吧、公共浴室、老人活动中心和青年客栈等多个功能室的旧活动中心，过渡房的活动中心无论是在配套还是功能上都不能与之相提并论。在现实诸多因素的制约之下，搬入此地后，以前每月两次的放电影活动暂时取消，部分活动因缺乏场地也还没有提上日程。

图 3　白水河活动中心对比

注：左图为板房区活动中心，摄于 2011 年 11 月 21 日，现已拆除；右为绿根暂时租赁的办公室兼活动中心，摄于 2012 年 6 月 11 日。

2. 维护和发展白水河艺术团

白水河艺术团是新家园计划的突出作品之一，自 2009 年 4 月正式成立以来，规模日渐壮大，管理步入正轨。其团长是大家推举出来的一位较有号召力的当地居民吴开建。艺术团的活动从成立至今未曾断过，平日里吴阿姨组织艺术团在大桥旁边的花园或是镇上文化站二楼的活动室跳舞，参加者除了团里的二三十位妇女之外，还吸引了很多当地居民和外来游客，他们纷纷加入，场面甚是壮观。团长吴阿姨更是受邀前往九峰村教授当地中老年舞蹈，并帮助他们成立了自己的艺术团。在镇上的一些重大节日上，吴阿姨带领的白水河艺术团积极献艺，使当地居民大饱眼福。此外，他们还踊跃外出参加彭州市各类表演，均获得积极反响。白水河艺术团已经成为一个具有独立运作能力的团体，这在使绿根工作人员深感慰藉的同时，也肯定了新家园计划及绿根所付出过的努力。

专栏五　艺术团明星人物吴开建

吴开建是土生土长的白水河社区居民，绿根的工作人员都热情地称她"吴阿姨"。吴阿姨有一儿一女，都在彭州市区工作，通常只有她一人留守白水河家中。退休在家的她靠每月 1300 元的退休金维持日常开销，认为现在的生活较地震前好得多。

从 2009 年 4 月 20 日被推选成为腰鼓队队长开始，吴阿姨便一直是新家园计划的积极参与者。"我之前不知道他们志愿者是来做什么的，不知怎么就被他们莫名其妙选为队长"，吴阿姨笑着说。"后来才知道他们是想要找一个既热心又喜欢舞蹈的人出来，我就被推荐出来了。从那过后，我就一直参加他们的活动。"从组织日常跳舞到外出表演，从受邀培训九峰村村民到后来开始的三沟村活动，吴阿姨都一直作为核心力量维持着白水河艺术团的良性运作，带动当地艺术团的自组织与自运行。她就是新家园计划挖掘并培养起来的社区能人，是项目成功的一大关键人物。她自己也说："一个队伍没有一个管得住的人是走不下去的。白水河艺术团 5 个人有 5 条心，要是没有我，这个艺术团早就散了。"

3. 物业管理培训

针对作为大型居民生活共同体的白水河社区缺乏物业管理经验的特殊事实，绿根策划并组织了一次以外出参观学习为主题的物业管理培训，意在提高社区物业管理委员会工作人员在物管工作方面的技能与管理水平。经过多方周旋，绿根与成都利丰物业有限公司①取得联系，并于 5 月初组织了包括白水河居委会、物业管理委员会在内的 7 位社区工作人员前往成都利丰物业有限公司旗下的尚瑞天韵项目参观学习。

此次参访围绕着维护、修缮和整治房屋建筑及其设备，市政公用设施、交通、治安和环境容貌等管理项目展开，通过召开座谈会和参观具体项目实际工作情况，参访团对他人的优良经验深有体会，并就实际管理中遇见的困难与利丰物业管理层做了深入交流。为了最优化参访效果，利丰物业随后派出相关管理人员进入龙门山镇实地考察，并就物业管理中的设备维修、卫生保持等具体内容给出了合理化的建议。

4. 电脑培训

电脑培训在板房区时就曾举办过，并取得了相当不错的成效。考虑到社区内仍有相关技能培训的需求，绿根早早地就联系好成都一家培训机构赴白

---

① 成都利丰物业有限公司成立于 1995 年 9 月，是专业从事写字楼、政府机关办公楼、高层住宅、多层住宅等业态的物业服务。公司现为中国物业管理协会理事单位、成都市物管协会副会长单位，是具有国家物业管理一级资质的专业化物业服务企业。

水河进行免费的电脑培训。岂料宣传海报贴出去后反响平平，前来报名的只有寥寥十数人，不达对方 30 人以上参训者的硬性规定，遭到对方的拒绝，只好就此作罢。无奈之下，绿根又联系上当地九年制学校里的一位计算机老师担任培训讲师，这才保证了培训的顺利开展。

培训从 2012 年 5 月 14 日持续至 6 月 8 日，以教授打字、软件应用、浏览网页和聊天交友等基础操作为主要培训内容。前来参加培训的大多是社区内赋闲在家的退休居民，最大的有 64 岁，最小的也有 30 岁左右的。培训适应了社区居民的多元化需求，年长的居民以上网娱乐消遣为主，稍年轻的居民主要希望通过培训掌握表格记账、查询信息等实用工具。6 月 8 日是绿根一早确定好的考核日，考核通过并成绩合格的 11 位居民得到了由绿根发放的结业证书。至此，电脑培训圆满结束。

5. 学校根与芽小组活动

绿根同龙门山镇中心小学的根与芽小组共同举办了名为"新家园新生活"的调研活动，此次调研由自愿报名后经严格筛选产生的 12 名小学生志愿者在 6 位学校老师的指导下完成，绿根主要提供资金和技术方面的支持。小小志愿者们返回自己所在社区或农村考察地震发生四年后家乡的变化，记录灾民们真实的生活面貌，以期与 2009 年同样由小学生志愿者完成的"影像记录家乡"作一个对比，并形成由小学生志愿者们自己撰写的调研报告。

由于白水河社区整体搬迁时间跨度较长，机构的活动中心也迟迟未能落实，导致白水河的项目开展受到很大程度的延误，绿根不得不在后期加紧项目进度以保证扶贫项目的按时完成，这对绿根无疑是一个不大不小的挑战。

（二）项目复制点——三沟村

三沟村与白水河社区同属彭州市龙门山镇管辖，全村有 510 户，约 1600人。三沟村系"5.12"地震严重受灾村，几乎所有民房都在地震中受损。

如果说地震仅使白水河社区的居住方式和环境发生改变，那么对三沟村的打击就要严重得多。首先是整个经济增长模式的颠覆。在地震前，三沟村依靠旅游的带动，经济收入颇为乐观，村民通过农家乐发家致富，有好些甚至还荒废了农田。而灾难过后，先不说游客的大幅度减少，地震对房屋造成的损坏已经是对当地农家乐发展前景的致命打击了。

在没有其他经济来源的情况下，许多村民只得重回传统农业中谋生路，靠种植川芎、黄连等药材维持生计，部分青壮年劳动力背井离乡，外出务工，生活水平一落千丈。其次是生活方式的剧烈转变。在地震前，跟其他行政村一样，三沟村分为 16 个小队散居在这片广袤的土地上。

而地震过后，除开一部分原址重建和维修加固的村民以外，85% 以上的村民都搬进政府统规统建的单元式住宅小区内，新的居住方式与传统的农业生产方式之间产生了极大的不协调：村民的居住地与生产资料距离较远，往来不便；人均 35 平方米的楼房使很多农用机具没法存放；小区式的新型生活方式使物业管理、垃圾分类、卫生管理等一系列问题凸显。

最后是基础设施的不完善。新小区刚建成不久，基础设施的配套还不能完全满足当地村民需求。比如因地震造成的一处重要交通要道中断，使一部分村民的交通极不便利，又如小区缺乏公共活动场所，许多老年人只得自带小板凳扎堆于部分小卖部门前，消磨时光。

考虑到汶川地震完全改变了三沟村的整体经济社会生活布局，并使社区的恢复和发展面临极大挑战，绿根决定进驻三沟村，希望通过复制在白水河沉淀下的较为丰富的社区发展经验，陪伴三沟村走出困境，促进社区可持续发展。

1. 进驻三沟村

对于绿根的进驻，三沟村村委会表现出较为积极的欢迎态度，先后提供三套住宅房以供绿根使用：其中一套作为绿根驻三沟村的办公室，另两套为员工宿舍。同时还免费提供照明及音响设备支持项目活动的开展，村上书记、主任也都积极参与到绿根所组织的项目中来，给了绿根极大的鼓励及心理慰藉。在各方面条件都较为成熟的情况下，绿根于 2012 年 3 月在三沟村新开了一个工作站，王杨和王潇两名工作人员长期驻守，共同推进项目的开展。

专栏六　项目统筹官员王潇

王潇，女，30 岁，学工商管理出身。她告诉我们她从大四就立志做志愿者，但她那会儿还不知道什么是 NGO。刚毕业就以社会青年的身份报名参加团中央的西部计划，分配支教，在支教那一年她明白了什么是 NGO，知道原来做志愿者也是一个行业。从大学毕业至今，除了 1 年半在基金会工作外，王潇其余工作时间都在农村社区做项目。

2009 年 12 月底，在朋友的邀请之下，王潇来到彭州市通济镇的新家园计划项目点，这是由北京地球村环境教育中心①实施的一个农村发展项目。她当时的任务是在彭州申请一个新的项目点，地点已被定为龙门山镇九峰村，因此作为项目官员的她便被派到九峰村做调研。在九峰村做项目期间，她与当时项目管理小组内的一位当地村民坠入爱河，很快就结为夫妻。因为当时的王潇管理着项目资金，出于避嫌的考虑，她决定跳槽。同样是通过朋友的介绍，2010 年 6 月底，她选择来到最近的一个项目点，即白水河社区的新家园计划，一做就做到现在。

在大量的实践中，王潇积累了非常丰富的经验。她的个人体悟是社会工作就是从复杂到简单的过程。她刚开始接触社工时，觉得这个行业非常复杂，因为社工细分为很多不同领域，包括社会性别、农村生计、环境保护、公共卫生、儿童成长、弱势群体等，每个领域都有不同的工作手法和工作对象。但后来她认为万变不离其宗，所有的社会问题都是人的问题，理论依据都是参与式方法。她表示虽然自己没有接受过社会学或是社会工作的专业学习，但是在工作中接受过一整套参与式工作的专业训练，不断接受培训，不断在实际工作中锻炼。并且干一行爱一行，她表示还是会一直从事这个行业。

对于三沟村的广大村民而言，绿根及志愿者活动是一个较陌生的新事物，为了顺利融入三沟村，绿根首先从一些具体活动入手，每月两到三次的电影放映打响头炮，使村民对绿根及扶贫项目有一个初步了解。在后来以国庆节、元旦、妇女节等传统节日为主题的活动上，通过猜谜、游戏和看电影等节目设置，在提升村民参与度的同时，也提高了绿根及项目在三沟村的知名度。

2. 基础设施建设

绿根在对三沟村进行摸底调研的基础上，帮助当地村民完成了两个基础建设项目的修建：一是索桥，一是廊亭。

---

① 北京地球村环境教育中心（简称北京地球村）成立于 1996 年，是一个以实践与传播生态文明为宗旨的民间组织。北京地球村倡行绿色生活，通过建立绿色社区，让环保走进生活；培育生态乡村，推进生态文明乡村综合建设、带动城市绿色生活的城乡共生模式；推动绿色传媒，为媒体提供环保培训及服务并制作环境影视。

　　索桥是三沟村 14 队与外界沟通的交通要道，因年久失修，木板早已腐蚀，存在较大的安全隐患。绿根在与村委会商议后达成协议，由绿根出资金、14 队村民出劳动力，共同致力于索桥的修复。14 队村民自发成立了一个由小队长徐明旭牵头的项目管理小组，组内有技术员、财务人员、采购人员等，是一个相对完善和成熟的队伍。

　　在一个多月的索桥修复中，绿根充分赋权项目管理小组，由他们自己负责管理、协商、采购、财务及修建等具体工作，最后由绿根统一进行验收和账目报销。修复索桥共用去 39502.5 元，其中由中国扶贫基金会项目资金资助 36000 元整，14 队常住村民自筹资金 3502.5 元。

　　作为交通枢纽的索桥通过修复极大地方便了 14 队村民与外界的沟通联络，消除了可能存在的安全隐患，绿根首先在 14 队站稳阵脚。

图 4　索桥修复前后对比

　　注：左图由绿根提供，是索桥修复前的样子；右图为一老农行走在修复过的索桥上，摄于 2011 年 11 月 21 日。

修建廊亭最初并不在项目申请书所包含的范围之内，是绿根在充分了解三沟村实际情况，明白村民迫切需要一个可以喝茶聊天、打长牌的公共活动场地之后作出的项目调整。绿根决定用修复索桥余下的项目资金在三沟村统建小区内修建一个占地40平方米的全木质结构的亭子。廊亭的受益人群是整个三沟村，因此绿根同村上签署合作协议，双方各出一部分资金，由村上具体负责廊亭的施工管理，包括原料采购、组织施工、工程进度监督等环节；绿根负责前期收集社区中老年居民对该活动场地的功能设计建议以及工程质量验收。经过一个月的修建，廊亭于2012年1月中旬诞生，并很快成为三沟村最具人气的地方，受到村民们的一致肯定。廊亭修建用去18650元，其中绿根出资13650元，三沟村村支两委配套5000元。

图5　廊亭修建前后

注：左图为廊亭修建前的空地，摄于2011年11月21日；右图为修建完毕的廊亭，摄于2012年3月28日。

3. 组建艺术团

鉴于白水河艺术团所取得的显著成效，绿根也在琢磨复制成功经验，思量着以互助的形式，用白水河艺术团带动三沟村村民进行舞蹈培训，最终成立三沟村艺术团，充实村民们空虚的日常生活。在白水河艺术团吴阿姨的大力支持之下，三沟村每晚六点半到八点半的舞蹈培训热火朝天地举办起来。吴阿姨担任培训老师，在绿根工作人员的陪同下，乐此不疲地奔波在白水河与三沟村之间。而三沟村的村民也相当配合，风雨无阻，积极性异常高涨。

舞蹈培训从2012年3月起持续了一个月，此后三沟村的坝坝舞便没有间断过，每天傍晚六点钟广场上就慢慢聚集起前来跳舞的妇女。据绿根工作人员介绍，现在虽然没有老师过来培训，但三沟村爱好跳舞的妇女们已经会在电视上学习一些新舞蹈，并开始自己当老师，教给更多的舞蹈爱好者。这也是绿根的本初目的，他们希望能在三沟村发掘出吴阿姨一样的人物，能够独立承担起运作艺术团的重任，复制白水河艺术图曾创下过的辉煌。在2012年4月30日，龙门山镇政府为庆祝五一举办的活动中，三沟村舞蹈队荣获组织奖三等奖，这大大鼓励了三沟村的舞蹈爱好者们，也是施加给萌芽中的三沟村艺术团一个最大助力。

图 6   正在跳舞的三沟村妇女 （摄于 2012. 6. 11）

4. 猕猴桃培训

为了促进三沟村的生计发展，2012年3月30日，绿根三位工作人员王潇、赵建梅和王杨带领着数十位三沟村村民前往四川省自然资源研究所在什邡的一个下属猕猴桃研究基地进行生计培训。这个基地是一个猕猴桃基因库，同时也是一个苗木公司，本身做新品种开发和研究，提供技术上支持的同时，也与市场对接，保证产品的销路，在整个四川地区都颇为有名。在绿根的统筹安排下，赵村长亲自带队，各小队的队长作为村民代表前往参观学习。并在回来后由小队长在各小队召开分享总结会，为更多三沟村村民提供信息援助和软件支持。王潇表示，绿根的培训主要是提供软件上的支持，财力和能力都无法同村民进行生计开发上的合作，只能是提供信息和资源，为感兴趣的村民牵线搭桥。

5. 物业管理培训

居住方式改变是汶川地震后龙门山镇的普遍状况，从散居到集中聚居带来了物业管理、垃圾分类等一系列新事物。尽管各个社区或村庄在地震后都组建起了物业管理委员会，但物管工作人员缺乏相应管理经验使这个组织形同虚设。为了改善这种状况，2012 年 4 月 5 日，绿根在全龙门山镇范围内组织了一次针对社区（村）工作人员的物业管理培训。培训以外出考察参观为主题，地点确定为什邡鹿鸣湖畔。对于三沟村而言，鹿鸣湖畔这样的城乡结合部社区的物业管理经验具有极大的借鉴意义。

5 月初，成都利丰物业有限公司相关管理人员在走访白水河社区的同时，也来到三沟村，对三沟村的物业管理给出了中肯的意见和建议。此外，绿根工作人员王潇还给每个物管人员配备了相关书籍，以期加强物管人员的理论储备。

6. 农家乐培训

为使农家乐培训更贴合三沟村实际需求，绿根于 2012 年初便已完成三沟村农家乐的摸底调研，包括农家乐发展阶段、灾后重建情况、当下需求等等，并于 5 月 18 日至 6 月 5 日期间的工作日进行了以三沟村和九峰村为主的农家乐经营管理培训。彭州一专业职业培训学校提供培训，培训地点定在九峰村内一大型会所，方便学员进行实地考察和实战演练。此次培训共有 40 多人报名参加，以酒店管理、整理床铺、摆放餐具等为主要培训内容。同样的，在 6 月 5 日下午，绿根组织了结业考试，并为成绩合格者颁发了结业证书。

7. 电脑培训

为使三沟村村民较为便利地接受电脑培训，绿根再次与彭州职业培训学校取得联系，由他们派出讲师前往三沟村进行培训，培训在绿根驻三沟村办公室举行。三沟村的电脑培训以短期速成为主要特色，培训始于 2012 年 5 月 28 日，并在 6 月 5 日考核后结束，其中有 8 人获得了由绿根颁发的结业证书。

绿根接下来的工作安排也非常紧凑，预计和即将到来的三、四名暑期实习生一起在白水河和三沟村策划一次大型棋牌活动，同时，蜀绣培训、学生夏令营等活动也即将拉开帷幕。另外，绿根也在积极为筹备申请新项目做准备。

三　结论与讨论

（一）经验和教训

从联合办到四家机构的合作尝试，到最终孕育本土机构绿根，都是中国草根组织在灾后重建领域的逐步探索。作为被地震震出来的草根 NGO 之一，绿根的成长一直备受关注。它不仅响应着一个特殊时期的号召，更为立志于从事灾后社区重建的广大社会组织树立典范。在绿根的成长过程中，我们至少可以总结出以下经验。

1. 多元合作的社区治理模式

分析绿根一路走来的足迹不难发现，它的每一步前进虽然艰辛，但却相对顺利，这离不开两个层面的因素，一是与当地自生力量保持着良好的互助关系；二是强大支撑网络的相互配合。

绿根充分尊重当地政府，并同项目所在区镇政府及村支两委保持着积极的互动关系。有了政府的支持，绿根就获得了合法的通行证，使项目的顺利开展得到保障。另外，绿根还相当重视发动社区居民参与项目，使受益群众尤其是白水河居民对绿根工作人员充满感激，还亲切地唤他们为"娘家人"，可见绿根已然深深地扎根于白水河，得到当地居民的热情欢迎和积极响应。

而绿根并没有独自战斗，它的后备亲友团庞大而给力。追溯绿根的历史便知道，它是由四家机构所发起的"新家园计划"演变而来，而今四家机构的负责人也都作为绿根的顾问保留下来，时刻发挥着信息平台、资源统筹、理论支撑、技术支持的作用，为绿根提供了多方面的帮助和支持。绿根在发展一度低迷时，通过四家机构的关系，先后获得除中国扶贫基金会以外三个基金会①的资金援助，其中千禾社区公益基金会和近邻社工组织还专门提供行政资金，帮助绿根渡过难关，把它们从生死存亡的边缘拉回来。

多元合作的社区治理模式同时避免了"由政府主导"和"由社区主导"两种社区治理的局限和片面，尝试着通过整合政府、社会组织、受益群体的力量和资源，创建社区公共空间，培训社区志愿者，鼓励社区成员成为社区发展的决策参与者、监督者和执行者，增强社区培力，最终促进社区的可持续发展。

---

① 此三个基金会分别是乐施会、千禾社区公益基金会和北京朝阳区近邻社会服务中心。乐施会于 2011～2012 年度给绿根提供 21 万元项目资金定向支持行动研究；千禾基金会专门支持草根 NGO 发展，于 2011 年 6 月至 2012 年 5 月提供 14.2 万元过桥基金，即在前一个项目结项到后一个项目开始之间，为草根 NGO 争取生存时间；近邻社会服务中心本身也是一个执行机构，从德国米索尔基金会申请到一笔资金，并拿出其中的 36000 元，专门资助绿根行政开支。

2. 以社区需求为项目导向

绿根的项目设计以社区需求为风向标，机构的初步定位就是以有限的资源回应无限的需求，工作人员王潇认为，只要有社区公共需求就有公益组织存在的必要，而灾后重建后的新社区必定是不断有新需求出现的，这便是绿根工作的着力点所在。

扶贫项目的设计虽以当时项目点的具体情况为基础，但处于灾后重建过程中的白水河及三沟村经历了由帐篷到板房再到永久安置小区的一再变更，新问题、新需求不断涌现，难免使项目设计与实际情况有所出入。绿根工作人员极力平衡两者之间的误差，积极调整项目设计以适应实际需求，如针对三沟村迫切需要一个活动场所的硬性需求，利用索桥剩余资金，同村委会合作使廊亭迅速成为现实。自完工之日起，廊亭便成为村民的聚合之地，成为三沟村最热闹的地方。绿根以其敏锐的洞察力，经过翔实的需求评估，切实为当地村民带去福祉，充分体现了机构以社区需求为基本导向的行动特征，有效避免了政府行政式治理手法下社区成员的被动接受和消极参与。这种社区发展策略使项目设计更加体贴民意，自下而上的诉求表达更加顺畅，无形中增进了民众的社区归属感，为社区的和谐发展埋下伏笔。

3. 注重本地力量的培养

在四家机构大力推进本土化的影响之下，绿根承袭这一理念，努力摆脱民间公益组织常常存在的"给予－接受"的缺陷，秉持"授人以鱼不如授人以渔"的核心价值理念，积极发展当地自生力量，注重发掘培养社区领袖，促进机构在项目点的扎根。

纵观机构的组织架构，理事长是成都本地高校的教授，理事会成员虽没有完全确定，但拟发展人员都是执行机构在当地发掘的社区精英。执行机构中的王杨同时作为机构法人，是在前期新家园计划基础上发展和培养的三沟村当地村民，而另一位工作人员王潇作为龙门山镇的媳妇，也可以算是机构本土化的代表之一。负责白水河项目的工作人员赵建梅还笑着调侃道："有好些白水河居民还积极给我介绍对象，希望把我也嫁过来。"除此之外，绿根还努力培养社区能人，希望加强社区自我组织、自我管理的能力，白水河的吴阿姨和三沟村的徐队长便是代表之一，使项目的可持续发展有了根本保障。

4. 优秀社工掌舵

"人对了，事情就对了。"人作为机构中最核心的组成要素之一，往往主导着机构的未来，操纵着机构的命脉。优秀的专业社会工作者和充足的人才储备是机构层次和所提供服务质量的首要决定因素之一。

绿根目前的四位工作人员中，赵建梅和孙萌萌是社会工作科班出身，有着扎实的社工理论功底及实践经验；王潇从其毕业至今的大部分时间都在农村社区做项目，接受过大量的理论知识培训，也积累了较为丰富的实战经验；另外，社会工作专业出身已经成为绿根招聘短期实习生时的硬性要求。绿根团队还非常重视机构能力建设，除开每周五定期召开的以讨论机构发展、项目实施及工作安排等相关内容为主题的机构例会之外，还积极参加各类沙龙和行业培训会议，培养出了王杨这样的社区精英。可以说，绿根的执行团队有能力对项目的质量严格把关，有能力把设计精良的项目理念付诸实践。

（二）面临的挑战

绿根在项目实施和能力建设方面虽有不少可取之处，但同时应该看到，其存在面临如下严峻挑战。

1. 处于项目起步的三沟村扎根尚浅

相较于前期积淀深厚、项目成熟、群众基础扎实的白水河社区，三沟村工作站由于进驻较晚，在当地的知名度和村民的参与度普遍较低，除开索桥的受益对象14队和部分参加过活动的村民以外，大部分村民对社工站和志愿者这一新鲜事物还是知之甚少，比如问及廊亭的修建时，不少村民都认为是由村上所修，甚至还有部分村民不知道三沟村社工站的存在，对此机构工作人员的解释是工作站刚进来不久，项目刚刚起步，运作及活动开展都不算成熟。

白水河社区的项目开展历史悠久，可以追溯至地震不久后，由四家机构主导的灾后社区重建和社区发展。而开辟三沟村为新的项目复制点，从逐步进驻到顺利扎根都要求绿根从头做起，可以说完全由绿根团队独立操作和推进项目。而在这一过程中暴露出的受益群众狭窄、社工站知名度不高等问题也说明了绿根在三沟村的自我宣传和发动村民方面存在不足。

2. 项目运行较为滞后

从两个项目点开展项目情况来看，绿根的执行进度较计划书缓慢，许多原定活动都受到或多或少的延误，以致需要加紧项目进度来配合当初的项目设计。如此一来，难免使得活动质量不达最初预期，精良的项目设计流于形式。虽然确实有项目点实际情况的制约，比如白水河的搬迁过于漫长、居民关注点集中在住房安置上、三沟村办公点落实较迟等，但绿根的执行力不足也从此处凸显出来。

3. 绿根的可持续发展问题

作为独立的 NGO，绿根必然面临着在项目结束后的可持续发展问题，首先便是如何筹集资金保证机构正常运作。虽然在过去一年里通过四家机构的关系使绿根有着较为充足的资金源，但作为独立的 NGO 机构，绿根必须壮大自己的力量，扩大自己在 NGO 圈子的知名度和社会资本，为机构自身的可持续发展创造环境，正如机构法人王杨所说，在翅膀底下生长，永远也学不会飞翔。不得不承认，这是众多草根 NGO 所共同面对的生存危机，但同时也是促进机构发展壮大的动力所在。

（三）展望未来

绿根的不断实践试图探索出一种社区发展策略，能够起到改善社区经济、社会、文化状况，解决社区共同问题，提高居民生活水平和促进社会协调发展的作用。通过在白水河的深厚积淀，绿根已经找到了一条名为"多元合作的社区治理模式"的道路：以回应社区需求为导向，通过培养社区领袖及其自我组织、自我管理、自我服务的能力，鼓励其积极参与社区事务，并在政府、其他社会组织与社区成员的通力合作之下，共同致力于可持续的社区发展。为了验证这种模式的可行性与拓展性，绿根决定新开辟三沟村为项目复制点，以社区实验的方式加以复制和应用。但可惜的是，三沟村的项目开展目前仍处于起步阶段，其成效和功能都未能显现出来，社区发展策略的可行性与拓展性探讨也都为时尚早。

但我们依然能够得到一些启示：一是培养社区领袖参与社区发展。社区领袖是由绿根发掘并加以培养的当地人，同时也是社区发展的受益者，由有能力的本地人带头积极参与社区公共事务才能够为社区长足发展提供原动力。二是社区归属感的有效建构。社区居民的归属感是指社区成员对本地区有认同、喜爱和依恋的心理感觉。而由地震这一外力因素造成居住环境的一再变更难免导致社区成员对所属社区产生疏离感，而通过绿根的穿针引线，以设计活动等形式有效提升了社区成员的归属感，社区是人类群聚生活的栖息地和群体心灵的归属地，社区成员的较高归属感是社区发展的主要目的和必要结果。三是草根 NGO 参与社区发展不可避免地要受制于政府行为。因此，如何为 NGO 创建良好的工作环境，使其项目效果得到最大程度的发挥，是政府和草根 NGO 永远绕不开的共同话题。

"多元合作的社区治理模式"仍然处于探索阶段，通过呈现案例，我们发现目前的问题主要是绿根自身存在的经验不足、执行力弱及机构的可持续发展问题，因此绿根需要在这不断地摸索中寻找一条最适合自身的发展道路，它一直在路上。

第七章

绵阳市钧天古乐团社区
文化建设案例

在 2008 年的"5.12"汶川特大地震中，涌现出一大批 NGO，它们不仅积极地投入到一线的紧急抗震救灾之中，在灾后重建阶段仍坚守在灾区，为灾区人民服务。随着三年灾后重建工作的结束，地震灾区的社区硬件设施及公共服务设施都实现了极大的跨越，灾区将进入全新的发展振兴阶段。推动社区公共关系重建、提升社区公共服务水平、催生社区内发展动力、实现社区的可持续发展是目前阶段所面临的挑战。

为了迎接这些挑战，进一步促进灾区的全面发展。2011 年 5 月 7 日，中国扶贫基金会决定资助 500 万元，支持 NGO 组织继续参与地震灾区社区发展项目，在提升地震灾区社区公共服务和持续发展方面的能力的同时，促进草根 NGO 组织自身能力的发展和机构的成熟。这也是中国扶贫基金会实践从"操作型"基金会转型为"筹资型"基金会的战略转型。项目申报内容包括社区公共服务、生计发展、环境保护以及 NGO 能力 4 大类。其中，社区公共服务项目成为 NGO 关注的焦点，共有 21 个申请项目。

社区公共服务项目包括社区关系重建、心理关爱、医疗卫生、社区养老、文化服务等，文化服务是社区公共服务中的重要组成部分。经过三年的灾后重建，灾区公共服务设施水平在重建中大幅度提升，建成了一大批社会福利院、敬老院、社区服务中心、村民活动中心等公共服务单位。但是，作为公共服务的一个重要组成部分——社区文化却相对滞后，灾区居民的精神文化生活普遍缺乏。绵阳市梓潼县作为文昌文化发源地，这种情况尤为严重，老年人的精神文化需求无法得到满足。有的家庭因为子女迫于生存和发展，不在父母身边，出现不少空巢老人和空巢家庭。还有的老人年老退休在家，无事可做，也使得他们的空虚感和孤独感倍增。绵阳市钧天古乐团申请的"携文昌文化进社区，共谱家园新乐章"项目，就是针对当地居民尤其是中老年人普遍存在的精神食粮缺乏问题，充分结合当地文化资源优势，为了传承和发扬文昌文化而开展的社区居民文化服务项目。其项目活动的开展，以丰富社区中老年人的晚年生活为主，同时也兼顾年轻人的兴趣爱好，改善社区内邻里关系，营造温暖、和谐的社区氛围，促进社区的可持续发展。该项目通过在社区开展洞经音乐演奏、川剧表演、舞蹈表演、开办培训班、文化交流等多种活动，以不断提高社区群众的精神文化生活水平，满足社区群众的精神需求。

一　项目背景

（一）项目执行地点基本情况

"携文昌文化进社区，共谱美好新家园"项目的主要执行地点是位于绵阳市梓潼县文昌镇的西坝村，除此之外，乐团还在绵阳市区及灾区多地开展活动，进行表演。

1. 文昌故里——梓潼县①

梓潼县地处四川盆地西北边缘丘陵向低山过渡地带，位于绵阳市东北方。位于东经104°57′16″至105°27′35″，北纬31°25′27″至31°51′43″。背靠剑门山脉，东与南部、盐亭县交界，南与三台县、绵阳市游仙区相连，西与江油市接壤，北与剑阁县毗邻。面积1442平方公里，其中耕地面积32331公顷，占30%，森林面积42186公顷，森林覆盖率达到38.48%，丘陵和低山占全县面积的95.3%。县境气候属中亚热带湿润季风气候类型，年平均气温16.5℃，无霜期264天，降水902.4毫米。

① 资料来源：绵阳市灾后重建网，http://www.my.gov.cn/zaihouchongjian/582934676767768576/20100624/505255.html。

2004 年以来，梓潼县辖 32 个乡镇、329 个行政村、5 个社区，总人口 39 万人，县城规划区面积 24 平方公里，建成区面积 4.4 平方公里，县城人口 5 万余人。梓潼县农业发达。全县土地资源丰富，耕地、林地、草皮共占土地面积的三分之二，人均占有耕地面积占绵阳市第一位。梓潼县旅游资源丰富，风景名胜较多。有文昌帝君发祥地七曲山大庙，全国少有的纯古柏林"翠云廊"古蜀道国家级森林公园、司马长卿石室、卧龙唐代石刻等众多的人文及自然景观，是蜀道风景旅游线上的重要景区。

梓潼历史悠久，人杰地灵。公元前 285 年秦昭王置县，因"东依梓林，西枕潼水"而得名。全县人少地多，气候适宜，农副产品资源丰富，自古有"五谷皆宜之乡，林蚕丰茂之里"的美称。梓潼历史文化底蕴深厚，孕育了丰富多元的秦文化、汉文化、三国文化和唐文化。梓潼文昌文化博大精深。北有孔子，南有文昌，七曲山大庙被誉为文昌祖庭，文昌洞经古乐列入"国家非物质文化遗产"名录，被联合国教科文组织誉为"音乐活化石"。

梓潼地处龙门山脉地震带边缘。2008 年的"5.12"汶川特大地震使县受灾面广，损失巨大，极重灾区面积达 440 平方公里，乡镇 11 个，街道社区 4 个，受灾总人口 13.6 万人，其中死亡 7 人，重伤 21 人，轻伤 754 人，失去住所 1.53 万户，无家可归 4.52 万人，同时，梓潼为重灾区内的极重灾害异常点：马鸣乡（阳坪村、高桥村）、马迎乡（金石村、剑门村）受灾人口 0.4 万人，死亡 1 人，轻伤 5 人。重灾区面积 1002 平方公里，乡镇 21 个，街道社区 8 个，受灾总人口 24 万人。其中：死亡 12 人；重伤 188 人；轻伤 1501 人；失踪 4 人；失去住所 4.92 万户；无家可归 12.08 万人。财产和经济发展损失严重，直接经济损失高达 107.4263 亿元。①

专栏一　洞经音乐简介②

洞经音乐源于文昌崇拜，产生于南宋孝宗乾道四年，因谈唱《文昌大洞仙经》而得名。后来由于宋元明清封建统治者对文昌帝君的推崇和百姓的信奉，洞经音乐随之在全国各地流行繁衍，与各民族乐种融合，流派纷

---

① 资料来源：《梓潼县灾后重建规划》，绵阳灾后重建网，http：//www.my.gov.cn/zaihouchongjian/576460752303423488/index.html。

② 资料来源：《近访"东方交响乐"梓潼洞经音乐》，四川在线，http：//sichuan.scol.com.cn/scyl/20030221/200322102147.htm，2003 – 02 – 03。

呈，姿态万千，尤以云南的丽江、大理等地为最盛。云南地处偏远，又多高山深谷，旧时交通极为不便，因而受外界文化冲击较小，使得从四川梓潼传入的洞经音乐得以较好地保存，加之与当地纳西古乐的有机融合，洞经古乐便闪射出更加迷人的光彩。1997 年，云南丽江宣科组织的洞经乐团（后改名为纳西古乐团）应邀赴京在人民大会堂谈演，获得极大成功，全球数十家通讯社竞相报道，引起联合国世界音乐理事会与文化人类学会的关注。随后该乐团又应邀到挪威等国交流演奏，引起轰动，欧美人为这种神奇绝妙的音乐所倾倒，竖起大拇指称之为"东方的交响乐"。联合国教科文组织认定：中国的洞经音乐是全人类的宝贵文化遗产。2000 年 5 月，云南世博会期间，江泽民总书记欣赏到洞经音乐后，热烈鼓掌，并指示说：我们应把这种音乐传遍全世界。

1987 年，云南已正式恢复洞经音乐谈唱，其时梓潼还在沉睡。洞经音乐谈演引起联合国教科文组织的关注和高度评价，震惊国内音乐界，也给洞经音乐发源地的四川梓潼县以很大触动。一批有识之士开始反思，开始奔走呼吁。在四川音乐学院和四川大学朱泽民、甘绍成、王兴平等专家教授的指导下，梓潼县的音乐工作者开始深入民间，寻访洞经老人，收集整理洞经曲谱近 20 首，同时又到云南大理、丽江考察，找回了从梓潼传入的洞经曲牌。云南民族研究所雷宏安教授为撰写《洞经文化》一书曾多次来梓潼考察，1998 年，听说梓潼要组建洞经乐团，极力赞同，亲自到梓潼作关于文昌文化的学术报告，展示有关洞经音乐的曲谱，与梓潼县离休干部李能德等人一道联络县城内 10 余名爱好音乐的离退休老人，经过短期简单培训后，组成四川梓潼文昌祖庭洞经乐团。雷宏安捐资 1000 元赞助。

没有乐器，没有经费，没有专业音乐教师，乐团成员都是一般的音乐爱好者，音乐基本功不是很扎实，年龄又多在 60 岁以上。这样一支"夕阳红"乐团要打出品牌谈何容易？但老人们有决心，有恒心，有毅力。乐器，自己有的带上，没有的向别人借，能凑多少凑多少，他们甚至用旧铁桶自制过羊皮鼓。基础差，年龄大，反应慢，就笨鸟先飞勤为径，长年苦练不松懈。一年以后，这支老年乐团在梓潼县已有一定影响，2000 年便开始到农村及一些文化景点谈演，受到普遍欢迎。2002 年 4 月，由省台办组织的新都宝光塔陵海峡两岸同胞清明祭祖节，特邀梓潼文昌祖庭洞经乐团为祭祀活动伴奏，受到高度评价并捐赠舟山锣鼓和 5 面组合鼓各一套，提高了乐团乐器的档次。

2. 西坝村

西坝村所在地文昌镇地处县城结合部，东与马鸣、自强、定远、宝石，南与东石、长卿，西与三泉，北与宏仁、豢龙、演武接壤。全镇面积77.39平方公里，设22个行政村，140个合作社，4个社区，总人口57607人。农业人口29873人，耕地面积20174亩，其中，田12917亩，地7257亩，林地43000亩，主产水稻、玉米、小麦、油菜、花生、蔬菜、药材、蘑菇，全镇2003年国民经济总产5960万元，农民人民均纯收入2205元；镇内企业8家，个体经营经济1084户，企业年收入8260万元，是一个典型的近郊经济型乡镇。①

西坝村，紧挨着梓潼县城，分为9个农业生产合作社。西坝村共有803户，2200人，900亩土地，幅员范围1平方公里。

在“5.12”地震中，西坝村有500多户人家的房屋出现了裂缝和损毁状况，但并没有人员的伤亡。灾后重建中共有236户人家享受了住房重建的政策，获得了住房重建款。西坝村在2008年以前就已被纳入梓潼县城市规划范围之内，在未来将成为梓潼县第11个居民社区。

因此，属于城市规划范围不能随意修建住房的规定，在一定程度上影响了西坝村居民灾后住房重建。

西坝村田土较多，当地居民基本上家家有田土。全村目前有20户低保家庭，享受低保待遇的共计40人。在西坝村的九个社中，一社因为临街，又离梓潼县城非常近，居民主要是以个体经营为主，经济条件相比其他几个社要稍好一些。其他几个社尤其是三、七、八社，很多家庭都在经营家庭小作坊，生产加工梓潼片粉、米粉，豆芽等本地特产。村里二、四、五社大部分人家外出打工，于是将自家房子出租给外地来当地做生意的人，增加一部分的收入。除此之外，村里有5户人家开了农家乐，还有几户人家养猪。其余大部分年纪较轻的村民都在外打工，远一些的在上海、广东的服装厂、电子厂，近一些的就在绵阳市、成都市打工。

作为文昌文化发源地的梓潼县，西坝村紧邻梓潼，居民们对于文昌文化和洞经音乐从小耳濡目染都有所了解。在白日的辛苦劳作之外，西坝村的居民平时的休闲娱乐方式大多为打牌、闲聊。如遇重大的节庆之时，居民们都

---

① 资料来源：《文昌镇》，金农网，http：//www.agri.com.cn/town/510725100000.htm。

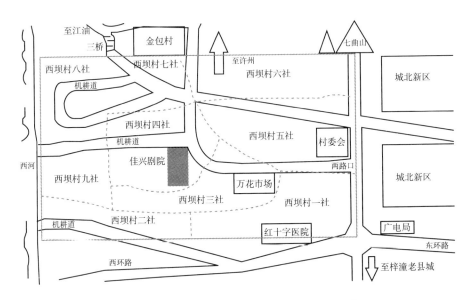

图1 西坝村平面地图，图中方框范围为西坝村范围

到附近供奉文昌帝君的七曲大庙里参加庙会活动。但是，中青年居民平时工作较忙，也没有太多时间休闲，大部分的休闲活动都是老年人聚集在一起自行娱乐。

（二）钧天古乐团简介

1. 钧天古乐团简介

绵阳市钧天古乐团是2006年经其业务主管机关绵阳市文化局、登记管理机关绵阳市民政局（川民证字第030010《登记证书》）批准成立的非营利性民办非企业社会服务组织。

乐团主要由机关、企事业单位离退休职工组成，现有固定成员50人左右，演出内容包括洞经音乐、川剧、古今歌舞等。从成立以来，乐团多年来在绵阳市、县（区）等地演出，为丰富城乡社区的文化生活开展演出活动近千场，观众达20余万人次。

乐团自从成立以来，就致力于洞经音乐的传承，在原有基础上收集和整理了大量即将失传的洞经音乐古曲乐谱，如《南清宫》、《天女散花》等。除了发扬洞经音乐，古乐团还根据洞经音乐编了优美的古典舞蹈。其中，乐团所演奏的洞经音乐《奉圣乐》，就是根据唐朝流传下来的古典曲谱改编而

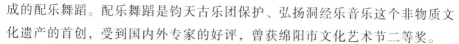

成的配乐舞蹈。配乐舞蹈是钧天古乐团保护、弘扬洞经乐音乐这个非物质文化遗产的首创，受到国内外专家的好评，曾获绵阳市文化艺术节二等奖。

古乐团由两支队伍组成，一支队伍在文昌文化发源地梓潼七曲山元阳宫驻场演出；另一支队伍在绵阳城区，通过参加文艺进社区等方式开展演出。

然而，与别的民间文艺团队一样，钧天古乐团也面临资金缺乏的困扰。很多必要的支出，如车费、餐费及道具费用等，都是团员自掏腰包，甚至四处"化缘"。乐团成立以来，乐团成员都已贴了上万元，主要是用于补充乐器和年度总结、聚会等方面。乐团的宣传资料是副团长吕红找做印刷的亲戚赞助的，服装也是她自己设计、找亲戚义务帮忙完成的。为了节约经费，很多团员还主动承担起了清洗演出服装的任务……但是，乐团的演出一直没有间断过，几年下来，乐团承担、参与的公益演出已经有数百场。

在困难面前的执着与坚持，让钧天古乐团引起了社会各界的关注。自2006年注册成立开始，绵阳市文化馆就一直关注并支持古乐团开展活动。从2008年开始，绵阳市建设局将铁牛广场泗王庙戏台免费提供给乐团排练。在此期间，也有多家新闻媒体对乐团的事迹进行了报道。2011年7月，古乐团申请了中国扶贫基金会的项目，通过筛选后与中国扶贫基金会签订了"携文昌文化进社区、共谱家园新乐章"的项目协议，得到了5万元的经费支持。有了该项目的支持，又能继续传播和弘扬洞经音乐、文昌文化，这着实让乐团的成员们高兴不已。

钧天古乐团正是由这样一群痴迷于洞经音乐，醉心于文昌文化的离退休人员自发组建的民间团体。相对于参与此次项目的其他NGO，古乐团有以下两个特点。首先，乐团成员年龄结构普遍偏高。乐团的成员平均年龄在60岁左右，舞蹈队的平均年龄在50岁左右。"作为古乐，观众对演奏人员年纪老一些没有要求，别人甚至觉得越老越好。但是，根据现代人的眼光，舞蹈队的队员还是希望能年轻的好。"（周董事长语）其次，乐团约束力较弱。古乐团的团员几乎都是离退休老人，参加乐团并不是为了赚钱谋取利益，而是纯粹出于对洞经音乐的爱好。在加入乐团后，不仅没有任何收入，有时甚至还要自己贴钱才能顺利开展表演。所以，乐团对于团员的约束力相对较弱，平时排练以及演出时会因有事而未出席。"我们不给他们发工资，所以不能勉强别人必须来。但是，绵阳市人才很多，我们都有他们的电话，需要组织的话可以组织起来。"（周董事长语）

2. 机构组织架构

钧天古乐团业务主管机关为绵阳市民政局和绵阳市文化馆。古乐团由董事会全权负责，董事会成员包含董事长1名，副董事长2名，团长2名，常务副团长2名[①]，正式团员40名。

目前，古乐团并没有专门的办公室，办公室资料、乐器、道具等都各自存放在几名董事长以及团员家里。古乐团周董事长主要负责整个古乐团的协调和对外宣传方面的工作，黄祖政团长负责绵阳市古乐团的具体工作，吴容团长负责梓潼乐团的具体工作。吕红副团长负责绵阳市古乐团的舞蹈队，以及乐团服装道具的管理工作。

乐团在组织上是这样分工的，但是在实际执行的过程中，则没有那么严格的工作区分。笔者在对乐团进行访谈时，多数乐团成员表示，周董事长在文艺工作专业知识上有所欠缺，加上平时不怎么管乐团的事情，基本上都是吴容团长在梓潼"远程操控"，黄祖政老师负责具体工作。如今，已年近80岁的黄老师因为乐团的事情经常到处奔波、劳累，鉴于身体较弱，在工作中不免有些疏漏之处。"我涉外，黄老师做基层工作，吕老师做具体工作。吕老师的爱人在弹扬琴，弟弟弹阮，形成了乐团基本队伍。现在，只要还有黄老师在，只要还有吕老师在，舞蹈队在，我们这个乐团就不得垮！"（吴团长语）周董事长目前主要对乐团的财务、报表等进行整理，并提供给相关部门进行汇报。其他的团员都是在排练和演出的时候接到通知才过来，平时不需要负责任何工作。

（1）钧天古乐团董事长周明贤

周明贤，男，70岁，曾在绵阳市计划经济信息委员会担任地质高级工程师、副调研员职务，曾连续三届任绵阳市政协常委、文史委员会主任、绵阳市侨联副主席等职。现任绵阳市钧天古乐团董事长。

从在文史委员会任职期间，周董事长便开始接触文昌文化并产生了浓厚的兴趣，随后在担任绵阳市侨联副主席时与梓潼县侨联的吴容相识，更加深了对文昌文化和洞经音乐的了解，逐渐喜欢上了这些传统的文化。在乐团成立之前，热爱洞经音乐的团员们找到了周董事长，希望通过他的社会关系

---

① 董事长：周明贤；副董事长：吴容、黄祖政；团长：吴容、李光祖；副团长：吕红、陈周述。

网，让古乐团在绵阳市民政局的批准下成立。面对团员们的请求，周董事长刚开始很犹豫，但是出于对古乐的喜爱，他最终还是决定带头建立一支正式的队伍。于是，在他的努力下，钧天古乐团于2006年正式获批成立，周明贤也成了古乐团的董事长。

虽已年逾70岁，但是周董看起来却只有50岁左右，非常热情、有干劲。作为一名地矿专家，周董在退休后被返聘到四川省地质矿产勘察开发队川西北地质队，担任指导年轻工作人员的工作。因此，周董平时工作很忙，不能将全部精力放在乐团的工作之中。除了有大型演出活动要出席外，乐团日常的排练周董参加的次数较少。周董强调乐团有一个与其他乐团最大的区别点，就是除了演出还有研究的内容，主要从事文昌文化和洞经音乐的研究、传承和抢救。

（2）钧天古乐团副董事长、团长吴容

吴容，男，62岁，年轻时曾在梓潼多所学校任职教书，从1987年便任职绵阳市人大代表，梓潼县政协常委，并兼职担任梓潼县侨联主席。现在在绵阳市钧天古乐团任副董事长兼团长职务，对乐团工作班子全面负责，并侧重负责乐团外联工作及乐团梓潼片区工作。吴团长自从1997年接触到洞经音乐开始，便沉迷在对文昌文化、洞经音乐的研究、传播之中。作为梓潼县侨联副主席，吴团长深感自己肩负着挖掘和发扬洞经音乐、文昌文化的重任。于是，他积极组织并建立洞经音乐的乐团。从1998年获准成立的文昌文化开发中心开始，吴团长就致力于对洞经古乐乐谱的收集和整理，目前他所保存的洞经古乐曲谱超过300首。在这十几年间，吴团长组建、培训了多支洞经音乐队伍，俨然已经成为洞经音乐的"专家"。退休后，吴团长仍没有放弃对于洞经音乐的执着，不仅依然组建并参加乐团活动，还于2011年在自家的土地上贷款修建戏园子，开办了一个极具特色的文化农家乐。建这个戏园的过程中，吴团长一家人都遇到了许多困难（如办理相关证件困难、川剧班子难留等），但是为了传承保护作为中国传统文化的川剧、洞经音乐，吴团长觉得一切都是值得的。

（3）钧天古乐团副董事长黄祖政

黄祖政，男，79岁，年轻时曾参加过抗美援朝，退伍转业后担任梓潼县某国企的厂长，退休后现任绵阳市钧天古乐团副董事长，分管董事会和乐团日常具体工作。

黄老师的妻子陈老师原是梓潼县的教师，夫妻二人在年轻时候就热爱艺术，热爱音乐，多才多艺。自 1998 年与吴容团长相识，夫妻都被邀请加入了洞经音乐乐团，活跃在梓潼县。2002 年，黄老师全家搬迁到绵阳市后，与梓潼县乐团相脱离。但是，黄老师夫妇来到绵阳市后仍在老年大学宣传文昌文化，并培养了一批洞经音乐人才。随着喜爱洞经音乐的人越来越多，黄老师发起并开始组织绵阳市的洞经音乐乐团。在 2006 年古乐团成立后，黄老师夫妇将所有精力放在乐团上，为乐团的发展壮大做出了大量努力。黄老师的妻子陈老师因身患重病，于 2007 年辞世，在辞世之前非常热爱洞经音乐，为乐团作出了许多的贡献。黄老师说："我们是真正喜欢这个洞经音乐，参加乐队完全不是为了赚钱，甚至要自己贴钱，但是我们都愿意。"

3. 绵阳市钧天鼓乐团发展历程

1998 年，吴容团长在梓潼县侨联担任主席一职，其妻子罗阿姨在梓潼县上开了一家门面，主营装修建材。一次偶然的机会，吴团长在门面时看到电视上正在播放云南丽江的洞经音乐，忽然发现这洞经音乐就是梓潼县大庙山的祭祀音乐。从那时起，吴团长就对文昌文化、洞经音乐产生了浓厚的兴趣。在了解到四川梓潼县是洞经音乐的发源地后，吴团长觉得必须开始行动发掘，保护洞经音乐。1998 年，在吴容团长的组织下，成立了梓潼自己的乐团——文昌祖庭洞经乐团。吴团长从 1987 年便任职绵阳市人大代表，梓潼县政协常委，有了这些背景，办起乐团来就相对简单了。

"按理说，这个事应该由文化馆来整，由宣传部来整，由剧团、由旅游局来整。但是为啥子是我老吴来整呢？是因为我当年在侨联工作，我们当时有一个宗旨，血缘关系、文化关系是与海内外侨胞交流的主要渠道。所以，弘扬中华文化是我们的责任，文昌文化就是我们的传统文化，所以我要搞！"（吴团长语）在初建乐团时，资金非常困难，吴团长便自己出钱带头亲自制作乐器、道具。光是乐器、道具的制作费用就花费了好几万块钱。正是在吴团长的坚持和梓潼县相关部分的支持下，这支古乐团队伍正式成立了。最初建团时的团员，大部分都是吴容团长亲自发动和组织起来的。当时，黄祖政老师和其夫人陈老师在箫、唱歌方面有特长，被邀请加入乐团，其后便跟随乐团演出，为文昌文化的传承、洞经音乐的开发共同努力。

1998 年，吴团长组织好乐团并注册为文昌文化开发中心，挂靠在梓潼县侨联，随即送到大庙山驻场表演。吴团长跟当时的县委副书记商量，由县上出资为乐团提供每天 200 元的车费赞助，在七曲山大庙表演洞经音乐。随着不断发展，乐团得到越来越多国内外的关注。2001 年，吴容团长正式退休，乐团便不再由侨联直接管理，而由梓潼县文化局和旅游局直接"管理、指挥"。在这样的监管体制下，有团员告发了大庙山负责人贪污的情况，由此引发了几个部门有关乐团管理权归属问题的官司。事发后，由梓潼县委书记批示、民政局出面证实乐团管理权属于梓潼县侨联，别的单位不能"乱指挥"。但是，即使得到了批示，吴团长仍然跟乐团打了好几年的官司，而且一直没有结果，到现在乐团都没有将法院判决应赔退的 7 万元钱退给吴团长。在这样的情况下，吴团长与大庙山上的祖庭洞经乐团相分离，在梓潼县组织一支业余的洞经音乐团。

2002 年，黄祖政老师一家人由梓潼搬迁到绵阳。出于对洞经音乐的热爱，黄老师在老年大学时候大力宣传洞经音乐，培养了一批团员，建立了民间文化研究会，大概有 80 人左右。随着加入的人越来越多，大家希望能将乐团注册，使其合法化。于是团员们四处奔波，筹资准备注册。可是，在这过程中因为"分钱不均"而将矛盾闹到了绵阳市民政局。根据民政局相关规定，还没有合法注册以前，民间社团是不能以组织名义开展活动的。于是，在民政局的要求下乐团解散了，解散后团员们分为 3 个部分。黄祖政作为洞经音乐的发扬人，乐团中有一批人跟随他。2004 年，在吴团长的引荐下，将乐团挂靠在四川省"侨兴实业公司"，由公司出资 5 万元钱在民政局注册了"七曲山文昌文化开发中心"的牌子。侨兴公司的老总不仅是绵阳市政协常委，也是绵阳市侨联副主席，对于文昌文化、洞经音乐也十分有感情。但是，乐团成员却认为他有雄厚的资产却不能多花一些钱用于包装乐团，因此产生了许多不满，最后形成了矛盾。在几方僵持不下的情况下，侨兴公司对乐团放手，由任职市侨联副主席的周明贤将乐团承接了下来。但是，由于周明贤没有相关的工作经验和专业知识，导致无法以侨兴实业公司为名开展活动。2004 年乐团就不再跟着侨兴公司，解散了。同年，吴团长也回到梓潼县西坝村种西瓜，过着田园式的生活。

虽然乐团在建立的过程中分分合合了多次，但还是无法削减团员们对于洞经音乐的喜爱。2006 年，在绵阳市原有团员的热情邀请下，吴团长在跟周明贤、黄祖政商量之后，决定由周明贤打通绵阳市相关部门的关系，帮助乐团获批成立。2006 年 7 月 14 日，乐团得到了绵阳市文化局批准，在绵阳市民政局注册为民办非企业。注册时的 3 万块钱是由 20 多名理事会成员一起凑钱出资。乐团成立后，由于大家对于周明贤董事长工作方式上的不满意而产生了一些意见，大家都觉得周董事长在做事方式上武断，不讲规则，没有资格担任此职位。但是，已经注册好的乐团董事长不能说换就换，于是很多团员就离开乐团了。在离开乐团后便索要自己原来的出资，从而造成了一些矛盾和不和。留下的成员就一直坚持到了现在，也就是现在的钧天古乐团。

钧天古乐团作为民办非企业，在规定上不允许成立分部，所以梓潼吴团长所带领的团队和绵阳市的团队在名义上还是一个机构，只是驻点不同。平时，绵阳市的活动都是由黄祖政老师具体负责，梓潼县的活动由吴团长负责。一旦有大型的活动或者演出机会，两支队伍便会结合在一起表演。

可以看出，钧天古乐团的发展历程充满了曲折坎坷。但是，这样一群痴迷于洞经音乐的老人，仍然在努力将乐团办得更好，将洞经音乐、文昌文化这块中华民族的瑰宝传承下去。

二 "携文昌文化进社区，共谱家园新乐章"项目

文昌文化是集儒、释、道三家思想于一体的民族、民间文化，它提倡抑恶扬善、劝学尚进、尊老敬孝、健身益寿等主张，可概括为"劝善、劝孝、劝学、劝养生"，这对于构建和谐社会，意义重大。文昌文化以洞经音乐、川剧等非物质文化遗产为载体。经过一段时间的沉寂后，在改革开放之后才重新得到了发展。现在文昌文化的保护、传承和弘扬已经出现后继无人的状况。

钧天古乐团以洞经音乐演奏，川剧、古今歌舞表演，举办基层文艺培训等方式开展活动，以促进社区居民的相互了解、信任，激励大家热爱家园、热爱生活、健康向上的进取精神，构建和谐的社区环境。通过该项目的实施，一方面有利于增强社区文化建设、构建和谐社会；另一方面也为弘扬文昌文化这一非物质文化遗产作出贡献。

（一）项目的申请

古乐团自 2006 年注册成立以后，不仅活跃在绵阳市城乡的各个社区里，还积极投身到灾后重建的工作之中，在安县、北川等灾区都进行过表演，为

灾区百姓带去了不少欢乐。但是，由于乐团本身长期面临资金紧张的问题，无法在社区尤其是农村社区中开展更多的活动。2011 年 6 月，周理事长从绵阳正轩公益①彭理事长处得知了中国扶贫基金会的项目，并得到正轩的引荐参与投标。

最初从正轩公益那里得知中国扶贫基金会项目时，周理事长非常犹豫是否要参与。首先，由于乐团没有跟任何基金会合作的经验，不知道该如何合作。其次，古乐团从未跟中国扶贫基金会打过交道，害怕投标失败。

在得知周董事长的担心后，正轩公益的彭理事长积极地向乐团伸出了援手。他不仅帮忙牵线搭桥，跟扶贫基金会引荐钧天古乐团，还在参加投标时，经正轩公益联络了机构中来自绵阳师范的大学生志愿者，在志愿者的协助下，根据古乐团的项目设计填写了项目的申报书。正是在正轩公益的帮助下，古乐团所申请的"携文昌文化进社区，共谱家园新乐章"项目得到了基金会的批准。古乐团项目原申请资金 10 万元，获批后由基金会削减为 5 万元。

（二）项目的实施

钧天古乐团"携文昌文化进社区，共谱家园新乐章"项目，主要以梓潼县文昌镇西坝村为活动开展中心，通过在社区开展洞经音乐演奏、川剧表

---

①　正轩公益简介：绵阳市正轩文化交流中心是以非营利性社会服务活动为宗旨的社会公益组织，单位前身为山东正晖设备安装有限公司援川项目部，主要工作是与清华大学可持续乡村重建计划团队合作，参与灾后农房重建及社区服务工作。为了更好、更专业地配合清华团队进行公益建设，经绵阳市民政局批准，2009 年 6 月 26 日正式注册成立以绵阳市文化局为业务主管部门的"绵阳市正轩文化交流中心"，实现公司经营与公益活动的分离，是以非营利性社会服务活动为宗旨的社会公益组织。长期公益项目包括绿色生态轻钢农房推广、乡村图书馆建设、助学基金和贫困基金四大类。其中，绿色生态农房推广工作是目前主要的发展方向，由正轩公益提供施工技术的绿色农房先后受到时任四川省委书记刘奇葆和省长蒋巨峰同志的赞誉，同时正轩公益机构还承建了联合国开发计划署（UNDP）爱心民居工程，社会影响力不断扩大。正轩公益负责人也因其在地震灾区重建特别是绿色生态农房建设中的工作，受到"美中关系全国委员会"邀请，在 2010 年 4～5 月访问美国，交流灾后重建经验。这是外界对正式成立仅半年时间的正轩公益的又一次肯定。
钧天鼓乐团的周董事长在灾后重建时期与正轩公益的彭理事长结识，2009 年正轩公益想在绵阳市民政局正式注册，但由于震后时期比较敏感，注册困难。加之之绵阳市没有熟人，只好找周董事长帮忙引荐、疏通关系，才办理下了注册。所以，古乐团和正轩的关系比较好，在有活动的时候正轩都会通知古乐团参加。

演、舞蹈表演、开办培训班、文化交流等多种活动，不断提高社区群众的精神文化生活水平，满足社区群众的精神需求。

在项目协议中，古乐团拟定开展以下活动：

1. 洞经音乐、川剧等演出 16 场（2011 年 7 月 ~ 2012 年 5 月期间，每月 1 ~ 2 场）；

2. 市、县洞经音乐学术交流活动（2011 年 10 月，1 天）；

3. 宣传、展示活动（全年 4 次，结合大型活动进行）；

4. 梓潼文昌镇西坝村社区腰鼓队、秧歌队的培训及建立（2011 年 7 ~ 12 月培训、成立）；

5. 洞经音乐交流汇演（2012 年 4 月）；

6. 项目完成总结、回访及汇报演出（2012 年 6 月）。

在具体实施过程中，由于天气及场地的限制，项目活动的正式执行是从 2011 年 11 月开始。截止到 2012 年 4 月，古乐团已完成了西坝村腰鼓队、秧歌队的捐赠和建立，以及 6 场社区的演出。

1. 对梓潼文昌镇西坝村社区腰鼓队、秧歌队的捐赠

根据项目设计，为帮助建设社区的腰鼓队、秧歌队，钧天古乐团对梓潼文昌镇西坝村社区的捐赠仪式于 2011 年 11 月 4 日下午在佳兴剧院举行。参加捐赠仪式的有钧天古乐团副董事长兼团长吴容、副董事长黄祖政、副团长吕洪、副团长李光祖，出席仪式的有中共梓潼县委宣传部群宣科柳玉科长、西坝村村长丁元军、村妇女主任和梓潼县的 9 个社的社长。捐赠物品为服装 60 套、鼓服 6 套、腰鼓 30 个、钹 2 副、大鼓 3 个、花扇 60 把。目前，村里已经完成了腰鼓队、秧歌队人员的召集，准备进入培训阶段。培训工作将由吴团长邀请专业老师开展教学。

2. 文昌文化进社区系列演出活动完成了 12 场形式多样、丰富多彩的社区演出

从 2011 年 11 月开始，钧天古乐团在绵阳市和梓潼县西坝村分别开展了 3 场演出，共计 6 场演出。

"中国扶贫基金会文昌文化进社区启动仪式"于 2011 年 11 月 21 日下午 2 点在佳兴剧院举行。前 3 场社区演出是川剧文昌大戏，在 2011 年 21 日至 23 日每日下午演出。公演第一天观众就达到 180 人左右，因为免票，人数多于平常，剧场爆满，有不少人站在后面观看。观众不仅仅是西坝村

图2　左图为西坝村路边的佳兴剧院指示牌，右图为佳兴剧院外面，
很多观众正在入场（摄于2011.11.21）

图3　在安县河清敬老院开展的活动（由钧天古乐团提供）

本地村民，还有梓潼县城及周边社区的戏迷，可见活动受到社区居民的欢迎程度。

2011年12月1日上午，中国扶贫基金会"携文昌文化进社区，共谱家园新乐章"项目第4场演出活动在绵阳市安县河清敬老院开展。本次活动是中国扶贫基金会项目与绵阳市文化馆开展的"六中全会春风来，文化走近你身边"社区活动联袂进行的。绵阳市政府办机关党委书记薛涪，绵阳市扶贫移民局副局长丁家洪，绵阳市文化馆馆长温芬，安县民政局副局长毛世永，安县河清镇党委书记庞军、镇长陈刚、党委委员邓松，河清敬老院院长付作琪出席了演出活动。绵阳市钧天古乐团董事长周明贤、绵阳市艺友民族乐团团长吴宗勇带领各自的乐团演出了丰富多彩的文艺节目，给敬老院的

图 4　在佳兴剧院里面，台下高朋满座，场面十分火爆（摄于 2011.11.21）

老年人们带去了祝福。

2012 年 3 月 29 日下午，在中国扶贫基金会及绵阳市文化馆的支持下，"携文昌文化进社区，共谱家园新乐章"活动在绵阳城区铁牛广场开展。这次活动由绵阳市钧天古乐团和绵阳市星光艺术团联合演出。整场演出包含 19 个节目，内容丰富多彩，有现场谈唱的洞经音乐歌舞、现代舞和合唱等。演出中充分展现出了中老年人的热情和活力，给社区居民带来了欢乐和享受。在整个演出过程中，社区居民将演出现场围得里三层外三层。大部分都是中老年人，还有社区里不方便走动的残疾人士，甚至有一位 98 岁的老婆婆在一旁津津有味地听着洞经音乐的演奏。这样一种活动方式，充分体现出了该项目进社区的重大意义，可以让社区弱势群体（如孤寡、残疾老人）欣赏到平时很难得看到的表演，丰富百姓的精神文化生活，促进社区和谐发展。

古乐团在 2012 年 4 月 21 日、22 日在梓潼县东石乡油坪、石龙两村，文昌镇青龙村、宏仁乡五星村、文昌镇西坝村共举行了 4 场洞经音乐、现代歌

图 5　左图为在绵阳市铁牛广场，钧天古乐团和星光艺术团联袂演出，社区居民
纷纷走出家门观看；右图为观众中一位瘫痪在轮椅上的大爷，
以及前面头发全白的 98 岁老婆婆在看戏（摄于 2012.3.29）

舞的表演。接下来，古乐团计划将于 6 月在绵阳市区和梓潼县各举办一场洞经音乐研讨交流会，目前还在筹备之中。从整个项目的实施过程来看，项目开展进度稍缓于项目计划，但总体上来看对于完成项目目标影响不大。在和扶贫基金会沟通后，古乐团对项目计划进行了重新调整，主要改变的是由于资助资金的减少为保障演出质量而减少社区演出场数。

首先，鉴于批准的资金减少了一半，项目团体首先对原有的项目计划的进行了调整。原有的 16 场洞经音乐、川剧等社区表演压缩为 12 场。但是项目负责人由于较缺乏项目管理的经验，也没有和扶贫基金会打过交道，在项目开展前期并没有及时与扶贫基金会沟通，通报项目实施的情况。直到 2012 年才与扶贫基金会沟通协商好关于计划更改的事宜，并获得了批准。其次，项目的活动计划中原定于 2011 年 10 月的市、县洞经音乐交流活动延迟举行。原定于每季度举行的宣传展示活动因为主要负责人意见不一而暂未进行。

"携文昌文化进社区，共谱家园新乐章"项目的开展，使钧天古乐团在机构运作和活动开展方式上有了变化。钧天古乐团在开展中国扶贫基金会的项目之前，主要通过团员自己或者有关部门单位了解演出的机会开展活动。开展活动形式就是坐堂演出、商演、"化缘"、庙台演出等。参加了中国扶贫基金会的项目之后，在开展活动的形式上与之前相较有一些区别。主要体现在以下三个方面。

首先，参加项目之前活动的开展具有较大随意性，参加后按照项目计划实施更有规律。在申请项目之前，古乐团只在有活动机会、收到邀请的时候才会演出，随意性、被动性较强。在申请项目之后，古乐团积极组织开展活动，呈现明显的主动性、计划性。

其次，更加注重对活动的宣传和资料的保存。在参加项目之前，乐团也保存了其参加的活动和表演项目的相关照片、文件等资料，但并未形成系统性。在实施项目后，按照要求乐团必须保存资料并定期汇报实施情况，由此，古乐团在每次开展活动时都积极保存照片、录像等资料，并定期写好实施报告向扶贫基金会汇报。

最后，增强了与当地其他组织的联系和合作。在开展项目之前，古乐团也经常跟其他的乐团组织一起合作。在实施项目后，乐团则更加积极地跟其他的民间文化团体联系、合作。周董说："以后我要经常举办这样的联合演出，也是因为我想打破原有'文人相轻'的格局，希望大家能和和睦睦地共同开展活动。"

专栏二　农民办戏园子——佳兴剧院建设之路

吴容团长的妻子罗国秀户口在西坝村，属于农村户口，2010 年前家里有 3 分土地，在其现居住地马路对面（即现在佳兴剧院对面）。在 2010 年 8 月，吴团长一家跟周围 5 户人家商量后对调了相同面积的土地，换了现在他们房子面前的一片土地。后来，通过补偿 2000 元的旧房屋占用费又换得邻近的 1 分土地。这样一来，吴团长家通过合法程序置换的土地总面积为 0.51 亩。

这块地用来做些什么呢？吴团长在置换土地后一直在思考这个问题。刚开始想过办个小型企业，或者种些蔬菜瓜果。但是，吴团长和其妻子的身体状况都不好，妻子患有脊椎骨质疏松，时常腰疼难忍，不能长期劳作。吴团长退休后每月有 3000 多元的退休工资，并不需要靠种地来维持生活，所以这个想法被他否决了。这时，有人建议吴团长可以办一个农家乐，但是考虑到家里没有人会经营农家乐、会做饭菜，所以这个念头也被打消了。最后，他想到他坚持了十几年的洞经音乐和文昌文化，萌生了建一个戏园子的想法，把这块地建成一个文化农家乐。这个想法得到了西坝村丁村长的支持，戏园子不仅可以给老百姓提供一个看戏的场地，还可以传承中国传统的艺术，包括川剧、洞经音乐等。于是，吴团长便决定要修建一个戏园子，开办一个文化农家乐，做一些有意义的事。

戏院于 2011 年 2 月 16 日开始动工修建，从整个戏园子的设计、规划到具体的推墙、挖沟等工作都是由吴团长夫妇亲自上阵。当时吴团长的子女，尤其是媳妇儿都不同意吴团长修建戏园子。但是，看到年迈的吴团长和罗阿姨都亲自修建，子女不忍父母伤了身体，于是全家都动员一起干。

图 6　修戏园子之前杂乱的土地，吴团长和罗阿姨都亲自上阵劳动（吴团长提供）

说到罗阿姨，吴团长很感慨："我这一生做的事情她都支持我，无怨无悔，这一点还是很不错的。"罗阿姨也说："他这一辈子都是为集体、都是为他人，他人好得很！所以我这一辈子都支持他，都是一家人。"可见吴团长夫妻俩感情非常深厚。

为了修建戏园子，吴团长以儿子的名义向银行贷了 3 万元的款（银行规定居民年龄达到 60 岁以上不能申请贷款），又由儿子、女儿添了些钱，再跟亲戚朋友借了四五万块钱才将戏园子修起来。加之后来办手续等总共花费了 20 万元钱。由于用退休工资来还贷，吴团长现在原每月 3000 多元的退休金扣得只剩 700 元生活费，现在主要靠子女给生活补贴。

2011 年 8 月，戏园子完全竣工，吴团长家的朋友和亲戚都来祝贺，并送来一些礼金，支持他把戏园子办下去。钧天古乐团的许多成员也来到了戏园子，其中吕红老师的妹妹还捐赠了戏园子所有的桌椅板凳，这样一来，戏园子就算是完成了。

2011 年 8 月，吴团长邀请到了一个川剧班子，在佳兴剧院表演川剧。表演才持续了半个月，因为戏班子水平低，演员态度不好，群众都不喜欢他们，于是剧团离开了佳兴剧院。在离开之前，该剧团团长向吴团长保证，通过他在县上的社会关系，让佳兴剧院的证书顺利办下来。但是，戏班走了以

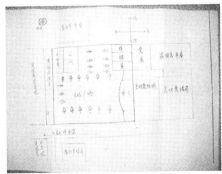

图7　左图为吴团长亲自画的戏园子平面设计图；右图为 2011 年 6 月 9 日时戏院的修建情况

注：设计图、照片由吴团长提供。

后就没有兑现该承诺。正在这时，许州川戏剧团来到了吴团长佳兴剧院表演，因为他们的川剧演得好、演员态度亲切而得到了当地观众们的热烈欢迎。在剧团表演的同时，吴团长家收取每人 2 元的茶水费。听说这个情况后，原先离开的剧团对吴团长和许州戏团产生了妒忌，将吴团长戏园子没办证就经营茶水一事告发到梓潼县工商局，于是，就引起了县工商部门、消防部门、城建局、规划局、国土局等逐个对于吴团长的戏园子进行清查。

"这是一起由戏班子之间闹矛盾而引起的政府相关部门介入，造成农民办戏园子传承文化很艰难的事件。"（吴团长语）这件事情的发生正好是在召开了党的十七届六中全会以后，中央强调要大力繁荣、发展文化事业，然而吴团长的戏园子却遇到重重阻碍。吴团长气愤地说："农民办的戏园子，正是贯彻十七届六中全会的好典型、好例子，但是直到现在都没见到'好'在哪里！"

2011 年 11 月 25 日是县工商管理局限停令的限定日期，戏园子停止了表演，剧团演员也都散去，往日热闹的戏院一下子冷清起来。从此之后，吴团长辗转跑了县里很多部门，想把戏园子所需证件全部办齐，但是都遇到了各部门相互推诿、办理不力的情况。于是，2011 年 12 月 19 日，吴团长以罗阿姨的名义向梓潼县信访局递交了一封信访书，将农民要看戏、戏园子办证难的情况进行了说明。

吴团长说："至今这个事情都没有办下来。"

对于戏园子这样的情况，周明贤理事长评价说："吴团长办戏园子之所以遇到这么多的困难，是因为在地方上有很多矛盾。个人与个人之间的矛盾，也可能介入到这个其中。政府是跟政绩无关的事，它一般不给你弄，它甚至多一事不如少一事。你要达到它的每一条的话很难，它随便找一条都可以卡你。"看来，戏园子要完全合法化、正规化经营还有一段路要走。

功夫不负有心人，2012 年 5 月，吴团长所提交的农民建戏园办证难的信访得到中共梓潼县委、政府的高度重视。县委李斌副书记批转县委常委、宣传部部长协调解决，在召集县建设局、县国土局、县工商局的同志协调之后，规划部门的领导亲临西坝四社佳兴农家剧场视察，作出了拟同意报建的批示，并发了建房登记表，市工商局得知此事后派人来协助县工商局为吴团长妻子——罗国秀的农家剧场办了为期半年的（文艺演出场所经营使用）执照，并说明在临时建筑手续完成后再换成正式执照，而国土部门的领导也表示就具体问题须同规划建设部门共同协调。

现在，剧院所需要的证件基本办齐，在 5 月份还邀请到了绵阳市天青川戏团在西坝村演出。但是，这样的演出也仅仅是短期的、不连续的。天青剧团到佳兴剧院表演所需的日常开支由吴团长家承担（包括免费的住宿、用水用电等），剧团的收入除了收取 7 元一张的门票费外没有其他，这样微薄的收入无法支持剧团，因此，由绵阳市文化馆给予剧团一定补贴。现在的佳兴剧院除了有表演，其余时间剧院都是闲置的，看着空荡荡的剧院，吴团长感慨地说："好好的一个戏园子，竟然让它空置、闲置着真是太可惜了！"

（三）项目取得的成果

1. 丰富了当地居民的娱乐文化生活

该项目活动弥补了当地社区文化建设落后、社区服务功能不完善的缺憾，改善了社区居民的娱乐休闲方式，丰富了当地居民的精神文化生活，受到了社区百姓的热烈欢迎。

项目主要执行地——西坝村当地居民的娱乐休闲方式一度很单一，仅仅局限在打麻将或者打扑克上。尽管算不上赌博，但是想赢怕输的心理，以及与之相生相伴的怄气斗嘴，却怎么也算不上是健康的娱乐休闲方式。其实，这是当地的社区服务功能不完善所造成的，社区服务功能本来就包括文化娱乐功能，而这种功能的缺失，一方面让居民无法享有精神上的放松娱乐；另一方面也降低了对社区的认同与归属，不利于增强居民的社区归属感。而完善这种社区服务功能，最直接的方法就是开展多种形式的娱乐文化活动。因此，该项目活动的首要意义，就在于通过这种形式丰富了当地居民的休闲娱乐活动。

这种意义，在"中国扶贫基金会文昌文化进社区活动"开展伊始的前3场社区演出中（全部是川剧文昌大戏）就充分体现了出来。在2011年11月22日至24日每日下午的演出中，研究人员进行了全程的跟踪记录，仅公演第一天，前来观看文昌大戏的观众就达到180人左右。因为免票，人数多于平常，剧场爆满，有不少人站在后面观看。由于免票的消息传得更广，后两天到场观看的人数更多。

如果说这种公演时气氛的热烈与火爆，还不足以表明当地居民对这种娱乐休闲方式的渴求，那么下面这个例子应该说服力更强：在剧院遭遇查封危机时，群众坚持露天观看演出。

佳兴剧院位于西坝社区，是"在一片地震后的废弃宅基地上修建"，本来"是钧天古乐团副董事长兼团长吴先生老婆家的地"（西坝村村支书语），当时取得了村里的同意，并且办理了土地置换手续。在剧院投入运营后，就先后有消防、城管、工商、税务、卫生等部门找上门，要求办理相关手续。其实剧团的人对这些做法表示可以理解。但是，随后发生的查封事件则让所有人始料未及：消防队以该剧院未办理相关手续为由查封了剧院。当天，观众已经坐满了戏院，戏目也即将开演，"消防队在并未有整改通知的情况下"（剧团负责人的原话），以剧院存在若干消防隐患为理由，阻止剧团开演，并毫无商量余地地驱赶了剧院里的观众。观众们却不愿离去，从戏院里搬出凳子，坐在露天空地上观看表演，并坚持看完了所有的演出。这一事件让剧团的人很感动。而这也充分证明了社区居民对这种娱乐休闲活动的渴望和需求。

2. 传承传统文化并宣扬真善美，达到了文化教化的功能

文化服务功能，是社区服务功能的重要组成部分，对于弘扬社区核心价值观，提高社区凝聚力和向心力有重要作用。而文化服务功能也是本项目活动的特色之一，它以洞经音乐——文昌大戏为载体，既继承着传统音乐、戏

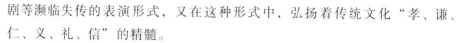

剧等濒临失传的表演形式，又在这种形式中，弘扬着传统文化"孝、谦、仁、义、礼、信"的精髓。

梓潼县是文昌文化的发祥地，也是洞经音乐的诞生地，有深厚的文化积淀。洞经音乐得名于谈演道教《太上无极总真文昌大洞仙经》，后来逐渐指称祭祀文昌、宣扬文昌经诰的音乐。在大型文昌祭祀活动当中，它以音乐艺术的形式宣扬文昌经诰的宗旨，是梓潼宗祀文昌帝君的一种很有特色的活动。

在过去，当地居民看戏和听洞经音乐都是在寺庙，"多多少少都带一点宗教色彩"，现在的洞经音乐都是经过了后人艺术改造和加工的，保留了原来剧目中"真、善、美"的核心价值，摒弃了封建迷信的成分。因此，文化服务功能更加突出。研究人员对演出剧目的观众喜好程度进行了调查统计，发现除去演员唱功好坏和知名程度的因素外，那些"教人向善"、"弘扬孝道"、"惩戒邪恶"的剧目更受观众欢迎。有一位老太太在早上10点钟就从几公里外的邻乡到了剧院，她对于川剧的戏目说得头头是道，还给研究人员讲起许多讲求孝道等具有教育意义的戏目。其文化教化功能可见一斑。另外两个例子，则更加说明了观众对其文化服务功能的肯定：一是在公演活动的当天，不少观众写下请愿书，并交予研究人员，希望向扶贫基金会转达这样一个愿望：当地戏迷期盼能够看完所有30本文昌大戏，希望扶贫基金会能给予剧团更多的支持。二是某剧团由于资金紧张，并且迟迟难以办下来演出证，曾一度计划解散剧团，但是当地观众闻讯后，捐钱、捐粮、捐物，一再挽留，希望这种文化形式能够继续传承。

3. 满足了老年人的精神需求

老年人因为年纪大、加上子女大多外出打工不在身边等原因，精神上更容易产生空虚寂寞感。因此，社区服务功能更需要关注老年人的精神文化需求。本项目活动的另一大目的即是满足老年人的精神需求。

在我们的调查了解中，老年人对本项目活动的认同度更高，反响更热烈。社区剧院每天平均有150人左右的中老年人观看演出，负责人拿出每场的人数记录，最少的一天110多人，观众人数最多的是演出《目连救母之打叉》的时候，有200多人。这些老人平均年龄在60岁以上，有的甚至都80多岁了，大部分都是年轻时看过川剧的人。一位观众告诉笔者，"年轻人没看过这个，他们不喜欢，关键是忙嘛，还有这个节奏他们也不喜欢，我们老年人就喜欢舒缓点的"。

因为有项目资金的支持，免费公演，观看的群众还比平时要多一些。在调研时，笔者亲眼目睹了许多中老年人很早就来到剧场，因为开演时间为每天中午 2 点，有的老人还带着吃的进入剧场。还有一位从很远的地方赶过来看戏的老婆婆，她告诉我们说，这个剧院应该修到他们那去，因为他们那里喜欢看戏的人很多，赶到这边太远了，车费来回就是好几块，对于老人家来说可不容易。更有一位老大爷反映，看了戏以后"少打牌了，吃饭多，身体好了，那天有人还说我长胖了点，心情也舒畅啦"。可以这么说，自从当地开展了该项目活动以后，老年人之间有了更多的交流机会和情感寄托：彼此在戏迷群体中分享快乐，交流感情，一起关注川剧和洞经音乐的发展，这些都极大满足了老年人的精神需求。

图 8　在佳兴剧院内表演《打叉》，演员手拿钢叉和飞刀，台下观众都聚精会神观看（摄于 2011.11.21）

4. 扩大了剧团演出的收益范围

事实上，剧团和戏剧的演出，是早于本次项目活动而存在的。但是，却并未达到它现在所呈现的诸多社区服务功能。

在该项目活动开展之前，连剧团的维系都相当困难。剧团的场地、道具、服装、都是不小的开支，而其经济来源仅仅靠 5 元一张的票价和 2 元一杯的茶水来支撑。然而让人意想不到的是，这 5 元的票价和 2 元的茶水也让生活水平低下的农村居民负担不起。尤其是老年人，让他们长期观看演出是一件非常奢侈的事情。一位戏迷婆婆就感慨地说："看一场戏就只有卖粮食。"

剧团票价低廉，仅靠票价的收入演员难以维持生计；而老百姓又觉得票价难以负担，上座率不高，这样长期下去的结果就是剧团生存艰难，老百姓看戏不容易。在佳兴剧院驻场演出的许州剧团曾经坚持不下去，一度计划要解散。但是，当地群众不答应，捐粮、捐钱一再挽留，才使剧团挣扎着继续开办。这种依靠募捐而存活的剧团发展方式，显然并不能长久。同时，付得起钱来观看戏剧的老百姓，大部分是梓潼县城的离退休居民，人数始终较少，算不上广而演之，充其量就是小范围内的文化消费，离社区服务相去甚远。但在项目活动开展之后，这种境况暂时得到改观。首先，剧团的生存压力大幅减轻，这得益于专项资金的支持。在得到项目资金支持后，以佳兴剧院为演出场地，不需要场地的租金，经费可直接用于剧团演员们的伙食补贴、演出道具等方面。其次，剧团公演的形式降低了消费门槛，使更多的人能够欣赏戏剧。如果是在县里或者市里的剧院中，想看一场川剧消费都是在20元以上，作为农村的居民很难消费得起。而现在的免费公演能让所有喜欢川剧的人都能有机会免费观看几场剧目，使川剧更加贴近老百姓的生活。但是一旦项目结束，这样的情况并不能延续下去，剧团依然面临生存的困难，当地更多的老百姓依然不能轻松地观看他们喜爱的剧目，甚至在剧团不能维系的时候连看戏的机会也没有了。

专栏三　许州剧团专访

自2011年9月，许州剧团的演员们来到西坝村佳兴剧院表演已有2个多月了，目前剧团有20人，都是由业余爱好川剧的人组成的剧团。许州剧团的演员大部分都是梓潼县人，该剧团并没有在民政局进行注册，演员们也没有拿到正规的演员等级证。虽然没有演员等级证，但很多观众认为里面有的演员的表演不亚于成都这边大剧团的川剧名角。如果没有人邀请他们表演，剧团成员基本上都在家从事各自的工作，有的种地，有的打零工。

业余剧团的生存和发展有许多的障碍，剧团成员反映，现在政府有关部门对于业余剧团的要求严格，如果想要演出必须在民政局注册登记，还要求演员考演员等级证。如果没有这些证明，加之演出场地难以申请的层层限制，剧团演员的生活极易面临困难，只能保证最基本的温饱。在来到佳兴剧院表演的这两个多月时间里，许州剧团正是处于这样的情形之中。

剧团演员普遍认为国家的政策是好的（指十七届六中全会），但是真正落实到基层的很少。到目前为止，他们受到邀请后只负责表演，对于目前有

图9　左图为许州剧团演员在化妆，准备表演；右图为剧团演员在制作演出道具
（摄于 2011. 11. 23）

哪些针对民间艺术团体的政策方针并不知晓。"即使有什么捐助的钱也不会直接给我们，我们也不晓得。"

剧团留在西坝村的唯一原因是观众的挽留和扶持。在表演期间，剧团每人每天只能赚取30块钱的生活补贴，仅够维持生活。其中一名团员说，在来这里进行表演之前剧团的成员都是分散在不同的地区，有着各自的工作。川剧是他们的共同爱好，只有在接到邀请才会进行演出。但是，来到西坝村表演以后，热情的观众多次挽留他们，并主动送米、送菜、送钱。现在，剧团所有成员都辞去了原来的工作，带上孙子举家留在这里专心唱戏，只为了不辜负观众的期望。"反正不来演这个戏，我们找的钱比干这个还多。只是这些观众都太好了，我们不忍心走。"

剧团成员都认为佳兴剧院在地理位置上比较偏僻，给前来看戏的中老年人带来了一定的困难。有的老人家住得偏远，身体不方便，要赶过来看戏的话需大费周折。同时，剧团目前在剧院里面吃喝住都是一切从简，比较艰苦，跟剧院的关系就只是合作关系。

剧团的演员对我们说，"希望你们能反映一下我们民间戏团的生活情况，救救我们这些爱好川剧的民间艺人，救救川剧，救救传统文化"，"不一定要有扶持和援助，但是不要设置过多的障碍，让我们表演的川剧满足老年人的精神需求"。

在2011年11月底，难以为继的许州剧团离开了佳兴剧院，从那时起剧院就时常空着，老百姓想看戏也不能如愿了。截止到 2012 年 6 月，佳兴剧院在这 6 个月中演出的天数累计只有 7 天。笔者在进行调研走访时，吴团长言辞恳切地说道："希望中国扶贫基金会能够出钱资助，让这个戏园子继续办下去，让农民们一年 365 天有戏看。只要有了资金，资金将完全用于负担剧团的开销，门票全免，我们佳兴剧院提供免费的演出场地和住宿、生活的基本设施，不会要一分钱，只给老百姓卖 2 元一杯的茶水钱。这个钱全部用于老百姓看戏，我们可以天天拍照摄像向其汇报，保证资金使用的公开透明。这样一来，不仅能够充分满足群众对于文化的需求，也能扶持川剧团，发扬、保存文昌文化，这也能使中国扶贫基金会的钱用到实处，是一举多得的事情！"

三　结论与讨论

"携文昌文化进社区，共谱家园新乐章"活动，是中国扶贫基金会支持 NGO 参与灾后社区发展项目之一，此次项目的主要目的是为了推动社区公共关系重建，提升社区公共服务水平，催生社区内发展动力，实现社区的可持续发展。其中，提供社区公共服务成为重点关注的项目。公共服务项目包括社区关系重建、心理关爱、医疗卫生、社区养老、文化服务等，文化服务是社区公共服务中的重要组成部分。

本次"携文昌文化进社区，共谱家园新乐章"项目活动旨在丰富居民精神文化生活、传承中国传统文化，是以地震灾后重建为契机，以为服务群众、传播优秀文化为理念，以对中国传统文化艺术的喜爱为动力，以促进社区发展为目标开展的活动。这并不是以往物质意义上的扶贫，即对居民基本生活所需的物质需求给予实质的帮助，而是更广泛概念下的扶贫，即文化扶贫和精神扶贫。正是通过开展社区文化娱乐活动，对社区公共服务功能进行完善，以满足居民精神需求，丰富居民文化娱乐生活，提高居民整体的素质，促进社区的发展。

该项目是采用外部资金支持和本土自发组织相结合的方式，使基金会同民间剧团形成对接，联手合作共同作为的结果。通过活动的开展，该项目形成了以下几方面的经验。

（一）项目主要的经验

1. 针对当地群众的主要需要开展活动，受到群众欢迎

本次"携文昌文化进社区，共谱家园新乐章"活动，并非狭义的扶贫，而是通过提供社区文化服务的方式进行文化扶贫、精神扶贫。本项目所在的地区，不是一个典型意义上的物质贫困地区。该地区最突出的问题、群众最关心的问题，是居民尤其是老年居民对娱乐文化方面的需求与社区无法履行相关职能之间的矛盾。因此，该项目抓住主要需求开展活动，受到广大群众欢迎。

2. 充分开发当地资源，扩大项目受益范围

本项目活动的开展主要以西坝村佳兴剧院为根据地，并得到西坝村村委会的大力支持，充分利用了当地资源。从文中不难看出，由于吴团长与佳兴剧院和钧天古乐团的特殊关系，为项目的实施带来了便利。虽然剧院是吴团长自家的产业，但其所在的西坝村确实是文昌文化进社区的根据地。在这里演出，川剧团可以长期驻扎，节约了联络和洽谈的时间和成本，古乐团以及其他文艺团体的演出也不需要场地费用。剧院通过收取每位观众2元钱的茶水，维持着剧院基本的水电气开销，减少了项目活动开展时的一大笔成本。从前来看戏的居民们口中得知，在周围社区还没有这样的一个场地，去市里场地更加不好找，而且租赁费用昂贵。

该项目的实施充分利用了项目团体的社会关系和当地的物资资源，使得项目在资金有限的情况下能继续进行。而且因为当地人对文昌文化的信仰使得他们对项目更热心、更执着，也因为虔诚，更加不计较得失，所以能最大程度发挥项目资金的作用，也因为信仰，所以能最大限度地调动当地人参与的积极性，相对扩大了项目的影响力，扩大其受益范围。

3. 履行公民义务，积极开发、保护和传承本土文化

在得到扶贫基金会的资助以后，通过开展"携文昌文化进社区，共谱家园新乐章"活动，用一部分补助剧团的演出费用，使剧团的演出形式转变为公演、义演，不收取门票，这大幅度降低了老百姓观看戏剧的门槛，节约了享受文化娱乐的成本。

这样的一个举动直接带来的好处有四个：首先是当地更多的百姓可以观看到更多的剧目，能满足他们的文化和精神需求；其次是当地剧团的收入可以得到稍微改善，剧团的维系能在一定程度上得到保障；再次是戏园子有了一定收入，以前的投资能够收回；最后就是文昌文化得到传承和发扬。

虽然当地的居民有的并没有参加项目的活动，但是对弘扬洞经音乐和川剧都持积极的支持态度，纷纷感觉有保护、传承和弘扬的必要。对于剧院和项目活动的展开都说"好"。

4. 不断学习，具有良好的对扶贫基金会的宣传意识

这个项目团队给我们最明显的印象就是具有良好的对扶贫基金会的宣传意识，在任何时候、任何地点，只要是在开展项目活动，就有大大的横幅标明"中国扶贫基金会资助的某项目某活动"，而这是其他 NGO 组织都相对欠缺的。而这要归功于这些老同志多年"吃水不忘挖井人"的传统行为方式。因此，该项目使得当地人既享受到了文化娱乐，又知道了是谁对他们进行了资助，清晰了项目活动的运行方式。

（二）面临的问题

钧天古乐团在执行本项目时存在以下三个方面的问题。

1. 缺乏项目经验，项目管理的能力还有待加强

因为钧天古乐团成员全是中老年人，对与项目相关的一些东西不熟悉，对现在的一些宣传方式也不能驾驭，所以自身宣传也相对欠缺一些。项目申请书是请志愿者帮忙完成的，负责人认为项目申请书有的地方并不是当初项目团体的想法。他们总希望扶贫基金会能到当地社区调研，在看到他们的成绩和困难后能追加对项目的资助。

2. 局限于中老年人的兴趣团体，团队建设还有待加强

钧天古乐团在县城以及当地和周围社区通过口口相传，知名度还不小。乐团曾经在台湾的专门介绍洞经音乐的电视节目中有过介绍，绵阳电视台也专门制作过节目，也有过不少的新闻报道，但是作为团体自身的对外宣传却极少。

钧天古乐团并没有自己的宣传平台，没有网站，也没有博客。钧天古乐团的核心成员有 40 位左右，都是离退休的工作人员，平均年龄在 60 岁以上。这些老年人对新媒体的了解和使用能力有限，有心无力。在项目执行过程中，团队负责人难以达成共识，致使一些项目活动未能如期举行。如在文艺演出的社区选择上，钧天古乐团的董事长希望多在绵阳的社区演出几场，而乐团的副董事长兼团长则主张演出都在西坝社区进行。项目原计划该进行的宣传、展示活动涉及展架的制作也因此而推后，文昌文化进社区的后期演出也可能会受到影响。

3. 项目成果扩大和巩固是当前最主要的问题

首先是项目设计的规模不大，原计划16场社区演出，后来压缩为12场，其中表演内容除洞经音乐、文昌川剧之外，还有现代歌舞。而一部完整的文昌大戏本身就有40场，目前改为12场在不同的地点的表演，使得文昌文化至少在形式上就显得支离破碎了。

其次，虽然通过项目的支持，当地居民的文化娱乐需求得到一定程度的满足，老年人的精神生活得到改善，当地剧团的状况暂时有了改观。但是在项目结束之后，虽然农家剧院还在，当地资源也在，居民的兴趣和对文昌的信仰也还在，但是剧团无法独立生存，社区文化建设脚步会因此而停下来。

（三）建议

针对在该项目实施的过程中出现的不足，建议从以下几个方面进行改善。

一是加强团队建设，提升团队自身素质。该项目团队本身就是老年人组织起来为满足老年人的精神文化需求而成立的，团队成员年龄较大，对于一些较新的设备和技术运用能力有限。

另外，作为传承文化而言，中青年甚至是少年的参与是必要的，但是目前乐团这方面做得很有限。乐团只是等着随岁月流逝而自然产生的老年人来补充成员，这样一方面没有考虑到现在的中年人因为特殊的成长经历，可能老了对此也不感兴趣；另一方面也不利于文化的传承和弘扬。团队应吸收一批中青年人才，既加大自身的宣传，又是实现传承和弘扬文化的必然要求。

该项目在团队建设方面还需要注意决议的形成和执行。纵然有不同意见，但不是往后推就可以结束分歧的，活动的拖延将不利于项目的进行，不但项目的阶段目标完成有偏差，而且还影响后面活动的展开。因此，应尽早消除分歧，形成决议，立即执行。

二是应更加关注项目成果的扩大和巩固。虽然项目已接近尾声，但是对于一个社区的文化建设，尤其是对于以传承和发扬文昌文化为己任的项目和

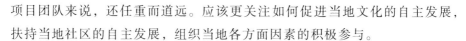

项目团队来说，还任重而道远。应该更关注如何促进当地文化的自主发展，扶持当地社区的自主发展，组织当地各方面因素的积极参与。

钧天古乐团虽然是一支"夕阳红"队伍，但是却用自己的余热在社区中持续发光。相信古乐团经过此次的项目开展，能得到更多的经验，以后能更好地为社区老年居民带去欢乐。

"携文昌文化进社区，共谱美好新家园"项目，是在中国扶贫基金会的支持下，以为社区提供文化娱乐活动为主的社区公共服务项目。这样一种通过本地组织开展扶贫的工作方式，搭建了一个全新的平台，不仅为灾区老年人提供了精神食粮，也为灾后社区文化的传承和可持续发展作出了较大贡献。

图书在版编目（CIP）数据

灾后扶贫与社区治理/王卓等著. —北京：社会科学文献出版社，2014.1

ISBN 978 - 7 - 5097 - 5529 - 7

Ⅰ.①灾… Ⅱ.①王… Ⅲ.①地震灾害 - 灾区 - 重建 - 研究 - 中国 ②社区管理 - 研究 - 中国 ③扶贫 - 研究 - 中国 Ⅳ.①D632.5 ②D669.3 ③F124.7

中国版本图书馆 CIP 数据核字（2013）第 312488 号

灾后扶贫与社区治理

著　者／王　卓等

出 版 人／谢寿光
出 版 者／社会科学文献出版社
地　　址／北京市西城区北三环中路甲 29 号院 3 号楼华龙大厦
邮政编码／100029

责任部门／社会政法分社　（010）59367156　　　责任编辑／李　响
电子信箱／shekebu@ ssap. cn　　　　　　　　　责任校对／张彦彬
项目统筹／王　绯　　　　　　　　　　　　　　责任印制／岳　阳
经　　销／社会科学文献出版社市场营销中心　（010）59367081　59367089
读者服务／读者服务中心（010）59367028

印　　装／三河市尚艺印装有限公司
开　　本／787mm×1092mm　1/16　　　　　　印　　张／27.5
版　　次／2014 年 1 月第 1 版　　　　　　　　字　　数／462 千字
印　　次／2014 年 1 月第 1 次印刷
书　　号／ISBN 978 - 7 - 5097 - 5529 - 7
定　　价／96.00 元